知行

应用型高等教育
财经类专业“十三五”规划教材

第二版

证券投资学

理论·实验一体化教程

刘元春　编著

上海财经大学出版社

图书在版编目(CIP)数据

证券投资学:理论·实验一体化教程/刘元春编著.—2版.—上海:上海财经大学出版社,2020.10
(应用型高等教育财经类专业"十三五"规划教材)
ISBN 978-7-5642-3660-1/F·3660

Ⅰ.①证… Ⅱ.①刘… Ⅲ.①证券投资-高等学校-教材
Ⅳ.①F830.91

中国版本图书馆CIP数据核字(2020)第188828号

□ 责任编辑 徐 超
□ 联系信箱 1050102606@qq.com
□ 封面设计 张克瑶

证 券 投 资 学
——理论·实验一体化教程
(第二版)
刘元春 编著

上海财经大学出版社出版发行
(上海市中山北一路369号 邮编200083)
网 址:http://www.sufep.com
电子邮箱:webmaster@sufep.com
全国新华书店经销
上海新文印刷厂有限公司印刷装订
2020年10月第2版 2021年11月第2次印刷

787mm×1092mm 1/16 19.5印张(插页:2) 499千字
印数:12 001—14 000 定价:56.00元

第二版前言

本教材第一版出版发行以来，证券市场发生了一系列具有里程碑意义的深刻变革，制度重构力度空前。

一是《证券法》修订。为了实施股票发行注册制改革，进一步发挥资本市场服务实体经济的基础功能，2015 年 12 月 27 日第十二届全国人民代表大会常务委员会第十八次会议决定授权国务院修订《证券法》。2019 年 12 月 28 日，第十三届全国人民代表大会常务委员会第十五次会议审议通过了修订后的《证券法》，并于 2020 年 3 月 1 日起正式施行。新《证券法》从注册制改革、强化信息披露、强化投资者保护、大幅度提高证券违法成本、健全多层次资本市场体系等几大方面进行了全方位修改。新《证券法》进一步完善了证券市场基础制度，体现了市场化、法治化、国际化方向，明确在中国资本市场全面推行注册制，并围绕注册制作出一系列完备的规定，为打造一个规范、透明、开放、有活力、有韧性的资本市场，提供了坚强的法治保障，具有非常重要而深远的意义。

二是设立科创板并试点注册制。中国证监会于 2019 年 1 月 30 日发布了《关于在上海证券交易所设立科创板并试点注册制的实施意见》。科创板的设立，开启了资本市场的全新探索。科创板设置多元包容的上市条件，允许符合科创板定位、尚未盈利或存在累计未弥补亏损的企业在科创板上市，允许符合相关要求的特殊股权结构企业和红筹企业在科创板上市，实现了证券市场的重大突破，对科技创新企业具有更高的包容度，对促进资本市场和科技创新紧密结合，对提升资本市场服务实体经济能力具有重要意义。

三是创业板改革并试点注册制。创业板市场自 2009 年设立以来，逐步发展壮大，聚集了一批优秀企业，但也面临着诸多挑战。通过创业板改革，破解当前创业板与深主板、中小板之间同质化，发行上市条件包容性不足，机制不够市场化等难题，影响极为深远。2020 年 6 月 12 日，《创业板首次公开发行股票注册管理办法(试行)》发布，意味着创业板注册制改革正式落地。创业板注册制改革，精简优化了发行条件，改变了交易规则，完善了重大资产重组制度，提高了违法违规成本。如：交易规则方面，放宽了涨跌幅限制，个股涨跌幅限制由原来的 10%调整为 20%；上市前 5 个交易日不设涨跌幅限制；上市首日起即可融资融券；增加了盘后定价交易等。上市规则方面，增加了风险提示，取消了暂停上市和恢复上市，简化了退市程序，完善了退市标准。创业板注册制改革将使企业上市效率和质量得到大幅提升。

四是修订上证指数编制方案。上证综合指数发布于 1991 年，核心编制方法有着近 30 年的沿用历史，已经不能充分反映市场结构变化，为进一步提高指数编制的科学性与合理性，更加准确表征上海市场整体表现，上海证券交易所与中证指数有限公司充分借鉴了国际指数编制修订经验，立足境内市场发展实际，自 2020 年 7 月 22 日起修订上证综合指数的编制方案，主要包括剔除被实施风险警示的股票，延迟新股计入时间，科创板证券纳入上证综合指数样本空间。此次修订有利于上证综合指数更加客观真实地反映沪市上市公司的整体表现。

随着证券市场的制度重构，与其相关的一大批业务规则及其配套细则也随之出台或修订。如：《科创板首次公开发行股票注册管理办法（试行）》、《创业板首次公开发行股票注册管理办法（试行）》、《上海证券交易所科创板股票上市规则（2019 年修订）》、《深圳证券交易所创业板股票上市规则（2020 年修订）》、《上海证券交易所科创板股票交易特别规定》、《深圳证券交易所创业板交易特别规定》、《上海证券交易所科创板股票发行与承销实施办法》、《深圳证券交易所创业板首次公开发行证券发行与承销业务实施细则》等等。

为了突出教材的时代性，做到与时俱进，作者对教材进行了修改。与第一版相比，第二版虽然在结构上没有根本性调整，但依据最新的政策法规与交易制度对基础理论篇中的证券发行市场和证券交易市场两章进行了大幅修改，对其他章节进行了补充和完善；依据最新的证券分析软件和模拟交易系统平台对模拟实验篇的内容进行了较大篇幅的修改，对实验图例进行了更换。希望修改后的教材能更好地满足教学和学习的需要。

编　者
2020 年 9 月

第一版前言

证券市场和证券投资活动在国民经济发展与现代经济生活中占有越来越重要的地位，大部分经济类和管理类专业都开设了证券投资学课程，金融类专业还开设了证券模拟实验。目前证券投资学和证券模拟实验的教材系单独出版。证券投资学教材种类繁多，但实验类教材品种极少，其内容又冠以大量理论知识，与理论书籍重复。本教材突破了这种传统的编写惯例，将两者融为一体，教材内容既紧扣基础理论知识，又突出实践操作技能。

教材分上下两篇。上篇为基础理论篇，共8章，包括证券与证券市场概述、证券投资工具、证券发行市场、证券交易市场、证券投资基本分析、证券投资技术分析、证券投资的收益与风险、证券组合与管理；下篇为模拟实验篇，共6个实验单元，包括证券行情分析系统基本操作、证券交易模拟、证券投资基本分析、证券投资盘面分析、证券投资技术分析主要理论、证券投资技术分析主要指标。

本教材具有以下特色：

1. 追求创新性。将证券投资理论和证券模拟实验有机融合，是大胆的创新尝试，经过几轮的教学检验已经初步得到学生的认可和好评。在编排上突破了传统编排体例，突出实践教学环节及特点，使教材在内容、体例上更具特色。通过【学习目标】提出本章学习目标要求，使学生明确学习的目的；通过【开篇案例】导入本章主要知识点，引发学生的思考和学习兴趣；通过【本章小结】归纳本章的思想、方法和主要知识点；通过【知识测试】检测学生的学习效果；通过【课外导航】为学生课外继续学习提供学习资源和参考书目。

2. 突出实用性。作者从事证券投资教学工作多年，了解老师在教学中需要什么，知道学生应该学习掌握什么，因此，本着“教师好教，学生好学”的编写原则，突出实用性。教材语言力求简明扼要，通俗易懂，重点突出，并配有多媒体PPT课件，不仅适合老师讲授，而且利于学生阅读。在每一章后都附有知识测试，其中包含单选题、多选题、判断题、计算题等多种题型。大部分试题都是从证券从业资格考试真题中精选出来的，既可用于学生进行自我检测，又可为部分参加证券从业资格考试的学生提供帮助，还能为老师检验学生的学习效果提供便利。

3. 注重操作性。证券投资学是一门应用性很强的学科，本教材在系统阐述证券投资理论知识的同时，更加强调与证券市场的联系，突出可操作性。本教材所用证券行情分析软件与证券模拟交易系统全部来自互联网免费资源，使得学生的实验课不再受到授课时间与地点的限制，方便学生随时随地了解证券市场，将教学延伸到实验室之外。

4. 体现时代性。我国证券市场正处于发展阶段，随时都有新的知识、新的政策法规出台。证券投资学作为一门年轻的学科，现有的知识点和知识体系还有很多不完善之处。因此，在教材编写过程中笔者力求将编写时点上最新的政策法规及交易制度编写进去，所有涉及国家的政策法规等，依据的都是最新的文件资料。

本教材既凝聚了笔者多年的教学心得与体会，也借鉴了他人的研究成果及相关资料，这些成果和资料大部分在书后参考文献中列示，但也有一少部分因未能查明出处而未予以标注。在此，向所有作者表示深深的谢意！

由于笔者水平所限，书中错误和疏漏之处，敬请各位专家和广大读者批评指正。

编　者

2016年9月

目　录

下篇　模拟实验篇

上　篇

基础理论篇

第一章　证券与证券市场概述

【学习目标】

1. 了解证券的含义、特征与分类。
2. 掌握有价证券的分类与特征。
3. 掌握证券市场的定义、特征、分类、功能与构成要素。
4. 了解证券市场监管的机构、原则、目标与内容。

【开篇案例】

吴长江与雷士照明

吴长江，1965 年出生，重庆铜梁人。1985 年考入西北工业大学飞机制造专业；1989 年分配至陕西汉中航空公司；1992 年在即将被提拔为副处长的前夕辞职，在深圳做了 4～5 个月的保安，在灯饰厂打工 10 个月，在积累了 1.5 万元后辞职；1994 年与另外 5 人凑了 10 万元成立惠州明辉电器公司；1998 年出资 45 万元与另两个同学杜刚、胡永宏（各出资 27.5 万元）创立雷士照明。

2005 年，吴长江和公司两位创始人就公司经营发展理念出现分歧，吴长江被迫让出董事长职位。随后，戏剧性的一幕上演，全体经销商“倒戈”，要求吴长江重掌企业。经过投票，其余两位股东被迫各拿 8 000 万元离开。吴长江这次反败为胜，保住了自己对公司的控制权。

当时雷士照明拿不出 1.6 亿元现金，于是只好融资弥补缺口。吴长江接受了亚盛投资毛区健丽以 994 万美元入股雷士照明，占股 30%。这样，他借助资本的力量，用股权作为交换解决了与创业股东之间的纠纷。

2006 年 8 月，软银赛富以 2 200 万美元入股雷士照明，成为主要股东，吴长江持股比例降至 41.79%；2008 年 8 月，软银赛富继续通过行使认股权证和购股的方式投入 1 000 万美元。与此同时，高盛以 3 655.56 万美元入股雷士照明，吴长江持股比例降至 29.33%。

2010 年 5 月 20 日，雷士照明以每股 2.1 港元的发行价格顺利在香港联交所挂牌交易，募集资金近 15.3 亿港元。软银赛富成为雷士照明第一大股东，股份比例为 30.73%，超过吴长江 29.33%的持股份额。

2011 年 7 月，施耐德出资 12.75 亿港元入股雷士照明，吴长江持股比例降至 15.3%。

2012 年 5 月 25 日，雷士照明突然宣布，吴长江因个人原因已辞任董事长、公司执行董事兼公司首席执行官，并辞任公司董事会所有委员会职务。据吴长江自己表示，当初辞职是受董事会逼迫，并非个人自由意志的体现。这样的话语背后呈现出来的是创业者的无奈以及与资本博弈时的稚嫩。

2012 年 5 月 28 日，雷士照明正式宣布，施耐德高管张开鹏即日起继任为首席执行官，软银赛富阎焱继任为董事长。

2012 年 7 月 12 日，雷士照明在重庆召开中高层管理人员月度闭门会议，在当天的会议上，雷士照明的中层管理人员、基层员工、经销商、供货商等，齐齐向投资方赛富基金合伙人、雷士照明现任董事长阎焱及施耐德代表提出诉求，包括：让雷士照明创始人、原董事长吴长江尽快回到雷士照明工作，以及施耐德退出雷士照明等。

2012 年 8 月 14 日晚间，在创始人吴长江离职引发的风波持续近 3 个月后，雷士照明发布公告，对吴长江的卸任缘由、员工等情况进行说明。公告显示："就董事会组成而言，董事会并不认为现在是一个恰当的时间来向董事会委任额外董事。"这意味着吴长江无法回归雷士照明的董事会。

2012 年 8 月 15 日，受到此公告影响，雷士照明在港交所复牌交易首日股价暴跌三成。

2012 年 8 月 16 日，和君创业公开称，"受到雷士照明部分小股东委托，恳请我们出面推动雷士照明的小股东倒戈"，并向雷士照明发了律师函以及致雷士照明控股有限公司董事会的公开信。

2012 年 9 月 4 日晚，雷士照明公告，任命吴长江为公司临时运营委员会负责人。这是雷士照明风波持续近 4 个月以来，董事会首次任命吴长江为公司管理者。吴长江重返雷士照明。

2012 年 12 月 5 日，吴长江耗资 1.68 亿港元增持公司股票 8 400 万股，持股比例上升至 22.07%。阎焱所在的软银赛富及德国施耐德电气则分别为第二及第三大股东，持股比例为 18.48%和 9.21%。

2012 年 12 月份，德豪润达斥资 16.5 亿港元收购雷士照明逾 20%股权，其中 11.81%的股权受让于吴长江。此间，吴长江亦通过认购股权，成为德豪润达的主要股东之一。

2013 年 1 月 11 日，雷士照明在深圳举行董事会及运营商见面会。见面会上，雷士照明董事会正式任命吴长江为 CEO，德豪润达董事长王冬雷为非执行董事。

2013 年 4 月，阎焱辞任雷士照明董事长等职务，董事长一职由非执行董事王冬雷接替。王冬雷是雷士照明第一大股东德豪润达的董事长，吴长江去年火速引入德豪润达，希望"联王抗阎"。谁料阎焱虽走，王冬雷却借机上位，成为雷士照明的董事长。

2014 年 5 月，德豪润达继续增持雷士照明，持股比例升至 27.1%，而吴长江持股比例仅为 2.54%。

2014 年 8 月 8 日晚，雷士照明在香港交易所网站上发布公告，宣布罢免吴长江 CEO 职务。

（资料来源：笔者根据有关公开资料整理）

请思考：什么是资本市场？应该怎样发挥资本市场的作用？你从本案例得到什么启发？

第一节 证券概述

一、证券的含义与特征

证券是各类财产所有权或债权凭证的通称，是用来证明证券的持有人有权取得相应权益的凭证，或者说证券是指各类记载并代表一定权利的法律凭证。股票、债券、票据、提货单、存款单等都是证券。

从一般意义上来说，证券是指用以证明或设定权利所做成的书面凭证，它表明证券持有人或第三者有权取得该证券拥有的特定权益，或证明其曾经发生过的行为。证券可以采取纸面形式或证券监管机构规定的其他形式。

证券具备两个最基本的特征：

一是法律特征，即由证券带来和引起的一系列经济行为必须具有合法性，否则不能成为证券。例如，偷盗和胁迫别人签发的证券不具有合法性，因而不成为证券。同时，证券中包含的特定内容具有法律效力，出券人、持券人或其他相关经济主体都无权拒绝证券中所赋予对方的权益，否则构成违法行为。

二是书面特征，即必须采取书面形式或与书面形式有同等效力的形式，并且必须按照特定的格式进行书写或制作，载明有关法律规定的全部必要事项。

凡同时具备上述两个特征的书面凭证，才可称之为证券。

二、证券的分类

证券按其性质不同，可分为凭证证券和有价证券。

（一）凭证证券

凭证证券又称无价证券，是指认定持证人是某种私权的合法权利者，证明持证人所履行的义务有效的凭证，如存款单、借据、收据及定期存款存折等。其特点是，一般不能使持有人或第三者取得相应的收入，只证明持有人拥有特定的权利或发生过特定的行为，不能流通转让，不存在流通价值和价格。

凭证证券又可分为证据证券和占有权证券。

证据证券是指单纯证明某一特定事实的书面凭证，如发票证明该商品为持票人所购买的事实，收据则证明收付行为已经完成的事实。

占有权证券是指单纯证明持有人具有某种合法占有权的书面凭证，如进出口许可证证明持有者拥有可以进出口某种特定商品的权利，而保修单用以证明持有者拥有免费修理商品的权利等。

（二）有价证券

有价证券是指标有票面金额，用于证明持有人或该证券指定的特定主体对特定财产拥有所有权或债权的凭证。这类证券本身没有价值，但由于它代表着一定量的财产权利，持有人可凭该证券直接取得一定量的商品、货币，或是取得利息、股息等收入，因而可以在证券市场上买卖和流通，客观上就有了交易价格。

有价证券是虚拟资本的一种形式。所谓虚拟资本，是指以有价证券形式存在，并能给持有者带来一定收益的资本。虚拟资本是相对独立于实际资本的一种资本存在形式。通常,虚拟资本的价格总额并不等于所代表的真实资本的账面价格,甚至与真实资本的重置价格也不一定相等,其变化并不完全反映实际资本额的变化。

有价证券和无价证券最大的区别是流通性。除此之外,两者的区别还在于有价证券会在流通中产生权益的增减。

有价证券有广义和狭义两种概念。广义的有价证券包括商品证券、货币证券和资本证券。

商品证券是证明持有人享有商品所有权或使用权的凭证,取得这种证券就等于取得这种商品的所有权,如提货单、运货单等。

货币证券是指本身能使持有人取得货币索取权的凭证,如汇票、支票、本票等。

资本证券是指由金融投资或与金融投资有直接联系的活动而产生的证券,持有人有一定的收入请求权,如股票、债券等。

资本证券是有价证券的主要形式,狭义的有价证券一般是指资本证券。在日常生活中,人们通常把狭义的有价证券即资本证券称为有价证券,或直接称为证券。本书即在此意义上使用证券这一概念。

证券的分类可用图 1—1 表示。

- 证券
  - 凭证证券(无价证券)
    - 证据证券:如发票、收据等
    - 占有权证券:如保修单、进出口许可证等
  - 有价证券
    - 商品证券:如提货单、运货单等
    - 货币证券:如期票、汇票、支票等
    - 资本证券:如股票、债券、基金等

图 1—1 证券的分类

三、有价证券的分类与特征

(一)有价证券的分类

1. 按证券发行主体的不同,有价证券可分为政府证券、政府机构证券和公司证券

政府证券通常是指由中央政府或地方政府发行的债券。中央政府债券也称国债,通常由一国财政部发行。地方政府债券由地方政府发行,以地方税或其他收入偿还。

政府机构证券是由经批准的政府机构发行的证券,我国目前将其区分为政府支持债券和政府支持机构债券两种。中央汇金公司发行的债券被认定为政府支持机构债券;自 2011 年 10 月起,我国铁道部发行的中国铁路建设债券被认定为政府支持债券。

公司证券是公司为筹措资金而发行的有价证券。公司证券包括的范围比较广泛,有股票、公司债券及商业票据等。此外,在公司证券中,通常将银行及非银行金融机构发行的证券称为金融证券,其中金融机构债券尤为常见。

2. 按是否在证券交易所挂牌交易,有价证券可分为上市证券与非上市证券

上市证券是指经证券主管机关核准发行,并经证券交易所依法审核同意,允许在证券交易所内公开买卖的证券。

非上市证券是指未申请上市或不符合证券交易所挂牌交易条件的证券。非上市证券不允许在证券交易所内交易,但可以在交易所以外的场外交易市场发行和交易。凭证式国债、电子式储蓄国债、普通开放式基金份额和非上市公众公司的股票属于非上市证券。

3. 按募集方式分类，有价证券可分为公募证券和私募证券

公募证券是指发行人向不特定的社会公众投资者公开发行的证券，审核较严格，并采取公示制度。

私募证券是指向特定的投资者发行的证券，其审查条件相对宽松，投资者也较少，不采取公示制度。目前，我国信托投资公司发行的信托计划以及商业银行和证券公司发行的理财计划均属私募证券。

4. 按证券所代表的权利性质分类，有价证券可分为股票、债券和其他证券三大类

股票和债券是证券市场两个最基本和最主要的品种，其他证券包括基金证券、证券衍生产品等，如金融期货、金融期权、可转换证券、权证等。

（二）有价证券的特征

1. 收益性

证券的收益性是指持有证券本身可以获得一定数额的收益，这是投资者转让资本所有权或使用权的回报。证券代表的是对一定数额的某种特定资产的所有权或债权，投资者持有证券也就同时拥有取得这部分资产增值收益的权利，因而证券本身具有收益性。

2. 流动性

证券的流动性是指证券变现的难易程度。证券具有极高的流动性必须满足三个条件：很容易变现、变现的交易成本极小、本金保持相对稳定。证券的流动性可通过到期兑付、承兑、贴现、转让等方式实现。不同证券的流动性是不同的。

3. 风险性

证券的风险性是指实际收益与预期收益的背离，或者说是证券收益的不确定性。从整体上说，证券的风险与其收益成正比。通常情况下，风险越大的证券，投资者要求的预期收益越高；风险越小的证券，投资者要求的预期收益越低。

4. 期限性

债券一般有明确的还本付息期限，以满足不同筹资者和投资者对融资期限以及与此相关的收益率需求。债券的期限具有法律约束力，是对融资双方权益的保护。股票没有期限，可以视为无期证券。

第二节　证券市场概述

一、证券市场的定义与特征

（一）证券市场的定义

证券市场是股票、债券、投资基金等有价证券发行和交易的场所。它是融通长期资金的市场，是各国资本市场的主体和基础。证券市场是市场经济发展到一定阶段的产物，是为解决资本供求矛盾和流动性而产生的市场。证券市场以证券发行与交易的方式实现了筹资与投资的对接，有效地化解了资本的供求矛盾和资本结构调整的难题。

（二）证券市场的特征

证券市场具有以下三个显著特征：

1. 证券市场是价值直接交换的场所

有价证券都是价值的直接代表，它们本质上是价值的一种直接表现形式。虽然证券交易

的对象是各种各样的有价证券，但由于它们是价值的直接表现形式，所以证券市场本质上是价值的直接交换场所。

2. 证券市场是财产权利直接交换的场所

证券市场上的交易对象是作为经济权益凭证的股票、债券、投资基金等有价证券，它们本身是一定量财产权利的代表，所以，代表着对一定数额财产的所有权或债权以及相关的收益权。证券市场实际上是财产权利的直接交换场所。

3. 证券市场是风险直接交换的场所

有价证券既是一定收益权利的代表，同时也是一定风险的代表。有价证券的交换在转让出一定收益权的同时，也把该有价证券所特有的风险转让出去。因此，从风险的角度分析，证券市场也是风险直接交换的场所。

二、证券市场的分类

（一）发行市场和交易市场

这是按证券进入市场的顺序划分的。

证券发行市场又称一级市场或初级市场，是发行人按照相关的法律规定和发行程序向投资者出售证券筹集资金的场所。证券发行市场通常无固定场所，是一个无形的市场。

证券交易市场又称二级市场、流通市场或次级市场，是已发行的证券通过买卖交易实现流通转让的市场。

证券发行市场和交易市场相互依存、相互制约，是一个不可分割的整体。证券发行市场是交易市场的基础和前提，有了发行市场的证券供应，才有交易市场的证券交易，证券发行的种类、数量和发行方式决定着交易市场的规模和运行。交易市场是证券得以持续扩大发行的必要条件，为证券的转让提供市场条件，使发行市场充满活力。此外，交易市场的交易价格制约和影响着证券的发行价格，是证券发行时需要考虑的重要因素。

（二）股票市场、债券市场、基金市场、衍生产品市场

这是按照交易对象的不同划分的。

股票市场是股票发行和买卖交易的场所。股票市场的发行人为股份有限公司。股份有限公司通过发行股票募集公司的股本，或是在公司营运过程中通过发行股票扩大公司的股本。股票市场交易的对象是股票，股票的市场价格除了与股份公司的经营状况和盈利水平有关外，还受到其他如政治、社会、经济等多方面因素的综合影响，因此，股票价格经常处于波动状态。

债券市场是债券发行和买卖交易的场所。债券的发行人有中央政府、地方政府、中央政府机构、金融机构、公司和企业。债券发行人通过发行债券筹集的资金一般都有期限，债券到期时，债务人必须按时归还本金并支付约定的利息。债券是债权凭证，债券持有者与债券发行人之间是债权债务关系。债券市场交易的对象是债券。债券因有固定的票面利率和期限，因此相对于股票价格而言，市场价格比较稳定。当然，债券存续期变化、市场利率变动、发行人信用状况变化以及其他影响债券供求关系的因素仍然会引起债券价格变动。

基金市场是基金份额发行和流通的市场。封闭式基金在证券交易所挂牌交易，开放式基金则通过投资者向基金管理公司申购和赎回实现流通转让。此外，近年来，全球各主要市场均开设了交易所交易基金（ETF）或上市开放式基金（LOF）交易，使开放式基金也可以在交易所市场挂牌交易。

衍生产品市场是各类衍生产品发行和交易的市场。随着金融创新在全球范围内的不断深

化，衍生产品市场已经成为金融市场不可或缺的重要组成部分。

（三）场内交易市场和场外交易市场

这是按照市场组织形式的不同划分的。

场内交易市场又称为有形市场，是由证券交易所组织的集中交易市场，它有固定的交易场所和交易时间，以符合有关法规的上市证券为交易对象，交易者为具备一定资格的会员证券公司及特定的经纪人和证券商，一般投资者只能通过证券经纪商进行证券买卖。证券交易所制定各种规则，对证券商和投资者的交易活动进行监管，以保证证券交易活动的正常、持续、高效进行。同时，交易所还为投资者提供各种服务，如上市公司资料、财务状况、交易报价、股利分配等。在多数国家，场内交易市场是最重要的证券交易市场。有形市场的诞生是证券市场走向集中化的重要标志之一。

场外交易市场又称为无形市场、柜台交易市场或店头交易市场，指在交易所外进行证券交易的市场。场外交易市场通常没有固定的交易场所，是一种分散的、无形的市场，通过先进的电子交易网络和技术连接起来，交易时间也比较灵活。其交易对象以未上市证券为主，也包括一部分上市证券。投资者既可以委托证券经纪商进行买卖，也可以直接与证券自营商交易，典型的场外交易市场如美国的纳斯达克市场（NASDAQ）。

三、证券市场的功能

证券市场是金融市场极为重要的组成部分，综合反映国民经济运行的各个维度，被称为国民经济的"晴雨表"，客观上为观察和监控经济运行提供了直观的指标，它的功能包括筹资—投资、资本定价和资本配置。

（一）筹资—投资

证券市场的筹资—投资功能是指证券市场一方面为资金需求者提供了通过发行证券筹集资金的机会，另一方面为资金供给者提供了投资对象。在证券市场上交易的任何证券既是筹资的工具，也是投资的工具。在经济运行过程中，既有资金盈余者，又有资金短缺者。资金盈余者为使自己的资金价值增值，必须寻找投资对象；而资金短缺者为了发展自己的业务，就要向社会寻找资金。为了筹集资金，资金短缺者可以通过发行各种证券来达到筹资的目的，资金盈余者则可以通过买入证券而实现投资的目的。筹资和投资是证券市场基本功能不可分割的两个方面，忽视其中任何一个方面都会导致市场的严重缺陷。

（二）资本定价

证券市场的第二个基本功能是为资本决定价格。证券是资本的表现形式，所以证券的价格实际上是证券所代表的资本的价格。证券的价格是证券市场上证券供求双方共同作用的结果。证券市场的运行形成了证券需求者和证券供给者的竞争关系，这种竞争的结果是：能产生高投资回报的资本，市场的需求大，相应的证券价格就高；反之，证券的价格就低。因此，证券市场提供了资本的合理定价机制。

（三）资本配置

证券市场的资本配置功能是指通过证券价格引导资本的流动，从而实现资本合理配置的功能。在证券市场上，证券价格的高低是由该证券所能提供的预期报酬率的高低来决定的。证券价格的高低实际上是该证券筹资能力的反映。能提供高报酬率的证券一般来自经营好、发展潜力巨大的企业，或者是来自新兴行业的企业。由于这些证券的预期报酬率高，其市场价格相应也高，从而筹资能力就强。这样，证券市场就引导资本流向能产生高报酬的企业或行业，使资本产生尽可能高的效率，进而实现资本的合理配置。

四、证券市场的构成要素

证券市场的构成要素包括证券发行人、证券投资人、证券市场中介机构、证券行业自律性组织和证券监管机构。

（一）证券发行人

证券发行人是指为筹措资金而发行股票和债券等证券的发行主体，包括公司（企业）、政府和政府机构。证券发行人是证券发行的主体，如果没有证券发行人，证券发行及其后的证券交易就无从展开，证券市场也就不可能存在。

企业的组织形式可分为独资制、合伙制和公司制。现代公司主要采取股份有限公司和有限责任公司两种形式，其中，只有股份有限公司才能发行股票，而有限责任公司只能发行公司债券来筹集资金。公司发行股票所筹集的资本属于自有资本，无须还本付息，但企业可能会失去一部分经营管理的权利，股利的分配也必须在税后进行；而通过发行债券所筹集的资本属于借入资本，必须还本付息，但有利于维护原股东对企业的所有权，而且利息支出可以计入成本，冲减企业利润，从而减少企业的所得税支出。发行股票和长期公司（企业）债券是公司（企业）筹措长期资本的主要途径，发行短期债券则是补充流动资金的重要手段。随着科学技术的进步和资本有机构成的不断提高，公司（企业）对长期资本的需求将越来越大，所以公司（企业）作为证券发行主体的地位有不断上升的趋势。在公司证券中，通常将银行及非银行金融机构发行的证券称为金融证券。金融机构作为证券市场的发行主体，既发行债券，也发行股票。欧美等西方国家能够发行证券的金融机构一般都是股份公司，所以将金融机构发行的证券归入公司证券。而我国和日本则把金融机构发行的债券定义为金融债券，从而突出了金融机构作为证券市场发行主体的地位，但股份制的金融机构发行的股票并没有定义为金融证券，而是归类于一般的公司股票。

随着国家干预经济理论的兴起，政府（中央政府和地方政府）以及中央政府直属机构已成为证券发行的重要主体之一，但政府发行证券的品种一般仅限于债券。

政府发行债券所筹集的资金既可以用于协调财政资金短期周转、弥补财政赤字、兴建政府投资的大型基础性的建设项目，也可以用于实施某种特殊的政策，在战争期间还可以用于弥补战争费用的开支。

由于中央政府拥有税收、货币发行等特权，通常情况下，中央政府债券不存在违约风险，因此，这一类证券被视为无风险证券，相对应的证券收益率被称为无风险利率，是金融市场上最重要的价格指标。

（二）证券投资人

证券投资人是指通过买入证券而进行投资的各类机构法人和自然人。证券投资人是证券市场的证券购买者和资金供给者，主要包括机构投资者和个人投资者两大类。

1. 机构投资者

机构投资者主要有政府机构、金融机构、企业和事业法人及各类基金等。

政府机构参与证券投资的目的主要是为了调剂资金余缺和进行宏观调控。各级政府及政府机构出现资金剩余时，可通过购买政府债券、金融债券投资于证券市场。

金融机构投资者包括证券经营机构、银行业金融机构、保险经营机构以及合格境外机构投资者（QFII）与合格境内机构投资者（QDII）、主权财富基金、信托投资公司等其他金融机构。

企业可以用自己的积累资金或暂时不用的闲置资金进行证券投资。事业法人可用自有资金和有权自行支配的预算外资金进行证券投资。

各类基金包括证券投资基金、社保基金、企业年金和社会公益基金。

2. 个人投资者

个人投资者是指从事证券投资的社会自然人,他们是证券市场最广泛的投资者。

个人进行证券投资应具备一些基本条件,这些条件包括国家有关法律、法规关于个人投资者投资资格的规定和个人投资者必须具备一定的经济实力。为保护个人投资者利益,对于部分高风险证券产品的投资(如衍生产品),监管法规还要求相关个人具有一定的产品知识并签署书面的知情同意书。

(三)证券市场中介机构

证券市场中介机构是指为证券的发行与交易提供服务的各类机构。在证券市场起中介作用的机构是证券公司和其他证券服务机构,通常把两者合称为证券中介机构。

1. 证券公司

证券公司又称证券商,是指依照《公司法》、《证券法》规定并经国务院证券监督管理机构批准经营证券业务的有限责任公司或股份有限公司。按照《证券法》,证券公司的主要业务包括:证券经纪业务,证券投资咨询业务,与证券交易、证券投资活动有关的财务顾问业务,证券承销和保荐业务,证券自营业务,证券资产管理业务及其他证券业务。

2. 证券服务机构

证券服务机构是指依法设立的从事证券服务业务的法人机构,主要包括证券投资咨询机构、证券登记结算机构、财务顾问机构、资信评级机构、资产评估机构、会计师事务所、律师事务所等。

(四)证券行业自律性组织

自律性组织是指通过自愿组织的行会、协会等形式,制定共同遵守的行业规则和管理制度,自我约束会员行为的一种管理组织。我国证券市场的自律性组织主要包括证券交易所和证券业协会。根据《证券登记结算管理办法》,我国的证券登记结算机构实行行业自律管理。

(五)证券监管机构

证券监管机构是证券市场不可缺少的组成部分。在我国,证券监管机构是指中国证监会及其派出机构。中国证监会是国务院直属的证券监督管理机构,按照国务院的授权和依照相关法律法规对证券市场进行集中、统一监管。它的主要职责是:依法制定有关证券市场监督管理的规章、规则,负责监督有关法律法规的执行,负责保护投资者的合法权益,对全国的证券发行、证券交易、中介机构的行为等依法实施全面监管,维持公平而有序的证券市场。

五、证券市场监管

(一)证券市场监管的含义与目标

证券市场监管是指证券管理机关运用法律的、经济的以及必要的行政手段,对证券的募集、发行、交易等行为以及证券投资中介机构的行为进行监督和管理。证券市场监管是一国宏观经济监管体系中不可缺少的组成部分,对证券市场的健康发展意义重大。

国际证监会组织公布了证券监管的三个目标:一是保护投资者;二是保证证券市场的公平、效率和透明;三是降低系统性风险。借鉴国际标准并根据我国的具体情况,我国证券市场监管的目标是:运用和发挥证券市场机制的积极作用,限制其消极作用;保护投资者利益,保障合法的证券交易活动，监督证券中介机构依法经营；防止人为操纵、欺诈等不法行为，维持证券市场的正常秩序；根据国家宏观经济管理的需要，运用灵活多样的方式，调控证券市场与证券交易规模，引导投资方向，使之与经济发展相适应。

（二）证券市场监管机构

我国证券市场监管机构是由中国证券监督管理委员会及其派出机构组成的。

中国证券监督管理委员会（简称中国证监会）是国务院直属机构，是全国证券、期货市场的主管部门，按照国务院授权履行行政管理职能，依照相关法律法规对全国证券、期货市场实行集中统一监管，维护证券市场秩序，保障其合法运行。中国证监会成立于 1992 年 10 月。

中国证监会在上海、深圳等地设立 9 个稽查局，在各省、自治区、直辖市、计划单列市共设立 36 个证监局。其主要职责是：认真贯彻、执行国家有关法律法规和方针政策，依据中国证监会的授权对辖区内的上市公司，证券、期货经营机构，证券、期货投资咨询机构和从事证券业务的律师事务所、会计师事务所、资产评估机构等中介机构的证券业务活动进行监督管理；依法查处辖区内前述监管范围的违法、违规案件，调解证券、期货业务纠纷和争议，以及中国证监会授予的其他职责。

（三）证券市场监管的原则

证券市场监管必须遵循依法监管原则、保护投资者利益原则、“三公”原则、监督与自律相结合的原则。

（四）证券市场监管的重点内容

证券市场监管的内容十分广泛，从各国证券市场监管的实践来看，绝大多数国家普遍从两个角度来划分证券市场监管的主要内容：一是按照证券市场的构成划分为证券发行市场的监管和证券交易市场的监管；二是按照监管要素划分为上市公司的监管、证券交易所的监管、证券经营机构的监管、证券从业人员的监管和证券投资者的监管。此外，证券违法行为将直接影响证券市场的稳定和投资者的利益，所以，各国均对此进行独立监管。概括起来有以下几个方面：

（1）对证券发行及上市的监管。证券发行市场的监管是指证券监管部门对证券发行的审查、核准、注册和监控。

（2）对证券交易市场的监管。实行信息公开制度，组织公平的集中交易，公布即时行情，制作公布证券市场行情表；对操纵市场行为、欺诈客户行为、内幕交易行为进行监管。

（3）对上市公司的监管。包括信息披露、公司治理和并购重组的监管，其中信息披露的监管是对上市公司日常监管的主要内容。信息披露的主要内容包括招股说明书与上市公告书、定期报告（上市公司应当在每一会计年度结束之日起 4 个月内披露年度报告，应当在每一会计年度的上半年结束之日起 2 个月内披露半年度报告，应当在每一会计年度第 3 个月、第 9 个月结束后的 1 个月内披露季度报告）和临时报告。

（4）对证券经营机构的监管。包括证券经营机构准入、证券公司的业务及日常活动的监管。

本章小结

证券是指各类记载并代表了一定权利的法律凭证。证券具备的两个最基本的特征是法律特征和书面特征。证券按其性质不同可分为凭证证券和有价证券。凭证证券又称无价证券，一般不能转让。广义的有价证券包括商品证券、货币证券和资本证券。狭义的有价证券一般是指资本证券。人们通常所说的证券指的就是有价证券中的资本证券。

有价证券的本质是虚拟资本，具有收益性、流动性、风险性和期限性的特征。有价证券的种类多种多样。

证券市场是股票、债券、投资基金等有价证券发行和交易的场所。按照职能的不同证券市场可以分为发行市场和交易市场，发行市场又称一级市场或初级市场，交易市场又称二级市场、流通市场或次级市场；按照交易对象的不同可以分为股票市场、债券市场、基金市场和衍生产品市场；按照市场组织形式的不同可以分为场内交易市场和场外交易市场，场内交易市场又称有形市场，场外交易市场又称无形市场、柜台交易市场或店头交易市场。

证券市场是现代金融体系的重要组成部分，也是金融市场的核心和焦点。证券市场具有筹资—投资、资本定价和资本配置三项功能。证券市场监管是证券市场有序运行的重要保障。

知识测试

一、单项选择题

1. 证券是指各类记载并代表一定权利的(　　)。
   A. 书面凭证　B. 法律凭证　C. 收入凭证　D. 资本凭证
2. 有价证券是(　　)的一种形式。
   A. 商品证券　B. 权益资本　C. 虚拟资本　D. 债务资本
3. 按证券的募集方式不同，有价证券可分为(　　)。
   A. 上市证券和非上市证券　B. 国内证券和国际证券
   C. 公募证券和私募证券　D. 固定收益证券和变动收益证券
4. 提货单表明了持有人有权得到该提货单所标明物品的所有权，说明提货单是一种(　　)。
   A. 商品证券　B. 货币证券　C. 金融证券　D. 资本证券
5. 有价证券按照(　　)可分为股票、债券和其他证券三大类。
   A. 证券所代表的权利性质　B. 发行主体
   C. 收益是否固定　D. 违约风险
6. (　　)是指向特定的投资者发行的证券，其审查条件相对宽松，投资者也较少，不采取公示制度。
   A. 国际证券　B. 特定证券
   C. 私募证券　D. 固定收益证券
7. 狭义的有价证券是指(　　)。
   A. 商品证券　B. 货币证券　C. 资本证券　D. 银行证券
8. 商业汇票属于(　　)。
   A. 商品证券　B. 有价证券　C. 资本证券　D. 货币证券
9. 证券的流动性不能通过(　　)方式实现。
   A. 贴现　B. 记账　C. 转让　D. 承兑
10. 证券持有者面临实际收益与预期收益的背离，或者说是证券收益的不确定性，这表明证券具有(　　)。

A. 期限性　B. 风险性　C. 流动性　D. 收益性

11. 有价证券本身(　　)。

A. 没有价格,有价值　B. 有使用价值,但没有价值

C. 没有使用价值,但有价值　D. 没有价值,但有价格

12. 按是否在证券交易所挂牌交易,有价证券可分为(　　)。

A. 上市证券和非上市证券　B. 上市证券和挂牌证券

C. 挂牌证券和公开证券　D. 场内证券和场外证券

13. 证券价格的高低是由该证券所能提供的(　　)的高低来决定的。

A. 红利收入　B. 溢价收入　C. 利息收入　D. 预期报酬率

14. 按交易活动是否在固定场所进行,证券市场可以分为(　　)。

A. 股票市场和债券市场　B. 发行市场和流通市场

C. 场内市场和场外市场　D. 国内市场和国际市场

15. 证券市场的基本功能不包括(　　)。

A. 筹资—投资功能　B. 资本定价功能

C. 资本配置功能　D. 规避风险功能

16. 下列不属于证券市场显著特征的选项是(　　)。

A. 证券市场是价值直接交换的场所　B. 证券市场是财产权利直接交换的场所

C. 证券市场是价值实现增值的场所　D. 证券市场是风险直接交换的场所

17. 证券发行人是指为筹措资金而发行债券、股票等证券的发行主体,其主要包括(　　)。

A. 政府和政府机构、公司　B. 中央政府、地方政府、公司

C. 政府和中央银行、公司企业　D. 政府、金融机构、财政部、公司

18. 我国证券市场的自律性组织主要包括证券业协会和(　　)。

A. 证券公司　B. 证券交易所　C. 中国证监会　D. 投资俱乐部

19. 整个证券市场的核心是(　　)。

A. 证券发行人　B. 证券交易所　C. 中国证监会　D. 国务院

20. 证券市场上最活跃的机构投资者是(　　)。

A. 商业银行　B. 证券经营机构　C. 保险公司　D. 基金公司

二、多项选择题

1. 下列关于有价证券的表述中,错误的有(　　)。

A. 有价证券一般标有票面金额

B. 有价证券是虚拟资本的一种形式

C. 有价证券的价格应当等于所代表的真实资本的账面价格

D. 有价证券的价格应当等于所代表的真实资本的重置价格

2. 公募证券与私募证券的不同之处在于(　　)。

A. 审核的严格程度不同　B. 发行对象特定与否

C. 采取公示制度与否　D. 证券公开发行与否

3. 合格境外机构投资者在经批准的投资额度内,可以投资于中国证监会批准的人民币金

融工具的有（　　）。

A. 在证券交易所挂牌交易的股票　B. 在证券交易所挂牌交易的债券
C. 证券投资基金　D. 在证券交易所挂牌交易的权证

4. 以下属于货币证券的有（　　）。

A. 商业汇票　B. 商业本票　C. 银行汇票　D. 金融债券

5. 有价证券特征包括（　　）等方面。

A. 流动性　B. 收益性　C. 风险性　D. 期限性

6. 证券具有极高的流动性必须满足的条件有（　　）。

A. 很容易变现　B. 变现的交易成本极小
C. 本金保持相对稳定　D. 变现的交易成本高

7. 从一般意义上说，下列各项中属于证券的作用的有（　　）。

A. 反映了一种权利义务关系　B. 是持有者的财产权利证明
C. 是证明或设定权利的书面凭证　D. 表明持有人拥有某种特定权益

8. 证券投资的构成要素有（　　）。

A. 主体　B. 客体　C. 环境　D. 时间

9. 发行人以筹资为目的，按照一定的法律规定和发行程序，向投资者出售新证券所形成的市场称为（　　）。

A. 一级市场　B. 场外市场　C. 初级市场　D. 场内市场

10. 在证券市场中，发行市场与交易市场的关系是（　　）。

A. 交易市场是发行市场的前提　B. 发行市场是交易市场的前提
C. 交易市场是发行市场的基础　D. 发行市场是交易市场的基础

11. 在证券市场中起中介作用的机构主要有（　　）。

A. 证券登记结算公司　B. 证券公司
C. 会计师事务所　D. 律师事务所

12. 可参与证券投资的金融机构包括（　　）。

A. 证券经营机构　B. 银行业金融机构
C. 保险经营机构　D. 企业集团财务公司

13. 中国证监会是全国（　　）的监管部门。

A. 期货市场　B. 证券市场　C. 货币市场　D. 外汇市场

14. 我国证券业的自律性监管机构有（　　）。

A. 证券交易所　B. 证券公司　C. 证券业协会　D. 中央金融工委

15. 证券市场监管应当坚持（　　）的原则。

A. 依法管理　B. 保护投资者利益
C.“三公”　D. 监督与自律相结合

三、判断题

1. 证券是指用以证明或设定权利所做出的书面凭证。（　　）

2. 证券的流动性不能通过承兑的方式实现。（　　）

3. 按证券发行主体的不同，有价证券可分为股票、债券和其他证券三大类。（　　）

4. 参加证券从业人员资格考试的人员，违反考场纪律，扰乱考场秩序的，在3年内不得参

加资格考试。（　　）

5. 证券从业人员不得违规向客户做出投资不受损失的承诺，但是可以根据具体情况向客户做出保证最低收益的承诺。（　　）

6. 在货币证券中，由银行发行的股票、债券均属于银行证券。（　　）

7. 证券的收益性是指证券变现的难易程度。（　　）

8. 有价证券具有收益性，因此本身具有一定的价值。（　　）

9. 购物券是一种有价证券。（　　）

10. 证券市场是价值、财产权利、风险直接交换的场所。（　　）

11. 证券发行市场也称为一级市场或者初级市场。（　　）

12. 场外交易市场是指为不能在证券交易所上市交易的证券提供流通转让的场所。（　　）

13. 任何单位和个人未经中国证监会的批准，均不得经营证券业务。（　　）

14. 证券公司是一种证券市场中介机构。（　　）

15. 合格境外机构投资者可以参与新股发行、股票增发和配股的申购。（　　）

课外导航

1. 中华人民共和国公司法(2018 年修订)
2. 中华人民共和国证券法(2019 年修订)
3. 中华人民共和国证券投资基金法(2012 年修订)

第二章 证券投资工具

【学习目标】

1. 掌握股票、债券、基金及主要金融衍生工具的概念、特点和分类。
2. 理解股票价格指数的概念、编制步骤与计算方法。
3. 了解股票、债券、基金的区别。

【开篇案例】

“股神”巴菲特

沃伦·巴菲特素有“股神”之称，他被誉为有史以来最伟大的投资家。他凭借自己独特的投资理念纵横于资本市场，依靠对股票、外汇市场的投资成为世界有名的大富翁。40 年来，他的公司取得了 4 000 多倍的投资收益率。2008 年的《福布斯》排行榜上，他的财富超过比尔·盖茨，成为世界首富，总资产高达 620 亿美元。在 2016 年发布的《胡润全球富豪榜》上，巴菲特的财富值位居第二，高达 4 500 亿元。

1930 年 8 月 30 日，巴菲特出生于美国内布拉斯加州的奥马哈市。巴菲特从小就极具投资意识，他钟情于股票和数字的程度远远超过了家族中的任何人。他满肚子都是挣钱的道儿，5 岁时就在家中摆地摊兜售口香糖，8 岁时开始阅读父亲留在家里的有关股市的书籍。稍大后他带领小伙伴到球场捡大款用过的高尔夫球，然后转手倒卖，生意颇为红火。上中学时，除利用课余做报童外，他还与伙伴合伙将弹子球游戏机出租给理发店老板们，挣取外快。1941 年，刚刚步入 11 岁，他便跃身股海，购买了平生第一张股票。

1947 年，巴菲特进入宾夕法尼亚大学攻读财务和商业管理。但此时的他已经不满足于纯粹的理论学习，因此两年后他离开宾夕法尼亚大学转而考入哥伦比亚大学金融系，师从著名的投资学家本杰明·格雷厄姆。格雷厄姆反对投机，主张通过分析企业的盈利情况、资产情况及未来前景等因素来评价股票。这一点对巴菲特后来的影响至关重要。1951 年，21 岁的巴菲特学成毕业，他获得了最高级别的 A+成绩。

大学毕业后，巴菲特寻找工作却屡次碰壁，毕业几年一直没有找到合适的工作。1956 年，他回到家乡，发誓要在 30 岁前成为百万富翁。他说服了一些亲朋好友共同出资 10 万美元组建了“巴菲特有限公司”，这其中有他的100美元。创业之初的巴菲特投资非常谨慎，他每天的工作就是躲在家中研究上市公司的财务资料，从中寻找价值被低估的公司，然后确定投资方向。凭借自己的努力，到1957年年底，他掌管的资金已经达到50万美元。

1962年，巴菲特将他与合伙人合开的几个公司合并为一个，名称为“巴菲特合伙人有限公司”，公司资本达到了720万美元，其中有100万美元属于巴菲特个人。1968年，巴菲特公司的股票取得了它历史上最好的成绩：增长了59%；而同时期道琼斯指数才增长了9%。巴菲特掌管的资金上升至1.04亿美元，而他个人的资产则达到了2 500万美元。

1968年5月，正当股市一路凯歌的时候，巴菲特却通知合伙人，他要隐退了。因为他发现，股市的投机情绪越来越严重，他已经很难找到具有投资价值的股票了。随后，他逐渐清算了巴菲特合伙人公司的几乎所有的股票。1969年6月，股市急转直下，渐渐演变成了股灾，到1970年5月，每种股票都要比上年初下降50%，甚至更多。1970—1974年，美国股市没有一丝生气，持续的通货膨胀和低经济增长使美国经济进入了“滞胀”时期。然而，巴菲特却暗自欣喜，因为他看到了已经有很多股票的价值被低估。1972年，巴菲特又盯上了报刊业。从1973年开始，他暗暗地在股市上购进《波士顿环球报》和《华盛顿邮报》的股票。10年之后，巴菲特投入的1 000万美元升值为2亿美元。1980年，他用1.2亿美元以每股10.96美元的单价，买进可口可乐7%的股份。到1985年，可口可乐股票已涨至51.5美元，是买入价的5倍。巴菲特执掌公司的股价在过去20年中累计上涨约1 173%，而同期标普500指数的累计涨幅只有253%。

巴菲特在整个投资生涯中始终坚持价值投资理念。其投资理念精华可以总结为“三要三不要”。

三要：一要投资那些始终把股东利益放在首位的企业。他总是青睐那些经营稳健、讲究诚信、分红回报高的企业，以最大限度地避免股价波动，确保投资的保值和增值。而对于总想利用配股、增发等途径榨取投资者血汗的企业一概拒之门外。二要投资资源垄断型行业。从他的投资构成来看，道路、桥梁、煤炭、电力等资源垄断型企业占了相当大份额，这类企业一般是外资入市购并的首选，同时独特的行业优势也能确保效益的平稳。三要投资易了解和前景看好的企业。他认为凡是投资的股票必须是自己了如指掌，并且是具有较好行业前景的企业。不熟悉、前途莫测的企业即使被说得天花乱坠也毫不动心。

三不要：一不要贪婪。1969年整个华尔街进入了投机的疯狂阶段，面对连创新高的股市，巴菲特却在手中股票涨到20%的时候就非常冷静地悉数全抛。二不要跟风。2000年全世界股市出现了所谓的网络概念股，巴菲特却称自己不懂高科技，没法投资。一年后全球出现了高科技网络股股灾。三不要投机。巴菲特始终坚持长期持有，他常说的一句口头禅是：拥有一只股票，期待它下个早晨就上涨是十分愚蠢的。

（资料来源：笔者根据有关公开资料整理）

请思考：巴菲特创造财富传奇的秘诀究竟是什么？从巴菲特的投资实践中，我们能学到什么？你想成为下一个巴菲特吗？

第一节　股　票

一、股票的概念

股票是一种有价证券，它是股份有限公司发行的，用以证明投资者的股东身份和权益，并据以获取股息和红利的凭证。

股份有限公司的资本划分为股份，每一股份的金额相等。公司的股份采取股票的形式。股份的发行实行公平、公正的原则，同种类的每一股份具有同等权利。股票一经发行，购买股票的投资者即成为公司的股东，股票实质上代表了股东对股份公司的所有权。股东凭借股票可以获得公司的股息和红利，参加股东大会并行使自己的权利，同时也承担相应的责任与风险。

股票作为一种所有权凭证，具有一定的格式。我国《公司法》规定，股票采用纸面形式或国务院证券管理部门规定的其他形式。股票应载明的事项主要有公司名称、公司登记成立的日期、股票种类、票面金额及代表的股份数、股票的编号。股票由法定代表人签名，公司盖章。发起人的股票应当标明“发起人股票”字样。

二、股票的性质与特征

(一)股票的性质

1. 股票是有价证券

有价证券是财产价值和财产权利的统一表现形式。持有有价证券，一方面表示拥有一定价值量的财产，另一方面也表明有价证券持有人可以行使该证券所代表的权利。股票具有有价证券的特征：第一，虽然股票本身没有价值，但股票是一种代表财产权的有价证券，它包含着股东具有依其持有的股票要求股份公司按规定分配股息和红利的请求权。第二，股票与它代表的财产权有不可分离的关系。换言之，行使股票所代表的财产权，必须以持有股票为条件，股东权利的转让应与股票占有的转移同时进行，股票的转让就是股东权的转让。

2. 股票是要式证券

股票应记载一定的事项，其内容要全面真实，表现为股票的制作程序、记载的内容和记载方式都必须符合法律和公司章程的规定。如果股票记载的内容欠缺或不真实，缺少规定的要件，股票就无法律效力。

3. 股票是证权证券

证券可以分为设权证券和证权证券。设权证券是指证券所代表的权利本来不存在，而是随着证券的制作而产生，即权利的产生是以证券的制作和存在为条件的。证权证券是指证券是权利的一种物化的外在形式，它是权利的载体，权利是已经存在的。股票代表的是股东的权利，它的发行是以股份的存在为条件的，股票只是把已经存在的股东权利表现为证券的形式，它的作用不是创造股东的权利，而是证明股东的权利。股东权利可以不随股票的损毁或遗失而消失，股东可以依照法定程序要求公司补发新的股票。因此，股票是证权证券。

4. 股票是资本证券

发行股票是股份公司筹措自有资本的手段。因此，股票是投入股份公司资本份额的证券化，属于资本证券。但是，股票又不是一种现实的资本，股份公司通过发行股票筹措的资金，是公司用于营运的真实资本。股票独立于真实资本之外，在股票市场上进行着独立的价值运动，是一种虚拟资本。

5. 股票是综合权利证券

股票不属于物权证券，也不属于债权证券，而是一种综合权利证券。物权证券是指证券持有者对公司的财产具有直接支配处理权的证券；债权证券是指证券持有者为公司债权人的证券。股票持有者作为股份公司的股东，享有独立的股东权利。换言之，当公司股东将出资交给公司后，股东对其出资财产的所有权就转化为股东权（股权）了。股东权是一种综合权利，股东依法享有资产收益、重大决策、选择管理者等权利。股东虽然是公司财产的所有人，享有种种权利，但对于公司的财产不能直接支配处理，而对财产的直接支配处理是物权证券的特征，所以股票不是物权证券。另外，一旦投资者购买了公司股票，即成为公司部分财产的所有人，但该所有人在性质上是公司内部的一分子，而不是与公司对立的债权人，所以股票也不是债权证券。

（二）股票的特征

1. 收益性

收益性是股票最基本的特征，它是指持有股票可以为持有人带来收益的特性。持有股票的目的在于获取收益。股票的收益体现在两个方面：一是来自股份公司的投资收益。股东凭自己持有的股票，有权从公司领取股息和红利，获取投资的收益。股息和红利的多少，取决于公司的盈利水平和盈利分配政策。二是来自股票流通的投机收益，即买卖的差价。通过低价买入、高价卖出股票，投资者可以赚取差价利润。这种差价收益称为资本利得。

2. 风险性

股票风险的内涵是股票投资收益的不确定性，或者说实际收益与预期收益之间的偏离。投资者在买入股票时，对其未来收益会有一个预期，但真正实现的收益可能会高于或低于原先的预期，这就是股票的风险。很显然，风险是一个中性概念，风险不等于损失，高风险的股票可能给投资者带来较大损失，也可能带来较大的收益，这就是“高风险高收益”的含义。由此可见，股票的风险性与收益性不仅并存，而且是对称的。从理论上讲，股票收益的大小与风险大小成正比。

3. 流动性

流动性又称变现性，是指股票可以通过依法转让而变现的特性，即在本金保持相对稳定、变现的交易成本很小的条件下，股票很容易变现的特性。股票持有人不能从公司退股，但股票转让为其提供了变现的渠道。流动性是股票的生命力所在。在我国，凡是在上交所和深交所买卖的股票都具有极强的流动性。只要交易所开市都能够很方便地买入卖出，完全可以根据投资者的需要随时变现。

需要注意的是，由于股票的转让可能受各种条件或法律政策的限制，因此，并非所有股票都具有相同的流动性。通常情况下，大盘股流动性强于小盘股，上市公司股票的流动性强于非上市公司股票，而上市公司股票又可能因市场或监管原因而受到转让限制，从而具有不同程度的流动性。

4. 永久性

永久性是指股票所载有权利的有效性是始终不变的，因为它是一种无期限的法律凭证。股票的有效期与股份公司的存续期间相联系，两者是并存的关系。这种关系实质上反映了股东与股份公司之间比较稳定的经济关系。股票代表着股东的永久性投资，当然股票持有者可以出售股票而转让其股东身份，而对于股份公司来说，由于股东不能要求退股，所以通过发行股票募集到的资金，在公司存续期间是一笔稳定的自有资本。

5. 参与性

参与性是指股票持有人有权参与公司重大决策的特性。股票持有人作为股份公司的股东，有权出席股东大会，行使对公司经营决策的参与权。股东参与公司重大决策权利的大小通常取决于其持有股份数量的多少，如果某股东持有的股份数量达到决策所需要的有效多数时，就能实质性地影响公司的经营方针。

三、股票的分类

根据分类方法不同，股票可以分为很多种，名称也各异。常见的股票类型有以下几种。

(一)普通股票和优先股票

这是按股东享有权利的不同划分的。

1. 普通股票

普通股票是股份有限公司最基本、最常见的一种股票，其持有者享有股东的基本权利和义务。普通股票的股利完全随公司盈利的高低而变化。在公司盈利较多时，普通股票股东可获得较高的股利收益，但在公司盈利和剩余财产的分配顺序上列在债权人和优先股票股东之后，其承担的风险也较高。

普通股票是标准的股票，通过发行普通股票所筹集的资金，成为股份公司注册资本的基础。我国《公司法》规定，股东可以用货币出资，也可以用实物、知识产权、土地使用权等可以用货币估价并可以依法转让的非货币财产作价出资；但是，法律、行政法规规定不得作为出资的财产除外。股份有限公司成立后，即向股东正式交付股票。普通股票的持有者是股份公司的基本股东，按照我国《公司法》的规定，公司股东依法享有资产收益、参与重大决策和选择管理者等权利。

(1)公司重大决策参与权。股东基于股票的持有而享有股东权，这是一种综合权利，其中首要的是可以以股东身份参与股份公司的重大事项决策。作为普通股票股东，行使这一权利的途径是参加股东大会行使表决权。股东大会一般每年定期召开一次，当出现董事会认为必要、监事会提议召开、单独或者合计持有公司10%以上股份的股东请求等情形时，也可召开临时股东大会。股份公司召开股东大会，应当保证普通股票股东享有出席会议的平等权利。股东会议由股东按出资比例行使表决权，但公司章程另有规定的除外。股东出席股东大会，所持每一股份有一表决权。股东大会做出决议，必须经出席会议的股东所持表决权过半数通过。但是，股东大会作出修改公司章程、增加或减少注册资本的决议，以及公司合并、分立、解散或者变更公司形式的决议，必须经出席会议的股东所持表决权的2/3以上通过。

(2)公司资产收益权和剩余资产分配权。普通股票股东拥有公司盈余和剩余资产分配权，这一权利直接体现了其在经济利益上的要求。这一要求又可以表现为两个方面：一是普通股票股东有权按照实缴的出资比例分取红利，但是全体股东约定不按照出资比例分取红利的除外；二是普通股票股东在股份公司解散清算时，有权要求取得公司的剩余资产。

普通股票股东行使资产收益权有一定的限制条件。第一，法律上的限制。一般原则是：股份公司只能用留存收益支付红利；红利的支付不能减少其注册资本；公司在无力偿债时不能支付红利。我国有关法律规定，公司缴纳所得税后的利润，在支付普通股票的红利之前，应按如下顺序分配:弥补亏损;提取法定公积金;提取任意公积金。可见,普通股票股东能否分到红利以及分得多少,取决于公司的税后利润多少以及公司未来发展的需要。第二,其他方面的限制,如公司对现金的需要、股东所处的地位、公司的经营环境、公司进入资本市场获得资金的能力等。

(3)其他权利。除了上述两种基本权利外,普通股票股东还可以享有由法律和公司章程所规定的其他权利。我国《公司法》规定,股东还有以下主要权利:第一,股东有权查阅公司章程、股东名册、公司债券存根、股东大会会议记录、董事会会议决议、监事会会议决议、财务会计报告,对公司的经营提出建议或者质询。第二,股东持有的股份可依法转让。股东转让股份应在依法设立的证券交易场所进行或按照国务院规定的其他方式进行。公司发起人、董事、监事、高级管理人员的股份转让受《公司法》和公司章程的限制。第三,公司为增加注册资本发行新股时,股东有权按照实缴的出资比例认购新股。股东大会应对向原有股东发行新股的种类及数额做出决议。股东的这一权利又被称为"优先认股权"或"配股权"。

优先认股权是指当股份公司为增加公司资本而决定增加发行新的股票时,原普通股票股东享有的按其持股比例,以低于市价的某一特定价格优先认购一定数量新发行股票的权利。赋予股东这种权利有两个主要目的:一是能保证普通股票股东在股份公司中保持原有的持股比例;二是能保护原普通股票股东的利益和持股价值。因为当公司增资扩股后,在一段时间内,公司的每股税后净利会因此而摊薄,原普通股票股东以优惠价格优先购买一定数量的新股,可从中得到补偿或取得收益。享有优先认股权的股东可以有三种选择:一是行使此权利来认购新发行的普通股票;二是将该权利转让给他人,从中获得一定的报酬;三是不行使此权利而听任其过期失效。普通股票股东是否具有优先认股权,取决于认购时间与股权登记日的关系。股份公司在提供优先认股权时会设定一个股权登记日,在此日期前认购普通股票的,该股东享有优先认股权;在此日期后认购普通股票的,该股东不享有优先认股权。前者称为"附权股"或"含权股",后者称为"除权股"。

2. 优先股票

优先股票与普通股票相对应,是指股东享有某些优先权利(如优先分配公司盈利和剩余资产权)的股票。相对于普通股票而言,优先股票在其股东权利上附加了一些特殊条件,是特殊股票中最重要的一个品种。优先股票的内涵可以从两个不同的角度来认识:一方面,优先股票作为一种股权证书,代表着对公司的所有权。这一点与普通股票一样,但优先股票股东又不具备普通股票股东所具有的基本权利,它的有些权利是优先的,有些权利又受到限制。另一方面,优先股票也兼有债权的若干特点,它在发行时事先确定固定的股息率,像债券的利息率事先固定一样。优先股票是一种特殊的股票,虽然它不是股票的主要品种,但是它的存在对股份公司和投资者来说仍有一定的意义。

优先股票与普通股票相比具有以下特征:

(1)股息率固定。普通股票的股息是不固定的,它取决于股份公司的经营状况和盈利水平;而优先股票在发行之时就约定了固定的股息率,无论公司经营状况和盈利水平如何变化,该股息率不变。

(2)股息分派优先。在股份公司盈利分配顺序上,优先股票排在普通股票之前。各国公司法对此一般都规定,公司盈利首先应支付债权人的本金和利息,缴纳税金;其次是支付优先股股息;最后才分配普通股股利。因此,从风险的角度看,优先股票的风险小于普通股票。

(3)剩余资产分配优先。当股份公司因破产或解散进行清算时,在对公司剩余资产的分配上，优先股股东排在债权人之后、普通股股东之前。也就是说，优先股股东可优先于普通股股东分配公司的剩余资产，但一般是按优先股票的面值清偿。

(4)一般无表决权。优先股股东权利是受限制的，最主要的是表决权限制。普通股股东参与股份公司的经营决策主要通过参加股东大会行使表决权，而优先股股东在一般情况下没有投票表决权，不享有公司的决策参与权。只有在特殊的情况下，如果讨论涉及优先股股东权益的议案时他们才能行使表决权。

(二)记名股票和无记名股票

这是按股票是否记载股东姓名划分的。

1. 记名股票

记名股票是指在股票票面和股份公司的股东名册上记载股东姓名的股票。在很多国家的公司法中，对记名股票的有关事项做出了具体规定。一般来说，如果股票是归某人单独所有，应记载持有人的姓名；如果股票是以国家授权投资的机构或者法人所持有，则应记载国家授权投资的机构或者法人的名称；如果股票持有人因故改换姓名或者名称，就应到公司办理变更姓名或者名称的手续。我国《公司法》规定，股份有限公司向发起人、国家授权投资的机构、法人发行的股票，应当是记名股票，并应当记载该发起人、机构或者法人的名称，不得另立户名或者以代表人的姓名记名。向社会公众发行的股票，可以是记名股票，也可以是无记名股票。发行记名股票的，应当置备股东名册，记载下列事项：股东的姓名或者名称及住所、各股东所持股份数、各股东所持股票的编号、各股东取得股份的日期。

记名股票具有的特点是：股东权利归属于记名股东；可以一次或分次缴纳出资；转让相对复杂；便于挂失，相对安全。

我国目前发行的股票都是记名股票。

2. 无记名股票

无记名股票是指在股票票面和股份公司股东名册上均不记载股东姓名的股票。无记名股票也称不记名股票，它与记名股票相比，差别不是在股东权利等方面，而是在股票记载方式上。无记名股票发行时一般留有存根联，它在形式上分为两部分：一部分是股票的主体，记载了有关公司的事项，如公司名称、股票所代表的股数等；另一部分是股息票，用于进行股息结算和行使增资权利。我国《公司法》规定，发行无记名股票的，公司应当记载其股票数量、编号及发行日期。

无记名股票具有的特点是：股东权利归属于股票的持有人；认购股票时要求一次缴纳出资；转让相对简便；安全性较差。

(三)有面额股票和无面额股票

这是按股票是否在票面上标明金额划分的。

1. 有面额股票

有面额股票是指在股票票面上记载一定金额的股票。这一记载的金额也称为票面金额、票面价值或股票面值。股票票面金额的计算方法是用资本总额除以股份数，而实际上很多国家通过法规予以直接规定，而且一般是限定了这类股票的最低票面金额。另外，同次发行的有面额股票的每股票面金额是相等的，票面金额一般以国家的主币为单位。大多数国家的股票都是有面额股票。

有面额股票具有的特点是：可以明确表示每一股所代表的股权比例；为股票发行价格的确定提供依据。

我国《公司法》规定，股票发行价格可以按票面金额，也可以超过票面金额，但不得低于票面金额。

目前，我国上市的股票都是有面额股票，除少数股票外，如紫金矿业面额为0.1元、洛阳钼业面额为0.2元，绝大部分股票的面额均为1元。

2. 无面额股票

无面额股票也称为比例股票或份额股票，是指在股票票面上不记载股票面额，只注明它在公司总股本中所占比例的股票。无面额股票的价值随股份公司每股净资产和预期每股收益的增减而相应增减。公司净资产和预期收益增加，每股价值上升；反之，公司净资产和预期收益减少，每股价值下降。无面额股票淡化了票面价值的概念，与有面额股票的差别仅在表现形式上，即无面额股票代表着股东对公司资本总额的投资比例。20世纪早期，美国纽约州最先通过法律，允许发行无面额股票，以后美国其他州和其他一些国家也相继仿效，但目前世界上很多国家(包括中国)的公司法规定不允许发行这种股票。

无面额股票具有的特点是：发行或转让价格较灵活；便于股票分割。

（四）我国的股票类型

1. 国家股、法人股、社会公众股和外资股

这是按股票投资主体的不同性质划分的。

(1)国家股。国家股是指有权代表国家投资的部门或机构以国有资产向公司投资形成的股份，包括公司现有国有资产折算成的股份。在我国企业股份制改造中，原来一些全民所有制企业改组为股份公司，从性质上讲，这些全民所有制企业的资产属于国家所有，因此，在改组为股份公司时，就折成国家股。另外，国家对新组建的股份公司进行投资，也构成了国家股。国家股由国务院授权的部门或机构持有，或根据国务院的规定，由地方人民政府授权的部门或机构持有，并委派股权代表。

(2)法人股。法人股是指企业法人或具有法人资格的事业单位和社会团体以其依法可支配的资产投入公司形成的股份。法人股是法人经营自身财产的一种投资行为。法人股股票必须以法人记名。

如果是具有法人资格的国有企业、事业单位及其他单位以其依法可支配的法人资产向独立于自己的股份公司出资形成或依法定程序取得的股份，则可称为国有法人股。国有法人股也属于国有股权。

作为发起人的企业法人或具有法人资格的事业单位和社会团体在认购股份时，可以用货币出资，也可以用其他形式的资产，如实物、工业产权、非专利技术、土地使用权等作价出资。但对其他形式资产必须进行评估作价，核实财产，不得高估或者低估作价。

(3)社会公众股。社会公众股是指股份公司采用募集设立方式设立时向社会公众募集的股份。我国《公司法》规定，公司申请股票上市的条件之一是：向社会公开发行的股份达到公司股份总数的25%以上；公司股本总额超过人民币4亿元的，向社会公开发行股份的比例为10%以上。

(4)外资股。外资股是指股份公司向外国和我国香港、澳门、台湾地区投资者发行的股票。这是我国股份公司吸收外资的一种方式。外资股按上市地域的不同，可以分为境内上市外资股和境外上市外资股。

境内上市外资股是指股份有限公司向境外投资者募集并在我国境内上市的股份。这类股票称为B股，又称人民币特种股票。以人民币标明面值，以外币认购。2001年2月19日，中

国证监会正式宣布:允许境内居民个人以合法持有的外汇开立 B 股账户,交易 B 股股票。

境外上市外资股是指股份有限公司向境外投资者募集并在境外上市的股份。它也采取记名股票形式,以人民币标明面值,以外币认购。

境外上市外资股主要由 H 股、N 股、S 股等构成。H 股是指注册地在我国内地、上市地在我国香港的外资股。香港的英文是 HONG KONG,取其首字母,在香港上市的外资股被称为"H 股"。依此类推,纽约的第一个英文字母是 N,新加坡的第一个英文字母是 S,伦敦的第一个英文字母是 L,因此,在纽约、新加坡、伦敦上市的外资股分别被称为"N 股"、"S 股"、"L 股"。

需要说明的是,红筹股不属于外资股。红筹股是指在中国境外注册、在香港上市,但主要业务在中国内地或大部分股东权益来自中国内地公司的股票。早期的红筹股,主要是一些中资公司收购香港的中小型上市公司后重组而形成的;此后出现的红筹股,主要是内地一些省市或中央部委将其在香港的窗口公司改组并在香港上市后形成的。现在,红筹股已经成为内地企业进入国际资本市场筹资的一条重要渠道。

2. 有限售条件股份和无限售条件股份

这是按流通受限与否划分的。

(1)有限售条件股份。有限售条件股份是指股份持有人依照法律法规规定或按承诺有转让限制的股份,包括因股权分置改革暂时锁定的股份,内部职工股,董事、监事、高级管理人员持有的股份。具体包括:国家持股、国有法人股、外资持股、其他内资持股。这些股票必须满足国家规定的条件后方可上市。

(2)无限售条件股份。无限售条件股份是指流通转让不受限制的股份。具体包括:境内上市人民币普通股票,即 A 股(以人民币标明股票面值,在境内上市,供境内投资者用人民币认购的股票);境内上市外资股,即 B 股;境外上市的外资股等。

四、股票的价值与价格

(一)股票的价值

股票的价值有多种提法,在不同场合有不同含义,需要加以区分。

1. 票面价值

股票的票面价值又称面值,即在股票票面上标明的金额。该种股票被称为有面额股票。股票的票面价值在初次发行时有一定的参考意义。如果以面值作为发行价,称为平价发行,此时公司发行股票募集的资金等于股本的总和,也等于面值总和。发行价格高于面值称为溢价发行,募集的资金中等于面值总和的部分记入股本账户,超额部分记入资本公积账户。随着时间的推移,公司的资产会发生变化,股票面值与每股净资产逐渐背离,其与股票的投资价值之间也没有必然的联系。尽管如此,票面价值代表了每份股权占总股份的比例,在确定股东权益时仍有一定的意义。

2. 账面价值

股票的账面价值又称股票净值或每股净资产,是每股股票所代表的实际资产的价值。在没有优先股的条件下,每股账面价值是以公司净资产除以发行在外的普通股票的股数求得的。公司的净资产是公司营运的资本基础。在盈利水平相同的前提下,账面价值越高,股票的收益越高,股票就越有投资价值。因此,账面价值是股票投资价值分析的重要指标,在计算公司的净资产收益率时也有重要的作用。

3. 清算价值

股票的清算价值是公司清算时每一股份所代表的实际价值。从理论上讲，股票的清算价值应与账面价值一致，但实际上并非如此。只有当清算时的资产实际出售额与财务报表上反映的账面价值一致时，每一股的清算价值才会和账面价值一致。但在公司清算时，其资产往往只能压低价格出售，再加上必要的清算费用，所以，大多数公司的实际清算价值低于其账面价值。

4. 内在价值

股票的内在价值即理论价值，也即股票未来收益的现值。股票的内在价值决定股票的市场价格，股票的市场价格总是围绕其内在价值波动。研究和发现股票的内在价值，并将内在价值与市场价格相比较，进而决定投资策略是证券分析师的主要任务。但由于未来收益及市场利率的不确定性，各种价值模型计算出来的"内在价值"只是股票真实的内在价值的估计值。经济形势的变化、宏观经济政策的调整、供求关系的变化等都会影响股票未来的收益，引起内在价值的变化。

（二）股票的价格

1. 理论价格

股票价格是指股票在证券市场上买卖的价格。从理论上说，股票价格应由其价值决定，但股票本身并没有价值，不是在生产过程中发挥职能作用的现实资本，而只是一张资本凭证。股票之所以有价格，是因为它代表着收益的价值，即能给它的持有者带来股息、红利。股票交易实际上是对未来收益权的转让买卖，股票价格就是对未来收益的评定。股票及其他有价证券的理论价格是根据现值理论而来的。现值理论认为，人们之所以愿意购买股票和其他证券，是因为它能够为其持有人带来预期收益，因此，它的"价值"取决于未来收益的大小。可以认为，股票的未来股息收入、资本利得收入是股票的未来收益，亦可称之为期值。将股票的期值按市场利率和有效期限折算成今日的价值，即为股票的现值。股票的现值就是股票未来收益的当前价值，也就是人们为了得到股票的未来收益愿意付出的代价。可见，股票及其他有价证券的理论价格就是以一定的必要收益率计算出来的未来收入的现值。

2. 市场价格

股票的市场价格一般是指股票在二级市场上买卖的价格。股票的市场价格由股票的价值决定，但同时受其他许多因素的影响。其中，供求关系是最直接的影响因素，其他因素都是通过作用于供求关系而影响股票价格的。由于影响股票价格的因素复杂多变，所以股票的市场价格呈现高低起伏的波动性特征。

五、股票价格指数

（一）股票价格指数的概念、编制步骤与计算方法

1. 股票价格指数的概念

股票价格指数简称股价指数，是将计算期的股价或市值与某一基期的股价或市值相比较而得出的相对变化值，用以反映股票市场股票价格的相对水平。股票价格指数是衡量股票市场总体价格水平及其变动趋势的指标，也是反映一个国家或地区政治、经济发展状态的灵敏信号。它由证券交易所或金融服务机构编制。

2. 股票价格指数的编制步骤

(1)选择样本股。选择一定数量有代表性的上市公司的股票作为编制股票价格指数的样

本股。样本股可以是全部上市股票，也可以是其中有代表性的一部分。样本股的选择主要考虑两个标准：一是样本股的市价总值应占在交易所上市的全部股票市价总值的大部分；二是样本股票的价格变动趋势必须能反映股票市场价格变动的总趋势。

(2)选定基期，并以一定方法计算基期平均股价或市值。通常选择某一有代表性或股价相对稳定的日期为基期，并按选定的某一种方法计算这一天的样本股平均价格或总市值。

(3)计算计算期平均股价或市值，并作必要的修正。收集样本股在计算期的价格，并按选定的方法计算平均股价或市值。

(4)指数化。如果计算股价指数，就需要将计算期的平均股价或市值转化为指数值，即将基期平均股价或市值定为某一常数(通常为 100 或 1 000 等)，称为基期指数，并据此计算计算期股价的指数值。

3. 股票价格指数的计算方法

股票价格指数的计算方法有简单算术股价指数和加权股价指数两类。前者是将组成指数的每只股票价格进行简单平均，计算得出一个平均值；后者不仅考虑每只股票的价格，还要根据每只股票对市场影响的大小，对平均值进行调整。

(1)简单算术股价指数。简单算术股价指数有相对法和综合法。相对法是先计算各样本股的个别指数，再加总求出算术平均数。综合法是将样本股票基期价格和计算期价格分别加总，然后再求出股价指数。其计算公式为：

$$E=\frac{\sum_{i=1}^{n}P_{1i}}{\sum_{i=1}^{n}P_{0i}}\times S$$

式中：E 为股票价格指数；P_{0i} 为基期第 i 种股票价格；P_{1i} 为计算期第 i 种股票价格；S 为基期指数。

世界上第一个股票价格指数道琼斯工业股价平均数在 1928 年 10 月 1 日前就是使用简单算术平均法计算的。

(2)加权股价指数。加权股价指数是以样本股票发行量或成交量为权数加以计算，又有基期加权、计算期加权和几何加权之分。比较常用的是前两种，下面简单介绍。

①基期加权股价指数又称为拉斯贝尔加权指数，采用基期发行量或成交量作为权数，其计算公式为：

$$E=\frac{\sum_{i=1}^{n}P_{1i}Q_{0i}}{\sum_{i=1}^{n}P_{0i}Q_{0i}}\times S$$

式中：Q_{0i} 为第 i 种股票基期发行量或成交量。

②计算期加权股价指数又称为派许加权指数，采用计算期发行量或成交量作为权数。其适用性较强，使用较广泛，很多著名的股价指数，如标准普尔指数等，都使用这一方法。其计算公式为：

$$E=\frac{\sum_{i=1}^{n}P_{1i}Q_{1i}}{\sum_{i=1}^{n}P_{0i}Q_{1i}}\times S$$

式中：Q_{1i} 为第 i 种股票计算期发行量或成交量。

我国现有各种指数的计算都是采用加权平均法计算，并以股票的股本总额或流通股本总额作为权数。

股票价格指数的单位是“点”。股票价格指数点数增加，表示股市总体价格水平上涨；反之，股票价格指数点数下降，表示股市总体价格水平下跌。

（二）国内常用的股票价格指数

1. 上证综合指数

上海证券交易所从 1991 年 7 月 15 日起编制并公布上海证券交易所股价指数。它以 1990 年 12 月 19 日为基期，以全部上市股票为样本股，包括 A 股和 B 股，以股票发行量为权数，按加权平均法计算，基期指数为 100 点。从 2020 年 7 月 22 日起，上证综合指数样本股剔除风险警示证券，并纳入红筹企业发行的存托凭证和科创板上市证券，日均总市值排名在沪市前 10 位的新上市证券，于上市满三个月后计入指数，其他新上市证券于上市满一年后计入指数。

2. 深证成分股指数

深证成分股指数简称深成指，由深圳证券交易所编制，通过对所有在深圳证券交易所上市的公司进行考察，按一定标准选出有代表性的上市公司作为成分股，以成分股的可流通股数为权数，采用加权平均法编制而成。成分股指数以 1994 年 7 月 20 日为基期，基期指数为 1 000 点，起始计算日为 1995 年 1 月 23 日。从 2015 年 5 月 20 日起，深证成指成分股由最初的 40 只扩容至 500 只。

3. 沪深 300 指数

沪深 300 指数是上海和深圳证券交易所于 2005 年 4 月 8 日联合发布的反映 A 股市场整体走势的指数。沪深 300 指数的编制目标是反映中国证券市场股票价格变动的概貌和运行状况，并能够作为投资业绩的评价标准，为指数化投资和指数衍生产品创新提供基础条件。中证指数有限公司成立后，上海和深圳证券交易所将沪深 300 指数的经营管理及相关权益转移至中证指数有限公司。

沪深 300 指数简称沪深 300，成分股数量为 300 只，指数基期为 2004 年 12 月 31 日，基期指数为 1 000 点。指数计算采用派许加权方法，按照样本股的调整股本为权数加权计算。

4. 中小企业板指数

中小企业板指数简称中小板指，由深圳证券交易所发布。其样本股为按一定标准选出的在深交所中小企业板上市交易的 100 只股票，以自由流通股数为权数，采用派许加权法编制。中小企业板指数以 2005 年 6 月 7 日为基期，基期指数为 1 000 点。

自由流通股数是上市公司实际可供交易的流通股数量，它是无限售条件股份剔除“持股比例超过 5%的下列三类股东及其一致行动人所持有的无限售条件股份”后的流通股数量。三类股东是指：国有（法人）股东；战略投资者；公司创建者、家族或公司高管人员。

5. 创业板指数

创业板指数简称创业板指，由深圳证券交易所于 2010 年 6 月 1 日起正式编制和发布。从创业板中选取 100 只股票组成样本股，以自由流通股数为权数，采用派许加权法编制。创业板指数以 2010 年 5 月 31 日为基期，基期指数为 1 000 点。

6. 上证科创板 50 成分指数

上海证券交易所和中证指数有限公司于 2020 年 7 月 23 日正式发布。简称科创 50。其样本股由上海证券交易所科创板中市值大、流动性好的50只证券组成，反映最具市场代表性的一批科创企业的整体表现。指数以2019年12月31日为基日，基期指数为1 000点，采用自由流通股本加权计算。

（三）世界著名的几种股票价格指数

1. 道琼斯股价平均数

道琼斯股价平均数简称道琼斯指数，是世界上最早、最享盛誉和最有影响的股票价格指数，由美国道琼斯公司计算并在《华尔街日报》上公布。早在1884年7月3日，道琼斯公司的创始人查尔斯·亨利·道和爱德华·琼斯根据当时美国有代表性的11种股票编制股票价格平均数，并发表于该公司编辑出版的《每日通讯》上。以后，道琼斯股价指数的样本股逐渐扩大至65种，编制方法也有所改进，《每日通讯》也于1889年更名为《华尔街日报》。

道琼斯股价平均数以1928年10月1日为基期，基期指数为100点。其计算方法原为简单算术平均法，由于这一方法的不足，从1928年起采用除数修正的简单平均法，使平均数能连续、真实地反映股价变动情况。

长期以来，道琼斯股价平均数被视为最具权威性的股价指数，是反映美国政治、经济和社会状况最灵敏的指标。究其原因，主要是由于该指数历史悠久，采用的65种股票都是世界上第一流大公司的股票，在各自的行业中都居举足轻重的主导地位，而且不断地以新生的更有代表性的股票取代那些已失去原有活力的股票，使其更具代表性，比较好地与纽约证券交易所上市的2 000多种股票变动同步，指数在最有影响的金融报刊《华尔街日报》及时而详尽地报道等。

2. 金融时报指数

金融时报指数是英国最具权威性的股价指数，由《金融时报》编制和公布。这一指数包括三种：一是《金融时报》工业股票指数，又称30种股票指数。该指数包括30种最优良的工业股票，其中有烟草、食油、电子、化学药品、金属机械、原油等。由于这30家公司股票的市值在整个股市中所占的比重大，具有一定的代表性，因此，该指数是反映伦敦证券市场股票行情变化的重要尺度。它以1935年7月1日为基期，基期指数为100点。二是伦敦金融时报100指数，又称富时100指数，该指数自1984年1月3日起编制并公布。这一指数挑选了100家有代表性的大公司股票，又因它通过伦敦股票市场自动报价电脑系统，可随时得出股票市价并每分钟计算一次，因此能迅速敏捷地反映股市行情的每一变动，自公布以来受到人们的广泛重视。为了便于期货交易和期权交易，基期指数定为1 000点。三是综合精算股票指数。该指数从伦敦股市精选出700多种股票作为样本股加以计算，它自1962年4月10日起编制和公布，并以这一天为基期，基期指数为100点。这一指数的特点是统计面宽、范围广，能较全面地反映整个股市的状况。我们通常说的金融时报指数指的是第一种。

3. 日经225股价指数

日经225股价指数是《日本经济新闻社》编制和公布的反映日本股票市场价格变动的股价指数。该指数从1950年9月开始编制，最初根据东京证券交易所第一市场上市的225家公司的股票算出修正平均股价，称为“东证修正平均股价”。1975年5月1日，日本经济新闻社向道琼斯公司买入商标，采用道琼斯修正指数法计算，指数也改称为“日经道氏平均股价指标”，1985年5月合同期满，经协商，又将名称改为“日经股价指数”。

现在，日经股价指数分成两组：一是日经225种股价指数。这一指数以在东京证券交易所第一市场上市的225种股票为样本股，包括150家制造业、15家金融业、14家运输业和46家其他行业。样本股原则上固定不变,以 1950 年 9 月 7 日算出的平均股价 176.21 日元为基数。由于该指数从 1950 年起连续编制,因此,它具有较好的可比性,成为反映和分析日本股票市场价格长期变动趋势最常用和最可靠的指标。二是日经 500 种股价指数。该指数从 1982 年 1 月 4 日起开始编制,样本股扩大到 500 种,约占东京证券交易所第一市场上市股票的一半,因而代表性更广泛。该指数的特点是采样不固定,每年根据各公司前三个结算年度的经营状况、股票成交量、成交金额、市价总额等情况对样本股票进行更换。正因为如此,该指数不仅能较全面地反映日本股市的行情变化,还能如实反映日本产业结构变化和市场变化等情况。

4. 恒生指数

恒生指数由香港恒生银行于 1969 年 11 月 24 日起编制公布,是系统反映香港股票市场行情变动最有代表性和影响最大的指数。恒生指数以从香港 500 多家上市公司中挑选出来的 33 家有代表性的经济实力雄厚的大公司的股票作为成分股,用加权平均法计算。这 33 种成分股中包括金融业 4 种、公用事业 6 种、地产业 9 种、其他工商业 14 种。这些股票分布在香港主要行业,它们的市价总值要占香港所有上市股票市价总值的 70%左右,具有较强的代表性。恒生指数最初以股市交易较正常的 1964 年 7 月 31 日为基期,基期指数为 100 点,后来因为恒生指数按行业增设了 4 个分类指数,将基期改为 1984 年 1 月 13 日,并将该日收市指数的 975.47 点定为新基期指数。由于恒生指数具有基期选择恰当、成分股代表性强、计算频率高、指数连续性好等特点,因此,一直是反映、衡量香港股市变动趋势的主要指标。

5. 标准普尔指数

标准普尔指数是美国最大的证券研究机构标准普尔公司编制的股票价格指数。该公司于 1923 年开始编制发表股票价格指数。该指数最初包括 233 种上市的工业、铁路、公用事业的普通股票,以后逐步扩大到 500 种。标准普尔指数的计算采用加权平均法,以每种股票的交易额作为权重,其基期并非确定的某一天,而是以 1941—1943 年这三年作为基期,基价为这三年的平均价。

标准普尔指数包括的 500 种普通股票总市值很大,其成分股有 90%在纽约证券交易所上市,其中也包括一些在别的交易所和店头市场交易的股票,所以它的代表性比道琼斯平均指数要广泛得多,故更能真实地反映股票市价变动的实际情况。比较起来,道琼斯指数对股价的短期走势具有一定的敏感性,而标准普尔指数用于分析股价的长期走势则较为可靠。从对股票市场价格分析研究的角度,一些银行的证券专家和经济学家偏向于采用标准普尔指数,而从实用的角度,大多数证券公司和投资者则喜欢采用道琼斯指数。

6. NASDAQ 综合指数

美国纳斯达克(NASDAQ)交易所,全名为美国证券交易商协会自动报价系统(National Association of Securities Dealers Automated Quotations),于 1971 年在华盛顿创建,是全球第一个电子股票市场,也是美国发展最快的证券市场。1994 年 NASDAQ 市场的交易量超过了伦敦和东京证券交易所,成为纽约交易所之外,全球成交量最大的股票交易所。在 2002 年底有 3 765 家公司在 NASDAQ 挂牌,合计 3 365 亿股,市值 1.7 兆美元。NASDAQ 市场不仅拥有先进的交易手段和较低的股票上市标准,更重要的是 NASDAQ 具有独一无二的多元化市场参与者结构和良好的市场适应性,能适应各种不同种类、不同规模和处于不同发展阶段公司的上市要求。如今,NASDAQ 市场已成为数以千计规模较小的新兴公司上市的场所,并且在 NASDAQ 证券市场发行的外国公司股票数量,已超过纽约证券交易所和美国证券交易所的总和,成为外国公司在美国上市的主要场所。

NASDAQ 市场设立了 13 种指数，包括 NASDAQ 综合指数、NASDAQ-100 指数、NASDAQ 金融-100 指数等。

NASDAQ 综合指数是以在 NASDAQ 上市的所有本国及外国的上市公司的普通股为基础计算的。NASDAQ 综合指数按每个公司的市场价值来设权重，市场总价是所有已公开发行的股票在每个交易日的卖出价总和。NASDAQ 综合指数的基期是 1971 年 2 月 5 日，基期指数 100 点。

第二节　债　券

债券作为证券市场上重要的投资工具之一，也是大众化的投资工具，它的发行和流通影响着现实的经济生活和金融生活，涉及经济和社会的方方面面。

一、债券的定义与特征

债券是一种有价证券，是社会各类经济主体为筹集资金而向债券投资者出具的，承诺按一定利率定期支付利息并到期偿还本金的债权债务凭证。债券所规定的资金借贷双方的权责关系主要有：所借贷货币资金的数额；借贷的时间；在借贷时间内的资金成本或应有的补偿（即债券的利息）。

债券所规定的借贷双方的权利义务关系包含四个方面的内容：(1)发行人是借入资金的经济主体；(2)投资者是出借资金的经济主体；(3)发行人必须在约定的时间付息还本；(4)债券反映了发行者和投资者之间的债权债务关系，而且是这一关系的法律凭证。

债券有以下基本性质：

(1)债券属于有价证券。首先，债券反映和代表一定的价值。债券本身有一定的面值，通常它是债券投资者投入资金的量化表现；另外，持有债券可按期取得利息，利息也是债券投资者收益的价值表现。其次，债券与其代表的权利联系在一起，拥有债券就拥有了债券所代表的权利，转让债券也就将债券代表的权利一并转移。

(2)债券是一种虚拟资本。债券尽管有面值，代表了一定的财产价值，但它也只是一种虚拟资本，而非真实资本。因为债券的本质是证明债权债务关系的证书，在债权债务关系建立时所投入的资金已被债务人占用，债券是实际运用的真实资本的证书。债券的流动并不意味着它所代表的实际资本也同样流动，债券独立于实际资本之外。

(3)债券是债权的表现。债券代表债券投资者的权利，这种权利不是直接支配财产权，也不以资产所有权表现，而是一种债权。拥有债券的人是债权人，债权人不同于公司股东，是公司的外部利益相关者。

二、债券的票面要素

债券作为证明债权债务关系的凭证，一般以有一定格式的票面形式来表现。通常，债券票面上有四个基本要素。

(一)债券的票面价值

债券的票面价值是债券票面标明的货币价值，是债券发行人承诺在债券到期日偿还给债券持有人的金额。在债券的票面价值中，首先要规定票面价值的币种，即以何种货币作为债券价值的计量标准。确定币种主要考虑债券的发行对象。一般来说，在本国发行的债券通常以本国货币作为面值的计量单位；在国际金融市场筹资，则通常以债券发行地所在国家的货币或以国际通用货币为计量标准。此外，确定币种还应考虑债券发行者本身对币种的需要。币种确定后，则要规定债券的票面金额。票面金额大小不同，可以适应不同的投资对象，同时也会产生不同的发行成本。票面金额定得较小，有利于小额投资者购买，持有者分布面广，但债券本身的印刷及发行工作量大，费用可能较高；票面金额定得较大，有利于少数大额投资者认购，且印刷费用等也会相应减少，但使小额投资者无法参与。因此，债券票面金额的确定也要根据债券的发行对象、市场资金供给情况及债券发行费用等因素综合考虑。

（二）债券的偿还期限

债券偿还期限是指债券从发行之日起至偿清本息之日止的时间，也是债券发行人承诺履行合同义务的全部时间。各种债券有不同的偿还期限，短则几个月，长则几十年，习惯上有短期债券、中期债券和长期债券之分。

发行人在确定债券期限时，要考虑多种因素的影响，主要有：

(1)资金使用方向。债务人借入资金如果是为了弥补临时性资金周转之短缺，可以发行短期债券；如果是为了满足对长期资金的需求，可以发行中长期债券。这样安排的好处是既能保证发行人的资金需要，又不因占用资金时间过长而增加利息负担。

(2)市场利率变化。债券偿还期限的确定应根据对市场利率的预期，相应选择有助于减少发行者筹资成本的期限。一般来说，当未来市场利率趋于下降时，应选择发行期限较短的债券，可以避免市场利率下跌后仍需支付较高的利息；而当未来市场利率趋于上升时，应选择发行期限较长的债券，这样能在市场利率趋高的情况下保持较低的利息负担。

(3)债券的变现能力。这一因素与债券流通市场发育程度有关。如果流通市场发达，债券容易变现，长期债券较能被投资者接受；如果流通市场不发达，投资者买了长期债券而又急需资金时不易变现，长期债券的销售就可能不如短期债券。

（三）债券的票面利率

债券的票面利率也称名义利率，即在债券的券面上标明的利率。其计算公式为债券年利息与债券票面价值的比率，通常年利率用百分比的形式表示。

债券的票面利率一般参考当时的银行同期存款利率水平、筹资者的资信、债券期限长短等因素综合确定。

（四）债券发行人名称

债券发行人名称指明了债券的债务主体，既明确了债券发行人应履行对债权人偿还本息的义务，也为债权人到期追索本金和利息提供了依据。

上述四个要素是债券票面上要标明的基本要素，但在发行时并不一定全部在票面上印制出来。例如，在很多情况下，债券发行者是以公告或条例形式向社会公布债券的期限和利率的。此外，一些债券还包含其他要素，如还本付息方式。

三、债券的特征

（一）偿还性

偿还性是指债券有规定的偿还期限，债务人必须按期向债权人支付利息和偿还本金。债券的偿还性使得资金筹措者不能无限期地占用债券购买者的资金。换言之，他们之间的借贷经济关系将随偿还期结束、还本付息手续完毕而不复存在。这一特征与股票的永久性有很大的区别。

（二）流动性

流动性是指债券持有人可按自己的需要和市场的实际状况，灵活地转让债券，以提前收回本金和实现投资收益。流动性首先取决于市场为转让所提供的便利程度；其次还表现为债券在迅速转变为货币时，是否在以货币计算的价值上蒙受损失。

（三）安全性

安全性是指债券持有人的收益相对固定，不随发行人经营收益的变动而变动，并且可按期收回本金。一般来说，具有高度流动性的债券同时也是较安全的，因为它不但可以迅速地转换为货币，而且还可以按一个较稳定的价格转换。

（四）收益性

收益性是指债券能为投资者带来一定的收入，即债权投资的报酬。在实际经济活动中，债券收益可以表现为三种形式：一是利息收入，即债权人在持有债券期间按约定的条件分期、分次取得利息或者到期一次取得利息。二是资本损益，即债权人到期收回的本金与买入债券或中途卖出债券与买入债券之间的价差收入。三是再投资收益，即投资债券所获现金流量再投资的利息收入，再投资收益主要受市场收益率变化的影响。

四、债券的分类

债券种类很多，在债券的历史发展过程中，曾经出现过许多不同品种的债券，各种债券共同构成了一个完整的债券体系。债券可以依据不同的标准进行分类。

（一）按发行主体分类

按照发行主体的不同，债券可分为政府债券、金融债券和公司债券。

政府债券的发行主体是政府。中央政府发行的债券称为中央政府债券或者国债，地方政府发行的债券称为地方政府债券，有时两者也统称为公债。除了政府部门直接发行的债券外，有些国家把政府担保的债券也划归为政府债券体系，称为“政府保证债券”。这种债券由一些与政府有直接关系的公司或金融机构发行，并由政府提供担保。政府债券的特征有：一是安全性高。在各类债券中，政府债券的信用等级是最高的，通常被称为“金边债券”。二是流通性强。政府债券的发行量一般都非常大，许多国家不仅允许在证券交易所上市交易，还允许在场外市场进行买卖。三是收益稳定。政府债券的付息由政府保证，其信用度最高，风险最小，对于投资者来说，投资政府债券的收益是比较稳定的，交易价格一般不会出现大的波动，二级市场的交易双方均能得到相对稳定的收益。四是免税待遇。为了鼓励人们投资政府债券，大多数国家规定，对于购买政府债券所获得的收益，可以享受免税待遇。我国《个人所得税法》规定，个人投资的公司债券利息、股息、红利所得应纳个人所得税，但国债和国家发行的金融债券的利息收入可免纳个人所得税。

金融债券是指银行及非银行金融机构依照法定程序发行并约定在一定期限内还本付息的有价证券。金融债券的发行主体是银行或非银行的金融机构。金融机构一般有雄厚的资金实力，信用度较高，因此，金融债券往往也有良好的信誉。银行和非银行金融机构是社会信用的中介，它们的资金来源主要靠吸收公众存款和金融业务收入，它们发行债券的目的主要有两个：一是筹资用于某种特殊用途；二是改变本身的资产负债结构。对于金融机构来说，吸收存款和发行债券都是它的资金来源，都构成了它的负债。存款的主动性在存款户，金融机构只能通过提供服务等条件来吸引存款，不能完全控制存款；而发行债券则是金融机构的主动负债，金融机构有更大的主动权和灵活性。金融债券的期限以中期较为多见。

公司债券是公司依照法定程序发行并约定在一定期限还本付息的有价证券。公司债券的发行主体是股份公司，但有些国家也允许非股份制企业发行债券。所以归类时，可将公司债券和企业发行的债券合在一起，称为公司(企业)债券。公司发行债券的目的主要是为了经营需要。由于公司的情况千差万别，有些经营有方、实力雄厚、信誉高，也有一些经营较差，可能处于倒闭的边缘，因此，公司债券的风险性相对于政府债券和金融债券要大些。

(二)按付息方式分类

按照债券合约条款中是否规定在约定期限向债券持有人支付利息，可分为贴现债券、附息债券和息票累积债券。

贴现债券是指在票面上不规定利率，发行时按某一折扣率，以低于票面金额的价格发行，到期时仍按面额偿还本金的债券。贴现债券是属于折价方式发行的债券，其发行价格与票面金额(即偿还价格)的差额，构成了实际的利息。

附息债券的债券合约中明确规定，在债券存续期内，向持有人定期支付利息(通常每半年或每年支付一次)。按照计息方式的不同，这类债券还可细分为固定利率债券和浮动利率债券两大类。其中，有些附息债券可以根据合约条款推迟支付定期利率，故称为缓息债券。

息票累积债券与附息债券相似，这类债券也规定了票面利率，但是，债券持有人必须在债券到期时一次性获得本息，存续期间没有利息支付。

(三)按募集方式分类

按照募集方式的不同，债券可分为公募债券和私募债券。

公募债券是指发行人向不特定的社会公众投资者公开发行的债券。公募债券的发行量大，持有人数众多，可以在公开的证券市场上市交易，流动性好。

私募债券是指向特定的投资者发行的债券。私募债券的发行对象一般是特定的机构投资者。2011 年 4 月 29 日，中国银行间市场交易商协会制定的《银行间债券市场非金融企业债务融资工具非公开定向发行规则》正式发布实施，我国非金融企业已可以发行私募债券。

(四)按担保性质分类

按照担保性质可以把债券分为有担保债券和无担保债券。

有担保债券是指以抵押财产为担保发行的债券。按担保品不同，分为抵押债券、质押债券和保证债券。抵押债券以不动产作为担保，又称不动产抵押债券，是指以土地、房屋等不动产作抵押品而发行的一种债券。若债券到期不能偿还，持券人可依法处理抵押品受偿。质押债券以动产或权利作担保，通常以股票、债券或其他证券为担保。发行人主要是控股公司，用作质押的证券可以是它持有的子公司的股票或债券、其他公司的股票或债券，也可以是公司自身的股票或债券。质押的证券一般应以信托形式过户给独立的中介机构，在约定的条件下，中介机构代全体债权人行使对质押证券的处置权。保证债券以第三人作为担保，担保人或担保全部本息，或仅担保利息。担保人一般是发行人以外的其他人，如政府、信誉好的银行或举债公司的母公司等。一般公司债券大多为担保债券。

无担保债券也被称为“信用债券”，仅凭发行人的信用而发行，不提供任何抵押品或担保人而发行的债券。由于无抵押担保，所以债券的发行主体须具有较好的声誉，并且必须遵守一系列的规定和限制，以提高债券的可靠性。国债、金融债券、信用良好的公司发行的公司债券，大多为信用债券。

（五）按债券形态分类

按照债券券面形态可分为实物债券、凭证式债券和记账式债券。

实物债券是一种具有标准格式实物券面的债券。在标准格式的债券券面上，一般印有债券面额、债券利率、债券期限、债券发行人全称、还本付息方式等各种债券票面要素。有时债券利率、债券期限等要素也可以通过公告向社会公布，而不再在债券券面上注明。无记名国债就属于这种实物债券，它以实物券的形式记录债权、面值等，不记名、不挂失，可上市流通。实物债券是一般意义上的债券，很多国家通过法律对实物债券的格式予以明确规定。

凭证式债券的形式是债权人认购债券的一种收款凭证，而不是债券发行人制定的标准格式的债券。我国近年通过银行系统发行的凭证式国债，券面上不印制票面金额，而是根据认购者的认购额填写实际的缴款金额，是一种国家储蓄债，可记名、挂失，以"凭证式国债收款凭证"记录债权，不能上市流通，从购买之日起计息。

记账式债券是没有实物形态的票券，只在电脑账户中做记录。在我国，上海证券交易所和深圳证券交易所已为证券投资者建立了电脑证券账户，因此，可以利用证券交易所的交易系统来发行债券。我国近年来通过沪、深交易所的交易系统发行和交易的记账式国债就是这方面的实例。投资者进行记账式债券买卖，必须在证券交易所设立账户。由于记账式债券的发行和交易均无纸化，所以效率高、成本低、交易安全。

（六）按是否能转换为公司股票分类

按照是否能转换为公司股票，债券可分为可转换债券和不可转换债券。

可转换债券是指在特定时期内可以按某一固定比例转换成普通股票的债券，它具有债务与权益双重属性，属于一种混合性筹资方式。由于可转换债券赋予债券持有人将来成为公司股东的权利，因此其利率通常低于不可转换债券。若将来转换成功，在转换前发行企业达到了低成本筹资的目的，转换后又可节省股票的发行成本。根据我国《公司法》的规定，发行可转换债券应由国务院证券管理部门批准，发行公司应同时具备发行公司债券和股票的条件。

不可转换债券是指不能转换为普通股票的债券，又称为普通债券。由于其没有赋予债券持有人将来成为公司股东的权利，所以其利率一般高于可转换债券。本部分所讨论的债券主要是针对普通债券。

（七）按是否记名分类

按照是否记名，债券可分为记名债券和无记名债券。

记名债券是指在券面上注明债权人姓名，同时在发行公司的账簿上作同样登记的债券。转让记名债券时，除要交付票券外，还要在债券上背书和在公司账簿上更换债权人姓名。

无记名债券是指券面未注明债权人姓名，也不在公司账簿上登记其姓名的债券。现在市面上流通的一般都是无记名债券。

（八）按发行区域的不同分类

按照发行区域的不同，债券可分为国内债券和国际债券。

国内债券是指发行人在国内证券市场上以本国货币为面值、向国内投资者发行的债券。

国际债券是指发行人在国际证券市场上以外国货币为面值、向外国投资者发行的债券。国际债券可分为外国债券和欧洲债券。

外国债券是指某一国家借款人在本国以外的某一国家发行以该国货币为面值的债券。它的特点是债券发行人属于一个国家，债券的面值货币和发行市场则属于另一个国家。外国债券是一种传统的国际债券。在美国发行的外国债券被称为扬基债券，它是由非美国发行人在美国债券市场发行的以美元为面值的债券。在日本发行的外国债券被称为武士债券，它是由非日本发行人在日本债券市场发行的以日元为面值的债券。欧洲债券是指借款人在本国境外市场发行的不以发行市场所在国货币为面值的国际债券。

欧洲债券是在20世纪60年代初期随着欧洲货币市场的形成而出现和发展起来的。目前，欧洲债券已成为各经济体在国际资本市场上筹措资金的重要手段。欧洲债券最初主要以美元为计值货币，发行地以欧洲为主，故名“欧洲债券”。欧洲债券的特点是债券发行者、债券发行地点和债券面值所使用的货币可以分别属于不同的国家。由于它不以发行市场所在国的货币为面值，故也称为“无国籍债券”。欧洲债券票面使用的货币一般是可自由兑换的货币，主要为美元，其次还有欧元、英镑、日元等，也有使用复合货币单位的，如特别提款权。

五、债券与股票的比较

(一)债券与股票的相同点

1. 两者都属于有价证券

尽管股票和债券有各自的特点，但它们都属于有价证券。债券和股票作为有价证券体系中的一员，是虚拟资本，它们本身没有价值，但又都是真实资本的代表。持有债券或股票，都有可能获取一定的收益，并能行使各自的权利和流通转让。债券和股票都在证券市场上交易，并构成了证券市场的两大支柱。

2. 两者都是筹措资金的手段

债券和股票都是有关经济主体为筹资需要而发行的有价证券。经济主体在社会经济活动中必然会产生对资金的需求，从资金融通角度看，债券和股票都是筹资手段。与向银行贷款等间接融资相比，发行债券和股票筹资的数额大、时间长、成本低，且不受贷款银行的条件限制。

3. 两者的收益率相互影响

从单个债券和股票看，它们的收益率经常会发生差异，而且有时差距还很大。但是，总体而言，如果市场是有效的，则债券的平均利率和股票的平均收益率会大体保持相对稳定的关系，其差异反映了两者风险程度的差别。这是因为，在市场规律的作用下，证券市场上一种融资手段收益率的变动，会引起另一种融资手段收益率发生同向变动。

(二)债券与股票的区别

1. 两者权利不同

债券是债权凭证，债券持有者与债券发行人之间的经济关系是债权债务关系，债券持有者只可按期获取利息及到期收回本金，无权参与公司的经营决策。股票则不同，股票是所有权凭证，股票所有者是发行股票公司的股东，股东一般拥有表决权，可以通过参加股东大会选举董事、参与公司重大事项的审议和表决，行使对公司的经营决策权和监督权。

2. 两者目的不同

发行债券是公司追加资金的需要，它属于公司的负债，不是资本金。发行股票则是股份公司创办企业和增加资本的需要，筹措的资金列入公司资本。而且，发行债券的经济主体很多，中央政府、地方政府、金融机构、公司企业等一般都可以发行债券，但能发行股票的经济主体只有股份有限公司。

3. 两者期限不同

债券一般有规定的偿还期，期满时债务人必须按时归还本金，因此债券是一种有期投资。股票通常是不能偿还的，一旦投资入股，股东便不能从股份公司抽回本金，因此股票是一种无期投资,或称永久投资。但是,股票持有者可以通过市场转让收回投资资金。

4. 两者收益不同

债券通常有规定的利率,可获得固定的利息;股票的股息红利不固定,一般视公司经营情况而定。

5. 两者风险不同

股票风险较大,债券风险相对较小。其原因是:第一,债券利息是公司的固定支出,属于费用范围;股票的股息红利是公司利润的一部分,公司有盈利才能支付,而且支付顺序列在债券利息支付和纳税之后。第二,倘若公司破产,清理资产有余额偿还时,债券偿付在前,股票偿付在后。第三,在二级市场上,债券因其利率固定、期限固定,市场价格也较稳定;而股票无固定期限和利率,受各种宏观因素和微观因素的影响,市场价格波动频繁,涨跌幅度也较大。

六、债券的信用评级

(一)债券信用评级的概念和目的

债券信用评级就是专业化的信用评级机构对企业发行债券如约还本付息能力和可信任程度的综合评价,并标示其信用程度的等级。债券评级本质上是一种建立在客观基础上的定性判断,它关注的对象是债券本息偿还的可靠程度和风险程度,并用简单的符号表现出来。

信用评级机构对投资者负有道义上的义务,但并不承担任何法律上的责任,他们做出的资信评级只是一种客观公正的评价,以帮助投资者在对比分析的基础上做出投资决策,而不是向投资者推荐这些债券。评级机构对自己的声誉负责,如果评出的级别不公正准确,不被市场接受,则会使其声誉受到致命打击,不仅无法盈利,甚至无法继续生存。

信用评级的目的是迅速、方便地为市场提供评级机构的信用风险分析结果,降低市场参与者的信息成本,为投资者购买债券和证券市场债券的流通转让活动提供信息服务。债券信用评级有利于降低信息成本,控制市场风险,使资本市场更好地发挥合理配置资源的作用。债券信用评级对投资者、筹资者、金融中介机构和监管部门都有重要的意义。

证券评级制度最早产生于美国,并已在发达国家资本市场深深扎根。目前,国际上公认的最具权威性的专业信用评级机构有三家,分别是美国标准普尔公司、穆迪投资服务公司和惠誉国际信用评级有限公司。在全球信用评级市场上,世界三大评级机构占据了90%的市场份额。从业务而言,这三大评级巨头各有侧重,标准普尔主要为企业评级,穆迪主要对机构融资进行评级,惠誉则侧重于对金融业的评估。除此之外,还有许多信用评级机构。在我国,债券评级工作在1987年开始出现,但发展相对缓慢。自2005年以来,资产证券化等各种固定收益类债券产品的创新,促进了我国信用评级业的快速发展,传统的债券评级业务和创新性结构融资证券化评级业务迅猛发展,信用评级市场展示了前所未有的发展前景。2005年,中国人民银行关于发行企业短期融资券的管理办法对信用评级机构进行了重新认可和确认,具有全国性债券市场评级资质的评级机构共有5家:中诚信国际、大公国际、联合资信、上海新世纪资信和远东资信。

(二)债券信用评级的标准

按国际惯例,债券信用等级的设置一般是两大类、九级或十级。两大类是指投资类和投机类,其中投资级包括AAA、AA、A和BBB,而投机级则分为BB、B、CCC、CC、C和D。信用级别由高到低排列,AAA级具有最高信用等级;而D级最低,视为对条款的违约。穆迪从Aa至Caa的分类评级都缀以数字1、2、3。如缀以1即表示该信用属于该级别的高档次级别,如缀以

2即表示属于该级别的中档次级别，如缀以3即表示属于该级别的低档次级别。标准普尔从AA到CCC每个评级都使用"+"或"-"表示评级级别的相对档次。例如，在AA级中，信用级别由高到低依次为AA+、AA、AA-。世界三大评级机构的债券信用等级标准如表2-1所示。

我国债券信誉等级基本符合国际惯例，也按三等九级设置，只是各个级别的含义稍有不同。

表2-1　世界三大评级机构的债券信用评级标准

类	级别含义	标准普尔	穆迪	惠誉
投资类	信誉极好，几乎无风险	AAA	Aaa	AAA
	信誉优良，基本无风险	AA	Aa	AA
	信誉较好，具备支付能力，风险较小	A	A	A
	信誉一般，基本具备支付能力，稍有风险	BBB	Baa	BBB
投机类	信誉欠佳，支付能力不稳定，有一定的风险	BB	Ba	BB
	信誉较差，近期内支付能力不稳定，有很大风险	B	B	B
	信誉很差，偿债能力不可靠，可能违约	CCC	Caa	CCC
	信誉太差，偿还能力差	CC	Ca	CC
	信誉极差，完全丧失支付能力	C	C	C
	违约	D		D

第三节　证券投资基金

证券投资基金是随着证券市场的发展产生的。证券投资基金18世纪末起源于英国，盛行于美国，经过100多年的发展，已成为国际资本市场和货币市场最重要的投资和筹资工具之一。自20世纪80年代中期特别是90年代以来，证券投资基金在我国得到迅速发展，逐步成为我国证券市场重要的机构投资者之一。

一、证券投资基金的概念

证券投资基金是指通过公开发售基金份额募集资金，由基金托管人托管，由基金管理人管理和运用资金，为基金份额持有人的利益，以资产组合方式进行证券投资的一种利益共享、风险共担的集合投资方式。

作为一种大众化的信托投资工具，各国对证券投资基金的称谓不尽相同，如美国称共同基金或互惠基金，英国和我国香港地区称单位信托基金，日本和我国台湾地区则称证券投资信托基金等。

二、证券投资基金的特点

证券投资基金之所以在许多国家受到投资者的广泛欢迎，发展迅速，与证券投资基金本身的特点有关。作为一种现代化投资工具，证券投资基金所具备的特点是十分明显的。

（一）集合投资

基金的特点是将零散的资金汇集起来，交给专业机构投资于各种金融工具，以谋取资产的增值。基金对投资的最低限额要求不高，投资者可以根据自己的经济能力决定购买数量，有些基金甚至不限制投资额大小。因此，基金可以最广泛地吸收社会闲散资金，集腋成裘，汇成规模巨大的投资资金。在参与证券投资时，资本越雄厚，优势越明显，而且可能享有大额投资在降低成本上的相对优势，从而获得规模效益的好处。

（二）分散风险

以科学的投资组合降低风险、提高收益是基金的另一大特点。在投资活动中，风险和收益总是并存的，因此，“不能将鸡蛋放在一个篮子里”。但是，要实现投资资产的多样化，需要一定的资金实力。对小额投资者而言，由于资金有限，很难做到这点，而基金则可以帮助中小投资者解决这个困难，即可以凭借其集中的巨额资金，在法律规定的投资范围内进行科学的组合，分散投资于多种证券，实现资产组合多样化。通过多元化的投资组合，一方面借助于资金庞大和投资者众多的优势使每个投资者面临的投资风险变小；另一方面，利用不同投资对象之间收益率变化的相关性，达到分散投资风险的目的。

（三）专业理财

将分散的资金集中起来以信托方式交给专业机构进行投资运作，既是证券投资基金的一个重要特点，也是它的一个重要功能。基金实行专业理财制度，由受过专门训练、具有比较丰富的证券投资经验的专业人员运用各种技术手段收集、分析各种信息资料，预测金融市场上各个品种的价格变动趋势，制订投资策略和投资组合方案，从而可以避免投资决策失误，提高投资收益。对于那些没有时间，或者对市场不太熟悉的中小投资者来说，投资于基金可以分享基金管理人在市场信息、投资经验、金融知识和操作技术等方面所拥有的优势，从而尽可能地避免盲目投资带来的失误。

三、证券投资基金的分类

（一）契约型基金与公司型基金

这是按基金的组织形式划分的。

契约型基金又称为单位信托基金，其根据基金投资者、基金管理人、基金托管人之间所签署的基金合同而设立，基金投资者的权利主要体现在基金合同的条款上，而基金合同条款的主要方面通常由基金法规定。契约型基金起源于英国。契约型基金是基于信托原理而组织起来的代理投资方式，没有基金章程，也没有公司董事会，而是通过基金契约来规范三方当事人的行为。基金管理人负责基金的管理操作；基金托管人作为基金资产的名义持有人，负责基金资产的保管和处置，对基金管理人的运作实行监督。

公司型基金在法律上是具有独立“法人”地位的股份投资公司。公司型基金依据基金公司章程设立，基金投资者是基金公司的股东，享有股东权，按所持有的股份承担有限责任，分享投资收益。基金公司设有董事会，代表投资者的利益行使职权。公司型基金在形式上类似于一般股份公司，但不同于一般股份公司的是由股东选举董事会，由董事会选聘基金管理公司，基金管理公司管理基金的投资业务。

契约型基金与公司型基金有以下主要区别：

（1）资金的性质不同。契约型基金的资金是通过发行基金份额筹集起来的信托资产；公司型基金的资金是通过发行普通股股票筹集起来的，是公司法人的资本。

（2）投资者的地位不同。契约型基金的投资者购买基金份额后成为基金合同的当事人之一，投资者既是基金的委托人，即基于对基金管理人的信任，将自己的资金委托给基金管理人管理和运作，又是基金的受益人，即享有基金的受益权。公司型基金的投资者购买基金公司的股票后成为该公司的股东。因此，契约型基金的投资者没有管理基金资产的权利，而公司型基金的股东通过股东大会享有管理基金公司的权利。由此可见，公司型基金的投资者比契约型基金的投资者权利要大一些。

（3）基金的运作依据不同。契约型基金依据基金合同运作基金，而公司型基金根据基金公司的章程进行运作。

公司型基金的优点是法律关系明确清晰，监督约束机制较为完善，但契约型基金在设立上更为简单易行。两者之间的区别主要表现为法律形式的不同，实际上并无优劣之分，因此，为使证券投资制度更具灵活性，许多国家都允许公司型基金与契约型基金并存。

在基金发展史上，投资基金最早是以“投资信托”的形式出现的，即使是现在，信托型基金仍为很多国家所采用，而公司型基金则以美国的投资公司为代表。我国目前设立的基金均为契约型基金。

（二）封闭式基金和开放式基金

这是按基金运作方式划分的。

封闭式基金是指经核准的基金份额总额在基金合同期限内固定不变，基金份额可以在依法设立的证券交易场所交易，但基金份额持有人不得申请赎回的基金。由于封闭式基金在封闭期内不能追加认购或赎回，投资者只能通过证券经纪商在二级市场上进行基金的买卖。封闭式基金的期限是指基金的存续期，即基金从成立起到终止之间的时间。基金期限届满即为基金终止，管理人应组织清算小组对基金资产进行清产核资，并将清产核资后的基金净资产按照投资者的出资比例进行公正合理的分配。

开放式基金是指基金份额总额不固定，基金份额可以在基金合同约定的时间和场所申购或者赎回的基金。为了满足投资者赎回资金、实现变现的要求，开放式基金一般都从所筹资金中拨出一定比例，以现金形式保持这部分资产。这虽然会影响基金的盈利水平，但作为开放式基金来说是必需的。

封闭式基金与开放式基金有以下主要区别：

（1）期限不同。封闭式基金有固定的存续期，通常在5年以上，一般为10年或15年，经受益人大会通过并经监管机构同意可以适当延长期限。开放式基金没有固定期限，投资者可随时向基金管理人赎回基金份额，若大量赎回甚至会导致基金清盘。

（2）发行规模限制不同。封闭式基金的基金规模是固定的，在封闭期限内未经法定程序认可不能增加发行。开放式基金没有发行规模限制，投资者可随时提出申购或赎回申请，基金规模随之增加或减少。

（3）基金份额交易方式不同。封闭式基金的基金份额在封闭期限内不能赎回，持有人只能在证券交易场所出售给第三者，交易在基金投资者之间完成。开放式基金的投资者则可以在首次发行结束一段时间后，随时向基金管理人或其销售代理人提出申购或赎回申请，绝大多数开放式基金不上市交易，交易在投资者与基金管理人或其销售代理人之间进行。

（4）基金份额的交易价格计算标准不同。封闭式基金与开放式基金的基金份额除了首次发行价都是按面值加一定百分比的购买费计算外，以后的交易计价方式不同。封闭式基金的买卖价格受市场供求关系的影响，常出现溢价或折价现象，并不必然反映单位基金份额的净资产值。开放式基金的交易价格则取决于每一基金份额净资产值的大小，其申购价一般是基金份额净资产值加一定的购买费，赎回价是基金份额净资产值减去一定的赎回费，不直接受市场供求影响。

(5)基金份额资产净值公布的时间不同。封闭式基金一般每周或更长时间公布一次,开放式基金一般在每个交易日连续公布。

(6)交易费用不同。投资者在买卖封闭式基金时,在基金价格之外要支付手续费;投资者在买卖开放式基金时,则要支付申购费和赎回费。

(7)投资策略不同。封闭式基金在封闭期内基金规模不会减少,因此可进行长期投资,基金资产的投资组合能有效地在预定计划内进行。开放式基金因基金份额可随时赎回,为应付投资者随时赎回兑现,所募集的资金不能全部用来投资,更不能把全部资金用于长期投资,必须保持基金资产的流动性,在投资组合上须保留一部分现金和高流动性的金融工具。

(三)债券基金、股票基金、货币市场基金、衍生证券投资基金

这是按基金的投资标的划分的。

债券基金是一种以债券为主要投资对象的证券投资基金。由于债券的年利率固定,因而这类基金的风险较低,适合于稳健型投资者。债券基金的收益会受市场利率的影响,当市场利率下调时,其收益会上升;反之,若市场利率上调,其收益将下降。除此以外,如果基金投资于境外市场,汇率也会影响基金的收益,管理人在购买国际债券时,往往还需要在外汇市场上进行套期保值。在我国,根据《证券投资基金运作管理办法》的规定,80%以上的基金资产投资于债券的,为债券基金。

股票基金是指以上市股票为主要投资对象的证券投资基金。股票基金的投资目标侧重于追求资本利得和长期资本增值。基金管理人拟定投资组合,将资金投放到一个或几个国家甚至全球的股票市场,以达到分散投资、降低风险的目的。股票基金是最重要的基金品种,它的优点是资本的成长潜力较大,投资者不仅可以获得资本利得,还可以通过它将较少的资金投资于各类股票,从而实现在降低风险的同时保持较高收益的投资目标。股票基金还可以细分为多种类型,其中较有代表性的是按投资目标不同,分为价值型股票基金、成长型股票基金和平衡型股票基金。价值型基金主要投资于收益稳定、价值被低估、安全性较高的股票;成长型基金主要投资于收益增长速度快、未来发展潜力大的股票;同时投资于价值型股票和成长型股票的基金是平衡型基金。由于股票投资基金聚集了巨额资金,几只甚至一只大规模的基金就可以引发股市动荡,所以各国政府对股票基金的监管都十分严格,不同程度地规定了基金购买某一家上市公司的股票总额不得超过基金资产净值的一定比例,以防止基金过度投机和操纵股市。在我国,根据《证券投资基金运作管理办法》的规定,80%以上的基金资产投资于股票的,为股票基金。

货币市场基金是以货币市场工具为投资对象的一种基金,其投资对象期限较短,一般在1年以内,包括银行短期存款、国库券、公司短期债券、银行承兑票据及商业票据等货币市场工具。根据《证券投资基金运作管理办法》的规定,仅投资于货币市场工具的,为货币市场基金。货币市场基金的优点是资本安全性高,购买限额低,流动性强,收益较高,管理费用低,有些还不收取赎回费用。因此,货币市场基金通常被认为是低风险的投资工具。

衍生证券投资基金是一种以衍生证券为投资对象的基金,包括期货基金、期权基金、认股权证基金等。这种基金风险大,因为衍生证券一般是高风险的投资品种。

(四)偏股型基金、偏债型基金、股债平衡型基金、灵活配置型基金

这是按基金的资产配置划分的。

这类基金通常同时投资于股票和债券,但依投资目标不同,将基金资产在股票和债券之间

进行配比，统称混合型基金。偏股型基金对股票的配置比例较高，一般为50%～70%，债券的配置比例为20%～40%。债券型基金对债券的配置比例较高，对股票的配置比例相对较低。股债平衡型基金对股票和债券的配置较为均衡，约为40%～60%。灵活配置型基金对股票和债券的配置比例会依市场状况进行调节。

（五）主动型基金和被动型基金

这是按基金的投资理念划分的。

主动型基金是指力图取得超越基准组合表现的基金。

被动型基金一般选取特定指数作为跟踪对象，因此通常又称为"指数基金"。指数基金是20世纪70年代以来出现的新的基金品种。由于其投资组合模仿某一股价指数或债券指数，收益随着即期的价格指数上下波动，因此当价格指数上升时，基金收益增加；反之，收益减少。基金因始终保持即期的市场平均收益水平，因而收益不会太高，也不会太低。

（六）公募基金和私募基金

这是按基金的募集方式划分的。

公募基金是可以面向社会公众公开发售的基金。公募基金可以向社会公众公开发售基金份额和宣传推广，基金募集对象不固定；基金份额的投资金额要求较低，适合中小投资者参与；基金必须遵守有关的法律法规，接受监管机构的监管并定期公开相关信息。

私募基金是向特定的投资者发售的基金。私募基金不能进行公开发售和宣传推广，只能采取非公开方式发行；基金份额的投资金额较高，风险较大，监管机构对投资者的资格和人数会加以限制；基金的投资范围较广，在基金运作和信息披露方面所受的限制和约束较少。

（七）特殊类型的基金

ETF基金。ETF是英文"Exchange Traded Funds"的简称，常被译为"交易所交易基金"，上海证券交易所则将其定名为"交易型开放式指数基金"。ETF是一种在交易所上市交易的、基金份额可变的一种基金运作方式。ETF结合了封闭式基金与开放式基金的运作特点，一方面可以像封闭式基金一样在交易所二级市场进行买卖，另一方面又可以像开放式基金一样申购、赎回。ETF的最大特点是实物申购、赎回机制，即它的申购是用一篮子股票换取ETF份额，赎回时是以基金份额换回一篮子股票而不是现金。ETF有"最小申购、赎回份额"的规定，通常最小申购、赎回单位是50万份或100万份，申购、赎回必须以最小申购、赎回单位的整数倍进行，一般只有机构投资者才有实力参与一级市场的实物申购与赎回交易。ETF实行一级市场和二级市场并存的交易制度。在一级市场，机构投资者可以在交易时间内以ETF指定的一篮子股票申购ETF份额或以ETF份额赎回一篮子股票。在二级市场，ETF与普通股票一样在证券交易所挂牌交易，基金买入申报数量为100份或其整数倍，不足100份的基金可以卖出，机构投资者和中小投资者都可以按市场价格进行ETF份额交易。

LOF基金。LOF是英文"Listed Open-ended Funds"的简称，译为上市型开放式基金，既可以在指定网点申购与赎回，又可以在交易所进行买卖。申购和赎回均以现金进行，对申购和赎回没有规模上的限制。

QDII基金。QDII是合格的境内机构投资者（Qualified Domestic Institutional Investors）的首字母缩写。QDII基金是在一国境内设立，经该国有关部门批准从事境外证券市场的股票、债券等有价证券业务的投资基金。2007年我国推出了首批QDII基金。

四、证券投资基金与股票、债券的区别

（一）反映的经济关系不同

股票反映的是所有权关系，债券反映的是债权债务关系，而基金反映的则是信托关系，但公司型基金除外。

（二）筹集资金的投向不同

股票和债券是直接投资工具，筹集的资金主要投向实业，而基金是间接投资工具，筹集的资金主要投向有价证券等金融工具。

（三）收益风险水平不同

股票的直接收益取决于发行公司的经营效益，不确定性强，投资于股票有较大的风险。债券的直接收益取决于债券利率，而债券利率一般是事先确定的，投资风险较小。基金主要投资于有价证券，投资选择灵活多样，从而使基金的收益有可能高于债券，投资风险又可能小于股票。因此，基金能满足那些不能或不宜直接参与股票、债券投资的个人或机构的需要。

（四）存续时间和投资回收方式不同

债券投资是有一定期限的，期满后收回本金。股票投资是无限期的，除非公司破产、进入清算，投资者不得从公司收回投资，若要收回，只能在证券交易市场上按市场价格将股票变现。投资基金则视所持有的基金形态不同而有所区别：封闭式基金有一定的期限，期满后，投资者可按持有的份额分得相应的剩余资产，在封闭期内还可以在交易市场上变现；开放式基金一般没有期限，但投资者可随时向基金管理人要求赎回。

五、证券投资基金当事人

（一）基金份额持有人

基金份额持有人即基金投资者，是基金的出资人、基金资产的所有者和基金投资回报的受益人。

基金份额持有人的基本权利包括基金收益的享有权、对基金份额的转让权和在一定程度上对基金经营决策的参与权。基金份额持有人必须承担一定的义务，主要包括遵守基金契约、缴纳基金认购款项及规定的费用、承担基金亏损或终止的有限责任等。

（二）基金管理人

基金管理人是负责基金发起设立与经营管理的专业性机构，不仅负责基金的投资管理，而且承担着产品设计、基金营销、基金注册登记、基金估值、会计核算和客户服务等多方面的职责。2015 年修订的《证券投资基金法》规定，公开募集基金的基金管理人由基金管理公司或经国务院证券监督管理机构按照规定核准的其他机构担任。基金管理人的主要业务是发起设立基金和管理基金。基金管理人作为受托人，必须履行“诚信义务”。基金管理人的目标是受益人利益的最大化，因而，不得出于自身利益的考虑损害基金持有人的利益。

由于基金份额持有人通常是人数众多的中小投资者，为了保护这些投资者的利益，必须对基金管理人的资格做出严格规定，使基金管理人更好地负起管理基金的责任。对基金管理人需具备的条件，各个国家和地区有不同的规定。我国对基金管理公司实行市场准入管理，《证券投资基金法》规定，设立管理公开募集基金的基金管理公司，应当具备下列条件，并经国务院证券监督管理机构批准：有符合本法和《公司法》规定的章程；注册资本不低于人民币 1 亿元，且必须为实缴货币资本；主要股东应当具有经营金融业务或者管理金融机构的良好业绩、良好

的财务状况和社会信誉，资产规模达到国务院规定的标准，最近3年没有违法记录；取得基金从业资格的人员达到法定人数；董事、监事、高级管理人员具备相应的任职条件；有符合要求的营业场所、安全防范设施和与基金管理业务有关的其他设施；有良好的内部治理结构、完善的内部稽核监控制度和风险控制制度；法律、行政法规规定的和经国务院批准的国务院证券监督管理机构规定的其他条件。

基金份额持有人与基金管理人之间的关系是委托人、受益人与受托人的关系，也是所有者和经营者之间的关系。

(三)基金托管人

基金托管人，又称基金保管人，是依据基金运行中"管理与保管分开"的原则对基金管理人进行监督和保管基金资产的机构，是基金持有人权益的代表，通常由有实力的商业银行或信托投资公司担任。基金托管人与基金管理人签订托管协议，在托管协议规定的范围内履行自己的职责并收取一定的报酬。基金托管人在基金的运行过程中起着不可或缺的作用。

基金托管人应为基金开设独立的基金资产账户，负责款项收付、资金划拨、证券清算、分红派息等，所有这些，基金托管人都是按照基金管理人的指令行事，而基金管理人的指令也必须通过基金托管人来执行。

基金管理人与托管人的关系是相互制衡的关系。任何一方有违规之处，对方都应当监督并及时制止，直至请求更换违规方。基金份额持有人与托管人的关系是委托与受托的关系。

第四节　金融衍生工具

一、金融衍生工具概述

(一)金融衍生工具的概念

金融衍生工具又称金融衍生产品，是与基础金融产品相对应的一个概念，是指建立在基础产品或基础变量之上，其价格取决于基础金融产品价格(或数值)变动的派生金融产品。这里所说的基础产品是一个相对的概念，不仅包括现货金融产品(如债券、股票、银行定期存款单等)，也包括金融衍生工具。作为金融衍生工具基础的变量种类繁多，主要是各类资产价格、价格指数、利率、汇率、费率、通货膨胀率以及信用等级等，近些年来，某些自然现象(如气温、降雪量、飓风)甚至人类行为(如选举、温室气体排放)也渐渐成为金融衍生工具的基础变量。

对金融衍生工具含义的理解包含以下三点：一是金融衍生工具是从基础金融工具派生出来的；二是金融衍生工具是对未来的交易；三是金融衍生工具具有杠杆效应。

金融衍生工具的参与者主要分为三类：对冲者(又称保值者)、投机者和套利者。对冲者的主要目的是避免或者降低面对的风险；投机者在于获得资产未来真实价格和现在的远期价格之间的差额；套利者是通过两个或以上的不同市场，同时买卖某一种(或两种类似的)资产或商品，以期获得无风险的利润。

(二)金融衍生工具的分类

在现实中通常使用两种方法对金融衍生工具进行分类：

1. 按交易方法与特点分类

按交易方法与特点可分为金融期货、金融期权、金融远期和金融互换。这种分类是最基本、最常见的分类，也是四种最基本的金融衍生工具。

2. 按基础工具种类分类

按基础工具的种类的不同可分为股权类产品的衍生工具、货币衍生工具、利率衍生工具、信用衍生工具以及其他衍生工具。

二、金融期货

(一)金融期货的定义

金融期货是期货交易的一种。期货交易是指交易双方在集中的交易所市场以公开竞价方式所进行的标准化期货合约的交易。而期货合约则是由交易双方订立的、约定在未来某日期按成交时约定的价格交割一定数量的某种商品的标准化协议。金融期货的标的物不是一般商品，而是证券、债券、存单、股票、股票指数、利率等金融资产或金融指标。金融期货具有套期保值、价格发现、投机和套利四项基本功能。

(二)金融期货的特征

1. 集中交易制度

金融期货在期货交易所进行集中交易。期货交易所是专门进行期货合约买卖的场所，是期货市场的核心，承担着组织、监督期货交易的重要职能。

期货交易所直接介入每一笔期货交易，充当期货买卖双方的相对方，即买方的卖方和卖方的买方。也就是说，期货交易买卖双方都是和交易所达成协议，交易所同时和双方签订协议。

2. 标准化的期货合约和对冲机制

期货合约是由交易所设计、经主管机构批准后向市场公布的标准化合约。金融期货合约主要包含以下四个标准：标准化的合同面额和合同数量；标准化的交割时间；实行涨跌停限制，规定价格的最大波幅和价格的最小变化幅度；标准化的合同标的物。期货合约设计成标准化的合约是为了便于交易双方在合约到期前分别做一笔相反的交易进行对冲，从而避免实物交收。期货交易中的对冲是指交易者利用期货合约标准化的特征，在开仓和平仓的时候分别做两笔品种、数量、期限相同但方向相反的交易，并且不进行实物交割，而是以结清差价的方式结束交易的独特交易机制。实际上绝大多数期货合约并不进行实物交割，通常在到期日之前即已对冲平仓。

3. 保证金制度

为了控制期货交易的风险和提高效率，期货交易所的会员经纪公司必须向交易所或结算所缴纳结算保证金，而期货交易双方在成交后都要通过经纪人向交易所或结算所缴纳一定数量的保证金。由于期货交易的保证金比率很低，因此有高度的杠杆作用，这一杠杆作用使套期保值者能用少量的资金为价值量很大的现货资产找到回避价格风险的手段，也为投机者提供了用少量资金获取盈利的机会。

保证金主要包括两类：初始保证金和维持保证金。初始保证金要求在新开仓时买卖双方按照合约规定都必须交纳，一般用现金方式，也可用有价证券。初始保证金等于交易金额乘以保证金比率。维持保证金是投资者保证金账户中所允许的最低保证金。交易所每天对会员期货仓位按每天收市价逐日结算，以确定其期货价值，并将每日盈亏记入保证金账户，当保证金账户低于最低要求时，投资者就会被要求在24小时内追加现金到初始保证金水平，否则其期货头寸就会被强制平仓。这部分新交的保证金被称为追加保证金。

4. 结算所和无负债结算制度

结算所是期货交易的专门清算机构，通常附属于交易所，但又以独立的公司形式组建。结算所实行无负债的每日结算制度，又称为“逐日盯市制度”，就是以每种期货合约在交易日收盘前规定时间内的平均成交价作为当日结算价，与每笔交易成交时的价格作对照，计算每个结算所会员账户的浮动盈亏，进行随市清算。由于逐日盯市制度以一个交易日为最长的结算周期，对所有账户的交易头寸按不同到期日分别计算，并要求所有的交易盈亏都能及时结算，从而能及时调整保证金账户，控制市场风险。

5. 限仓制度

限仓制度是交易所为了防止市场风险过度集中和防范操纵市场的行为，而对交易者持仓数量加以限制的制度。

6. 大户报告制度

大户报告制度是交易所建立限仓制度后，当会员或客户的持仓量达到交易所规定的数量时，必须向交易所申报有关开户、交易、资金来源、交易动机等情况，以便交易所审查大户是否有过度投机和操纵市场行为，并判断大户交易风险状况的风险控制制度。

7. 每日价格波动限制及断路器规则

为防止期货价格出现过大的非理性变动，交易所通常对每个交易时段允许的最大波动范围做出规定，一旦达到涨(跌)幅限制，则高于(低于)该价格的买入(卖出)委托无效。

除此之外，有的交易所还规定了一系列涨跌幅限制，达到这些限幅之后交易暂停，十余分钟后再恢复交易，目的是给市场充分时间消化特定信息的影响。除上述常规制度之外，期货交易所为了确保交易安全，还规定了强行平仓、强制减仓、临时调整保证金比例(金额)等交易规则，交易者在入市之前务必透彻掌握相关规定。

(三)金融期货的主要品种

金融期货的品种主要有三类:外汇期货、利率期货和股票指数期货。

外汇期货又称货币期货，是以外汇为标的物的期货合约，是金融期货中最先产生的品种，主要用于规避外汇风险。

利率期货是以利率为标的物的期货合约。利率期货主要是为了规避利率风险而产生的，主要针对市场上债务资产的利率波动而设计，是继外汇期货之后产生的又一个金融期货品种。按期限的不同又可分为短期利率期货和长期利率期货。

股票指数期货是以股票价格指数为标的物的期货合约，简称股指期货。股指期货是为适应人们控制股市风险，尤其是系统性风险的需要而产生的，也是目前金融期货市场最热门、发展最快的期货交易。股指期货的交易单位等于基础指数的数值与交易所规定的每点价值之乘积，采用现金结算。

(四)沪深 300 股指期货

下面以我国推出的首个股指期货合约——沪深 300 股指期货合约为例来进一步介绍股指期货。

经中国证监会批准，中国金融期货交易所首个股票指数期货合约为沪深 300 股指期货合约，于 2010 年 4 月 16 日正式上市交易。到 2015 年 4 月，沪深 300 股指期货成交金额已排名世界第一，已成为全球最大的股指期货。

沪深 300 股指期货合约如表 2—2 所示。

表 2—2　　沪深 300 股指期货合约

合约标的	沪深 300 指数
合约乘数	每点 300 元
报价单位	指数点
最小变动价位	0.2 点
合约月份	当月、下月及随后两个季月
交易时间	上午 9:15—11:30，下午 13:00—15:15
最后交易日交易时间	上午 9:15—11:30，下午 13:00—15:00
每日价格最大波动限制	上一个交易日结算价的±10%
最低交易保证金	合约价值的 12%
最后交易日	合约到期月份的第三个周五，遇国家法定节假日顺延
交割日期	同最后交易日
交割方式	现金交割
交易代码	IF
上市交易所	中国金融期货交易所

三、金融期权

(一)金融期权的概念

金融期权是以合约的方式，规定合约的购买者在约定的时间内以约定的价格购买或出售某种金融资产的权利。同时，合约的购买者也有权选择不执行合约，因此期权交易也称为选择权交易。具体说，其购买者在向出售者支付一定费用后，就获得了能在规定期限内以某一特定价格向出售者买进或卖出一定数量的某种金融工具的权利。

期权交易实际上是一种权利的单方面有偿让渡。期权的买方以支付一定数量的期权费为代价而拥有了这种权利，但不承担必须买进或卖出的义务；期权的卖方则在收取了一定数量的期权费后，在一定期限内必须无条件服从买方的选择并履行成交时的允诺。

(二)金融期权的分类

1. 看涨期权和看跌期权

这是按照选择权的性质划分的。

看涨期权也称为“认购权”，或买进期权，指期权的买方具有在约定期限内(或合约到期日)按协定价格(也称为“敲定价格”或“行权价格”)买入一定数量金融资产的权利。交易者之所以买入看涨期权，是因为他预期金融资产的价格在合约期限内将会上涨。如果判断正确，按协定价格买入该项金融资产并以市价卖出，可赚取市价与协定价格之间的差额；如果判断失误，则放弃行权，仅损失期权费。

看跌期权也称为“认沽权”，或卖出期权，指期权的买方具有在约定期限内按协定价格卖出一定数量金融资产的权利。交易者买入看跌期权，是因为他预期金融资产的价格在近期内将会下跌。如果判断正确，可从市场上以较低的价格买入该项金融资产，再按协定价格卖给期权的卖方，将赚取协定价格与市价的差额；如果判断失误，则放弃行权，损失期权费。

2. 欧式期权、美式期权和修正的美式期权

这是按照合约所规定的履约时间的不同划分的。

欧式期权只能在期权到期日执行；美式期权则可在期权到期日或到期日之前的任何一个营业日执行；修正的美式期权也称为“百慕大期权”或“大西洋期权”，可以在期权到期日之前的一系列规定日期执行。

3. 股权类期权、利率期权、货币期权和金融期货合约期权

这是按照金融期权基础资产性质的不同划分的。

与股权类期货类似，股权类期权也包括三种类型：单只股票期权、股票组合期权和股价指数期权。

单只股票期权（简称股票期权）指买方在交付了期权费后，即取得在合约规定的到期日或到期日以前按协定价格买入或卖出一定数量相关股票的权利。

股票组合期权是以一篮子股票为基础资产的期权，代表性品种是交易所交易基金的期权。

股价指数期权是以股价指数为基础资产，买方在支付了期权费后，即取得在合约有效期内或到期时以协定指数与市场实际指数进行盈亏结算的权利。股价指数期权没有可作实物交割的具体股票，只能采取现金轧差的方式结算。

利率期权指买方在支付了期权费后，即取得在合约有效期内或到期时以一定的利率（价格）买入或卖出一定面额的利率工具的权利。利率期权合约通常以政府短期、中期、长期债券，欧洲美元债券，大面额可转让存单等利率工具为基础资产。

货币期权又称为外币期权、外汇期权，指买方在支付了期权费后，即取得在合约有效期内或到期时以约定的汇率购买或出售一定数额某种外汇资产的权利。货币期权合约主要以美元、欧元、日元、英镑、瑞士法郎、加拿大元及澳大利亚元等为基础资产。

金融期货合约期权是一种以金融期货合约为交易对象的选择权，它赋予其持有者在规定时间内以协定价格买卖特定金融期货合约的权利。

（三）期权与期货的异同

期权与期货相比有许多相似之处。例如，它们都是衍生工具，都是一种标准化合约，都是买卖合约在前，实际交割在后，都具有杠杆功能。但它们又有重要区别，主要表现在期货合约中买卖双方的权利和义务是相等的，合约对双方都有强制性。但期权合约中双方的权利和义务是不对等的，合约只对卖方具有强制性，而对买方具有选择性。由此，两种合约的风险收益特性也有所不同。在期货合约下，当期货合约价格上升时，合约的买方会实现一美元对一美元的收益；当期货价格下降时，合约的买方会遭受一美元对一美元的损失。卖方的情况正相反。期权没有这种对称性的风险收益关系。期权买方保留所有潜在收益，但收益因期权价格增加而减少；期权卖方可实现的最大收益是期权价格，但会面对巨大的损失风险。所以，投资者可以利用期货防范对称的风险，利用期权防范不对称的风险。

四、金融远期合约

金融远期合约是最基础的金融衍生产品。它是交易双方在场外市场上通过协商，按约定价格（称为“远期价格”或“交割价格”）在约定的未来日期（交割日）买卖某种标的金融资产或金融变量的合约。

金融远期合约在到期日进行交割，空头持有者交付标的金融资产给多头持有者，多头持有者支付给空头方等于交割价格的现金。

金融远期合约是一种非标准化的合约，它不在规范的交易所内交易，通常在两个金融机构之间或金融机构与其公司客户之间签署该合约。金融机构或大型工商企业通常利用远期交易作为风险管理手段。

金融远期合约的优点：由于采用了一对一交易的方式，在签订合约之前，交易事项可协商确定（双方可以就交割地点、交割时间、交割价格、合约规模等细节进行谈判，以便尽量满足双方的需求），较为灵活。

金融远期合约的缺点：由于非集中交易导致交易成本较高，市场效率低下；流动性较差；违约风险较高。

金融远期合约的种类主要包括股权类资产的远期合约、债权类资产的远期合约、远期利率协议、远期汇率协议四个大类。

五、金融互换

金融互换也称金融掉期，它是指交易双方达成协议，在未来的一段时间内，互相交换一系列现金流量（本金、利息、价差等）。与期货和期权合约不同的是，互换合约一般都是非标准化的，是交易双方本着“双赢互利”的原则签订的合约，因此，互换合约不能像前两者那样上市交易。

互换交易的主要用途是改变交易者资产或负债的风险结构（比如利率或汇率结构），从而规避相应的风险。

本章小结

证券是商品经济和社会化大生产发展到一定阶段的必然产物。随着股份公司的产生和信用制度的发展，股票、债券、基金、金融衍生产品等证券投资工具不断涌现，成为资本市场的核心和基础。

股票是股份有限公司发行的一种有价证券，是用以证明投资者的股东身份和权益并据以获取股息和红利的凭证。股票的特征包括收益性、风险性、流动性、永久性和参与性。目前股票的种类繁多，普通股和优先股是其两种主要形式。

债券是发行者依照法定程序发行，并约定在一定期限内还本付息的有价证券，是表明投资者与筹资者之间债权债务关系的书面凭证。债券是一种稳健的证券投资工具，具有偿还性、流动性、安全性和收益性特征。债券与股票既有相同之处，也有很大的区别。

证券投资基金是指一种利益共享、风险共担的集合证券投资方式，作为一种大众化的信托投资工具，反映了投资者与基金管理人、基金托管人之间的委托—代理关系。

金融衍生工具是指从原生资产派生出来的金融投资工具。近几十年来，随着证券市场的不断发展完善、人们投资偏好的变化和预防交易风险意识的增强，除股票、债券、基金等交易工具外，又产生了金融远期、金融期货、金融期权、金融互换等交易形式。

知识测试

一、单项选择题

1. 股票是一种资本证券，它属于（　　）。

A. 实物资本　B. 真实资本　C. 虚拟资本　D. 风险资本

2. 无记名股票与记名股票的差别主要表现在(　　)。

A. 股票名称　B. 股票编号　C. 股票的记载方式　D. 股东权利

3. 普通股票是最基本、最常见的一种股票,其持有者享有股东的(　　)。

A. 营销权　B. 支配公司财产的权利

C. 特许经营权　D. 基本权利和义务

4. 下面关于股票性质的描述中错误的是(　　)。

A. 股票是有价证券、要式证券　B. 股票是证权证券、资本证券

C. 股票是综合权利证券　D. 股票是物权证券、债权证券

5. 普通股股东在股份公司解散清算时,有权要求取得公司的(　　)。

A. 银行存款　B. 注册资本　C. 剩余资产　D. 银行存款

6. 优先股票作为一种股权证书,代表着对公司的(　　)。

A. 所有权　B. 债权　C. 索取权　D. 管理权

7. 股票的市场价格总是围绕其(　　)波动。

A. 内在价值　B. 清算价值　C. 票面价值　D. 账面价值

8. 小李观察到最近股票价格由于政治事件发生波动,于是他将手中的股票抛出并换成了债券,这是因为股票的(　　)增大。

A. 流动性　B. 期限性　C. 风险性　D. 收益性

9. 一般情况下,优先股票的股息率是(　　)的,其持有者的股东权利受到一定限制,但在公司盈利和剩余财产的分配顺序上比普通股票股东享有优先权。

A. 不确定　B. 固定

C. 随公司盈利变化而变化　D. 浮动

10. 深证成分股指数由(　　)家样本股组成。

A. 30　B. 40　C. 50　D. 500

11. 欧洲债券是指借款人(　　)。

A. 在欧洲国家发行的,以该国货币标明面值的外国债券

B. 在本国境外市场发行的,不以发行市场所在国货币为面值的国际债券

C. 在欧洲国家发行的,以欧元标明面值的外国债券

D. 在本国发行的,以欧元标明面值的外国债券

12. 政府发行的证券品种一般为(　　)。

A. 股票　B. 权证　C. 债券　D. 期货

13. 一般来说,期限较长的债券票面利率定得较高,是由于债券(　　)。

A. 流动性差,风险相对较大　B. 流动性差,风险相对较小

C. 流动性强,风险相对较大　D. 流动性强,风险相对较小

14. 一般来讲,政府债券与公司债券相比,(　　)。

A. 公司债券风险大,收益低　B. 公司债券风险小,收益高

C. 政府债券风险大,收益高　D. 政府债券风险小,收益稳定

15. 下列不是债券基本性质的为(　　)。

A. 债券属于有价证券　B. 债券是一种虚拟资本

C. 债券是债权的表现　D. 发行人必须在约定的时间付息还本

16. 下列各项不属于影响债券利率因素的是(　　)。

A. 筹资者的资信　　B. 债券票面金额

C. 债券期限长短　　D. 借贷资金市场利率水平

17. 从财务风险的角度分析，当融资产生的利润大于债息率时，给股东带来的效应是(　　)。

A. 资本收益　　B. 收益减少　　C. 资本损失　　D. 收益增长

18. 被视为无风险证券，相对应的证券收益率被称为无风险利率的证券是(　　)。

A. 政府债券　　B. 政府机构债券

C. 中央政府债券　　D. 中央银行发行的证券

19. 债券票面利率是债券年利息与债券票面价值的比率，又称为(　　)。

A. 到期收益率　　B. 实际收益率　　C. 持有期收益率　　D. 名义利率

20. 一般情况下，投资风险由低到高顺序以下排列正确的是(　　)。

A. 债券、基金、股票　　B. 基金、股票、债券

C. 股票、债券、基金　　D. 股票、基金、债券

21. 证券投资基金是通过公开发售(　　)募集资金。

A. 理财产品　　B. 有价证券　　C. 企业债券　　D. 基金份额

22. 契约型基金是基于(　　)而组织起来的代理投资方式。

A. 公约原理　　B. 信托原理　　C. 代理原理　　D. 委托原理

23. 封闭式基金的固定存续期通常(　　)。

A. 无固定期限　　B. 在 5 年以上　　C. 在 15 年以上　　D. 在半年以上

24. 证券投资基金筹集的资金主要是投向(　　)。

A. 实业　　B. 有价证券　　C. 房地产　　D. 第三产业

25. 证券投资基金托管人是(　　)权益的代表。

A. 基金监管人　　B. 基金管理人

C. 基金份额持有人　　D. 基金发起人

26. 在契约型基金中，基金份额持有人只能通过召开(　　)对基金的重大事项做出决议。

A. 经理层　　B. 基金受益人大会　　C. 董事会　　D. 基金托管人

27. 按照我国现行规定，以下不属于证券投资基金投资对象的是(　　)。

A. 上市的股票　　B. 期货　　C. 上市的国债　　D. 上市的企业债券

28. 金融期货是指交易双方在集中的交易场所以(　　)的方式进行的标准化金融期货合约的交易。

A. 公开竞价　　B. 买方向卖方支付一定费用

C. 集合竞价　　D. 协商价格

二、多项选择题

1. 股票应载明的事项主要包括(　　)。

A. 公司名称　　B. 公司成立的日期　　C. 股票种类　　D. 票面金额

2. 对投资者而言，优先股票是一种比较安全的投资对象，这是因为其(　　)。

A. 在公司财产清偿时先于普通股票股东　　B. 股息收益稳定可靠

C. 在公司财产清偿时晚于普通股票股东　　D. 风险相对较小

3. 有面额股票是指在股票票面上记载一定金额的股票，这一记载的金额也称为(　　)。

A. 股票价值　　B. 股票面值　　C. 票面价值　　D. 票面金额

4. 股票具有的特征包括(　　)。

A. 收益性、风险性　　B. 流动性　　C. 参与性　　D. 永久性

5. 记名股票的特点有(　　)。

A. 可以一次或多次缴纳出资　　B. 转让相对复杂或受限制

C. 安全性较差　　D. 股东权利归属股票的持有人

6. 股东权是一种综合权利，股东依法享有的权利包括(　　)。

A. 资产收益权　　B. 对公司财产的直接支配处理

C. 重大决策权　　D. 选择管理者权

7. 境外上市外资股是指股份有限公司向境外投资者募集并在境外上市的股份，其主要特点包括(　　)。

A. 以人民币标明面值　　B. 采用无记名股票形式

C. 以外币认购　　D. 采用记名股票形式

8. 国际证券市场上著名的股价指数有(　　)。

A. NASDAQ 综合指数　　B. 日经 225 股价指数

C. 金融时报指数　　D. 道琼斯工业股价平均数

9. 一般来说，债券具有如下特征：(　　)。

A. 流动性　　B. 永久性　　C. 安全性　　D. 收益性

10. 债券发行人在确定债券的利率时，需要考虑的问题有(　　)。

A. 借贷资金市场利率水平　　B. 筹资者的资信

C. 债券期限长短　　D. 债务人的资金使用方向

11. 发行人在确定债券期限时，要考虑的因素主要有(　　)。

A. 市场利率的变化　　B. 筹集资金数额

C. 债券变现能力　　D. 资金使用方向

12. 债券的票面要素包括(　　)。

A. 债券的票面价值　　B. 债券的到期期限

C. 债券的票面利率　　D. 债券发行者名称

13. 债券收益的表现形式有(　　)。

A. 利息收入　　B. 资本损益　　C. 再投资收益　　D. 分红

14. 基金与股票、债券的区别在于(　　)。

A. 筹资规模不同　　B. 反映的经济关系不同

C. 筹集资金的投向不同　　D. 收益风险水平不同

15. 开放式基金与封闭式基金的区别表现在(　　)。

A. 基金份额资产净值公布的时间不同　　B. 交易费用不同

C. 发行规模限制不同　　D. 期限不同

16. 契约型基金与公司型基金的区别是(　　)。

A. 资金性质不同　　B. 投资者的地位不同

C. 基金的营运依据不同　　D. 发行规模不同

17. 金融衍生工具的基本特征包括(　　)。

A. 杠杆性　　　　　　　　　　　　B. 跨期性
C. 不确定性或高风险性　　　　　　D. 联动性

三、判断题

1. 股票是有价证券，我国《公司法》规定，股票由公司董事长签名，公司盖章。（　　）

2. 在我国，法人股股票以法人记名，其中的法人既包括企业法人，又包括具有法人资格的事业单位和社会团体。（　　）

3. 一般来说，如果股票是归某人单独所有，则应记载持有人的姓名；如果股票是归国家授权的投资机构或者法人所有，则应记载国家授权的投资机构或者法人的名称。（　　）

4. 已上市流通股份包括 A 股、B 股、H 股和其他。（　　）

5. 为了维护国家股的权益，国家股权不可以转让。（　　）

6. 从理论上说，股票的清算价值应与账面价值一致，实际上大多数公司的实际清算价值高于其账面价值。（　　）

7. 股份制的金融机构发行的股票通常定义为金融证券。（　　）

8. 虚拟资本的价格总额并不等于所代表的真实资本的账面价格，而是与真实资本的重置价格相等。（　　）

9. 通常，股票的有效期与股份公司的存续期间相联系，两者是并存的关系。（　　）

10. 股票之所以有价格，是因为它代表着收益的价值，即能给它的持有者带来股息红利。（　　）

11. 优先股票的所有权利都优于普通股票，所以称之为优先股票。（　　）

12. 从理论上说，如果公司盈利前景非常好，即使这家上市公司永远不分红，它的股票也有很大价值。（　　）

13. 证券市场上投资者的收益仅仅来自证券价格波动的差价。（　　）

14. 股东出席股东大会，优先股票与普通股票股东应享有同样的权利。（　　）

15. 股份公司向外国和我国港、澳、台地区投资者发行的股票称为 B 股。（　　）

16. 一般来说，具有高度流动性的债券同时也是较安全的。（　　）

17. 通常说，债券的债权人不同于公司股东，是公司的内部利益相关者。（　　）

18. 在面值一定的情况下，调整债券的发行价格可以使投资者的实际收益率接近市场收益率的水平。（　　）

19. 实物债券一般可以记名，可挂失，可上市流通。（　　）

20. 一般来说，国际债券分为外国债券和欧洲债券两类。（　　）

21. 在日本发行的外国债券的面值货币是日元。（　　）

22. 债券票面上有四个基本要素，这四个要素都会在债券票面上印制出来。（　　）

23. 外币国债也是以本币为面值发行。（　　）

24. 可转换债券是一种附有转股权的特殊债券。（　　）

25. 债券收益表现为利息收入、资本损益和再投资收益。（　　）

26. 金融机构一般有雄厚的资金实力，信用度最高，通常被称为“金边债券”。（　　）

27. 商业银行次级债券是指商业银行发行的、本金和利息的清偿顺序列于商业银行其他负债之前、晚于商业银行股权资本的债券。（　　）

28. 公司债券属于抵押证券或担保证券。（　　）

29. 欧洲债券是国际债券的一种。 ( )
30. 债券持有者可以参与公司的经营决策。 ( )
31. 封闭式基金和某些特殊的开放式基金均可以在证券交易所市场挂牌交易。 ( )
32. 货币市场基金的投资对象包括股票、银行存款等金融工具。 ( )
33. 基金份额持有人是基金的出资人、基金资产的所有者和基金投资回报的受益人。 ( )
34. 证券投资基金最普遍的收益分配方式是分配基金份额。 ( )
35. 基金托管人是基金投资的受益人。 ( )

课外导航

1. 中国证券业协会．金融市场基础知识．成都:西南财经大学出版社,2015
2. 中国证券业协会．证券市场基本法律法规．成都:西南财经大学出版社,2015

第三章　证券发行市场

【学习目标】

1. 了解证券发行方式分类。
2. 理解证券发行与承销制度。
3. 掌握股票、债券、基金的发行条件与发行方式。

【开篇案例】

松井股份首次公开发行股票并在科创板上市发行公告

1. 湖南松井新材料股份有限公司首次公开发行人民币普通股(简称“本次发行”)的申请已于2020年4月1日经上海证券交易所科创板股票上市委员会审核同意,于2020年4月30日获中国证券监督管理委员会证监许可〔2020〕831号文注册同意。

根据中国证监会《上市公司行业分类指引》(2012年修订),发行人所属行业为“化学原料和化学制品制造业”(行业代码:C26)。本次发行的保荐机构(主承销商)为德邦证券。发行人的股票简称为“松井股份”,股票代码为688157,该代码同时用于本次发行的初步询价及网下申购。本次发行网上申购代码为787157。

2. 本次公开发行股份数量1 990万股,发行股份占本次公开发行后公司股份总数的比例为25%,全部为公开发行新股。本次公开发行后总股本为7 960万股。

本次发行初始战略配售发行数量为99.50万股,占本次发行数量的5.00%。认购资金已于规定时间内足额汇至保荐机构(主承销商)指定的银行账户。初始战略配售与最终战略配售股数无差额,不进行回拨。网上网下回拨机制启动前,网下发行数量为1 323.35万股,占扣除最终战略配售数量后发行数量的70%;网上发行数量为567.15万股,占扣除最终战略配售数量后发行数量的30%。最终网下、网上发行合计数量为1 890.50万股,网上及网下最终发行数量将根据回拨情况确定。

3. 本次发行的初步询价工作已于2020年5月22日(T—3日)完成。发行人和保荐机构(主承销商)根据剔除不符合要求的投资者报价后的初步询价结果,综合考虑相关因素,协商确定本次发行价格为34.48元/股,网下发行不再进行累计投标询价。此价格对应的市盈率为:

(1)22.64倍(每股收益按照经会计师事务所遵照中国会计准则审计的扣除非经常性损益后的2019年净利润除以本次发行前总股本计算)。

(2)22.16倍(每股收益按照经会计师事务所遵照中国会计准则审计的扣除非经常性损益前的2019年净利润除以本次发行前总股本计算)。

(3)30.18倍(每股收益按照经会计师事务所遵照中国会计准则审计的扣除非经常性损益后的2019年净利润除以本次发行后总股本计算);

(4)29.55倍(每股收益按照经会计师事务所遵照中国会计准则审计的扣除非经常性损益前的2019年净利润除以本次发行后总股本计算)。

4. 本次网下发行申购日与网上申购日同为2020年5月27日(T日),其中,网下申购时间为9:30—15:00,网上申购时间为9:30—11:30,13:00—15:00。每一配售对象只能选择网下发行或者网上发行一种方式进行申购。凡参与初步询价的配售对象,无论是否为有效报价,均不得再参与网上发行的申购。

(1)网下申购

本次发行网下申购简称为"松井股份",申购代码为"688157"。在初步询价期间提供有效报价的配售对象必须参与网下申购。申购价格为确定的发行价格34.48元/股,申购数量须为初步询价阶段提交的有效报价对应的拟申购数量,且不超过网下申购数量上限。

(2)网上申购

本次发行网上申购简称为"松井申购",网上申购代码为"787157",本次网上发行通过上交所交易系统进行。持有上交所股票账户卡、开通科创板投资账户并持有一定市值的境内自然人、法人及其他机构,2020年5月27日(T日)可以参与本次发行的网上申购。

根据投资者持有的市值确定其网上可申购额度,持有市值10 000元以上(含10 000元)的投资者才能参与新股申购,每5 000元市值可申购一个申购单位,不足5 000元的部分不计入申购额度。每一个申购单位为500股,申购数量应当为500股或其整数倍,但最高不得超过本次网上初始发行股数的千分之一,即不超过5 500股。

投资者持有的市值按其2020年5月25日(T—2日,含当日)前20个交易日的日均持有市值计算,可同时用于2020年5月27日(T日)申购多只新股。申购时间内,投资者按委托买入股票的方式,以确定的发行价格34.48元/股填写委托单。一经申报,不得撤单。

(3)网下投资者缴款

2020年5月29日(T+2日)披露的《网下初步配售结果及网上中签结果公告》将对提供有效报价但未参与申购的投资者列表公示。公告中获得初步配售的全部网下有效配售对象,需在2020年5月29日(T+2日)16:00前,足额缴纳认购资金及相应新股配售经纪佣金,认购资金及相应新股配售经纪佣金应当于2020年5月29日(T+2日)16:00前到账。

(4)网上投资者缴款

网上投资者申购新股中签后,应根据《网下初步配售结果及网上中签结果公告》履行资金交收义务,确保其资金账户在2020年5月29日(T+2日)日终有足额的新股认购资金,不足部分视为放弃认购,由此产生的后果及相关法律责任由投资者自行承担。

5. 本次发行网上网下申购将于2020年5月27日(T日)15:00同时截止。发行人和保荐机构将根据网上申购情况决定是否启动回拨机制,对网下和网上发行的规模进行调节。

(资料来源:作者根据《松井股份首次公开发行股票并在科创板上市发行公告》整理)

请思考:我国首次公开发行股票采用什么发行方式?

第一节　证券发行市场概述

一、证券发行方式

所谓证券发行，是指证券的发行人将代表一定权利的有价证券出售给投资者的行为和过程。证券发行的场所即证券发行市场。证券发行根据发行对象和发行主体可分为公募发行和私募发行、直接发行和间接发行两类。

（一）公募发行和私募发行

公募发行，又称为公开发行，是发行人向不特定的社会公众投资者发售证券的发行。在公募发行方式下，任何合法的投资者都可以认购拟发行的证券。采用公募发行的有利之处在于以众多投资者为发行对象，证券发行的数量多，筹集资金的潜力大；投资者范围大，可避免发行的证券过于集中或被少数人操纵；公募发行可增强证券的流动性，有利于提高发行人的社会信誉。但公募发行的发行条件比较严格，发行程序比较复杂，登记核准的时间较长，发行费用较高。公募发行是证券发行中最常见、最基本的发行方式，适合于证券发行数量多、筹资额大、准备申请证券上市的发行人。

私募发行，又称为不公开发行或私下发行、内部发行，是指以特定投资者为对象的发行。私募发行的对象有两类：一类是公司的老股东或发行人的员工；另一类是投资基金、社会保险基金、保险公司、商业银行等金融机构以及与发行人有密切往来关系的企业等机构投资者。私募发行有确定的投资者，发行手续简单，可以节省发行时间和发行费用，但投资者数量有限，证券流动性较差，不利于提高发行人的社会信誉。

（二）直接发行和间接发行

直接发行即发行人直接向投资者推销、出售证券的发行。这种发行方式可以节省向发行中介机构缴纳的手续费，降低发行成本；但如果发行额较大，由于缺乏专业人才和发行网点，发行者自身要担负较大的发行风险。这种方式只适用于有既定发行对象或发行人知名度高、发行数量少、风险低的证券。

间接发行是由发行人委托证券公司等证券中介机构代理出售证券的发行。对发行人来说，采用间接发行可在较短时期内筹集到所需资金，发行风险较小；但需支付一定的手续费，发行成本较高。一般情况下，间接发行是基本的、常见的方式，特别是公募发行，大多采用间接发行；而私募发行则以直接发行为主。

二、证券发行制度

证券发行制度主要有两种：一是注册制，以美国为代表；二是核准制，以欧洲各国为代表。

（一）注册制

证券发行注册制实行公开管理原则，实质上是一种发行人的财务公开制度。它要求发行人提供关于证券发行本身以及和证券发行有关的所有信息。发行人不仅要完全公开有关信息，不得有重大遗漏，并且要对所提供信息的真实性、完整性和可靠性承担法律责任。证券监管机构不对证券发行行为及证券本身做出价值判断，对公开资料的审查只涉及形式，不涉及任何发行实质条件。发行人只要按规定将有关资料完全公开，监管机构就不得以发行人的财务状况未达到一定标准而拒绝其发行。证券发行相关材料报证券监管机构后，一般会有一个生效等待期，在这段时间内，由监管机构对相关文件进行形式审查。注册生效等待期满后，如果证券监管机构未对申报书提出任何异议，证券发行注册生效，发行人即可发行证券。但如果证券监管机构认为报送的文件存在缺陷，会指明文件缺陷，并要求补正或正式拒绝，或阻止发行生效。目前，澳大利亚、巴西、加拿大、德国、法国、意大利、荷兰、菲律宾、新加坡、英国和美国等国家，在证券发行上均采取注册制。

（二）核准制

核准制是指发行人申请发行证券，不仅要公开披露与发行证券有关的信息，符合公司法和证券法所规定的条件，而且要求发行人将发行申请报请证券监管机构决定的审核制度。证券发行核准制实行实质管理原则，即证券发行人不仅要以真实状况的充分公开为条件，而且必须符合证券监管机构制定的若干适合于发行的实质条件。只有符合条件的发行人经证券监管机构的批准方可在证券市场上发行证券。实行核准制的目的在于证券监管机构能尽法律赋予的职能，使发行的证券符合公众利益和证券市场稳定发展的需要。

（三）我国的证券发行制度

我国的证券发行在 2001 年之前实行的是计划经济体制下的审批制。2001 年以后开始实行核准制，但在 2004 年之前采用的是“通道制”，即向各综合券商下达可推荐 IPO 企业家数，由主承销商代替行政机制遴选和推荐发行人。2004 年后在核准制下实行“保荐制”，由证券发行人提出发行申请，保荐机构（主承销商）向中国证监会推荐，中国证监会进行合规性初审后，提交发行审核委员会审核，最终经中国证监会核准后发行。

2015 年 12 月全国人大常委会授权国务院在实施股票发行注册制改革中调整适用《中华人民共和国证券法》有关规定。新修订的《证券法》于 2020 年 3 月 1 日起施行，确立了证券发行注册制，为深化注册制改革提供了坚实的法制保障。

2019 年 6 月 13 日在上海证券交易所正式开板的科创板开始试行注册制。2020 年 6 月 12 日，证监会发布了《创业板首次公开发行股票注册管理办法（试行）》和《创业板上市公司证券发行注册管理办法（试行）》，意味着我国证券发行必将全面开启注册制。

三、证券承销制度

证券发行的最终目的是将证券推销给投资者。发行人推销证券的方法有两种：一是自行销售，被称为自销；二是委托他人代为销售，被称为承销。一般情况下，公开发行以承销为主。承销是将证券销售业务委托给专门的证券经营机构（承销商）销售。按照发行风险的承担、所筹资金的划拨以及手续费的高低等因素划分，承销方式有包销和代销两种。

（一）包销

证券包销是指证券公司将发行人的证券按照协议全部购入，或者在承销期结束时将售后剩余证券全部自行购入的承销方式。包销可分为全额包销和余额包销两种。

全额包销是指由证券公司先全额购买发行人该次发行的证券，再向投资者发售，由证券公司承担全部风险的承销方式。

余额包销是指证券公司按照规定的发行额和发行条件，在约定的期限内向投资者发售证券，到销售截止日，如投资者实际认购总额低于预定发行总额，未售出的证券由证券公司负责认购，并按约定时间向发行人支付全部证券款项的承销方式。

（二）代销

代销是指证券公司代发行人发售证券，在承销期结束时，将未售出的证券全部退还给发行人的承销方式。

我国《证券法（2019 修订）》规定，发行人向不特定对象发行的证券，法律、行政法规规定应当由证券公司承销的，发行人应当同证券公司签订承销协议。向不特定对象发行证券聘请承销团承销的，承销团应当由主承销和参与承销的证券公司组成。证券承销业务采取代销或者包销方式。证券的代销、包销期限最长不得超过 90 日。股票发行采用代销方式，代销期限届满，向投资者出售的股票数量未达到拟公开发行股票数量 70％的，为发行失败。发行人应当按照发行价并加算银行同期存款利息返还股票认购人。

第二节　股票发行市场

一、股票发行类型

（一）首次公开发行

首次公开发行简称 IPO，是拟上市公司首次在证券市场公开发行股票募集资金并上市的行为。通常，首次公开发行是发行人在满足必须具备的条件，并经证券监管机构审核、核准或注册后，通过证券承销机构面向社会公众公开发行股票并在证券交易所上市的过程。通过首次公开发行，发行人不仅募集到所需资金，而且完成了股份有限公司的设立或转制，成为上市公众公司。

（二）上市公司增资发行

股份有限公司增资是指公司依照法定程序增加公司资本和股份总数的行为。增资发行是指股份有限公司上市后为达到增加资本的目的而发行股票的行为。我国《上市公司证券发行管理办法》规定，上市公司增资的方式有：向原股东配售股份、向不特定对象公开募集股份、发行可转换公司债券、非公开发行股票。

1. 向原股东配售股份

向原股东配售股份，简称配股，是公司按股东的持股比例向原股东分配公司的新股认购权，准其优先认购股份的方式。即按老股一股配售若干新股，以保护原股东的权益及其对公司的控制权。

2. 向不特定对象公开募集股份

向不特定对象公开募集股份，简称增发或公募增发，是股份有限公司向不特定对象公开募集股份的增资方式。增发的目的是向社会公众募集资金，扩大股东人数，分散股权，增强股票的流动性，并可避免股份过分集中。公募增发的股票价格大都以市场价格为基础，是常用的增资方式。

3. 发行可转换公司债券

可转换公司债券是指其持有者可以在一定时期内按一定比例或价格将之转换成一定数量的另一种证券的证券，通常是转化为普通股票。公司发行可转换债券的主要动因是为了增强证券对投资者的吸引力，能以较低的成本筹集到所需要的资金。可转换债券一旦转换成普通股票，能使公司将原来筹集的期限有限的资金转化成长期稳定的股本，扩大了股本规模。

4. 非公开发行股票

非公开发行股票，也称为定向增发，是股份公司向特定对象发行股票的增资方式。特定对象包括公司控股股东、实际控制人及其控制的企业；与公司业务有关的企业、往来银行；证券投资基金、证券公司、信托投资公司等金融机构；公司董事、员工等。公司可以对认购者的持股期限有所限制。这种增资方式会直接影响公司原股东利益，需经股东大会特别批准。

二、股票发行条件

（一）主板首次公开发行股票的条件

中国证监会2020年2月修订并发布的《首次公开发行股票并上市管理办法》，对主板首次公开发行股票并上市公司的主体资格、规范运行、财务与会计作出规定。

首次公开发行的发行人应当是依法设立且合法存续的股份有限公司；持续经营时间应当在3年以上；注册资本已足额缴纳；生产经营合法；最近3年内主营业务和董事、高级管理人员没有发生重大变化，实际控制人没有发生重大变更；股权清晰。发行人应规范运行。

发行人的财务指标应满足以下要求：

（1）最近3个会计年度净利润均为正数且累计超过人民币3 000万元，净利润以扣除非经常性损益后较低者为计算依据；

（2）最近3个会计年度经营活动产生的现金流量净额累计超过人民币5 000万元，或者最近3个会计年度营业收入累计超过人民币3亿元；

（3）发行前股本总额不少于人民币3 000万元；

（4）最近一期末无形资产（扣除土地使用权、水面养殖权和采矿权等后）占净资产的比例不高于20%；

（5）最近一期末不存在未弥补亏损。

在中小板首次公开发行股票也须符合上述规定的发行条件。

（二）科创板和创业板首次公开发行股票的条件

中国证监会2019年3月发布的《科创板首次公开发行股票注册管理办法（试行）》规定，首次公开发行股票并在科创板上市，除符合科创板定位外，还应符合以下条件：

（1）发行人是依法设立且持续经营3年以上的股份有限公司，具备健全且运行良好的组织机构，相关机构和人员能够依法履行职责。

（2）发行人会计基础工作规范，财务报表的编制和披露符合企业会计准则和相关信息披露规则的规定，在所有重大方面公允地反映了发行人的财务状况、经营成果和现金流量，并由注册会计师出具标准无保留意见的审计报告。

发行人内部控制制度健全且被有效执行，能够合理保证公司运行效率、合法合规和财务报告的可靠性，并由注册会计师出具无保留结论的内部控制鉴证报告。

（3）发行人业务完整，具有直接面向市场独立持续经营的能力：

①资产完整，业务及人员、财务、机构独立，与控股股东、实际控制人及其控制的其他企业间不存在对发行人构成重大不利影响的同业竞争，不存在严重影响独立性或者显失公平的关联交易。

②发行人主营业务、控制权、管理团队和核心技术人员稳定，最近2年内主营业务和董事、高级管理人员及核心技术人员均没有发生重大不利变化；控股股东和受控股股东、实际控制人支配的股东所持发行人的股份权属清晰，最近2年实际控制人没有发生变更，不存在导致控制

权可能变更的重大权属纠纷。

③发行人不存在涉及主要资产、核心技术、商标等的重大权属纠纷，重大偿债风险，重大担保、诉讼、仲裁等或有事项，经营环境已经或者将要发生重大变化等对持续经营有重大不利影响的事项。

(4)发行人生产经营符合法律、行政法规的规定，符合国家产业政策。最近3年内，发行人及其控股股东、实际控制人不存在重大违法行为。董事、监事和高级管理人员不存在最近3年内受到中国证监会行政处罚，或者因涉嫌犯罪正在被司法机关立案侦查或者涉嫌违法违规正在被中国证监会立案调查且尚未有明确结论意见等情形。

中国证监会2020年6月发布《创业板首次公开发行股票注册管理办法(试行)》，办法规定的首次公开发行股票并在创业板上市的条件与科创板相同。

(三)主板上市公司公开发行股票的条件

中国证监会于2020年2月修订发布的《上市公司证券发行管理办法》规定，主板上市公司申请公开发行新股，应当符合以下规定和要求。

1. 一般规定

(1)上市公司的组织机构健全、运行良好；

(2)上市公司的盈利能力具有可持续性，符合最近3个会计年度连续盈利等具体规定；

(3)上市公司的财务状况良好；

(4)上市公司最近36个月内财务会计文件无虚假记载、不存在重大违法行为；

(5)上市公司募集资金的数额和使用应当符合规定。

2. 配股的条件

向原股东配售股份(简称“配股”)，除符合上述一般规定外，还应当符合下列条件：

(1)拟配股数量不超过本次配股前股本总额的30%；

(2)控股股东应当在股东大会召开前公开承诺认配股份的数量；

(3)采用《证券法》规定的代销方式发行。

控股股东不履行认配股份的承诺，或者代销期限届满，原股东认购股票的数量未达到拟配售数量70%的，发行人应当按照发行价并加算银行同期存款利息返还已经认购的股东。

3. 公募增发的条件

向不特定对象公开募集股份(简称“增发”)，除符合上述一般规定外，还应当符合下列条件：

(1)最近3个会计年度加权平均净资产收益率平均不低于6%。扣除非经常性损益后的净利润与扣除前的净利润相比，以低者作为加权平均净资产收益率的计算依据。

(2)除金融类企业外，最近一期末不存在持有金额较大的交易性金融资产和可供出售的金融资产、借予他人款项、委托理财等财务性投资的情形。

(3)发行价格应不低于公告招股意向书前20个交易日公司股票均价或前一个交易日的均价。

4. 非公开发行股票的条件

非公开发行股票是指上市公司采用非公开方式，向特定对象发行股票的行为。上市公司非公开发行股票应符合以下条件：

(1)发行价格不低于定价基准日前20个交易日公司股票均价的80%。

(2)本次发行的股份自发行结束之日起，6个月内不得转让；控股股东、实际控制人及其控制的企业认购的股份，18 个月内不得转让。

(3)募集资金使用符合规定。

(4)本次发行将导致上市公司控制权发生变化的，还应当符合中国证监会的其他规定。

非公开发行股票的发行对象不得超过 35 名。发行对象为境外战略投资者的，应当遵守国家的相关规定。

中国证监会 2020 年 6 月发布的《创业板上市公司证券发行注册管理办法(试行)》中规定的创业板上市公司向不特定对象发行股票的条件，与主板上市公司公开发行股票的一般规定基本相同，所不同的是，创业板上市公司发行股票在持续盈利能力方面有所放宽，为最近 2 年盈利。

三、股票发行的程序

目前我国正处于证券发行由核准制向注册制转变的过渡阶段，主板股票发行依然实行核准制，科创板和创业板已经开始试点注册制。下面把两种发行方式的程序分别加以介绍。

(一)主板首次公开发行股票的核准程序

中国证监会 2018 年 6 月修订发布的《首次公开发行股票并上市管理办法》规定，主板首次公开发行股票的核准程序为：

(1)申报。发行人应当按照中国证监会的有关规定制作申请文件，由保荐人保荐并向中国证监会申报。

(2)受理。中国证监会收到申请文件后，在 5 个工作日内作出是否受理的决定。

(3)审核。中国证监会受理申请文件后，由相关职能部门对发行人的申请文件进行初审，并由发行审核委员会审核。在初审过程中，将征求发行人注册地省级人民政府是否同意发行人发行股票的意见。

(4)决定。中国证监会依照法定条件对发行人的发行申请作出予以核准或者不予核准的决定，并出具相关文件。

(5)发行。自中国证监会核准发行之日起，发行人应在 6 个月内发行股票；超过 6 个月未发行的，核准文件失效，须重新经中国证监会核准后方可发行。股票发行申请未获核准的，自中国证监会作出不予核准决定之日起 6 个月后，发行人可再次提出股票发行申请。

(二)主板上市公司发行股票的核准程序

中国证监会 2020 年 2 月修订发布的《上市公司证券发行管理办法》规定，主板上市公司发行股票的核准程序为：

(1)申报。上市公司申请公开发行证券或者非公开发行新股，应当由保荐人保荐，并向中国证监会申报。保荐人应当按照中国证监会的有关规定编制和报送发行申请文件。

(2)受理。中国证监会收到申请文件后，5 个工作日内决定是否受理。

(3)审核。中国证监会受理后，对申请文件进行初审；之后由发行审核委员会审核申请文件。

(4)决定。中国证监会作出核准或者不予核准的决定。

(5)发行。自中国证监会核准发行之日起，上市公司应在 12 个月内发行证券；超过 12 个月未发行的，核准文件失效，须重新经中国证监会核准后方可发行。证券发行申请未获核准的上市公司，自中国证监会作出不予核准的决定之日起 6 个月后，可再次提出证券发行申请。

（三）科创板和创业板首次公开发行股票注册程序

中国证监会 2019 年 3 月发布的《科创板首次公开发行股票注册管理办法（试行）》和 2020 年 6 月发布的《创业板首次公开发行股票注册管理办法（试行）》规定，首次公开发行股票并在科创板和创业板上市的注册程序为：

（1）申报。发行人申请首次公开发行股票并在科创板或创业板上市，应当按照中国证监会有关规定制作注册申请文件，由保荐人保荐并向交易所申报。

（2）受理。交易所收到注册申请文件后，5 个工作日内作出是否受理的决定。

（3）审核。交易所设立独立的审核部门，负责审核发行人公开发行并上市申请。上交所设立科技创新咨询委员会，负责为科创板建设和发行上市审核提供专业咨询和政策建议。深交所设立行业咨询专家库，负责为创业板建设和发行上市审核提供专业咨询和政策建议。设立股票上市委员会，负责对审核部门出具的审核报告和发行人的申请文件提出审议意见。

（4）决定。交易所按照规定的条件和程序，作出同意或者不同意发行人股票公开发行并上市的审核意见。同意发行人股票公开发行并上市的，将审核意见、发行人注册申请文件及相关审核资料报送中国证监会履行发行注册程序。不同意发行人股票公开发行并上市的，作出终止发行上市审核决定。交易所应当自受理注册申请文件之日起，科创板在 3 个月内、创业板在规定时间内形成审核意见。

（5）注册。中国证监会收到交易所报送的审核意见、发行人注册申请文件及相关审核资料后，履行发行注册程序。发行注册主要关注交易所发行上市审核内容有无遗漏，审核程序是否符合规定，以及发行人在发行条件和信息披露要求的重大方面是否符合相关规定。中国证监会认为存在需要进一步说明或者落实事项的，可以要求交易所进一步问询。中国证监会认为交易所对影响发行条件的重大事项未予关注或者交易所的审核意见依据明显不充分的，可以退回交易所补充审核。交易所补充审核后，同意发行人股票公开发行并上市的，重新向中国证监会报送审核意见及相关资料。中国证监会在 20 个工作日内对发行人的注册申请作出同意注册或者不予注册的决定。

（6）发行。中国证监会同意注册的决定自作出之日起 1 年内有效，发行人应当在注册决定有效期内发行股票，发行时点由发行人自主选择。

中国证监会作出注册决定后、发行人股票上市交易前，发现可能影响本次发行的重大事项的，中国证监会可以要求发行人暂缓或者暂停发行、上市；相关重大事项导致发行人不符合发行条件的，可以撤销注册。中国证监会撤销注册后，股票尚未发行的，发行人应当停止发行；股票已经发行尚未上市的，发行人应当按照发行价并加算银行同期存款利息返还股票持有人。

交易所因不同意发行人股票公开发行并上市，作出终止发行上市审核决定，或者中国证监会作出不予注册决定的，自决定作出之日起 6 个月后，发行人可以再次提出公开发行股票并上市申请。

（四）科创板和创业板上市公司公开发行股票注册程序

中国证监会 2020 年 7 月发布的《科创板上市公司证券发行注册管理办法（试行）》和 2020 年 6 月发布的《创业板上市公司证券发行注册管理办法（试行）》规定，科创板和创业板上市公司公开发行股票的注册程序为：

科创板和创业板上市公司申请发行股票的注册程序与首次公开发行股票的注册程序基本相同，不同之处在于：

一是董事会决议日与首次公开发行股票上市日的时间间隔不得少于 6 个月。

二是交易所应当自受理注册申请文件之日起 2 个月内形成审核意见(注册管理办法另有规定的除外)。

三是上市公司年度股东大会授权董事会决定向特定对象发行融资总额不超过人民币 3 亿元且不超过最近一年末净资产 20%的股票的适用简易程序。交易所采用简易程序的,应当在收到注册申请文件后,2 个工作日内作出是否受理的决定,自受理之日起 3 个工作日内完成审核并形成上市公司是否符合发行条件和信息披露要求的审核意见。

四是中国证监会在 15 个工作日内对上市公司的注册申请作出予以注册或者不予注册的决定。对采用简易程序的中国证监会收到交易所报送的审核意见、上市公司注册申请文件及相关审核资料后,3 个工作日内作出予以注册或者不予注册的决定。

四、股票发行价格

(一)股票发行价格的类型

按照股票面额和发行价格的关系,股票发行价格的类型主要有面额发行、溢价发行、折价发行三种类型。

面额发行又称为平价发行、等价发行,是以票面金额为发行价格发行股票。票面价格并不代表股票的实际价值,也不表示公司每股实际资产的价值。平价发行在证券市场不发达的国家和地区较为普遍。

溢价发行是指发行人按高于面额的价格发行股票,可以使公司用较少的股份筹集到较多的资金,降低筹资成本。发行价格高于面额部分称为溢价,溢价带来的收益计入公司资本公积金。该方式通常在公募发行或第三者配售时采用,是成熟市场最基本、最常用的发行方式。

折价发行是指按照股票面额打一定的折扣作为发行价格。其折扣的大小由发行人和证券承销商双方决定,主要取决于发行人的业绩。采用折价发行的国家不多,我国《公司法》规定股票发行价格可以等于票面金额,也可以超过票面金额,但不得低于票面金额。

(二)股票发行的定价方式

股票发行的定价方式是指决定股票发行价格的制度安排。股票发行的定价方式,可以采取协商定价方式,也可以采取询价方式、上网竞价方式等。

1. 协商定价

发行人和主承销商协商确定承销价格和公开的发行价格,并报证券监管部门批准,承销价格与发行价格之差额就为承销商的报酬;也可以仅仅协商确定公开发行价格并报证券监管部门批准,承销商按照发行总额的一定比例收取承销费用。

《证券发行与承销管理办法(2018 年修订)》规定,公开发行股票数量在 2000 万股(含)以下且无老股转让计划的,可以通过直接定价的方式确定发行价格。发行人和主承销商应当在招股意向书和发行公告中披露本次发行股票的定价方式。

2. 询价方式

为保护投资者的合法权益,加强市场约束,完善股票发行价格形成机制,我国于 2005 年 1 月 1 日实施首次公开发行股票询价制度。《证券发行与承销管理办法(2018 年修订)》规定,首次公开发行股票,可以通过向网下投资者询价的方式确定股票发行价格,也可以通过发行人与主承销商自主协商直接定价等其他合法可行的方式确定发行价格。

首次公开发行股票时,发行人和主承销商可以自主协商确定参与网下询价投资者的条件、有效报价条件、配售原则和配售方式,并按照事先确定的配售原则在有效申购的网下投资者中选择配售股票的对象。

科创板首次公开发行股票应当向证券公司、基金管理公司、信托公司、财务公司、保险公司、合格境外机构投资者和私募基金管理人等专业机构投资者以询价的方式确定股票发行价格。

创业板首次公开发行证券采用询价方式定价的，发行人和主承销商可以在符合中国证监会相关规定和深圳证券交易所、中国证券业协会自律规则前提下，协商设置参与询价的网下投资者具体条件，并在发行公告中预先披露。

询价分为初步询价和累计投标询价两个阶段。发行人和主承销商可以根据初步询价结果直接确定发行价格，也可以通过初步询价确定发行价格区间，在发行价格区间内通过累计投标询价确定发行价格。

首次公开发行股票采用询价方式定价的，符合条件的网下机构和个人投资者可以自主决定是否报价，主承销商无正当理由不得拒绝。网下投资者应当遵循独立、客观、诚信的原则合理报价，不得协商报价或者故意压低、抬高价格。

网下投资者报价应当包含每股价格和该价格对应的拟申购股数，且只能有一个报价。非个人投资者应当以机构为单位进行报价。

参与创业板、科创板网下询价的投资者可以为其管理的多个配售对象分别填报不同的报价，每个网下投资者最多填报三个报价。

首次公开发行股票采用询价方式的，网下投资者报价后，发行人和主承销商应当剔除拟申购总量中报价最高的部分，剔除部分不得低于所有网下投资者拟申购总量的10%，然后根据剩余报价及拟申购数量协商确定发行价格。剔除部分不得参与网下申购。

五、我国股票的发行方式

（一）网上定价发行

网上定价发行是指利用证券交易所的交易系统，主承销商作为新股的唯一卖方，以发行人宣布的发行价格为申购价格，以新股实际发行量为总的卖出量，由投资者在指定的时间内按现行买入股票的方式进行申购的发行方式。

申购操作要点：

（1）投资者在申购新股时，必须已经开设上海证券交易所或深圳证券交易所的股东账户，并且在和证券交易所联网的证券经营机构开立资金账户，存入足够资金。

（2）投资者在申购日的营业时间采用网上委托、自助委托、电话委托等委托方式进行委托申购。

（3）申购价格为发行人宣布的发行价格，申购新股至少是一个申购单位或一个申购单位的整数倍，但不得超过发行公告中规定的限额，超过限额部分被视为无效申购。沪市一个申购单位为1 000股，深市一个申购单位为500股。

（4）在申购新股时，每一股票账户只可申购一次，重复申购以第一次申购为有效申购，其余为无效申购，无效申购款于下一交易日返回。

（5）网上定价发行成交原则为：当有效申购总量等于该次股票发行量时，投资者按其有效申购量认购股票；当有效申购总量小于该次股票发行量时，投资者按其有效申购量认购股票后，余额部分按承销协议处理；当有效申购总量大于该次股票发行量时，由证券交易所主机自动为每一个有效申购单位配一个号，对所有有效申购单位按时间顺序连续配号，然后通过摇号抽签，每一中签号认购一个申购单位新股。

（二）网下发行和网上发行相结合

我国现行的有关法规规定，我国股份公司首次公开发行股票和上市后向社会公开募集股份（公募增发）采取网下发行和网上发行相结合的发行方式。

1. 网下发行

网下发行是指通过证券交易所网下发行电子平台及中国证券登记结算有限公司深圳分公司或上海分公司登记结算平台进行的发行配售。

首次公开发行股票，网下投资者须具备丰富的投资经验和良好的定价能力。网下投资者参与报价时，应当持有一定金额的非限售股份或存托凭证。具体是以该次初步询价开始日前2个交易日为基准日，其在基准日前20个交易日（含基准日）所持有上海市场或深圳市场非限售A股股份和非限售存托凭证总市值的日均市值应为1 000万元（含）以上。

首次公开发行股票采用询价方式的，公开发行后总股本在4亿股以下的，网下初始发行比例不低于本次公开发行股票数量的60%（创业板为70%）；公开发行后总股本超过4亿股的，网下初始发行比例不低于本次公开发行股票数量的70%（创业板为80%）。其中，应当安排不低于本次网下发行股票数量的40%优先向通过公开募集方式设立的证券投资基金、全国社会保障基金和基本养老保险基金配售，安排一定比例的股票向根据《企业年金基金管理办法》设立的企业年金基金和符合《保险资金运用管理暂行办法》等相关规定的保险资金配售。公募基金、社保基金、养老金、企业年金基金和保险资金有效申购不足安排数量的，发行人和主承销商可以向其他符合条件的网下投资者配售剩余部分。

对网下投资者进行分类配售的，同类投资者获得配售的比例应当相同。公募基金、社保基金、养老金、企业年金基金和保险资金的配售比例应当不低于其他投资者。

网下投资者可与发行人和主承销商自主约定网下配售股票的持有期限并公开披露。

首次公开发行股票的网下发行应和网上发行同时进行，网下和网上投资者在申购时无须缴付申购资金。投资者应当自行选择参与网下或网上发行，不得同时参与。

安排向战略投资者配售股票的，应当扣除向战略投资者配售部分后确定网下网上发行比例。战略投资者是指与发行人业务联系紧密且欲长期持有发行人股票的机构投资者。首次公开发行股票数量在4亿股以上的，可以向战略投资者配售。发行人应当与战略投资者事先签署配售协议。发行人和主承销商应当在发行公告中披露战略投资者的选择标准、向战略投资者配售的股票总量、占本次发行股票的比例以及持有期限等。战略投资者不参与网下询价，且应当承诺获得本次配售的股票自本次公开发行的股票上市之日起持有期限不少于12个月。

首次公开发行股票价格（或发行价格区间）确定后，提供有效报价的投资者方可参与申购。

首次公开发行股票采用直接定价方式的，全部向网上投资者发行，不进行网下询价和配售。

2. 网上发行

网上发行是指通过证券交易所交易系统并采用网上按市值申购和配售方式进行的发行配售。

首次公开发行股票，持有一定数量非限售股份或存托凭证的投资者才能参与网上申购。网上投资者应当自主表达申购意向，不得全权委托证券公司进行新股申购。

发行人股东拟进行老股转让的，发行人和主承销商应于网下网上申购前协商确定发行价格、发行数量和老股转让数量。采用询价方式且无老股转让计划的，发行人和主承销商可以通过网下询价确定发行价格或发行价格区间。网上投资者申购时仅公告发行价格区间、未确定发行价格的，主承销商应当安排投资者按价格区间上限申购。

网下和网上投资者申购新股获得配售后，应当按时足额缴付认购资金。网上投资者连续12个月内累计出现3次中签后未足额缴款的情形时，6个月内不得参与新股申购。

3. 回拨机制

回拨机制是指在同一次发行中采取网下发行和网上发行时，先初始设定不同发行方式下的发行数量，然后根据认购结果，按照预先公布的规则在两者之间适当调整发行数量。

网上投资者有效申购倍数超过50倍、低于100倍的，应当从网下向网上回拨，回拨比例为本次公开发行股票数量的20%(创业板为10%，科创板为5%)；网上投资者有效申购倍数超过100倍的，回拨比例为本次公开发行股票数量的40%(创业板为20%，科创板为10%)；网上投资者有效申购倍数超过150倍的，回拨后无锁定期网下发行比例不超过本次公开发行股票数量的10%。创业板回拨后无限售期的网下发行数量原则上不超过本次公开发行股票数量的70%(科创板为80%)。

网上投资者申购数量不足网上初始发行量的，可回拨给网下投资者。

4. 中止发行

公开发行股票数量在4亿股(含)以下的，有效报价投资者的数量不少于10家；公开发行股票数量在4亿股以上的，有效报价投资者的数量不少于20家。剔除最高报价部分后有效报价投资者数量不足的，应当中止发行。

首次公开发行股票网下投资者申购数量低于网下初始发行量的，发行人和主承销商不得将网下发行部分向网上回拨，应当中止发行。

网下和网上投资者缴款认购的新股数量合计不足本次公开发行数量的70%时，可以中止发行。

中止发行后，在核准文件有效期内，经向中国证监会备案，可重新启动发行。

(三)首次公开发行股票网上按市值申购

首次公开发行股票网上按市值申购是指在首次公开发行时，将一定比例的新股向二级市场流通证券的投资者配售，投资者根据其持有上市流通证券的市值和折算的申购限量，自愿申购新股。这一发行方式实际上是向二级市场投资者配售和网上公开发行相结合的方式。

2018年上海和深圳证券交易所发布了修订后的《首次公开发行股票网上发行实施细则》，其基本规则为：

(1)投资者持有的市值以投资者为单位，按其T－2日(T日为发行公告确定的网上申购日)前20个交易日(含T－2日)的日均持有市值计算。投资者相关证券账户持有市值按其证券账户中纳入市值计算范围的股份数量与相应收盘价的乘积计算。投资者持有多个证券账户的市值合并计算。投资者相关证券账户开户时间不足20个交易日的，按20个交易日计算日均持有市值。非限售A股股份发生司法冻结、质押，以及存在上市公司董事、监事、高级管理人员持股限制的，不影响证券账户内持有市值的计算。

(2)根据投资者持有的市值确定其网上可申购额度。上海市场每1万元市值可申购一个申购单位，不足1万元的部分不计入申购额度。每一个申购单位为1 000股，申购数量应当为1 000股或其整数倍，但最高不得超过当次网上初始发行股数的1‰，且不得超过9999.9万股；深圳市场每5 000元市值可申购一个申购单位，不足5 000元的部分不计入申购额度。每一个申购单位为500股，申购数量应当为500股或其整数倍，但最高不得超过当次网上初始发行股数的1‰，且不得超过999 999 500股。

(3)投资者在进行申购时无须缴纳申购资金，投资者申购量超过其持有市值对应的网上可申购额度部分为无效申购。

(4)投资者参与网上公开发行股票的申购，只能使用一个有市值的证券账户。同一投资者使用多个证券账户参与同一只新股申购的，以及投资者使用同一证券账户多次参与同一只新股申购的，以该投资者的第一笔申购为有效申购，其余申购均为无效申购。

(5)T日有多只新股发行的，同一投资者参与当日每只新股网上申购的可申购额度均按其T－2日前20个交易日(含T－2日)的日均持有市值确定。

(6)申购时间内，投资者按委托买入股票的方式，以发行价格填写委托单。申购配号根据实际有效申购进行，每一有效申购单位配一个号，对所有有效申购单位按时间顺序连续配号。主承销商根据有效申购总量和回拨后的网上发行数量确定中签率，并根据总配号量和中签率组织摇号抽签，公布中签结果。投资者每一中签号码，配售一个申购单位新股。

(7)投资者申购新股中签后，应依据中签结果履行资金交收义务，确保其资金账户在T＋2日日终有足额的新股认购资金。投资者认购资金不足的，不足部分视为放弃认购，由此产生的后果及相关法律责任，由投资者自行承担。

六、超额配售选择权

(一)超额配售选择权的概念

超额配售选择权，又称“绿鞋”，是指发行人授予主承销商的一项选择权，获此授权的主承销商可以按同一发行价格超额发售不超过包销数额15％的股份，即主承销商按不超过包销数额115％的股份向投资者发售。在增发包销部分的股票上市之日起30日内，主承销商有权根据市场情况选择从集中竞价交易市场购买发行人股票，或者要求发行人增发股票，分配给对此超额发售部分提出认购申请的投资者。主承销商在未动用自有资金的情况下，通过行使超额配售选择权，可以平衡市场对该股票的供求，起到稳定市价的作用。

这种做法因1963年美国波士顿绿鞋制造公司在首次公开发行股票时率先使用而得名，也称为超额配售选择权期权。我国交通银行、建设银行、中国银行和招商银行等多家商业银行赴海外上市均采用了超额配售选择权机制，在海外股票发行中采用超额配售选择权机制已成为惯例。

超额配售选择权这种发行方式只是对其他发行方式的一种补充，既可用于上市公司增发新股，也可用于首次公开发行。我国目前按照2018年修订的《证券发行与承销管理办法》的规定，首次公开发行股票数量在4亿股以上的可以采用超额配售选择权。

(二)超额配售选择权的行使

在超额配售选择权行使期内，如果发行人股票的市场交易价格低于发行价格，主承销商用事先超额发售股票获得的资金，按不高于发行价的价格，从集中竞价交易市场购买发行人的股票，分配给提出超额认购申请的投资者；如果发行人股票上市后的市场交易价格高于发行价格，主承销商可以根据授权要求发行人增发股票，分配给事先提出认购申请的投资者，发行人获得发行此部分新股所募集的资金。超额配售选择权的行使限额，即主承销商从集中竞价交易市场购买的发行人股票与要求发行人增发的股票之和，应当不超过本次包销数额的15％。

主承销商行使超额配售选择权，可以根据市场情况一次或分次进行。从集中竞价交易市场购买发行人股票所发生的费用由主承销商承担。

第三节　债券发行市场

债券发行是发行人以借贷资金为目的，依照法律规定的程序向投资者要约发行代表一定债权和兑付条件的债券的法律行为。债券发行是证券发行的重要形式之一。我国债券市场的债券品种有国债、金融债、企业债和公司债，其中在证券交易所市场上市的有国债、企业债、公司债和资产证券化证券。

一、债券的发行要素

债券的发行要素是指债券发行人在以债券形式筹集资金时所必须考虑的有关因素，其主要包括债券种类、发行额度、债券期限、票面利率、发行价格、付息方式、偿还方式、收益率、发行费用、有无担保等。确定合理的发行要素，是保证债券发行成功的一项重要工作，它直接影响发行人的筹资成本和投资者的投资决策。

(一)债券种类

债券种类的选择是发行债券之前首先应考虑的问题。发行债券的种类选择主要考虑发行人的资信状况、在投资者心目中的印象、发行人的性质以及债券筹资的用途等。如果发行人已被资信评级机构评为较高的信用级别，或者其信誉和经济效益在投资者心目中印象较好，如政府、大金融机构和大企业，则可选择发行信用债券；如果向社会公开发行，但投资者对发行人还比较陌生，为了表示偿还债务的可靠性，则可以发行抵押债券或担保债券；如果发行人是股份制企业，并且预期经济效益较好，则可以发行公司可转换债券。

(二)发行额度

发行额度首先要考虑国家计划配额的规模；其次，应考虑发行人所需的资金数量、资金市场供求情况、发行人的偿债能力和信誉、债券券种以及该种债券对市场的吸引力。债券的发行额度一般都是事先确定的。

(三)债券期限

从债券的计息日起到偿还本息日止的时间称为债券的期限。影响债券期限的因素主要有所需资金的性质和用途、对市场利率水平的预期、流通市场的发达程度、物价的变动趋势、发行者的信誉度、市场上其他债券的期限构成及投资者的投资偏好等。一般情况下，如果筹资是用于长期投资，则当预期未来市场利率水平将会上升，流通市场比较发达，发行人的信誉度较高时，适宜发行长期债券。

(四)票面利率

债券的票面利率是指发债人每年向投资者支付的利息占票面金额的比率。票面利率的高低直接影响发债人的融资成本和投资者的投资收益。发债人在确定票面利率高低时应考虑的因素主要有市场利率水平、债券期限长短、信用级别、利息支付方式及证券管理部门对票面利率的管理等。一般来说，在市场利率较高时，发行期限较长、信用级别较低、期满时一次性付息、按单利计算的债券票面利率较高。

(五)发行价格

发行价格是指债券投资者认购新发行的债券时实际支付的价格。债券的发行价格可以分为三种：一是平价发行，即按票面金额发行，一般是在债券利率与市场利率相同时采用；二是溢价发行，即以高于票面金额的价格发行，一般是在债券利率高于市场利率时采用；三是折价发行，即以低于票面金额的价格发行，一般是在债券利率低于市场利率时采用。

（六）付息方式

付息方式是指发债人在债券的有效期内，一次或按一定的时间间隔分次向债券持有人支付利息的方式。一次性付息又可分为利随本清方式（即债券到期时一次性还本付息）及利息预扣方式（即贴现发行方式）。

（七）偿还方式

债权偿还方式会直接影响债券的收益高低和风险大小。在偿还方式中，要规定偿还金额、偿还日期以及偿还形式。偿还日期可以分为期满偿还、期中偿还和延期偿还；偿还形式可以分为货币偿还、债券偿还和股票偿还。

（八）收益率

收益率是指投资者获得的收益占投资总额的比率。决定债券收益率的因素主要有利率、期限和购买价格。一般来讲，收益率是投资者在购买债券时首先考虑的因素。

（九）发行费用

发行费用是指发债人支付给有关发行中介机构、服务机构的各种费用。发债人应尽量减少发行费用，以降低发行成本。

（十）有无担保

有无担保是债券发行的重要条件之一。一般来说，除政府以及大的金融机构发行的债券可以没有担保外，其余的债券都应有担保条款。担保可分为信用担保和财产担保。对投资者来说，担保会提高其所持债券的安全性，减少风险性。

二、债券发行方式

（一）定向发行

定向发行又称为私募发行、私下发行，即面向特定投资者发行。一般由债券发行人与某些机构投资者，如人寿保险公司、养老基金、退休基金等直接洽谈发行条件和其他具体事务，属直接发行。

（二）承购包销

承购包销指发行人与由商业银行、证券公司等金融机构组成的承销团通过协商条件签订承购包销合同，由承销团分销拟发行债券的发行方式。

（三）招标发行

招标发行指通过招标方式确定债券承销商和发行条件的发行方式。按照国际惯例，根据标的物不同，招标发行可分为缴款期招标、价格招标和收益率招标；根据中标规则不同，可分为荷兰式招标（单一价格中标）和美式招标（多种价格中标）。

1. 缴款期招标

缴款期是投标商将所认购债券的券款划入发行人指定账户的时间。缴款期招标是投标商以缴款时间作为竞争标的物，发行人按由近及远的原则确定中标者，直至募满发行额为止。缴款期招标方式通常在发行价格和票面利率已经确定的条件下采用，一般适用于招标机制不很健全的环境。缴款期招标分为以下两种：

(1)以缴款期为标的的荷兰式招标，即以募满发行额为止的中标商的最迟缴款日期作为全体中标商的最终缴款日期，所有中标商的缴款日期是相同的。

(2)以缴款期为标的的美国式招标，即以募满发行额为止的中标商的各自投标缴款日期作为中标商的最终缴款日期，各中标商的缴款日期是不同的。

2. 价格招标

投标商以发行价格作为竞争标的物，发行人根据投标价格由高到低的顺序确定中标者和中标额。贴现债券多采用价格招标，如果附息债券或附有票面利率的零息债券采用价格招标，必须先将票面利率确定。价格招标分为以下两种：

(1)以价格为标的的荷兰式招标，即以募满发行额为止所有投标商的最低中标价格作为最后中标价格，全体投标商的中标价格是单一的。

(2)以价格为标的的美国式招标，即以募满发行额为止的中标商各自的投标价格作为各中标者的最后中标价格，各中标商的认购价格是不同的。

3. 收益率招标

投标商以债券投资收益率为竞争标的物，发行人按由低到高的顺序确定中标者和中标额。不管是贴现债券还是附息债券均可采用收益率招标方式。其实，所有债券招标方式在本质上都是收益率招标，因为最后都体现在收益率的差异和变化上。对于附有票面利率的债券，通过招标过程确定的票面利率，一般为所有中标收益率的加权平均数。收益率招标分为以下两种：

(1)以收益率为标的的荷兰式招标，即以募满发行额为止的中标商的最高收益率作为全体中标商的最终收益率，所有中标商的认购成本是相同的。

(2)以收益率为标的的美国式招标，即以募满发行额为止的中标商所投标的各个价位上的中标收益率作为中标商各自最终的中标收益率。每个中标商的加权平均收益率是不同的。

一般情况下，短期贴现债券多采用单一价格的荷兰式招标，长期附息债券多采用多种收益率的美国式招标。

第四节　证券投资基金发行市场

一、基金的募集程序

基金的募集是指基金管理公司根据有关规定向中国证监会提交募集申请文件、发售基金份额、募集基金的行为。基金的募集一般要经过申请、核准、发售、基金合同生效四个步骤。

(一)基金募集申请

我国基金管理人进行基金的募集，必须根据《证券投资基金法》的有关规定，向中国证监会提交相关文件。申请募集基金应提交的主要文件包括：募集基金的申请报告、基金合同草案、基金托管协议草案和招募说明书草案等。

(二)基金募集申请的核准

《证券投资基金法》规定，中国证监会应当自受理基金募集申请之日起 6 个月内做出核准或不予核准的决定。基金募集申请经中国证监会核准后方可发售基金份额。

(三)基金份额的发售

基金管理人应当自收到核准文件之日起 6 个月内进行基金份额的发售。基金的募集期限自基金份额发售日开始计算，募集期限不得超过 3 个月。

基金管理人应当在基金份额发售的 3 日前公布招募说明书、基金合同及其他有关文件。

基金募集期间募集的资金应当存入专门账户，在基金募集行为结束前任何人不得动用。

（四）基金合同生效

基金募集期限届满，封闭式基金需满足募集的基金份额总额达到核准规模的80%以上、基金份额持有人不少于200人的要求；开放式基金需满足募集份额总额不少于2亿份、基金募集金额不少于2亿元人民币、基金份额持有人不少于200人的要求。基金管理人应当自募集期限届满之日起10日内聘请法定验资机构验资，并自收到验资报告起10日内，向中国证监会提交备案申请和验资报告，办理基金的备案手续。

中国证监会自收到基金管理人验资报告和基金备案材料之日起3个工作日内予以书面确认；自中国证监会书面确认之日起，基金备案手续办理完毕，基金合同生效。基金管理人应当在收到中国证监会确认文件的次日发布基金合同生效公告。

基金募集期限届满，不满足有关募集要求的基金募集失败，基金管理人应承担以下责任：(1)以固有财产承担因募集行为而产生的债务和费用；(2)在基金募集期限届满后30日内返还投资者已缴纳的款项，并加计银行同期存款利息。

二、基金的发行方式

基金的发行和股票的发行一样，有着多种发行方式。

（一）私募发行和公募发行

这是按发行对象和发行范围的不同划分的。

私募发行是指面向少数特定的投资者发行基金的方式，发行的对象一般是大的金融机构和个人。在美国，为了保护普通投资者的利益，要求对冲基金这类投资风险较高的基金，只能采取私募的发行方式。

公募发行又称公开发行，指向广大的社会公众发行基金，合法的社会投资者都可以认购基金单位。由于面向广大投资者，各国对公募发行的监管比较严格，要求发起人在募集基金时，必须公开招募说明书，对基金的基本情况、基金管理人、基金托管人、基金的投资目标和政策、基金的费用和收益分配、基金持有人的权利等做出真实的陈述，供投资者进行投资决策时使用。

（二）直接销售方式、承销方式和集团承销方式

这是按基金销售的渠道不同划分的。

直接销售方式是基金公司通过自己的销售渠道直接向投资者发售基金单位。采用这种方式的费用较低，主要是用于开放式基金。

承销方式指通过承销商来发行基金。承销商一般由投资银行、证券公司或者信托投资公司来担任。承销商先按净资产价值购入基金凭证，然后再加上一定的销售费用，以公开的销售价格将基金凭证出售给投资者。它又可分为代销和包销。

集团承销方式是当基金规模比较大、发行任务较重时，一个承销商独自销售基金可能会有困难，这时就会组织一个销售集团，由几个承销商组成，每个承销商承担部分基金销售任务。

（三）网上发行和网下发行

这是按发行媒介的不同划分的。

在我国，证券投资基金的发行方式主要有网上发行方式和网下发行方式两种。

网上发行方式是指将所要发行的基金通过证券交易所的交易系统向社会公众发售的发行方式。封闭式基金多采用这种发行方式。

网下发行方式是指将所要发行的基金通过分布在一定地区的银行或证券营业网点，向社会公众发售的发行方式。开放式基金多采用这种发行方式。投资者先到指定网点(基金管理公司、代销银行等)办理对应的开放式基金的账户卡，并将认购资金存入(或划入)指定销售网点，在规定的时间内办理认购手续并确认结果。

三、基金的认购

在基金募集期内购买基金份额的行为通常被称为基金的认购。

(一)封闭式基金的认购

封闭式基金的认购价格一般采用1元基金份额面值加计0.01元发售费用的方式加以确定。拟认购封闭式基金份额的投资人必须开立股票账户或基金账户及资金账户，并在资金账户中存入足够的资金，并以“份额”为单位提交认购申请。基金份额认购以1 000份或其整数倍进行申报。认购申请一经受理就不能撤单。

(二)开放式基金的认购

1. 开放式基金的认购步骤

投资人认购开放式基金，一般通过基金管理人或管理人委托的商业银行、证券公司、证券投资咨询机构等经国务院证券监督管理机构认定的机构办理。

认购开放式基金通常分开户、认购和确认三个步骤。

(1)开户。拟进行基金投资的投资人，必须先开立基金账户和资金账户。基金账户是基金注册登记机构为基金投资人开立的、用于记录其持有的基金份额及其变动情况的账户；资金账户是投资人在基金代销银行、证券公司开立的用于基金业务的资金结算账户。

(2)认购。投资人在办理基金认购申请时，须填写认购申请表，并需按销售机构规定的方式全额缴款。投资者在募集期内可以多次认购基金份额。一般情况下，已经正式受理的认购申请不得撤销。

(3)确认。销售机构对认购申请的受理并不代表该申请一定成功，而仅代表销售机构接受了认购申请，申请的成功与否应以注册登记机构的确认结果为准。投资者T日提交认购申请后，可于T+2日起到办理认购的网点查询认购申请的受理情况。认购申请无效的，认购资金将退回投资人资金账户。认购的最终结果要待基金募集期结束后才能确认。

2. 开放式基金的认购方式

开放式基金的认购采取金额认购的方式，即投资者在办理认购时，认购申请上不是直接填写需要认购多少份基金份额，而是填写需要认购多少金额的基金份额。基金注册登记机构在基金认购结束后，再按基金份额的认购价格，将申请认购基金的金额换算成投资人应得的基金份额。

3. 开放式基金的认购费率和收费模式

《证券投资基金销售管理办法》规定，开放式基金的认购费率不得超过认购金额的5%。在具体实践中，基金管理人会针对不同的基金类型、不同的认购金额设置不同的认购费率。我国股票基金的认购费率大多在1%～1.5%，债券基金的认购费率通常在1%以下，货币市场基金一般不收取认购费。

基金份额的认购通常采用前端收费和后端收费两种模式。前端收费是指在认购基金份额时就支付认购费用的付费模式；后端收费是指在认购基金份额时不收费，在赎回基金份额时才支付认购费用的收费模式。后端收费模式设计的目的是为了鼓励投资者能长期持有基金，所以后端收费的认购费率一般设计为随着基金份额持有时间的延长而递减，持有至一定时间后费率可降为零。

4. 开放式基金认购份额的计算

为统一规范基金认购费用及认购份额的计算方法，更好地保护基金投资者的合法权益，中国证监会于 2007 年 3 月对认购费用及认购份额计算方法进行了统一规定。根据规定，基金认购费率将统一以净认购金额为基础收取，计算公式为：

净认购金额＝认购金额/(1＋认购费率)

认购费用＝净认购金额×认购费率

认购份额＝(净认购金额＋认购利息)/基金份额面值

其中，认购金额指投资人在认购申请中填写的认购金额总额；认购费率指与投资人认购金额对应的认购费率；认购利息指认购款项在基金合同生效前产生的利息。

[例 3—1] 某投资人投资 1 万元认购基金，认购资金在募集期产生的利息为 3 元，其对应的认购费率为 1.2%，基金份额面值为 1 元，则其认购费用及认购份额为：

净认购金额＝10 000÷(1＋1.2%)＝9 881.42(元)

认购费用＝9 881.42×1.2%＝118.58(元)

认购份额＝(9 881.42＋3)÷1＝9 884.42(份)

投资人投资 10 000 元认购基金，认购费用为 118.58 元，可得到基金份额 9 884.42 份。

(三)开放式基金的申购与赎回

1. 申购、赎回的概念

投资者在开放式基金合同生效后，申请购买基金份额的行为通常被称为基金的申购。申购与认购不同，认购指在基金设立募集期内，投资者申请购买基金份额的行为。

开放式基金的赎回是指基金份额持有人要求基金管理人购回其所持有的开放式基金份额的行为。

开放式基金的申购和赎回与认购一样，可以通过基金管理人的直销中心与基金销售代理人的代销网点办理。

一般情况下，认购期购买基金的费率要比申购期优惠。认购期购买的基金份额一般要经过封闭期才能赎回，申购的基金份额要在申购成功后的第二个工作日才能赎回。

在认购期内产生的利息以注册登记中心的记录为准，在基金合同生效时，自动转换为投资者的基金份额，即利息收入增加了投资者的认购份额。

申购、赎回的相关计算公式：

净申购金额＝申购金额/(1＋申购费率)

申购费用＝净申购金额×申购费率

申购份额＝净申购金额/基金份额净值

赎回总金额＝赎回份额×赎回日基金份额净值

赎回费用＝赎回总金额×赎回费率

赎回金额＝赎回总金额－赎回费用

[例 3—2] 某基金的认购费率为 0.8%，申购 100 万(含)～500 万元之间的申购费率为 1.5%，赎回费率为 0.5%。

(1)假设该基金在某个交易日的基金单位净值为 0.985 元，如果申购 200 万元，则申购费和申购的基金份额分别为：

净申购金额＝申购金额/(1＋申购费率)＝2 000 000/(1＋1.5%)＝1 970 443.35(元)

申购费用＝净申购金额×申购费率＝1 970 443.35×1.5%＝29 556.65(元)

申购份额＝净申购金额/基金份额净值＝1 970 443.35/0.985＝2 000 450.10(份)

(2)如果投资者在该日赎回50万份基金份额,则可以赎回的金额为:

赎回总金额＝赎回份额×赎回日基金份额净值＝500 000×0.985＝492 500(元)

赎回费用＝赎回总金额×赎回费率＝492 500×0.5%＝2 462.5(元)

赎回现金＝赎回总金额－赎回费用＝492 500×2 462.5＝490 037.5(元)

2. 申购、赎回的原则

目前,开放式基金所遵循的申购、赎回主要原则为:

(1)“未知价”交易原则。投资者在申购、赎回基金份额时并不能即时获知买卖的成交价格。申购、赎回价格只能以申购、赎回日交易时间结束后基金管理人公布的基金份额净值为基准进行计算。这一点与股票、封闭式基金等金融产品的“已知价”原则进行买卖不同。

(2)“金额申购、份额赎回”原则,即申购以金额申请,赎回以份额申请。

本章小结

证券发行方式根据发行对象和发行主体分为公募发行和私募发行、直接发行和间接发行两种方式。证券承销方式包括包销和代销,包销又分为全额包销和余额包销。证券发行制度主要有以美国为代表的注册制和以欧洲各国为代表的核准制。

股票、债券、基金具有不同的发行方式、发行条件和发行程序。

股票发行分为首次公开发行和上市公司增资发行两类,上市公司增资发行又分为配股、增发、发行可转债和定向增发。股票发行价格一般有平价发行、溢价发行和折价发行三种类型。股票发行定价可以采取协商定价方式,也可以采取询价方式和上网竞价方式。我国股票的发行主要有网上定价发行、网下配售和网上发行相结合、网上按市值申购几种方式。

债券发行要注意确定合理的发行要素,这些要素主要包括债券种类、发行额度、债券期限、票面利率、发行价格、付息方式、偿还方式、收益率、发行费用、有无担保等。债券的发行方式主要有定向发行、承购包销和招标发行。债券发行的定价方式以公开招标最为典型。按照招标标的不同分为缴款期招标、价格招标和收益率招标;按照价格决定方式不同分为美式招标和荷兰式招标。

基金的募集一般要经过申请、核准、发售、基金合同生效四个步骤。发行方式包括私募发行和公募发行、直接发行和承销发行、网上发行和网下发行等。

知识测试

一、单项选择题

1. 发行价格高于面值称为溢价发行,溢价发行所得的溢价款列为(　　)。

A. 公司资本公积金　B. 股本账户　C. 盈余公积　D. 留存收益

2. 证券公司将发行人的证券按照协议全部购入或者在承销期结束时将售后剩余证券全部自行购入的承销方式是证券(　　)方式。

A. 自销　　B. 助销　　C. 包销　　D. 代销

3. 证券公司代发行人发售证券，在承销期结束时，将未售出的证券全部退还给发行人的承销方式，属于证券的(　　)。

A. 代销方式　　B. 承销方式　　C. 包销方式　　D. 直销方式

4. 甲股份公司拟向社会公众公开发行股票并上市，该公司发行前注册资本为2.4亿元，公司没有内部职工股。若每股股价1元，则其首次发行的普通股数量不得少于(　　)。

A. 1 800万股　　B. 3 000万股　　C. 6 000万股　　D. 3 200万股

5. 我国《首次公开发行股票并在创业板上市管理暂行办法》适用在(　　)首次公开发行股票并在创业板上市的管理。

A. 境内　　B. 境外　　C. 香港　　D. 上海

6. 根据我国《证券发行与承销管理办法》的规定，首次公开发行股票数量在(　　)亿股以上的，可以向战略投资者配售股票。

A. 2　　B. 2.5　　C. 3.5　　D. 4

7. 证券公司代理证券发行人发行证券的行为，称为(　　)。

A. 筹集资金　　B. 证券承销　　C. 证券发行　　D. 证券包销

8. 我国《证券发行与承销管理办法》和《上市公司证券发行管理办法》规定，上市公司非公开发行股票，发行对象均属于原前10名股东的，可以由上市公司(　　)。

A. 代销　　B. 包销　　C. 承销　　D. 自销

9.《证券发行与承销管理办法》规定，战略投资者应当承诺获得配售的股票持有期限为(　　)。

A. 6个月以上　　B. 12个月以上　　C. 1个月以上　　D. 3个月以上

10. 在下列机构中，不符合中国证监会关于首次公开发行股票询价对象规定条件的是(　　)。

A. 商业银行　　B. 财务公司　　C. 信托投资公司　　D. 证券公司

11. 我国《证券发行与承销管理办法》规定，对首次发行的股票在深圳证券交易所中小企业板、创业板上市的公司，发行人及其主承销商可以根据(　　)结果直接确定发行价格。

A. 累计投标询价　　B. 初步询价　　C. 静态市盈率　　D. 动态市盈率

12. 证券发行注册制实行(　　)管理原则。

A. 公开　　B. 公平　　C. 公正　　D. 实质

13. 我国现行的首次公开发行股票的定价方式是(　　)。

A. 协商定价方式　　B. 询价方式　　C. 上网竞价方式　　D. 市价折扣方式

14. (　　)是指由发行公司委托证券公司等证券中介机构代理出售证券的发行。

A. 公募发行　　B. 私募发行　　C. 直接发行　　D. 间接发行

15. 如果发行的证券化产品属于债券，发行前必须经过(　　)进行信用评级。

A. 承销人　　B. 投资人　　C. 信用增级机构　　D. 信用评级机构

16. 我国《证券法》规定，设立证券公司的主要股东应当最近(　　)年无重大违法违规记录，净资产不低于人民币2亿元。

A. 5　　B. 3　　C. 10　　D. 2

二、多项选择题

1. 证券发行市场的作用主要包括(　　)。

A. 为资金需求者提供筹措资金的渠道

B. 为证券二级市场提供了更多的交易品种

C. 为资金供应者提供投资的机会,实现储蓄向投资转化

D. 形成资金流动的收益导向机制,促进资源配置的不断优化

2. 私募证券的特点有(　　)。

A. 审核严格　　B. 审核宽松　　C. 定向发行　　D. 公开发行

3. 股票发行的定价方式有(　　)。

A. 协商定价方式　　B. 上网竞价方式

C. 询价方式　　D. 招标定价方式

4. 在证券发行市场中,可以作为证券发行人的机构主要包括(　　)。

A. 企业　　B. 金融机构　　C. 政府　　D. 慈善机构

5. 下列发行人盈利能力指标符合创业板要求的是(　　)。

A. 发行人最近 2 年连续盈利,最近 2 年净利润累计不少于 1 000 万元,且持续增长

B. 发行人最近 2 年连续盈利,最近 2 年净利润累计不少于 2 000 万元

C. 发行人最近 1 年盈利,且净利润不少于 500 万元

D. 发行人最近 2 年营业收入增长率均不低于 20%

6. 根据《首次公开发行股票并在创业板上市管理暂行办法》,发行人申请首次公开发行股票,应当满足的条件有(　　)。

A. 公司经营符合国家产业政策及环境保护政策

B. 董事、高级管理人员均没有发生重大变化,实际控制人没有发生变更

C. 发行人股权清晰

D. 发行人足额缴纳注册资本,其主要资产不存在重大权属纠纷

7. 根据证券发行上市保荐制度,发行人申请首次公开发行(　　),应当聘请具有保荐资格的机构担任保荐机构。

A. 企业债券　　B. 可转换公司债券

C. 股票　　D. 按规定实行保荐制度的其他证券

8. 以下采取对公众投资者上网发行和对机构投资者配售相结合方式的是(　　)。

A. 首次公开发行股票　　B. 公募增发

C. 配售　　D. 发行可转换公司债券

9. 证券市场上的机构投资者包括(　　)。

A. 企业和事业法人　　B. 商业银行

C. 政府机构　　D. 证券投资基金

10. 首次公开发行股票达到一定规模的,发行人及其主承销商应当在网下配售和网上发行之间建立回拨机制,根据申购情况调整网下配售和网上发行的比例。以下关于回拨机制的说法,正确的有(　　)。

A. 网上申购不足时,可以向网下回拨,由参与网下配售的机构投资者申购

B. 网下申购不足时,可以向网上回拨,由参与网上配售的机构投资者申购

C. 初步询价结束后,公开发行股票数量在 4 亿股以上,提供有效报价的询价对象不足

50家的，发行人及其主承销商要根据其市场价格并参考历史经验定价

D. 股票中止发行后，在核准文件有效期内经向中国证监会备案，可以重新启动发行

11. 上市公司增资采取非公开发行股票方式时，其发行的特定对象包括(　　)。

A. 公司控股股东、实际控制人及其控制的企业

B. 与公司业务有关的企业、往来银行

C. 证券投资基金、证券公司、信托投资公司等金融机构

D. 具有较大社会影响力的专家学者

12. 我国债券发行方式主要有(　　)。

A. 定向发行　　B. 承购包销　　C. 私募发行　　D. 招标发行

13. 我国《公司法》规定，股票发行价格可以是(　　)。

A. 票面金额　　B. 超过票面金额

C. 低于票面金额　　D. 任意金额

三、判断题

1. 保荐机构负责证券发行的包销工作，负有对发行人进行尽职调查的义务，对公开发行募集文件的真实性、准确性、完整性进行核查，向中国证监会出具保荐意见。(　　)

2. 把主要以国家机构、国有企业和国有控股公司等公有制单位为资金募集对象的证券称为公募证券。(　　)

3. 根据我国《首次公开发行股票并在创业板上市管理暂行办法》，首次公开发行股票并在创业板上市的发行人，其最近一期末净资产应不少于人民币3 000万元。(　　)

4. 核准制是指发行人申请发行证券，只需要公开披露与发行证券有关的信息，不要求发行人将发行申请报请证券监管部门决定的审核制度。(　　)

5. 证券发行制度主要有两种：一是以欧洲各国为代表的注册制；二是以美国为代表的核准制。(　　)

6. 战略投资者是指与发行人业务联系紧密且欲长期持有发行人股票的机构投资者。(　　)

7. 上市公司向不特定对象公开募集股份(增发)或发行可转换债券，主承销商可以对参与网下配售的机构投资者进行分类，但对不同类别的机构投资者可以设定同样的配售比例进行配售。(　　)

8. 证券发行人将证券发行给社会投资者，这一切是由证券承销商来完成的。因此，证券发行人就是证券承销商。(　　)

9. 公募发行，又称为公开发行，是发行人向特定的社会公众投资者发售证券的发行方式。(　　)

四、计算题

1. 某基金申购费率如表3—1所示。

假定T日的基金份额净值为1.250元。两笔申购金额分别为100万元和1 000万元，则各笔申购负担的前端申购费用和获得的基金份额为多少？

表 3—1 **某基金申购费率**

申购金额(含申购费)	前端申购费率
100 万元以下	1.2%
100 万元(含 100 万元)~500 万元	0.9%
500 万元(含 500 万元)~1 000 万元	0.6%
1 000 万元以上(含 1 000 万元)	每笔 1 000 元

2. 假定某投资者在 T 日赎回 10 000 份基金份额,持有期限半年,对应赎回费率为 0.5%,该日基金份额净值为 1.250 元,则其获得的赎回金额为多少?

3. 某基金的认购费率为 0.8%。申购费率有三档:申购金额在 100 万元以下,申购费率是 1.80%;100 万(含)~500 万元,申购费率是 1.5%;500 万元(含)以上,申购费率是 1.2%。该基金的赎回费率为 0.5%。请问:

(1)如果在该基金设立之时,投资者认购 50 万元,其支付的认购费和认购的基金份额分别是多少?

(2)假设该基金在某个开放日 2020 年 7 月 16 日的基金单位净值为 0.965 元,有三笔申购,金额分别是 50 万元、120 万元、600 万元,那么这三笔申购所负担的申购费和申购的基金份额分别是多少?

(3)如果投资者在 2020 年 7 月 16 日赎回 50 万份基金份额,可以赎回现金数是多少?

课外导航

1. 科创板首次公开发行股票注册管理办法(试行)
2. 创业板首次公开发行股票注册管理办法(试行)
3. 深圳市场首次公开发行股票网上发行实施细则(2018 年修订)
4. 深圳市场首次公开发行股票网下发行实施细则(2020 年修订)
5. 上海市场首次公开发行股票网上发行实施细则(2018 年修订)
6. 上海市场首次公开发行股票网下发行实施办法(2018 年修订)

第四章　证券交易市场

【学习目标】

1. 了解证券交易所市场的组织形式、层次结构和相关制度。
2. 了解证券上市的程序和条件。
3. 理解证券特别交易规定和特殊交易事项。
4. 掌握证券交易程序、交易规则和交易制度。
5. 了解融资融券的含义及其操作规则。

【开篇案例】

世界金融市场“金三角”——纽约·伦敦·东京

纽约证券交易所(New York Stock Exchange,NYSE)是目前世界上规模最大、对世界经济有着重大影响的证券交易所,是纽约金融中心最主要的标志。2009 年,该交易所是全世界上市公司总市值第一,IPO 数量及市值第一,交易量第二(2008 年数据)。在美国证券发行之初,尚无集中交易的证券交易所;1792 年 5 月 17 日由 24 个证券经纪人在纽约华尔街 68 号外一棵梧桐树下签署了梧桐树协议;1817 年 3 月 8 日这个组织起草了一项章程,并把名字更改为“纽约证券交易委员会”;1863 年更名为“纽约证券交易所”,此名一直沿用至今。由于第一次世界大战的爆发,交易所在 1914 年 7 月被关闭,但同年 11 月又重新开放,各种债券的自由交易,有力地支持了美国的参战。1929 年 10 月 29 日的“黑色星期二”导致美国股票市场崩溃,股价下跌引起的恐慌又引致了美国经济的大萧条。交易所随后推出的恢复投资者信心的计划,重振资本市场,对美国经济的复苏和发展功不可没。1971 年 2 月 18 日,纽约证券交易所成为非营利性法人团体。2005 年 4 月,纽约证券交易所宣布收购电子交易运营商 Archipelago 控股公司。纽约证券交易所从非营利性法人团体转化为营利性公司,合并后的新公司名为纽约证券交易所集团公司,集团的股票在纽交所上市。2006 年 6 月 1 日,纽约证券交易所宣布与泛欧证券交易所合并组成纽约—泛欧证券交易所。2007 年 4 月 4 日,纽约—泛欧证券交易所正式成立,总部设在纽约,由来自 5 个国家的 6 家货币股权交易所以及 6 家衍生产品交易所共同组成,其上市公司总数约 4 000 家,总市值达 28.5 万亿美元(21.5 万亿欧元),日平均交易量接近1 020亿美元(769亿欧元)。

伦敦证券交易所(London Stock Exchange,LSE)是世界三大证券交易所之一,成立于1802年。伦敦证券交易所、纽约证券交易所和东京证券交易所是世界三大证券交易中心,其中伦敦证券交易所是欧洲最大的也是最国际化的金融交易中心。它是世界上最古老的证交所之一,其历史可以追溯到300多年前。15世纪末,在英国已有了大量的证券经纪人。17世纪后半叶随着大不列颠的崛起,整个欧洲的经济中心已经转移到了英国伦敦。但当时还没有股票交易所,股票交易纯属私人商业活动。在伦敦柴思胡同的"乔纳森咖啡馆"就是因为有众多的经纪人在此交易而出名。1698年英国人约翰·卡斯塔因(John Castaing)在伦敦柴思胡同的乔纳森咖啡馆进行股票交易活动,并且发行了名为"交易所与其他事项过程"(The Course of the Exchange and Other Things)的股票与商品价格清单,也就是股份挂牌交易,经此集资活动产生的公司名为特许公司(charter companies),因为英国国王或者女王会为每项股份制的商业项目颁发特许状(charter),授予经济、政治及法律上的权利。由此便形成了伦敦早期有组织的证券交易活动,而这家咖啡馆也就是伦敦证券交易所的前身。1773年,英国第一家证券交易所就在该咖啡馆成立,1802年获得英国政府的批准,这就是世界著名的伦敦证券交易所。作为世界上最国际化的金融中心,伦敦不仅是欧洲债券及外汇交易领域的全球领先者,还受理超过2/3的国际股票承销业务。伦敦的规模与位置,意味着它为世界各地的公司及投资者提供了一个通往欧洲的理想门户。在保持伦敦的领先地位方面,伦敦证券交易所扮演着中心角色,有来自世界各地的3 000家公司在这个市场融资,550家国际银行和170家全球证券机构在伦敦设有办事处。伦敦证交所运作成为国际上最强的股票市场,其外国股票的交易超过其他任何证交所。来自63个国家和地区的大约500家外国公司在伦敦上市和交易。2000年,伦敦的外国证券交易总额达到约5亿美元。

东京证券交易所发展的历史虽然不长,但却是世界上最大的证券交易中心之一,日本最大的证券交易所,它的股票交易量最大,占日本全国交易量的80%以上。如果按上市的股票市场价格计算,它已超过伦敦证券交易所,成为仅次于纽约证券交易所的世界第二大证券市场。东京证券交易所的前身是1879年5月成立的东京证券交易株式会社。由于当时日本经济发展缓慢,证券交易不兴旺,1943年6月,日本政府合并所有证券交易所,成立了半官方的日本证券交易所,但成立不到4年就解体了。第二次世界大战前,日本的资本主义虽有一定的发展,但由于军国主义向外侵略,重工业、兵器工业均由国家垄断经营,纺织、海运等行业也由国家控制,这是一种战争经济体制并带有浓厚的军国主义色彩。那时,即使企业发行股票,往往也被同一财阀内部的企业所消化。因此,证券业务难以发展。日本战败后,1946年在美军占领下交易所解散。1949年1月美国同意东京证券交易所重新开业。随着日本战后经济的恢复和发展,东京证券交易所也发展繁荣起来。目前有上市公司1 777家,其中外国公司110家,市场资本总额将近45 000亿美元。

(资料来源:作者根据相关公开资料整理)

请思考:证券市场与经济发展有什么样的关系?

第一节　证券交易所市场

证券交易场所主要有证券交易所市场和场外交易市场两种。证券交易所是依据国家有关法律，经政府证券主管机关批准设立的，进行证券公开、集中交易的场所。在证券市场上，证券交易所是最主要的交易场所。本节主要介绍交易所市场。

一、证券交易所的组织形式

从西方各国证券交易所创建以来的历史和演进过程来看，证券交易所有两种基本组织形式，一种是公司制交易所，另一种是会员制交易所。

（一）公司制证券交易所

公司制证券交易所是以股份有限公司形式组织并以营利为目的的法人团体，它是由各类出资人共同投资入股建立起来的公司法人。一般由金融机构及各类民营公司组建。公司制证券交易所因其自身不直接参与证券买卖，在证券交易过程中处于中立地位，有助于保证交易的公平。美国的纽约证券交易所、瑞士的日内瓦证券交易所都实行公司制。

（二）会员制证券交易所

会员制证券交易所是由会员自愿组成的、不以营利为目的的社会法人团体。主要由证券公司、投资公司等证券商组成，实行会员自治、自律、自我管理。只有会员及享有特许权的经纪人，才有资格在交易所中进行交易。会员制证券交易所的最高权力机构是会员大会，理事会是执行机构，理事会聘请经理人员负责管理日常事务。目前，大多数国家的证券交易所均实行会员制。会员制证券交易所采取会员自律自治制度，不以营利为目的，其会员费和上市费比较低，有利于扩大证券交易所交易的规模，防止上市证券流入场外市场交易。

目前，我国的上海证券交易所和深圳证券交易所都实行会员制。

二、我国证券交易所市场的层次结构

根据社会经济发展对资本市场的需求和建设多层次资本市场的部署，我国在以上海、深圳证券交易所作为证券市场主板市场的基础上，又在深圳证券交易所设置了中小企业板块市场和创业板市场，在上海证券交易所设置了科创板市场，从而形成了交易所市场内的不同市场层次。

（一）主板市场

主板市场是一个国家或地区证券发行、上市及交易的主要场所。一般而言，各国主要的证券交易所代表着国内主板市场。主板市场对发行人的营业期限、股本大小、盈利水平、最低市值等方面的要求标准较高，上市企业多为大型成熟企业，具有较大的资本规模以及稳定的盈利能力。相对于创业板市场而言，主板市场是资本市场中最重要的组成部分，很大程度上能够反映经济发展状况，有“宏观经济晴雨表”之称。上海证券交易所和深圳证券交易所是我国证券市场的主板市场。

2004 年 5 月，经国务院批准，中国证监会批复同意，深圳证券交易所在主板市场内设立中小企业板块市场。设立中小企业板块的宗旨是为主业突出、具有成长性和科技含量的中小企业提供直接融资平台，更大范围地发挥资本市场优化资源配置的功能，丰富我国的资本市场层

次体系，改善我国的资本市场结构，为推进创业板市场建设积累经验。相对于现有的主板市场，中小企业板在交易、信息披露、指数设立等方面，都将保持一定的独立性。

（二）创业板市场

创业板市场又称为二板市场，是为具有高成长性的中小企业和高科技企业融资服务的资本市场。各国对此的称呼不一，有的叫作成长板，有的叫作新市场，有的叫作证券交易商报价系统，比如，美国的纳斯达克、英国的伦敦证券交易所替代投资市场（AIM）等。与主板市场只接纳成熟的、已形成足够规模的企业上市不同，创业板以自主创新企业及其他成长型创业企业为服务对象，具有上市门槛低、信息披露监管严格等特点，它的成长性和市场风险均高于主板。建立创业板市场是完善风险投资体系，为中小高科技企业提供直接融资服务的重要一环，也是多层次资本市场的重要组成部分。我国创业板于 2009 年 10 月 30 日正式开市。

（三）科创板市场

科创板是指设立于上海证券交易所下的创业板，于 2019 年 6 月 13 日正式开板。科创板和创业板各自的定位并不相同。科创板面向世界科技前沿、面向经济主战场、面向国家重大需求，主要服务于符合国家战略、突破关键核心技术、市场认可度高的科技创新企业。创业板主要服务成长型创新创业企业，支持传统产业与新技术、新产业、新业态、新模式深度融合。可以看到，相对于创业板的"深度融合"，科创板更强调"科技创新"，更加突出科创属性。科创板上市指标设计相对宽松，并允许未盈利的企业发行上市，而创业板在改革初期上市的企业均为盈利企业，虽然明确了未盈利企业上市标准，但一年内暂不实施，一年后再做评估。所以在这一点上，科创板更加贴合科创型企业的需求和特点，也成为当下未盈利科创企业上市的唯一的选择。

第二节　证券上市制度

证券上市是指证券在证券交易所挂牌交易，又称为上市交易。

证券流通有多种渠道，证券上市是其中的一种，一般人们所指的证券上市主要指在证券交易所上市的证券。在证券交易所上市的证券必须具备一定的条件，有严格的上市程序。证券交易所对申请上市的证券需进行严格审查，经审查合格后，才批准在交易所内挂牌上市。

一、股票上市的程序和条件

（一）股票上市的条件

1. 首次公开发行股票申请主板上市的条件

按照 2019 年 4 月修订发布的《上海证券交易所股票上市规则》和《深圳证券交易所股票上市规则》，发行人首次公开发行股票申请在主板上市，应当符合下列条件：

（1）股票经中国证监会核准已公开发行。

（2）公司股本总额不少于人民币 5 000 万元。

（3）公开发行的股份达到公司股份总数的 25%以上；公司股本总额超过人民币 4 亿元的，公开发行股份的比例为 10%以上。

（4）公司最近 3 年无重大违法行为，财务会计报告无虚假记载。

（5）证券交易所要求的其他条件。

2. 首次公开发行股票申请科创板或创业板上市的条件

2019 年 4 月修订发布的《上海证券交易所科创板股票上市规则》和 2020 年 6 月修订发布的《深圳证券交易所创业板股票上市规则》，规定的发行人首次公开发行股票后申请在科创板上市或创业板上市的条件除了市值及财务指标不同外，其他基本是相同的。具体为：

(1)符合中国证监会规定的发行条件。

(2)发行后股本总额不低于人民币 3 000 万元。

(3)公开发行的股份达到公司股份总数的 25%以上；公司股本总额超过人民币 4 亿元的，公开发行股份的比例为 10%以上。

(4)科创板企业市值及财务指标应当至少符合下列标准中的一项：

①预计市值不低于人民币 10 亿元，最近两年净利润均为正且累计净利润不低于人民币 5 000 万元，或者预计市值不低于人民币 10 亿元，最近一年净利润为正且营业收入不低于人民币 1 亿元。

②预计市值不低于人民币 15 亿元，最近一年营业收入不低于人民币 2 亿元，且最近三年累计研发投入占最近三年累计营业收入的比例不低于 15%。

③预计市值不低于人民币 20 亿元，最近一年营业收入不低于人民币 3 亿元，且最近三年经营活动产生的现金流量净额累计不低于人民币 1 亿元。

④预计市值不低于人民币 30 亿元，且最近一年营业收入不低于人民币 3 亿元。

⑤预计市值不低于人民币 40 亿元，主要业务或产品需经国家有关部门批准，市场空间大，目前已取得阶段性成果。医药行业企业需至少有一项核心产品获准开展二期临床试验，其他符合科创板定位的企业需具备明显的技术优势并满足相应条件。

创业板企业市值及财务指标应当至少符合下列标准中的一项：

①最近两年净利润均为正，且累计净利润不低于 5 000 万元；

②预计市值不低于 10 亿元，最近一年净利润为正且营业收入不低于 1 亿元；

③预计市值不低于 50 亿元，且最近一年营业收入不低于 3 亿元。

(5)证券交易所规定的其他上市条件。

(二)股票上市的程序

发行人首次公开发行股票申请上市，需履行以下程序：

(1)提出上市申请。发行人首次公开发行股票的申请获得中国证监会核准发行后，应当及时向证券交易所提出股票上市申请，并提交有关文件。

(2)决定。证券交易所在收到发行人提交的上市申请文件后 7 个交易日(创业板或科创板为 5 个交易日)内，作出是否同意上市的决定并通知发行人。

(3)上市公告。发行人应当于其股票上市前 5 个交易日内，在指定媒体或者证券交易所网站上披露股票上市的有关文件。

二、公司债券上市的条件和程序

(一)公司债券上市条件

公司申请公司债券上市交易，应当符合下列条件：

(1)经有关部门批准并发行；

(2)公司债券的期限为 1 年以上；

(3)公司债券实际发行额不少于人民币 5 000 万元；

(4)债券须经资信评级机构评级，且债券的信用级别良好；

(5)公司申请债券上市时仍符合法定的公司债券发行条件。

(二)公司债券上市程序

(1)申请核准。根据我国《证券法》的规定，公司申请其发行的公司债券上市交易，应当报经国务院证券监督管理机构核准，证券监管机构可以授权证券交易所依照法定条件和程序核准公司债券上市申请。

(2)安排上市。公司债券上市交易申请经国务院证券监督管理机构核准后，其发行人应当向证券交易所提交核准文件和申请文件。证券交易所应当自接到公司债券发行人提交的核准文件之日起3个月内，安排该债券上市。

(3)上市公告。公司债券上市交易申请经证券交易所同意后，公司债券发行人应当在公司债券上市交易5日前公告公司债券上市报告、核准文件及申请文件，并将其有关文件置备于指定的场所供公众查阅。

以上是公司债券上市的核准程序。中国证监会《关于公开发行公司债券实施注册制有关事项的通知》规定，公开发行公司债券自2020年3月1日起实施注册制。相关具体规则尚在制订中。

三、基金上市的条件和程序

封闭式基金一般是在交易所挂牌交易的，不能直接向基金管理人赎回基金份额，只能在二级市场中将份额转让给他人。在基金契约规定的期限内其交易方式与股票的交易大致相同。基金的上市仅是针对封闭式基金而言。封闭式基金成立后，基金管理人可以向中国证监会及证券交易所提出基金上市申请，获得批准后，基金就可以在证券交易所挂牌上市。

(一)封闭式基金上市条件

封闭式基金上市交易应符合下列条件：

(1)基金的募集符合《证券投资基金法》的规定；

(2)基金合同期限为5年以上；

(3)基金募集金额不低于2亿元人民币；

(4)基金份额持有人不少于1 000人；

(5)基金份额上市交易规则规定的其他条件。

(二)封闭式基金上市程序

(1)基金管理人申请基金上市，应完成下列准备工作：聘请有资格的会计师事务所对基金募集的资金进行验证，并出具验资报告；采用无纸化发行基金的，应完成其托管工作；采用有纸化发行基金的，必须完成其实物凭证的分发及入库工作。

(2)基金管理人申请基金上市必须向证券交易所提交下列文件：上市申请书；上市公告书；批准设立和发行基金的文件；基金契约；基金托管协议；基金募集资金的验资报告；证券交易所1～2名会员署名的上市推荐书；中国证监会和中国人民银行对基金托管人的审查批准文件；中国证监会批准基金管理人设立的文件；基金管理人注册登记的营业执照；基金托管人注册登记的营业执照；基金已全部托管的证明文件等。

(3)证券交易所对基金管理人提交的基金上市申请文件进行审查，认为符合上市条件的，将审查意见及拟定的上市时间连同相关文件一并报中国证监会批准，经批准的基金，证券交易所出具上市通知书。

(4)基金上市前,基金管理人或基金公司应与沪、深交易所签订上市协议书。

(5)获批准上市的基金,必须于上市首日前3个工作日内在至少一种中国证监会指定的报刊上公布上市公告书。

第三节　证券交易程序

在证券交易活动中,投资者在证券市场上买卖已发行的证券要按照一定的程序进行。所谓证券交易程序,就是投资者在二级市场上买进或卖出已上市证券所应遵循的规定过程。这里介绍的证券交易程序主要针对证券交易所场内集中竞价交易,不涉及场外市场和大宗交易。

在证券交易所市场,证券交易的基本过程包括开户、委托、成交、结算等步骤。

一、开户

账户包括证券账户和资金账户。证券账户用来记载投资者所持有的证券种类、数量和相应的变动情况,资金账户则用来记载和反映投资者买卖证券的货币收付和结存数额。

(一)开立证券账户

开立证券账户是投资者进行证券交易的先决条件。按照交易场所划分,证券账户可以分为上海证券账户和深圳证券账户,分别用于记载在上海证券交易所和深圳证券交易所上市交易的证券以及中国结算公司认可的其他证券。当投资者需要同时参与上海和深圳证券交易所的证券交易时,应开设两个交易所的证券账户。按用途划分,证券账户可以分为人民币普通股票账户、人民币特种股票账户、证券投资基金账户和其他账户等。

人民币普通股票账户简称A股账户,A股账户按持有人分为自然人证券账户、一般机构证券账户、证券公司自营证券账户和基金管理公司的证券投资基金专用证券账户等。在实际运用中,A股账户是我国目前用途最广、数量最多的一种通用型证券账户,既可用于买卖人民币普通股票,也可用于买卖债券、上市基金、权证等各类证券。

人民币特种股票账户简称B股账户,是专门为投资者买卖人民币特种股票(即B股)而设置的。B股账户按持有人可以分为境内投资者证券账户和境外投资者证券账户。

证券投资基金账户简称基金账户,是用于买卖上市基金的一种专用型账户。基金账户是随着我国证券投资基金的发展,为方便投资者买卖证券投资基金而专门设置的。

证券公司和基金管理公司等特殊法人机构开立证券账户,由中国结算公司上海分公司和深圳分公司直接受理。这类特殊法人机构投资者需要前往中国结算公司上海分公司和深圳分公司现场办理。

自然人及一般机构开立证券账户,可以通过中国结算公司上海分公司和深圳分公司委托的分布在全国各地的开户代理机构办理。也可以在手机应用市场中下载要开户的券商手机端App办理。

自2015年4月13日起,取消自然人投资者开立A股账户的一人一户限制,允许自然人投资者根据实际需要开立多个沪、深A股账户及场内封闭式基金账户,同一投资者最多可以申请开立20个。

目前,上海证券账户当日开立,次一交易日生效。深圳证券账户当日开立,当日即可用于交易。

开设个人账户时，投资者必须持本人身份证件；法人开户需提供的文件包括有效的法人证明文件（营业执照）及其复印件、法定代表人证明书及其居民身份证、法人委托书及委托人身份证件等，并交纳一定的开户费用。

开户收费标准：深市，个人 50 元/户，机构 500 元/户；沪市，个人纸卡 40 元/户，个人磁卡本地 40 元/户、异地 70 元/户，机构 400 元/户。基金开户费为 5 元/户。

个人投资者参与创业板和科创板股票交易需要满足两个条件，一是参与证券交易 24 个月以上；二是申请权限开通前 20 个交易日证券账户及资金账户内的资产日均不低于人民币 10 万元和 50 万元。

（二）开立资金账户与建立第三方存管关系

资金账户是指投资者在证券公司开立的专门用于证券交易结算的账户。证券公司通过该账户对投资者的证券买卖交易、证券交易资金支取进行前端控制，对投资者证券交易结算资金进行清算交收和计付利息等。

投资者必须向选定的证券公司申请开立资金账户，存入交易保证金。交易保证金就是投资者用于交易的资金，交易保证金的起点金额由证券商根据营业部情况自行确定。

（1）证券公司的选择。不是证券交易所会员的投资者，不能进入交易所直接买卖证券。投资者必须选择一家证券公司，委托该公司帮助投资者买卖在证券交易所挂牌的证券。证券公司接受投资者委托、代投资者买卖证券并以此收取佣金，并向投资者提供及时、准确的信息和咨询服务。投资者选择证券公司时一般考虑以下因素：证券公司的信誉和经济实力；证券公司的设备条件和服务质量；机构投资者还要考虑交易操作人员的工作环境和是否有利于保守商业秘密；个人投资者应考虑证券营业部的地理位置、交通便利性、开户保证金的标准是否能接受等。

（2）开立资金账户。投资者可以持证券账户卡、个人身份证件，到证券公司的开户柜台，与证券公司签订证券买卖代理协议，开立证券交易结算资金账户，自行设置交易密码和资金密码，领取资金账户卡。也可以利用券商手机端 App 办理。

《证券法》规定，证券公司客户的交易结算资金应当存放在商业银行，以每个客户的名义单独立户管理。2007 年中国证监会也明确要求证券公司全面实施“客户交易结算资金第三方存管”。客户交易结算资金第三方存管是指证券公司将客户的交易结算资金存放在指定的商业银行，以每个客户的名义单独立户管理。指定商业银行与证券公司及其客户签订客户的交易结算资金存管合同，约定客户的交易结算资金存取、划转、查询等事项，并按照证券交易净额结算、货银对付的要求，为证券公司开立客户的交易结算资金汇总账户。客户交易结算资金的存取通过指定商业银行办理，指定商业银行为客户提供交易结算资金余额及变动情况的查询服务。客户交易结算资金第三方存管，是一种从制度上保证客户资金安全、维护投资者利益、控制证券行业风险、维护市场稳定的全新的客户交易结算资金管理制度。

二、委托

在证券交易所市场，除了证券交易所的会员外，投资者买卖证券是不能直接进入证券交易所办理的，而必须通过证券交易所的会员代为办理。投资者向会员下达买进或卖出证券的指令，称为委托。

（一）委托形式

投资者在办理委托买卖证券时，需要向会员下达委托指令。委托有不同的形式，可以分为书面或电话、自助终端、互联网等自助委托方式。

1. 书面委托

书面委托是指委托人亲自或由其代理人到证券营业部交易柜台，根据委托程序和必需的证件采用书面方式表达委托意向，由本人填写委托单并签章的形式。目前，已经很少使用。

2. 电话委托

电话委托是指会员把电脑交易系统和普通电话网络连接起来，构成一个电话自动委托交易系统；投资者通过普通电话，按照该系统发出的提示，借助电话机上的数字和符号键输入委托指令。

3. 自助终端委托

自助终端委托是投资者通过证券营业部设置的专用委托电脑终端，凭证券交易磁卡和交易密码进入电脑交易系统委托状态，自行将委托内容输入电脑交易系统，以完成证券交易。

4. 网上委托

又称为互联网委托。网上委托是指证券公司通过基于互联网或移动通信网络的网上证券交易系统，向投资者提供用于下达证券交易指令、获取成交结果的一种服务方式，包括需下载软件的客户端委托和无须下载软件、直接利用证券公司网站的页面客户端委托。网上委托的上网终端包括电子计算机、手机等设备。

(二)委托内容

在委托指令中，不管是采用哪种委托方式，都需要反映投资者买卖证券的具体要求，这些要求主要体现在委托指令的内容中。下面以目前最常用的网上委托为例对委托指令的基本内容进行说明。

1. 证券代码

证券代码一般为一组 6 位数字，填写时一定要注意核对，不要出现填写错误。简单的办法是在填写完毕后，核对与系统提示的证券简称是否一致。

(1)上海证券交易所证券代码。

A 股代码：为“60××××”。如“600000”是“浦发银行”的代码。

B 股代码：为“90××××”。如“900901”是“上电 B 股”的代码。

科创板股票代码：为“688×××”。如“688005”是“容百科技”的代码。

封闭式基金代码：为“50××××”。如“500056”是“基金科瑞”的代码。

(2)深圳证券交易所证券代码。

A 股代码：为“00××××”。如“000001”为“深发展 A”的代码。

B 股代码：为“200×××”，后三位数字与其 A 股代码的后三位相同。如“200058”为“深赛格 B”的代码，“深赛格 A”的代码为“000058”。

中小企业板股票代码：为“002×××”。如“002122”是“天马股份”的代码。

创业板股票代码：为“300×××”。如“300022”为“吉峰农机”的代码。

2. 买卖方向

投资者在委托指令中必须明确表明委托买卖的方向，即是买进还是卖出。

3. 数量

我国证券交易所规定，投资者在委托买入证券时，必须购买一个交易单位或一个交易单位的整数倍。又称作“整数委托”。

一个交易单位俗称“1 手”。按现行规定，股票 100 股为 1 手，基金 100 基金单位为 1 手，债券 1 000 元面值为 1 手。

在委托卖出证券时，可以委托卖出不足 1 个交易单位的零数，又称作“零数委托”。卖出零数必须一次性卖出，不能分批卖出。

证券交易所对证券买卖的最大申报数量作出了相应的限制：股票（基金）单笔申报最大数量应不超过 100 万股（份），债券交易和债券质押式回购交易单笔申报最大数量应不超过 10 万手。

通过限价申报买卖科创板股票的，单笔申报数量应当不小于 200 股，且不超过 10 万股；通过市价申报买卖的，单笔申报数量应当不小于 200 股，且不超过 5 万股。卖出时，余额不足 200 股的部分，应当一次性申报卖出。

创业板股票限价申报的单笔买卖申报数量不得超过 30 万股，市价申报的单笔买卖申报数量不得超过 15 万股。

需要注意的是填委托单时仍然填具体数量，而不是填手数。

4. 价格

委托买卖证券的价格是委托能否成交和盈亏的关键，涉及委托价格限制形式、证券交易的计价单位、申报价格最小变动单位、债券交易报价组成等方面内容。

（1）从委托价格限制形式看，委托分为限价委托和市价委托。

限价委托是指投资者要求会员在执行委托指令时，必须按限定的价格或比限定价格更有利的价格买卖证券，即必须以限价或低于限价买进证券，以限价或高于限价卖出证券。限价委托方式的优点是证券可以以投资者预期的价格或更有利的价格成交，有利于投资者实现预期投资计划。但是，采用限价委托时，由于限价与市价之间可能有一定的距离，故必须等市价与限价一致时才有可能成交。此时，如果有市价委托出现，市价委托将优先成交。因此，限价委托成交速度慢，有时甚至无法成交。在证券价格变动较大时，投资者采用限价委托容易失去成交机会。

市价委托是指投资者向会员发出买卖某种证券的委托指令时，要求会员按证券交易所内当时的市场价格买进或卖出证券。这种委托方式的优点是没有价格上的限制，会员执行委托指令比较容易，成交迅速且成交率高；缺点是只有在委托执行后才知道实际的成交价格，甚至会用意想不到的高价买入证券或以意想不到的低价卖出证券。

市价申报只适用于有价格涨跌幅限制证券连续竞价期间的交易。在市价申报类型方面，上海证券交易所和深圳证券交易所不完全相同。

《上海证券交易所交易规则》规定，上海证券交易所接受下列方式的市价申报：

①最优 5 档即时成交剩余撤销申报，即该申报在对手方实时最优 5 个价位内以对手方价格为成交价逐次成交，剩余未成交部分自动撤销。

②最优 5 档即时成交剩余转限价申报，即该申报在对手方实时 5 个最优价位内以对手方价格为成交价逐次成交，剩余未成交部分按本方申报最新成交价转为限价申报；如该申报无成交的，按本方最优报价转为限价申报；如无本方申报的，该申报撤销。

《深圳证券交易所交易规则》规定，深圳证券交易所接受下列类型的市价申报：

①对手方最优价格申报，即以对手方队列的最优价格为其申报价格。

②本方最优价格申报，即以本方队列的最优价格为其申报价格。

③最优 5 档即时成交剩余撤销申报，即以对手方最优 5 个价位的申报队列依次成交，未成交部分自动撤销。

④即时成交剩余撤销申报，即对手方所有申报队列依次成交，未成交部分自动撤销。

⑤全额成交或撤销申报，即以对手方价格为成交价格，如与对手方所有申报队列依次成交能够使其完全成交的，则依次成交，否则申报全部自动撤销。

在以上5个类型中，本方最优价格申报进入交易主机时，集中申报簿中本方无申报的，申报自动撤销。其他市价申报类型进入交易主机时，集中申报簿中对手方无申报的，申报自动撤销。

(2)证券交易的计价单位。证券交易有不同的种类，不同种类证券的交易就可能采用不同的计价单位。

股票交易的报价为每股价格，基金交易为每份基金价格，权证交易为每份权证价格，债券交易(指债券现货买卖)为每100元面值债券的价格，债券质押式回购为每100元资金到期年收益，债券买断式回购为每100元面值债券的到期购回价格。

(3)申报价格最小变动单位。在申报价格最小变动单位方面，《上海证券交易所交易规则》规定：A股、债券交易和债券买断式回购交易的申报价格最小变动单位为0.01元人民币，基金、权证交易为0.001元人民币，B股交易为0.001美元，债券质押式回购交易为0.005元人民币。《深圳证券交易所交易规则》规定：A股交易的申报价格最小变动单位为0.01元人民币，基金、债券、债券质押式回购交易为0.001元人民币，B股交易为0.01港元。

(4)债券交易报价组成。对于债券交易报价来说，客户还需要注意债券标价的内涵。

从交易价格的组成看，债券交易有两种：全价交易和净价交易。全价交易是指买卖债券时，以含有应计利息的价格申报并成交的交易。净价交易是指买卖债券时，以不含有应计利息的价格申报并成交的交易。在净价交易的情况下，成交价格与债券的应计利息是分解的，价格随行就市，应计利息则根据票面利率按天计算。

过去，我国证券交易所债券交易采用全价交易。从2002年3月25日开始，国债交易率先采用净价交易。实行净价交易后，采用净价申报和净价撮合成交，报价系统和行情发布系统同时显示净价价格和应计利息额。根据净价的基本原理，应计利息额的计算公式应为：

$$应计利息额=债券面值\times票面利率\div365(天)\times已计息天数$$

公式中各要素的含义为：

①应计利息额。零息债券是指发行起息日至成交日所含利息金额，附息债券是指本付息期起息日至成交日所含利息金额。

②票面利率。固定利率债券的票面利率是指发行票面利率，浮动利率债券的票面利率是指票面利率本付息期计息利率。

③年度天数及已计息天数。1年按365天计算，闰年2月29日不计算利息；已计息天数是指起息日至成交日的实际日历天数。

④当票面利率不能被365天整除时，计算机系统按每100元利息额的精度(小数点后保留8位)计算；交割单所列应计利息额按四舍五入原则，以元为单位保留2位小数列示。

⑤债券交易计息原则是算头不算尾，即起息日当天计算利息，到期日当天不计算利息。交易日挂牌显示的每100元应计利息额是包括交易日当日在内的应计利息额。若债券持有到期，则应计利息额是自起息日至到期日(不包括到期日当日)的应计利息额。

[例4—1] 某债券面值为100元，票面利率为5%，每年付息一次，起息日是8月5日，交易日是12月18日，则已计息天数是136天。交易日挂牌显示的应计利息额为：

应计利息额$=100\times5\%\div365\times136=1.86$(元)

另外,上海证券交易所和深圳证券交易所目前公司债券的现货交易也采用净价交易方式。

(5)价格涨跌幅限制。证券交易所对股票、基金交易实行价格涨跌幅限制。股票、基金涨跌幅价格的计算公式为:涨跌幅价格=前收盘价×(1±涨跌幅比例)。计算结果按照四舍五入原则取至价格最小变动单位。

目前,主板股票涨跌幅比例为10%,ST类股票涨跌幅比例为5%;科创板和创业板涨跌幅比例为20%,ST类股票涨跌幅比例仍为20%。

主板首次公开发行上市的股票和暂停上市后恢复上市的股票首个交易日无价格涨跌幅限制;科创板和创业板首次公开发行上市的股票前5个交易日无价格涨跌幅限制。

买卖有价格涨跌幅限制的证券,在价格涨跌幅限制以内的申报为有效申报,超过价格涨跌幅限制的申报为无效申报。

5. 有效期

这是指委托指令的有效期间。如果委托指令未能成交或未能全部成交,证券经纪商应继续执行委托。委托有效期满,委托指令自然失效。委托指令有效期一般有当日有效与约定日有效两种。当日有效是指从委托之时起至当日证券交易所营业终了之时止的时间内有效;约定日有效是指委托人与证券公司约定,从委托之时起到约定的营业日证券交易所营业终了之时止的时间内有效。如不在委托单上特别注明,均按当日有效处理。我国现行规定的委托有效期为当日有效。

6. 申报时间

上海证券交易所和深圳证券交易所都规定,交易日为每周一至周五。国家法定假日和证券交易所的休市日,证券交易所市场休市。交易时间内因故停市,交易时间不作顺延。

证券交易所接受会员竞价交易申报的时间为每个交易日9:15—9:25、9:30—11:30、13:00—15:00。每个交易日9:20—9:25的开盘集合竞价阶段,14:57—15:00的收盘集合竞价阶段,不接受撤销申报;其他接受申报的时间内未成交的申报可以撤单。

7. 盘后固定价格交易

科创板和创业板设有盘后固定价格交易。盘后固定价格交易,指在收盘集合竞价结束后,证券交易所交易系统按照时间优先顺序对收盘定价申报进行撮合,并以当日收盘价成交的交易方式。

每个交易日的15:05—15:30为盘后固定价格交易时间。证券交易所接受投资者收盘定价申报的时间为每个交易日9:15(科创板为9:30)—11:30、13:00—15:30。接受申报的时间内,未成交的申报可以撤销。投资者通过盘后固定价格交易买卖科创板和创业板股票的,应当向会员提交收盘定价委托指令,包括证券账户号码、证券代码、买卖方向、限价、委托数量等内容。科创板股票盘后定价申报的单笔申报数量应当不小于200股,且不超过100万股。卖出时,余额不足200股的部分,应当一次性申报卖出。创业板盘后定价申报的单笔申报数量不得超过100万股。

(三)委托撤销

在委托未成交之前,投资者有权变更和撤销委托,但已经成交的部分不能撤销。投资者撤销的委托一经交易系统确认,被冻结的资金或证券即解冻。

三、成交

证券交易所交易系统接受申报后,要根据成交原则进行撮合配对。符合成交条件的予以成交，不符合成交条件的继续等待成交，超过了委托时效的委托单失效。

（一）竞价原则

证券交易所内的证券交易按“价格优先、时间优先”原则竞价成交。

价格优先的原则为：较高价格买入申报优先于较低价格买入申报，较低价格卖出申报优先于较高价格卖出申报。

时间优先的原则为：买卖方向、价格相同的，先申报者优先于后申报者。先后顺序按证券交易所交易主机接受申报的时间确定。

［例4—2］ 有甲、乙、丙、丁投资者四人，均申报卖出某股票，申报价格和申报时间如表4—1所示。那么这四位投资者交易的优先顺序为：丁、乙、甲、丙。

表4—1　　某股票的申报卖出价格与申报时间

投资者	申报价格(元)	申报时间
甲	10.70	13:35
乙	10.68	13:39
丙	10.71	13:32
丁	10.68	13:38

（二）竞价方式

目前，我国证券交易所采用两种竞价方式：集合竞价和连续竞价。

采用竞价交易方式的，每个交易日的 9:15—9:25 为开盘集合竞价时间，9:30—11:30、13:00—14:57 为连续竞价时间，14:57—15:00 为收盘集合竞价时间。

1. 集合竞价

集合竞价是指对在规定的一段时间内接受的买卖申报一次性集中撮合的竞价方式。根据我国证券交易所的相关规定，集合竞价确定成交价的原则为：

（1）可实现最大成交量；

（2）高于该价格的买入申报与低于该价格的卖出申报全部成交；

（3）与该价格相同的买方或卖方至少有一方全部成交。

所有买方有效委托按委托限价由高到低的顺序排列，限价相同者按照进入证券交易所交易系统电脑主机的时间先后排列。所有卖方有效委托按照委托限价由低到高的顺序排列，限价相同者也按照进入交易系统电脑主机的时间先后排列。系统依序逐笔将排在前面的买方委托与卖方委托配对成交。也就是说，按照价格优先、同等价格下时间优先的成交顺序依次成交，直至成交条件不满足为止，即所有买入委托的限价均低于卖出委托的限价，所有成交都以同一成交价成交。集合竞价中未能成交的委托，自动进入连续竞价。

2. 连续竞价

连续竞价是指对买卖申报逐笔连续撮合的竞价方式。连续竞价阶段的特点是，每一笔买卖委托输入交易自动撮合系统后，当即判断并进行不同的处理：能成交者予以成交，不能成交者等待机会成交，部分成交者则让剩余部分继续等待。

按照上海证券交易所和深圳证券交易所的有关规定，在无撤单的情况下，委托当日有效。另外，开盘集合竞价期间未成交的买卖申报，自动进入连续竞价。连续竞价期间未成交的买卖申报，自动进入收盘集合竞价。

连续竞价时，成交价格的确定原则为：

(1)最高买入申报与最低卖出申报价位相同，以该价格为成交价。

(2)买入申报价格高于即时揭示的最低卖出申报价格时，以即时揭示的最低卖出申报价格为成交价。

(3)卖出申报价格低于即时揭示的最高买入申报价格时，以即时揭示的最高买入申报价格为成交价。

[例4—3] 某股票即时揭示的卖出申报价格和数量及买入申报价格和数量如表4—2所示。若此时该股票有一笔买入申报进入交易系统，价格为15.37元，数量为600股，则应以15.35元成交100股、以15.36元成交500股。

表4—2　　某股票某日交易时即时揭示的买卖申报价格和数量

买卖方向	价格(元)	数量(股)
卖出申报	15.37	1 000
	15.36	800
	15.35	100
买入申报	15.34	500
	15.33	1 000
	15.31	800

(三)竞价结果

竞价的结果有三种可能：全部成交、部分成交、不成交。

投资者的委托未能成交的，在委托有效期内继续等待机会成交，直到有效期结束。对投资者失效的委托，被冻结的资金或证券解冻。

(四)交易费用

投资者在委托买卖证券时，需支付多项费用和税金，如佣金、过户费、印花税等。

1. 佣金

佣金是投资者在委托买卖证券成交后按成交金额一定比例支付的费用，是证券经纪商为客户提供证券代理买卖服务收取的费用。此项费用由证券公司经纪佣金、证券交易所手续费及证券交易监管费等组成。

2. 过户费

过户费是委托买卖的股票、基金成交后，买卖双方为变更证券登记所支付的费用。这笔收入一部分属于中国结算公司的收入，一部分由证券公司留存，由证券公司在同投资者清算交收时代为扣收。

基金交易目前不收过户费。

3. 印花税

印花税是根据国家税法规定，在A股和B股成交后对买卖双方投资者按照规定的税率分别征收的税金。为保证税源，简化缴款手续，现行的做法是由证券经纪商在同投资者办理交收过程中代为扣收；然后，由证券经纪商同中国结算公司的清算、交收中集中结算；最后，由中国结算公司统一向征税机关缴纳。

我国证券交易的印花税税率标准曾多次调整。从2008年9月19日起，证券交易印花税只对出让方按1‰税率征收，对受让方不再征收。目前，封闭式基金交易不收取印花税。A股交易费用如表4—3所示。

表4—3 A股交易费用表

收费项目	深　市	沪　市
交易佣金	不超过成交金额的3‰ 起点：5.00元	不超过成交金额的3‰ 起点：5.00元
印花税	成交金额的1‰（出让方缴纳）	成交金额的1‰（出让方缴纳）
过户费	无	成交面额的1‰ 起点：1.00元

四、结算

证券交易成交后，首先需要对买方在资金方面的应付额和在证券方面的应收种类和数量进行计算，同时也要对卖方在资金方面的应收额和在证券方面的应付种类和数量进行计算。这一过程属于清算，包括资金清算和证券清算。清算结束后，需要完成证券由卖方向买方转移和对应的资金由买方向卖方转移。这一过程属于交收。清算和交收是证券结算的两个方面。

对于记名证券而言，完成了清算和交收，还有一个登记过户的环节。完成了登记过户，证券交易过程才告结束。

（一）清算、交收

证券清算是指证券交易所的清算中心或所属的清算公司将各证券经纪商之间发生的证券买卖数量与价款分别予以轧抵，对证券和资金的应收或应付净额进行计算的处理过程。

清算和交收既有联系又有区别：

（1）清算与交收的联系。从时间发生及运作的次序来看，清算是交收的基础和保证，交收是清算的后续与完成。清算结果正确才能确保交收顺利进行；而只有通过交收，才能最终完成证券或资金收付，结束整个交易过程。

（2）清算与交收的区别。两者最根本的区别在于：清算是对应收、应付证券及价款的计算，其结果是确定应收、应付数量或金额，并不发生财产实际转移；交收则是根据清算结果办理证券和价款的收付，发生财产实际转移（虽然有时不是采取实物形式）。

证券交易从结算的时间安排来看，可以分为滚动交收和会计日交收。滚动交收要求某一交易日成交的所有交易有计划地安排距成交日相同营业日天数的某个营业日进行交收。例如，在T+3滚动交收中，要求T日成交的证券交易的交收在成交日之后的第3个营业日（T+3）完成。与滚动交收相对应的是会计日交收，即在一段时间内的所有交易集中在一个特定日期交收。滚动交收目前已被各国（地区）证券市场广泛采用。从现实情况来看，各市场采用的滚动交收周期时间长短不一，美国证券市场采取T+3，我国香港市场采取T+2。

我国内地市场目前存在两种滚动交收周期，即T+1与T+3。T+1滚动交收目前适用于我国内地市场的A股、基金、债券、回购交易等；T+3滚动交收适用于B股。

（二）过户

过户是指买入记名股票的投资者到证券发行机构或其指定代理机构办理变更股东名册记载事项的手续。无记名股票不存在过户问题。我国发行的股票都是记名股票。股票是股东权利的体现，股份公司以股东名册为依据，进行股利分配及让股东参与公司决策。投资者在买入股票时，必须办理过户手续，才能保障其合法权益。在无纸化交易时，过户只存在形式上的意义，这一手续已在清算交割时由券商代为办理了，计算的完成即实现了过户，投资者不需要亲自去有关机构办理手续。

过户分为交易性过户、非交易性过户和账户挂失转户三种。交易性过户是指记名证券的交易使股权（债权）从出让人转移到受让人从而完成股权（债权）的过户；非交易性过户指由于继承、赠与、财产分割或法院判决等原因而发生的权益转移；账户挂失转户不存在财产转移即可直接办理过户。

第四节　特别交易规定与特殊交易事项

一、特别交易规定

根据 2019 年 4 月修订的《上海证券交易所股票上市规则》和《深圳证券交易所股票上市规则》、2020 年修订的《上海证券交易所科创板股票上市规则》和《深圳证券交易所创业板股票上市规则》，当上市公司条件发生变化时，将对该公司股票相应做出风险警示、暂停上市、恢复上市、强制终止上市等的处理决定。

（一）风险警示

上市公司出现财务状况异常或其他异常情况，导致其股票存在被终止上市的风险，或投资者难以判断公司前景，投资者权益可能受到损害，存在其他重大风险的，证券交易所对该公司股票实施风险警示。风险警示分为警示存在终止上市风险的风险警示（简称“退市风险警示”）和警示存在其他重大风险的其他风险警示。

1. 退市风险警示

退市风险警示的处理措施包括：第一，在公司股票简称前冠以“＊ST”字样，以区别于其他股票；第二，主板股票报价的日涨跌幅限制为 5%。

主板上市公司出现以下情形之一的，证券交易所对其股票交易实行退市风险警示：

（1）最近两个会计年度经审计的净利润连续为负值或者被追溯重述后连续为负值；

（2）最近一个会计年度经审计的期末净资产为负值或者被追溯重述后为负值；

（3）最近一个会计年度经审计的营业收入低于 1 000 万元或者被追溯重述后低于 1 000 万元；

（4）最近一个会计年度的财务会计报告被会计师事务所出具无法表示意见或者否定意见的审计报告；

（5）因财务会计报告存在重大会计差错或者虚假记载，被中国证监会责令改正但未在规定期限内改正，且公司股票已停牌 2 个月；

（6）未在法定期限内披露年度报告或者中期报告，且公司股票已停牌 2 个月；

（7）上市公司因股权分布发生变化导致连续 20 个交易日不具备上市条件的情形，公司在规定的一个月内向证券交易所提交解决股权分布问题的方案，并获得同意；

（8）因欺诈发行、重大信息披露违法或者其他涉及国家安全、公共安全、生态安全、生产安全和公众健康安全等领域的重大违法行为，证券交易所对其股票作出实施重大违法强制退市决定的；

(9)公司可能被依法强制解散；

(10)法院依法受理公司重整、和解或者破产清算申请；

(11)证券交易所认定的其他情形。

科创板和创业板上市公司出现下列情形之一的，证券交易所对其股票实施退市风险警示：

(1)最近一个会计年度经审计的扣除非经常性损益之前或者之后的净利润(含被追溯重述)为负值，且最近一个会计年度经审计的营业收入(含被追溯重述)低于1亿元；

(2)最近一个会计年度经审计的净资产(含被追溯重述)为负值；

(3)未在法定期限内披露年度报告或者半年度报告，此后公司在股票停牌2个月内仍未披露；

(4)因财务会计报告存在重大会计差错或者虚假记载，被中国证监会责令改正但公司未在规定期限内改正，此后公司在股票停牌2个月内仍未改正；

(5)因信息披露或者规范运作等方面存在重大缺陷，被证券交易所责令改正但公司未在规定期限内改正，此后公司在股票停牌2个月内仍未改正；

(6)因公司股本总额或股权分布发生变化，导致连续20个交易日不再具备上市条件，此后公司在股票停牌1个月内仍未解决；

(7)最近一个会计年度的财务会计报告被会计师事务所出具无法表示意见或者否定意见的审计报告；

(8)公司可能被依法强制解散；

(9)法院依法受理公司重整、和解和破产清算申请；

(10)证券交易所认定的其他情形。

2. 其他风险警示

其他风险警示的处理措施包括：第一，在公司股票简称前冠以“ST”字样，以区别于其他股票；第二，主板股票报价的日涨跌幅限制为5%。

主板上市公司出现以下情形之一的，证券交易所对其股票实施其他风险警示：

(1)被暂停上市的公司股票恢复上市后或者被终止上市的公司股票重新上市后，公司尚未发布首份年度报告；

(2)生产经营活动受到严重影响且预计在3个月内不能恢复正常；

(3)主要银行账号被冻结；

(4)董事会会议无法正常召开并形成决议；

(5)公司被控股股东及其关联方非经营性占用资金或违反规定决策程序对外提供担保，情形严重的；

(6)中国证监会或证券交易所认定的其他情形。

创业板上市公司出现下列情形之一的，证券交易所对其股票交易实施其他风险警示：

(1)公司生产经营活动受到严重影响且预计在3个月以内不能恢复正常；

(2)公司主要银行账号被冻结；

(3)公司董事会无法正常召开会议并形成董事会决议；

(4)公司向控股股东或者其关联人提供资金或者违反规定程序对外提供担保且情形严重的；

(5)证券交易所认定的其他情形。

上市公司应当在股票交易实行退市风险警示或其他风险警示之前一个交易日发布公告。

当上市公司退市风险或其他风险的情形消除后，可以向证券交易所申请撤销对其股票实施的退市风险警示或其他风险警示。证券交易所在收到申请后的5个交易日内，决定是否撤销对其股票实施的退市风险警示或其他风险警示。

（二）暂停上市

上市公司股票的暂停上市是指当上市公司不满足法律规定的相关条件时，为了规范股票交易，降低股票交易的风险，证券交易所对上市公司的股票实行暂停交易的处理办法，即停牌。上市公司股票停牌时，证券交易所发布的行情中依然包括该股票的信息。

主板上市公司出现以下情形之一的，由证券交易所暂停其股票上市：

(1)因最近两个会计年度经审计的净利润连续为负值或者被追溯重述后连续为负值，其股票被实施退市风险警示后，公司披露的最近一个会计年度经审计的净利润继续为负值；

(2)因最近一个会计年度经审计的期末净资产为负值或者被追溯重述后为负值，其股票被实施退市风险警示后，公司披露的最近一个会计年度经审计的期末净资产继续为负值；

(3)因最近一个会计年度经审计的营业收入低于1 000万元或者被追溯重述后低于1 000万元，其股票被实施退市风险警示后，公司披露的最近一个会计年度经审计的营业收入继续低于1 000万元；

(4)因最近一个会计年度的财务会计报告被会计师事务所出具无法表示意见或者否定意见的审计报告，其股票被实施退市风险警示后，公司披露的最近一个会计年度的财务会计报告被会计师事务所出具无法表示意见或者否定意见的审计报告；

(5)因财务会计报告存在重大会计差错或者虚假记载，被中国证监会责令改正但未在规定期限内改正，且公司股票已停牌2个月，其股票被实施退市风险警示后，公司在2个月内仍未按要求改正财务会计报告；

(6)因未在法定期限内披露年度报告或者中期报告，且公司股票已停牌2个月，其股票被实施退市风险警示后，公司在2个月内仍未披露应披露的年度报告或者中期报告；

(7)公司股本总额发生变化不具备上市条件；

(8)因上市公司因股权分布发生变化导致连续20个交易日不具备上市条件的情形，公司在规定的一个月内向证券交易所提交解决股权分布问题的方案，并获得同意，其股票被实施退市风险警示后，公司在6个月内其股权分布仍不具备上市条件；

(9)因欺诈发行、重大信息披露违法或者其他涉及国家安全、公共安全、生态安全、生产安全和公众健康安全等领域的重大违法行为，证券交易所对其股票作出实施重大违法强制退市决定的，其股票被实施退市风险警示后交易满30个交易日；

(10)证券交易所认定的其他情形。

股票暂停上市期间，公司应当继续履行上市公司的有关义务，并及时披露为恢复其股票上市所采取的措施及有关工作的进展情况。

（三）恢复上市

当上市公司丧失持续上市的法定条件时，其股票被证券交易所根据相关规定暂停上市。在股票暂停上市期间，上市公司经过整改重新符合要求时，可以向证券交易所申请股票恢复上市交易。

上市公司申请股票恢复上市，应当聘请一家具有恢复上市保荐机构资格的证券公司担任其恢复上市的保荐机构。保荐机构应当对公司恢复上市申请材料的真实性、准确性和完整性进行核查，确保公司具备恢复上市的条件，并出具恢复上市保荐书，保证承担连带责任。

上市公司申请其股票恢复上市的，应当聘请律师对恢复上市申请的合法性、合规性以及相关申请材料的真实性、准确性和完整性进行核查验证，就公司是否具备恢复上市条件出具法律意见书，并承担相应的法律责任。

证券交易所在收到上市公司提交的恢复上市申请文件之日后 5 个交易日内，作出是否受理的决定并通知公司。

证券交易所在受理上市公司恢复上市申请之日后的 30 个交易日内，作出是否同意其股票恢复上市的决定。

证券交易所在作出同意其股票恢复上市的决定后 2 个交易日内通知上市公司，并报中国证监会备案。上市公司应当在收到有关决定后及时披露股票恢复上市公告。上市公司披露股票恢复上市公告后的 5 个交易日内，证券交易所对其股票恢复上市。

科创板和创业板股票不设暂停上市和恢复上市。

（四）强制终止上市

主板上市公司出现下列情形之一的，由证券交易所决定终止其股票上市：

(1)因净利润、净资产、营业收入或者审计意见类型触及暂停上市情形的第(1)项至第(4)项规定的标准，其股票被暂停上市后，公司披露的最近一个会计年度经审计的财务会计报告存在扣除非经常性损益前后的净利润孰低者为负值、期末净资产为负值、营业收入低于 1 000 万元或者被会计师事务所出具保留意见、无法表示意见、否定意见的审计报告等四种情形之一；

(2)因净利润、净资产、营业收入或者审计意见类型触及暂停上市情形的第(1)项至第(4)项规定的标准，其股票被暂停上市后，公司未能在法定期限内披露最近一年的年度报告；

(3)因未在规定期限内按要求改正财务会计报告中的重大差错或者虚假记载触及暂停上市情形的第(5)项规定的标准，其股票被暂停上市后，公司在 2 个月内仍未按要求改正财务会计报告；

(4)因未在规定期限内披露年度报告或者中期报告触及暂停上市情形的第(6)项规定的标准，其股票被暂停上市后，公司在 2 个月内仍未按要求披露相关定期报告；

(5)仅发行 A 股股票的上市公司，通过证券交易系统连续 120 个交易日(不包含公司股票停牌日)实现的累计股票成交量低于 500 万股，或者连续 20 个交易日(不包含公司股票停牌日)的每日股票收盘价均低于股票面值；

(6)仅发行 B 股股票的上市公司，通过证券交易系统连续 120 个交易日(不包含公司股票停牌日)实现的累计股票成交量低于 100 万股，或者连续 20 个交易日(不包含公司股票停牌日)的每日股票收盘价均低于股票面值；

(7)既发行 A 股股票又发行 B 股股票的上市公司，其 A、B 股股票的成交量或者收盘价同时触及本条第(5)项和第(6)项规定的标准；

(8)上市公司股东数量连续 20 个交易日(不含公司首次公开发行股票上市之日起的 20 个交易日和公司股票停牌日)每日均低于 2 000 人；

(9)公司股本总额发生变化不再具备上市条件，在证券交易所规定的期限内仍不能达到上市条件；

(10)因股权分布发生变化不具备上市条件触及暂停上市情形的第(8)项规定的标准，其股票被暂停上市后，公司在暂停上市 6 个月内股权分布仍不具备上市条件；

(11)公司被依法强制解散；

(12)公司被法院宣告破产；

(13)因触及暂停上市第(1)至(8)项的情形，其股票被暂停上市后，经公司改正触及暂停上市的情形消除，但未在其后的5个交易日内提出恢复上市申请；

(14)恢复上市申请未被受理；

(15)恢复上市申请未获同意；

(16)证券交易所认定的其他情形。

科创板和创业板上市公司可能退市的情形主要包括以下四类：

一是重大违法强制退市，包括信息披露重大违法和公共安全重大违法行为。

二是交易类强制退市，包括累计股票成交量低于一定指标，股票收盘价、市值、股东数量持续低于一定指标等。

三是财务类强制退市，即明显丧失持续经营能力的，包括主营业务大部分停滞或者规模极低，经营资产大幅减少导致无法维持日常经营等。

四是规范类强制退市，包括公司在信息披露、定期报告发布、公司股本总额或股权分布发生变化等方面触及相关合规性指标等。

其具体的指标条件可查阅2020年修订的《上海证券交易所科创板股票上市规则》和《深圳证券交易所创业板股票上市规则》。

(五)主动终止上市

上市公司出现下列情形之一的，可以向证券交易所申请主动终止上市：

(1)上市公司股东大会决议主动撤回其股票在证券交易所的交易，并决定不再在交易所交易；

(2)上市公司股东大会决议主动撤回其股票在证券交易所的交易，并转而申请在其他交易场所交易或转让；

(3)上市公司向所有股东发出回购全部股份或部分股份的要约，导致公司股本总额、股权分布等发生变化不再具备上市条件；

(4)上市公司股东向所有其他股东发出收购全部股份或部分股份的要约，导致公司股本总额、股权分布等发生变化不再具备上市条件；

(5)除上市公司股东外的其他收购人向所有股东发出收购全部股份或部分股份的要约，导致公司股本总额、股权分布等发生变化不再具备上市条件；

(6)上市公司因新设合并或者吸收合并，不再具有独立主体资格并被注销；

(7)上市公司股东大会决议公司解散；

(8)中国证监会和证券交易所认可的其他主动终止上市情形。

(六)退市整理期

上市公司股票被证券交易所作出终止上市决定后，自公告终止上市决定之日起5个交易日后的次一交易日进入退市整理期交易。

退市整理股票的简称前冠以“退市”标识，股票价格日涨跌幅不变。

退市整理期的交易期限为30个交易日。公司股票在退市整理期内全天停牌的，停牌期间不计入退市整理期，但停牌天数累计不得超过5个交易日。

上市公司应当于退市整理期的第一天，发布公司股票已被证券交易所作出终止上市决定的风险提示公告，说明公司股票进入退市整理期的起始日和终止日等事项。

上市公司应当在退市整理期前25个交易日内，每5个交易日发布一次股票将被终止上市的风险提示公告，在最后5个交易日内每日发布一次股票将被终止上市的风险提示公告。

退市整理期届满后上海证券交易所5个交易日内、深圳证券交易所次一交易日内，对公司股票予以摘牌，公司股票终止上市，并转入股份转让场所挂牌转让。

上市公司应当在证券交易所作出终止其股票上市决定后，立即安排股票转入全国中小企业股份转让系统或者证券交易所认可的其他转让场所挂牌转让的相关事宜，保证公司股票在摘牌之日起45个交易日内可以挂牌转让。

（七）重新上市

上市公司的股票被终止上市后，其终止上市情形已消除，且同时符合规定条件的，可以向证券交易所申请重新上市。但科创板和创业板上市公司股票被终止上市的，不得申请重新上市。

（八）大宗交易与回转交易

1. 大宗交易

大宗交易是指单笔数额较大的证券买卖。我国现行有关交易制度规定，如果证券单笔买卖申报达到一定数额的，证券交易所可以采用大宗交易方式进行交易。按照规定，证券交易所可以根据市场情况调整大宗交易的最低限额。

我国上海证券交易所和深圳证券交易所进行大宗交易的规定略有差异，但大体相同，下面以上海证券交易所大宗交易为例进行介绍。2020年第二次修订的《上海证券交易所交易规则》规定，在上海证券交易所进行的证券买卖符合以下条件的，可以采用大宗交易方式：

（1）A股单笔买卖申报数量应当不低于30万股，或者交易金额不低于200万元人民币。

（2）B股单笔买卖申报数量应当不低于30万股，或者交易金额不低于20万美元。

（3）基金大宗交易的单笔买卖申报数量应当不低于200万份，或者交易金额不低于200万元。

（4）国债及债券回购大宗交易的单笔买卖申报数量应当不低于1 000手，或者交易金额不低于100万元。

大宗交易不纳入证券交易所即时行情和指数的计算，成交量在大宗交易结束后计入当日该证券成交总量。每个交易日大宗交易结束后，属于股票和基金大宗交易的，交易所公告证券名称、成交价、成交量及买卖双方所在会员营业部的名称等信息；属于债券和债券回购大宗交易的，交易所公告证券名称、成交价和成交量等信息。

2. 回转交易

证券的回转交易是指投资者买入的证券，经确认成交后，在交收完成前全部或部分卖出。根据我国现行有关交易制度规定，债券竞价交易和权证交易实行当日回转交易，即投资者可以在交易日的任何营业时间内反向卖出已买入但未完成交收的债券和权证；B股实行次交易日起回转交易。深圳证券交易所对专项资产管理计划收益权份额协议交易也实行当日回转交易。

二、特殊交易事项

（一）开盘价与收盘价

按照一般的意义，开盘价和收盘价分别是交易日证券的首、尾买卖价格。而在证券交易场所，往往还要通过制度予以规范。

根据我国现行的交易规则，证券交易所证券交易的开盘价为当日该证券的第一笔成交价格。证券的开盘价通过集合竞价方式产生。不能产生开盘价的,以连续竞价方式产生。按集合竞价产生开盘价后,未成交的买卖申报仍然有效,并按原申报顺序自动进入连续竞价。

证券的收盘价通过集合竞价的方式产生。收盘集合竞价不能产生收盘价或未进行收盘集合竞价的,以当日该证券最后一笔交易前一分钟所有交易的成交量加权平均价(含最后一笔交易)为收盘价。当日无成交的,以前收盘价为当日收盘价。

(二)挂牌、摘牌、停牌与复牌

挂牌是指证券被列入证券牌价表,并允许进行交易。摘牌是指将证券从证券牌价表中剔除,不允许再进行交易。停牌是指证券仍然列于证券牌价表中,但停止进行交易。复牌是指处于停牌中的证券恢复进行交易。

在我国,证券交易所对上市证券实施挂牌交易。证券上市期届满或依法不再具备上市条件的,证券交易所要终止其上市交易,予以摘牌。

证券交易所可以对涉嫌违法违规交易的证券实施特别停牌并予以公告,相关当事人应按照证券交易所的要求提交书面报告。特别停牌及复牌的时间和方式由证券交易所决定。

证券停牌时,证券交易所发布的行情中包括该证券的信息;证券暂停上市或摘牌后,行情信息中无该证券的信息。

对于开市期间停牌的申报问题,我国证券交易所的规定是:证券开市期间停牌的,停牌前的申报参加当日该证券复牌后的交易;停牌期间,可以继续申报,也可以撤销申报;复牌时对已接受的申报实行集合竞价。

证券的挂牌、摘牌、停牌与复牌,证券交易所要予以公告。另外,根据有关规定,上市公司披露定期报告、临时公告,也要进行例行停牌。

(三)分红派息与除权除息

分红派息主要是上市公司向其股东派发股利的过程,也是股东实现自己权益的过程。分红派息的形式主要有现金股利和股票股利两种。从会计角度说,股份公司的税后利润归全体股东所有,不论是否分红派息,股东利益并不受影响。但从理论上说,不管公司盈利前景如何看好,如果一家上市公司永远不分红,则它的股票将毫无价值。

1. 分红派息的几个日期

(1)股权登记日。上市公司的股份每日在交易市场上流通,上市公司在分红派息的时候,需要定出某一天,界定哪些股东可以参加分红和派息,定出的这一天就是股权登记日。换言之,股权登记日即进行股权登记的日期,亦称过户截止日。这一日期是由公司董事会决定的。只有在股权登记日收市时,在公司股东名簿上登记了股权的股东,才可以分享最近一次股利。

(2)除息除权日。当上市公司实施分红派息时,每股股票所代表的企业实际价值(每股净资产)就可能减少,因此需要在发生该事实之后从股票市场价格中剔除这部分因素。因送股而形成的剔除行为称为除权,因派息而引起的剔除行为称为除息。除权除息的日子就称为除权除息日。

除息除权日通常为股权登记日之后的下一个交易日,本日之后(含本日)买入的股票不再享有本期股利。

(3)股利派发日。股利派发日即股利正式发放给股东的日期。根据证券存管和资金划转的效率不同,通常会在几个工作日之内到达股东账户。

目前,上海和深圳证券交易所上市证券的分红派息,主要是通过中国结算公司的交易清算系统进行的,投资者领取现金股利和股票股利无须办理其他申领手续,现金股利、股票股利由交易清算系统自动划到投资者账上。到账时间为股权登记日的第三天（R+2 日，R 为股权登记日）。

2. 除权除息价的计算

我国证券交易所是在股权登记日的次一交易日对该股票作除权、除息处理。除权（息）日的股票买卖，除了证券交易所另有规定的以外，以除权（息）参考价作为计算涨跌幅度的基准。除权（息）参考价的计算公式为：

$$除息参考价=前收盘价-每股所派现金$$

$$送股除权参考价=\frac{前收盘价}{1+送股比例}$$

$$除权除息参考价=\frac{前收盘价-每股所派现金}{1+送股比例}$$

有些上市公司有时按照一定的价格向老股东配售股份，俗称配股，配股除权道理是一样的。

$$配股除权参考价=\frac{前收盘价+配股价格\times 配股比例}{1+配股比例}$$

［例 4—4］ 某上市公司每 10 股派发现金红利 1.50 元，同时按 10 配 5 的比例向现有股东配股，配股价格为 6.40 元。若该公司股票在除权除息日的前收盘价为 11.05 元，则配股除权除息参考价应为：

$$配股除权除息参考价=\frac{(11.05-1.5/10)+6.4\times 5/10}{1+5/10}=9.40(元)$$

上市公司宣布分红派息方案后至除权除息日前，该上市股票为含息股票或含权股票。从除权除息日后购买的该股票因没有资格获得股利，称之为除息股票或除权股票。

除权除息价是股票除权除息日的开盘参考价，而不是开盘价。

投资者在证券营业部的股票实时行情显示屏上，经常会发现某只股票前面冠以 XR、XD、DR 等英文字母，其含义为：XR 表示除权，XD 表示除息，DR 表示同时除息与除权。

（四）证券交易公开信息

根据现行有关制度的规定，上海、深圳证券交易所针对几种交易情况，将公布相关信息，以利于证券市场的风险防范。

1. 有价格涨跌幅限制的证券

对于有价格涨跌幅限制的股票、封闭式基金竞价交易出现下列情形之一的，证券交易所分别公布相关证券当日买入、卖出金额最大的 5 家会员营业部的名称及其买入、卖出金额。

（1）日收盘价格涨跌幅偏离值达到±7%（科创板和创业板为±15%）的各前 3 只证券（深圳证券交易所、科创板和创业板为前 5 只证券）。收盘价涨跌幅偏离值=单只证券涨跌幅-对应分类指数涨跌幅。

（2）日价格振幅达到 15%（科创板和创业板为 30%）的前 3 只证券（深圳证券交易所、科创板和创业板为前 5 只证券）。价格振幅=（当日最高价格-当日最低价格）/当日最低价格×100%。

（3）日换手率达到 20%（科创板和创业板为 30%）的前 3 只证券（深圳证券交易所、科创板和创业板为前 5 只证券）。换手率=成交股数/无限售条件流通股数×100%。

收盘价格涨跌幅偏离值、价格振幅或换手率相同的，依次按成交金额和成交量选取。

2. 无价格涨跌幅限制的证券

对于不实行价格涨跌幅限制的证券，证券交易所公布其当日买入、卖出金额最大的5家会员营业部的名称及其买入、卖出金额。

3. 证券交易异常波动

股票、封闭式基金竞价交易出现下列情形之一的，属于异常波动，证券交易所分别公告该股票、封闭式基金交易异常波动期间累计买入、卖出金额最大5家会员营业部的名称及其累计买入、卖出金额。

(1)连续3个交易日内日收盘价格涨跌幅偏离值累计达到±20%(科创板和创业板为30%)的。

(2)连续3个交易日内日均换手率与前5个交易日的日均换手率的比值达到30倍，并且该股票、封闭式基金连续3个交易日内的累计换手率达到20%的。(科创板和创业板无此项)

除此之外，深圳证券交易所对ST股票和*ST股票连续3个交易日内日收盘价格涨跌幅偏离值累计达到±12%的认定属于异常波动。

异常波动指标自复牌之日起重新计算。对于不实行价格涨跌幅限制的证券，不纳入异常波动指标的计算。

证券交易公开信息涉及机构的，公布名称为“机构专用”。另外，根据市场发展需要，证券交易所可以调整证券交易公开信息的内容。

4. 证券交易严重异常波动

科创板和创业板股票竞价交易出现下列情形之一的，属于严重异常波动，证券交易所公告严重异常波动期间的投资者分类交易统计等信息：

(1)连续10个交易日内3次出现连续3个交易日内日收盘价格涨跌幅偏离值累计达到±30%；

(2)连续10个交易日内日收盘价格涨跌幅偏离值累计达到+100%(−50%)；

(3)连续30个交易日内日收盘价格涨跌幅偏离值累计达到+200%(−70%)。

科创板和创业板无价格涨跌幅限制的股票不纳入异常波动和严重异常波动指标的计算。

第五节　融资融券

一、融资融券的含义

在2019年修订发布的《上海证券交易所融资融券交易实施细则》和《深圳证券交易所融资融券交易实施细则》中界定，融资融券交易是指投资者向具有证券交易所会员资格的证券公司提供担保物，借入资金买入证券或借入证券并卖出的行为。

融资融券属于证券信用交易，证券信用交易又称作保证金交易。其实质就是在证券交易中由证券公司在投资者进行证券交易时以投资者提供的部分现金或有价证券作为抵押，为投资者垫付一定的资金或证券来完成交易，即借给投资者资金来购买证券或借给投资者证券供其卖出，在我国通常称之为融资融券交易。我国《证券公司融资融券业务管理办法》在2015年7月1日实施，融资融券业务已经成为证券公司常规业务。

二、申请融资融券业务相关要求

2015 年 7 月修订发布的《证券公司融资融券业务管理办法》规定，证券公司在向客户融资、融券前，应当办理客户征信，了解客户的身份、财产与收入状况、证券投资经验和风险偏好、诚信合规记录等情况，做好客户适当性管理工作，并以书面或者电子方式予以记载、保存。对未按照要求提供有关情况、从事证券交易时间不足半年、缺乏风险承担能力、最近 20 个交易日日均证券类资产低于 50 万元或者有重大违约记录的客户，以及本公司的股东、关联人，证券公司不得为其开立信用账户。

投资者要开展融资融券业务，必须本人向证券公司提出申请，提交相关材料，经证券公司审核评估后，与证券公司签订融资融券业务合同。证券公司要向投资者充分揭示融资融券交易存在的风险，要求投资者在《融资融券交易风险揭示书》上签字，确认已知晓并理解《融资融券交易风险揭示书》的全部内容，愿意承担融资融券交易的风险和损失。证券公司与投资者签订融资融券业务合同后，应按照证券登记结算机构的规定，为其开立信用证券账户和信用资金账户。

三、标的证券

投资者融资买入、融券卖出的证券，不得超出证券交易所和证券公司规定的范围。可作为融资买入或融券卖出的标的证券(简称标的证券)，一般是在交易所上市交易并经交易所认可的四大类证券，即符合交易所规定的股票、证券投资基金、债券、其他证券。限于篇幅，仅以股票为例进行介绍。

标的证券为股票的，应当符合下列条件：

(1)在证券交易所上市交易超过 3 个月。

(2)融资买入标的股票的流通股本不少于 1 亿股或流通市值不低于 5 亿元，融券卖出标的股票的流通股本不少于 2 亿股或流通市值不低于 8 亿元。

(3)股东人数不少于 4 000 人。

(4)在最近 3 个月内没有出现下列情形之一：

①日均换手率低于基准指数日均换手率的 15%，且日均成交金额小于 5 000 万元；

②日均涨跌幅平均值与基准指数涨跌幅平均值的偏离值超过 4%；

③波动幅度达到基准指数波动幅度的 5 倍以上。

(5)股票发行公司已完成股权分置改革。

(6)股票交易未被交易所实施风险警示。

(7)交易所规定的其他条件。

标的证券暂停交易的，会员与其客户可以根据双方约定了结相关融资融券合约。

证券被调整出标的证券范围的，在调整实施前未了结的融资融券合同仍然有效。会员与其客户可以根据双方约定提前了结相关融资融券合约。

四、保证金和担保物

证券公司向投资者融资、融券，应当向投资者收取一定比例的保证金。保证金可以证券交易所上市交易的股票、证券投资基金、债券，货币市场基金、证券公司现金管理产品及证券交易所认可的其他证券充抵。

可充抵保证金的证券，在计算保证金金额时应当以证券市值或净值按下列折算率进行折算：

(1)上证 180 指数成分股股票及深证 100 指数成分股股票折算率最高不超过 70%，其他 A 股股票折算率最高不超过 65%；

(2)交易型开放式指数基金折算率最高不超过 90%；

(3)证券公司现金管理产品、货币市场基金、国债折算率最高不超过 95%；

(4)被实施风险警示、暂停上市、进入退市整理期的证券，静态市盈率在 300 倍以上或者为负数的 A 股股票，以及权证的折算率为 0%；

(5)其他上市证券投资基金和债券折算率最高不超过 80%。

投资者融资买入证券时，融资保证金比例不得低于 100%。融资保证金比例＝保证金/(融资买入证券数量×买入价格)×100%。

投资者融券卖出时，融券保证金比例不得低于 50%。融券保证金比例＝保证金/(融券卖出证券数量×卖出价格)×100%。

投资者融资买入或融券卖出时所使用的保证金不得超过其保证金可用余额。

证券公司向投资者收取的保证金以及投资者融资买入的全部证券和融券卖出所得全部资金，整体作为投资者对证券公司融资融券债务的担保物。

证券公司应当对投资者提交的担保物进行整体监控，并计算其维持担保比例。维持担保比例是指投资者担保物价值与其融资融券债务之间的比例，计算公式为：

$$维持担保比例=\frac{现金+信用证券账户内证券市值总和+其他担保物价值}{融资买入金额+融券卖出证券数量\times当前市价+利息及费用总和}$$

证券公司应当根据市场情况、客户资信和公司风险管理能力等因素，审慎评估并与投资者约定最低维持担保比例要求。当投资者维持担保比例低于最低维持担保比例时，证券公司应当通知投资者在约定的期限内追加担保物，投资者经证券公司认可后，可以提交除可充抵保证金证券外的其他证券、不动产、股权等依法可以担保的财产或财产权利作为其他担保物。

维持担保比例超过 300%时，投资者可以提取保证金可用余额中的现金或充抵保证金的有价证券，但提取后维持担保比例不得低于 300%。

投资者不得将已设定担保或其他第三方权利及被采取查封、冻结等司法措施的证券提交为担保物，证券公司不得向投资者出借此类证券。

五、融资融券交易的一般规则

(1)融资融券交易采用竞价交易方式。证券公司接受投资者融资融券交易委托，应当按照证券交易所规定的格式申报。申报指令应包括投资者的信用证券账户号码、交易单元代码、证券代码、买卖方向、价格、数量、融资融券标识等内容。

(2)融资买入、融券卖出股票或基金的，申报数量应当为 100 股(份)或其整数倍。融资买入、融券卖出债券的，申报数量应当为 1 手或其整数倍。

(3)融券卖出的申报价格不得低于该证券的最新成交价；当天没有产生成交的，申报价格不得低于其前收盘价。低于上述价格的申报为无效申报。

证券交易所不接受融券卖出的市价申报。

(4)投资者融资买入证券后，可通过卖券还款或直接还款的方式向证券公司偿还融入资金。

卖券还款是指投资者通过其信用证券账户申报卖券，结算时卖出证券所得资金直接划转至证券公司融资专用账户的一种还款方式。

以直接还款方式偿还融入资金的，具体操作按照证券公司与投资者之间的约定办理。

(5)客户融券卖出后，自次一交易日起可通过买券还券或直接还券的方式向证券公司偿还融入证券。

买券还券是指投资者通过其信用证券账户申报买券，结算时买入证券直接划转至证券公司融券专用证券账户的一种还券方式。

以直接还券方式偿还融入证券的，按照证券公司与投资者之间约定以及证券交易所指定登记结算机构的有关规定办理。

投资者融券卖出的证券暂停交易的，可以按照约定以现金等方式偿还向证券公司融入的证券。

(6)投资者卖出信用证券账户内融资买入尚未了结合约的证券所得价款，须先偿还该投资者的融资欠款。

(7)证券公司与投资者约定的融资、融券合约期限自投资者实际使用资金或证券之日起开始计算，最长不超过 6 个月。合约到期前，证券公司可以根据投资者的申请为投资者办理展期，每次展期的期限最长不得超过 6 个月。

(8)投资者信用证券账户不得买入或转入除可充抵保证金证券范围以外的证券，也不得用于参与定向增发、股票交易型开放式指数基金和债券交易型开放式指数基金的申购及赎回、债券回购交易等。

(9)投资者未能按期交足担保物或者到期未偿还融资融券债务的，证券公司可以根据与投资者的约定处分其担保物，不足部分可以向投资者追索。

(10)证券公司根据与投资者的约定采取强制平仓措施的，应按照证券交易所规定的格式申报强制平仓指令。申报指令应包括投资者的信用证券账户号码、交易单元代码、证券代码、买卖方向、价格、数量、平仓标识等内容。

本章小结

证券交易市场分为集中交易市场即证券交易所市场和场外交易市场两种主要类型。其中，证券交易所是证券交易市场的主体和核心。证券交易所是提供证券集中和有组织交易的场所、设施的法人。其组织形式有公司制交易所和会员制交易所两种。我国的上海证券交易所和深圳证券交易所都按照会员制事业法人的方式设立。

无论是股票还是债券、基金，在证券交易所上市必须具备一定的条件，有严格的上市程序。在证券交易所市场进行证券交易的基本程序包括开户、委托、成交、结算等步骤。

证券交易需在一定的交易制度下进行，证券交易制度是证券交易运行的规则，包括证券交易的基本方法、证券交易的基本过程及其原则等。本章介绍了我国证券交易的特别交易规定和特殊交易事项。这也是本章的核心内容之一。

融资融券交易属于证券信用交易，又称作保证金交易，其实质是在证券交易中由证券经纪商在投资者进行证券交易时以投资者提供的部分现金或有价证券作为抵押，为投资者垫付一定的资金或证券来完成交易，即借给投资者资金来购买证券或借给投资者证券供其卖出。

知识测试

一、单项选择题

1. 我国《证券法》规定，证券交易所设总经理 1 人，由（　　）任免。

A. 证券交易所　　B. 中国人民银行

C. 国务院　　D. 国务院证券监督管理机构

2. 我国《证券法》规定，证券在证券交易所上市交易，应当采用（　　）或者国务院证券监督管理机构批准的其他方式。

A. 公开的分散交易方式　　B. 非公开的集中交易方式

C. 非公开的分散交易方式　　D. 公开的集中交易方式

3. 证券交易所应当与上市公司订立（　　），以确定相互间的权利义务关系。

A. 上市推荐书　　B. 上市协议书　　C. 上市公告书　　D. 上市章程

4. 我国《证券法》规定，股份有限公司申请股票在上海证券交易所和深圳证券交易所主板市场上市，其公司股本总额必须不少于人民币（　　）万元。

A. 5 000　　B. 4 000　　C. 3 000　　D. 1 000

5. 我国《证券法》规定，上市公司最近 3 年连续亏损，由证券交易所决定（　　）。

A. 对其股票交易做退市风险警示　　B. 暂停其股票上市交易

C. 对其股票交易做特别处理　　D. 终止其股票上市交易

6. 向客户出借资金供其买入上市证券或者出借上市证券供其卖出，并收取担保物的经营活动属于（　　）。

A. 证券承销与保荐业务　　B. 证券经纪业务

C. 融资融券业务　　D. 证券自营业务

7. 投资者在从事证券交易之前，必须向（　　）提交有关开户资料，开立证券账户后，才可以从事证券交易。

A. 证券经纪人　　B. 证券登记结算公司

C. 存管银行　　D. 证券交易所

8. 我国《证券法》规定，公司申请股票上市的条件之一是向社会公开发行的股份达到公司股份总数的 25%以上；公司股本总额超过人民币 4 亿元的，向社会公开发行股份的比例为（　　）以上。

A. 5%　　B. 10%　　C. 15%　　D. 20%

9. 我国在证券交易所市场上市的债券品种不包括（　　）。

A. 国债　　B. 公司债

C. 地方政府债　　D. 资产证券化证券

10. 当上市公司出现财务状况异常或者其他异常情况，交易所可对该公司股票交易实行退市风险警示的处理措施之一是，在公司股票简称前冠以（　　）字样。

A. *ST　　B. ST　　C. *FX　　D. FX

11. 从 2002 年 4 月起，我国债券市场准入实行（　　）。

A. 备案制　　B. 审批制　　C. 核准制　　D. 注册制

12. 公司实际分配的股息总是（　　）税后净利润。

A. 多于　　B. 等于　　C. 不确定　　D. 少于

13. 根据我国《证券交易所管理办法》的规定，证券交易所应当就证券上市的条件、申请和批准程序等事项，制定具体的上市规则，这一职能体现了证券交易所对(　　)的管理。

A. 证券交易所会员　　B. 证券登记结算

C. 上市公司　　D. 证券交易活动

14. 下列有关证券除权除息说法中错误的是(　　)。

A. 除息是指证券不再含有最近已宣布发放的股息(现金股利)

B. 除权是指证券不再含有最近已宣布的送股、配股及转增权益

C. 从理论上说，除权日股票价格应按送股、配股或转增比例相应上涨

D. 从理论上说，除息日股票价格应下降与每股现金股利相同的数额

15. 我国证券交易所规定的每次申报和成交的最小交易数量单位(除零股交易外)是(　　)。

A. 10 手　　B. 10 股　　C. 1 手　　D. 1 股

16. 下列关于股票股息的说法中错误的是(　　)。

A. 股票股息可以来自公司新增发的股票或一部分库存股票

B. 股票股息实际上是公司将当年的留存收益资本化

C. 股票股息是股东权益账户中不同项目之间的转移

D. 发放股票股息会带来公司的资产和股东权益总额的减少，而其负债保持不变

17. 集合竞价期间，进行连续竞价时，成交价格的确定原则不包括(　　)。

A. 最高买入申报价格与最低卖出申报价格相同的，以该价格为成交价格

B. 最高买入申报价格大于最低卖出申报价格的，以两者的平均价格为成交价格

C. 买入申报价格高于即时揭示的最低卖出申报价格的，以即时揭示的最低卖出申报价格为成交价格

D. 卖出申报价格低于即时揭示的最高买入申报价格的，以即时揭示的最高买入申报价格为成交价格

18. 不属于证券交易所的监督职能的是(　　)。

A. 对会员进行管理　　B. 对上市公司进行管理

C. 对证券资产进行管理　　D. 对证券交易活动进行管理

19. 以下关于现金股利的说法中错误的是(　　)。

A. 现金股利的发放是以现金分红方式

B. 个人投资者获取现金红利时不用支付利息税

C. 机构投资者在获取现金分红时不需要缴税

D. 现金股利的发放致使公司的资产和股东权益减少同等数额

20. 我国《证券法》规定，上市公司最近 3 年连续亏损，在其后 1 个年度内未能恢复盈利，由证券交易所决定(　　)。

A. 暂停其股票上市交易　　B. 对其股票交易做退市风险警示

C. 对其股票交易做特别处理　　D. 终止其股票上市交易

二、多项选择题

1. 会员制证券交易所设有(　　)。

A. 董事会　　B. 理事会　　C. 会员大会　　D. 监察委员会

2. 证券交易所的组织形式大致可以分为（　　）。

A. 股份制　　B. 公司制　　C. 合伙制　　D. 会员制

3. 证券公司接受证券买卖的委托，应当根据委托书载明的（　　）等，按照交易规则代理买卖证券，如实进行交易记录。

A. 买卖数量　　B. 出价方式　　C. 证券名称　　D. 价格幅度

4. 证券交易所的监管职能包括（　　）。

A. 对证券交易活动进行管理

B. 对会员进行管理以及对上市公司进行管理

C. 对全国证券、期货业进行集中统一监管

D. 维护证券市场秩序，保障其合法运行

5. 证券交易所规定的交易原则是（　　）。

A. 时间优先　　B. 投资者优先　　C. 效率优先　　D. 价格优先

6. 已上市流通股份包括（　　）。

A. A股　　B. B股　　C. 境外上市外资股　　D. 其他

7. 如发生（　　）情况，证券交易所应当暂停上市公司的股票交易，并要求上市公司立即公布有关信息。

A. 该公司股票交易发生异常波动

B. 有投资者发出收购该公司股票的公开要约

C. 上市公司依据上市协议提出停牌申请

D. 中国证监会依法作出暂停股票交易的决定时以及证券交易所认为必要时

8. 退市风险警示的处理措施包括（　　）。

A. 对以前年度财务会计报告进行追溯调整

B. 在公司股票简称前冠以“*ST”字样，以区别于其他股票

C. 股票价格的日涨跌幅限制为5%

D. 受到证券交易所公开谴责

三、判断题

1. 会员制的证券交易所是以股份有限公司形式组织并不以营利为目的的法人。（　　）

2. 如果允许进行融资融券交易，那么利率对股价的作用将会是：利率提高，买空者的融资成本相应提高，投资者会减少融资和对股票的需求，股票价格下降。（　　）

3. 股份公司在股权登记日前认购普通股票的，该股东享有优先认股权，又可称为“附权股”或“含权股”。（　　）

4. 我国内地有两家证券交易所——上海证券交易所和深圳证券交易所，两家证券交易所均按公司制方式组成，是非营利性的事业法人。（　　）

5. 证券交易通常都必须遵循价格优先原则和时间优先原则。（　　）

6. 开放式基金的申购价一般是基金份额净资产值加一定的购买费。（　　）

7. 证券交易所决定上市证券的每日收盘价。（　　）

8. 公司上市的资格不是永久的，当不能满足证券上市条件时，证券监管机构或证券交易所将对该股票做出实行特别处理、退市风险警示、暂停上市、终止上市的决定。（　　）

9. 年度报告应当在每个会计年度结束之日起3个月内，中期报告应当在每个会计年度的

上半年结束之日起 1 个月内编制完成并披露。 (　　)

10. 沪、深证券交易所对股票、基金交易实行价格涨跌幅限制，涨跌幅比例为 5%。(　　)

四、计算题

1. 某投资者以 8 元的价格买入 600008 股票 200 股，不久以 9 元的价格卖出，请计算该投资者的盈亏情况。

2. 某投资者以 5.32 元的价格买入 000016 深康佳 A300 股，两周后以 6.48 元的价格卖出，请计算该投资者的盈亏情况。

3. 某投资者以 8.00 元的价格挂单买入代码 600011 股票 2 000 股，结果以 7.99 元成交 500 股、以 7.98 元成交 400 股、7.97 元成交 600 股、7.95 元成交 500 股。两个月后该投资者以 9.68 元的价格挂单卖出，成交情况为 9.68 元 900 股、9.69 元 200 股、9.70 元 900 股。请计算该投资者的盈亏情况。

4. 某投资者以 22.25 元的价格挂单买入 A 股票 3 000 股，买卖等候显示栏的信息如图 4—1 所示。假设不受其他买卖盘的影响，试描述成交的情况，并计算成交的平均价格，列出买卖等候成交显示栏的变化情况。

5. 某投资者以 3.95 元的价格买入股票永泰能源(600157)400 股，不久以 5.48 元的价格挂单卖出，当时盘口数据如图 4—2 所示。假设不受其他买卖盘的影响，请问成交情况如何？买卖等候成交显示栏会发生什么变化？并帮助其计算盈亏情况。

卖五	22.28	3
卖四	22.26	8
卖三	22.25	2
卖二	22.21	8
卖一	22.20	10
买一	22.19	1
买二	22.18	5
买三	22.16	6
买四	22.15	12
买五	22.13	136

图 4—1　等候成交显示栏

卖五	5.61	3
卖四	5.59	8
卖三	5.55	2
卖二	5.53	16
卖一	5.51	10
买一	5.50	1
买二	5.49	2
买三	5.48	6
买四	5.46	12
买五	5.45	96

图 4—2　等候成交显示栏

课外导航

1. 深圳证券交易所交易规则(2019 年修订)
2. 上海证券交易所交易规则(2019 年修订)
3. 上海证券交易所股票上市规则(2019 年修订)
4. 深圳证券交易所股票上市规则(2019 年修订)
5. 上海证券交易所科创板股票上市规则(2019 年修订)
6. 深圳证券交易所创业板股票上市规则(2020 年修订)
7. 上海证券交易所科创板股票交易特别规定(2019 年)
8. 深圳证券交易所创业板交易特别规定(2020 年)

第五章　证券投资基本分析

【学习目标】

1. 了解证券投资基本分析的概念。
2. 理解证券投资基本分析的内容。
3. 掌握证券投资宏观分析、行业分析和公司分析的基本方法。

【开篇案例】

民间高手李华军捕捉强势龙头股的传奇故事

李华军，网名先锋，1971 年 5 月生，硕士，注册会计师，1993 年进入股市。

李华军常年隐居在远离大都市的偏僻小岛渔村，秉承华尔街顶尖投资大师威廉·欧奈尔倡导的追逐市场“领导股”的选股思路，潜心研究强势高成长股票，并以战略投资的锐利目光与不凡气概，勇擒高价成长股。自 2006 年至 2011 年的 5 年多时间里，业绩增长 30 多倍，被当地投资人誉为小岛“欧奈尔”。

查看李华军账户的历史交易记录，他买进的几乎都是表现卓越的成长股龙头，记录显示，仅 2010 年以来，他先后捕捉到 600111 包钢稀土、600537 海通集团、002106 莱宝高科、300015 爱尔眼科、300055 万邦达、002006 精功科技和 600252 中恒集团等一群暴涨的黑马股。

为什么一匹匹飙涨黑马股他都能捕捉到，而且获利丰厚？这里面有什么秘诀？《民间股神》作者白青山对其进行了寻访，探寻了其中的秘诀。

李华军成功的秘诀之一是采用“弃大盘，重成长股”的投资策略。日常生活中李华军善于观察和思考，投资意识强。例如，因其为母亲治疗眼病的经历，挖掘出了“爱尔眼科”；因在珠江边散步看见江水的污染，挖掘出了治理污染的公司“万邦达”；因在美国状告中国的一场“官司”中得到启迪，挖掘出稀有资源股“包钢稀土”；因朋友聚会席间谈论起手机 iPhone，发现电容式触屏手机与电阻式触摸屏手机使用效果的差异，挖掘出上游核心部件供应商股“莱宝高科”；因帮同学购买药物血栓通粉针，挖掘出大牛股“中恒集团”；因看到在哥本哈根气候会议上一个来自海岛国家的小女孩声泪俱下地哭诉，挖掘出清洁能源股“精功科技”；等等。

李华军成功的秘诀之二是在投资前一定对投资对象进行基本面分析。从基本面着手确定投资标的要坚持以下几个标准，即公司未来发展前景、核心竞争力、盈利表现、机构和管理层的持股情况、规模大小和估值。下面就是李华军对精功科技进行基本面分析的典型案例。

精工科技公司传统业务包括纺织机械、建材机械和工程专用车销售；新能源业务包括多晶硅铸锭炉、剖锭机以及多晶硅片的销售，2007 年自主研发出太阳能铸锭设备。

1. 公司基本分析

(1)铸锭炉进口替代空间巨大。2010 年，公司屡屡公告大单，标志着公司铸锭炉已经全面获得市场认可，国内其他厂家开发的铸锭炉还未形成规模，质量也不稳定，精功科技以先发优势将独享巨大的国内进口替代市场。国内 2010 年以前的铸锭炉市场主要被美国 GT 太阳能公司控制，占据了 80%的市场份额，精功科技的铸锭炉比 GT 的同类产品便宜 1/3，质量却不逊色，某些方面还超过它。随着国内主流大厂开始认可精功科技的产品，凭借超高的性价比和本土企业的快捷服务优势，在铸锭炉的市场份额上，预计精功科技很快就会超越美国 GT 公司。国内未来几年年均铸锭炉市场规模不少于 70 亿元，以获得 50%的市场份额计算，铸锭炉销售将达到 35 亿元，而 2010 年精功科技铸锭炉的销售只有 2.5 亿元。

(2)今后国内光伏装备的升级换代以及持续的核心部件的维修与服务，将进一步拓宽公司产品的市场空间。核心部件石墨热场一般 3 年更换一次，其价值占设备总值的 30%，该部件基本上由原供应商更换。

(3)公司的研发部门也在加紧硅片生产线上另外两种关键设备剖锭机和线切割机的研发。剖锭机已于 2009 年中研发成功，2011 年将开始贡献利润；而线切割机目前已进入实质性的市场调研、方案设计等前期阶段，预计将于 2011 年底完成样机试制。可以预见，利用在铸锭炉市场形成的品牌效应和客户渠道，必将大大有利于未来这两种设备的开拓，公司将有望从单一的设备制造商向生产线系统集成商转型。

(4)2011 年 2 月 18 日晚，公司公布的 2010 年年报显示，其 2010 年太阳能设备新增订单总额 18.4 亿元，年底在手的订单也不少于 15.9 亿元，远超市场预期。这充分确保了公司 2011 年的业绩高增长，也显示了公司的强大竞争力和超预期发展的前景。

2. 估值

以 2011 年 2 月 15 日收盘价 42.32 元计算，公司市值不到 60 亿元，未来 3 年 2010—2012 年的每股收益分别为 0.48 元、1.8 元和 2.8 元，对应市盈率为 88 倍、24 倍和 15 倍。

3. 机构持股情况

2010 年年报显示，机构持仓比例从 2010 年 9 月 30 日的 4.99%大幅飙升至 2010 年 12 月 30 日的 43.1%，很多基金和阳光私募纷纷在 2010 年 3 季度高位抢进。

综上所述，公司身处新兴行业，具有进口替代概念，订单驱动特征明显。近期股价调整已比较充分，未来每一次设备订单公告(特别是剖锭机)都会成为股价上涨的驱动因素，值得重点关注。

(资料来源：笔者根据白青山著《民间股神》第 7 集整理)

请思考：李华军成功的秘诀是什么？

第一节　基本分析概述

一、证券投资分析及其方法概述

证券投资是指投资者购买股票、债券、基金等有价证券以及这些有价证券的衍生产品，以获取红利、利息及资本利得的投资行为和过程。证券投资分析是人们通过各种专业分析方法，对影响证券价值或价格的各种信息进行综合分析以判断证券价值或价格及其变动的行为，是证券投资过程中不可或缺的一个重要环节。

证券投资分析是进行投资决策的依据，在投资过程中占有相当重要的地位。证券投资分析的目标是实现投资决策的科学性和证券投资效用最大化。

传统的证券投资分析方法主要有两大类：基本分析法和技术分析法。基本分析法通过对决定股票内在价值和影响股票价格的宏观经济形势、行业状况、公司经营状况等进行分析，评估股票的投资价值和合理价值，与股票的市场价格进行比较，得出相应的买卖建议。技术分析法是通过对证券的市场行为本身的分析来预测证券价格未来变化趋势的方法。

近些年来又出现了量化分析法。量化分析法是利用统计、数值模拟和其他定量模型进行证券市场相关研究的一种方法，具有使用大量数据、模型和电脑的显著特点，广泛应用于解决证券估值、组合构造与优化、策略制定、绩效评估、风险计量与风险管理等投资相关问题，是继传统的基本分析和技术分析之后发展起来的一种重要的证券投资分析方法。但这种方法对使用者的定量分析技术有较高的要求，不易为普通公众所接受。

本章主要讨论基本分析法。

二、基本分析法的定义

基本分析法又称基本面分析法，是指证券分析师根据经济学、金融学、财务管理学及投资学等基本原理，对决定证券价值及价格的基本要素，如宏观经济指标、经济政策走势、行业发展状况、产品市场状况、公司销售和财务状况等进行分析，评估证券的投资价值，判断证券的合理价位，提出相应投资建议的一种分析方法。基本分析流派是目前西方投资界的主流派别。基本分析流派的分析方法体系体现了以价值分析理论为基础、以统计方法和现值计算方法为主要分析手段的基本特征。它的两个假设为：股票的价值决定其价格；股票的价格围绕价值波动。因此，价值成为测量价格合理与否的尺度。基本分析主要包括宏观经济分析、行业分析和公司分析三大内容。

三、基本分析法的优缺点与适用范围

基本分析法的优点主要是：具有信息数据的稳定性和资料分析的综合性；能够比较全面地把握证券价格的基本走势。

基本分析法的缺点主要是：信息成本相对较高和具有时滞效应；要求分析人员具有较高的文化素养和分析能力；预测的时间跨度相对较长，对短线投资者的指导作用比较弱；预测的精确度相对较低。

基本分析法主要适用于周期相对比较长的证券价格预测、相对成熟的证券市场以及预测精确度要求不高的领域。

第二节 宏观经济分析

证券投资的宏观经济分析就是对证券市场所面临的宏观经济形势进行分析，主要探讨两方面的内容，即宏观经济运行和宏观经济政策对证券市场的影响分析。宏观经济运行主要包括宏观经济变动、经济周期变动和通货变动；宏观经济政策主要包括货币政策、财政政策、信贷政策、债务政策、税收政策、利率与汇率政策、产业政策、收入分配政策等。

宏观经济分析的基本方法有总量分析法和结构分析法。

总量分析法是指对影响宏观经济运行总量指标的因素及其变动规律进行分析，如对国民生产总值、消费额、投资额、银行信贷总额及物价水平的变动规律的分析等，进而说明整个经济的状态和全貌。总量分析主要是一种动态分析，因为它主要研究总量指标的变动规律。

结构分析法是指对经济系统中各组成部分及其对比关系变动的分析，如国民生产总值中三次产业的结构分析、消费分析、投资结构分析和经济增长中各因素作用的结构分析等。结构分析主要是一种静态分析，即对一定时间内经济系统中组成部分变动规律的分析。

总量分析法和结构分析法是相互联系的。总量分析法注重总量指标速度的考察，它侧重分析经济运行的动态过程；结构分析法注重对一定时期经济整体中各组成部分相互关系的研究，它侧重分析经济现象的相对静止状态。为使投资策略更加准确，需要对经济运行进行全面把握，通常将总量分析法和结构分析法结合起来使用。

宏观经济分析的意义在于：判断证券市场的总体变动趋势；把握整个证券市场的投资价值；掌握宏观经济政策对证券市场的影响力度与方向。

一、宏观经济运行

证券市场素有经济晴雨表之称，这既表明证券市场是宏观经济的先行指标，也表明宏观经济的走向决定了证券市场的长期趋势。可以说，宏观经济因素是影响证券市场长期走势的唯一因素，其他因素可以暂时改变证券市场的中期和短期走势，但改变不了证券市场的长期走势。宏观经济环境对整个证券市场的影响，既包括经济周期波动这种纯粹的经济因素，也包括政府经济政策及特定的财政金融行为等混合因素。

（一）经济周期

经济周期是指市场经济体制下国家总体经济活动的景气循环。在影响证券价格变动的市场因素中，宏观经济周期的变动是最重要的因素之一，它对公司营运及证券价格的影响极大。因此经济周期与证券价格的关联性是投资者不能忽视的。美国股市研究人员曾选择 63 种股票，考察其在 1927—1960 年价格变动的情况，结果发现股价变动的原因有 52%来自以宏观经济变量为主的各种市场性因素，有 11%来自行业性因素。

按照经济学观点，市场经济运行表现为周期性的特征，包括衰退、危机、复苏和繁荣四个阶段。一般来说，在衰退时期，股票价格逐渐下跌；到危机时，股价跌至最低点；在经济复苏开始时，股价又逐步上升；到繁荣时，股价上涨至最高点。

这种变动的具体原因是，当经济开始衰退之后，公司的产品滞销，促使公司减少产量，利润相应减少，从而导致股息、红利也随之不断减少，持股股东因收益下降而纷纷抛售，使股票价格下跌。当经济衰退已经达到经济危机时，整个经济生产处于瘫痪状况，大量企业倒闭，股票持有者由于对形势的悲观而纷纷卖出手中的股票，从而使整个股市价格大跌，市场处于萧条和混乱之中。经济经过最低谷又出现缓慢复苏的势头，随着经济结构的调整，产品开始有一定的销售量，公司又能给股东分发一些股息和红利，股东慢慢觉得持有股票有利可图，开始购买股票，使股价缓缓回升。当经济由复苏达到繁荣时，工业生产大增，产品畅销，公司盈利大幅增长，股息和红利增多，股票价格上涨至最高点。

需要说明的是，由于股市是国民经济的晴雨表，在较为成熟的市场上，股价的变动往往会比经济周期的运行快上一拍，即在经济衰退以前，股价已开始下跌；而在经济复苏之前，股价已开始回升；经济周期未步入高峰阶段时，股价已经见顶；经济仍处于衰退期间，股市已开始从谷底回升。这是因为股价的涨跌包含着投资者对经济走势变动的预期和投资者的心理反应等因素，因而股价能够灵敏地反映经济周期的变动。

由于宏观经济的周期性运行将对社会经济生活产生深刻的影响，因此，无论是政策制定者还是企业或投资者个人均希望对目前经济的性质做出准确的判断。然而，由于宏观经济运行的复杂性，要对经济处于周期的哪一阶段做出准确的判断是一件比较困难的事情，目前主要的分析方法之一是经济指标分析。经济指标分为三类：一是先行性指标，如利率水平、货币供给、消费者预期、主要生产资料价格、企业投资规模等；二是同步性指标，如 GDP、个人收入、企业工资支出、社会商品销售额等；三是滞后性指标，如失业率、库存量、银行未收回贷款规模等。

（二）国内生产总值变动

国内生产总值（GDP）是一国经济成就的根本反映。从长期看，在上市公司的行业结构与该国产业结构基本一致的情况下，股票平均价格的变动与 GDP 的变化趋势是相吻合的。但不能简单地认为 GDP 增长，证券市场就必将伴之以上升的走势，实际走势有时恰恰相反。我们必须将 GDP 与经济形势结合起来进行考察。

（1）持续、稳定、高速的 GDP 增长。在这种情况下，社会总需求与总供给协调增长，经济结构逐步合理，趋于平衡。经济增长来源于需求刺激并使得闲置的或利用率不高的资源得以更充分利用，从而表明经济发展势头良好。这时证券市场将呈现上升走势。

（2）高通货膨胀下的 GDP 增长。当经济处于严重失衡下的高速增长时，总需求大大超过总供给，这将表现为高的通货膨胀率。这是经济形势恶化的征兆，如不采取调控措施，必将导致未来的滞胀（通货膨胀与经济停滞并存）。这时，经济中的各种矛盾会突出表现出来，企业经营将面临困境，居民实际收入也将降低，失衡的经济增长必将导致证券市场行情下跌。

（3）宏观调控下的 GDP 减速增长。当 GDP 呈失衡的高速增长时，政府可能采取宏观调控措施以维持经济的稳定增长，这样必然减缓 GDP 的增长速度。如果调控目标得以顺利实现，GDP 仍以适当的速度增长而未导致 GDP 的负增长或低增长，说明宏观调控措施十分有效，经济矛盾逐步得以缓解，并为进一步增长创造了有利条件。这时，证券市场亦将反映这种好的形势而呈平稳渐升的态势。

（4）转折性的 GDP 变动。如果 GDP 一定时期以来呈负增长，当负增长速度逐渐减缓并呈现向正增长转变的趋势时，表明恶化的经济环境逐步得到改善，证券市场走势也将由下跌转为上升。当 GDP 由低速增长转向高速增长时，表明低速增长中，经济结构得到调整，经济的瓶颈制约得以改善，新一轮经济高速增长已经来临，证券市场亦将伴之以快速上涨之势。

证券市场一般提前对 GDP 的变动做出反应。也就是说，证券市场是反映预期的 GDP 变动，而 GDP 的实际变动被公布时，证券市场只反映实际变动与预期变动的差别，因而对 GDP

变动进行分析时必须着眼于未来。这是最基本的原则。

（三）通货变动

所谓通货是指一个国家的法定货币。它的国内购买力水平是以可比物价变动情况来衡量的。一般在没有价格管制、价格基本由市场调节的情况下，通货变动与物价总水平是同义语。通货变动包括通货膨胀和通货紧缩。

1. 通货膨胀对证券市场的影响

通货膨胀对证券市场特别是个股的影响，没有一成不变的规律可循，完全可能产生反方向影响，所以应具体情况具体分析。因此，对这些影响进行分析和比较必须从该时期通货膨胀的原因、通货膨胀的程度、配合当时的经济结构和形势政府可能采取的干预措施等方面的分析入手。以下是分析中需遵循的几个主要原则：

(1)温和的、稳定的通货膨胀对股价的影响较小。通货膨胀提高了债券的必要收益率，从而引起债券价格下跌。

(2)如果通货膨胀在一定的可容忍范围内持续，而经济处于景气(扩张)阶段，产量和就业都持续增长，那么股价也将持续上升。

(3)严重的通货膨胀是很危险的，经济将被严重扭曲，货币加速贬值，这时人们将会囤积商品、购买房屋等进行保值。这可能从两个方面影响证券价格：一是资金流出证券市场，引起股价和债券价格下跌。二是经济扭曲和失去效率，企业筹集不到必需的生产资金；同时，原材料、劳务成本等价格飞涨，使企业经营严重受挫，盈利水平下降，甚至倒闭。

(4)政府往往不会长期容忍通货膨胀存在，因而必然会使用某些宏观经济政策工具来抑制通货膨胀，这些政策必然对经济运行造成影响。

(5)通货膨胀时期，并不是所有价格和工资都按同一比率变动，而是相对价格发生变化。这种相对价格变化引致财富和收入的再分配，因而某些公司可能从中获利，而另一些公司可能蒙受损失。

(6)通货膨胀不仅产生经济影响，还可能产生社会影响，并影响投资者的心理和预期，从而对股价产生影响。

(7)通货膨胀使得各种商品价格具有更大的不确定性，也使得企业未来经营状况具有更大的不确定性，从而增加证券投资的风险。

(8)通货膨胀对企业的微观影响表现为：通货膨胀之初，税收效应、负债效应、存货效应和波纹效应等都有可能刺激股价上涨；但长期严重的通货膨胀必然恶化经济环境、社会环境，股价将受大环境影响而下跌。

2. 通货紧缩对证券市场的影响

通货紧缩将损害消费者和投资者的积极性，造成经济衰退和经济萧条，与通货膨胀一样不利于币值稳定和经济增长。通货紧缩甚至被认为是导致经济衰退的“杀手”。从消费者的角度来说，通货紧缩持续下去，使消费者对物价的预期值下降，而更多地推迟购买。对投资者来说，通货紧缩将使投资产出的产品未来价格低于当前预期，促使投资者更加谨慎，或推迟原有投资计划。消费和投资的下降减少了总需求，使物价继续下降，从而步入恶性循环。从利率角度分析，通货紧缩形成了利率下调的稳定预期，由于真实利率等于名义利率减去通货膨胀率，下调名义利率降低了社会的投资预期收益率，导致有效需求和投资支出进一步减少，工资降低，失业增多，企业的效益下滑，居民收入减少，引致物价更大幅度的下降。可见，因通货紧缩带来的经济负增长，使得股票、债券及房地产等资产价格大幅下降，银行资产状况严重恶化。而经济危机与金融萧条的出现反过来又大大影响了投资者对证券市场走势的信心。

二、宏观经济政策

(一)财政政策

财政政策是政府依据客观经济规律制定的指导财政工作和处理财政关系的一系列方针、准则和措施的总称。财政政策是当代市场经济条件下国家干预经济而与货币政策并重的一项手段。

财政政策的手段主要包括国家预算、税收、国债、财政补贴、财政管理体制、转移支付制度等。这些手段可以单独使用,也可以配合协调使用。

财政政策分为紧缩性财政政策、扩张性财政政策和中性财政政策。

实施紧缩性财政政策时,政府财政在保证各种行政与国防开支外,并不从事大规模的投资。这预示着未来经济将减速增长或走向衰退。紧缩性财政政策将使过热的经济受到控制,证券市场也将走弱。

实施扩张性财政政策时,政府积极投资于能源、交通、住宅等建设,从而刺激相关产业如水泥、钢材、机械等行业的发展。这预示着未来经济将加速增长或进入繁荣阶段。扩张性财政政策将刺激经济发展,证券市场也将走强。

中性财政政策对证券市场没有大的影响。

(二)货币政策

所谓货币政策,是指政府为实现一定的宏观经济目标所制定的关于货币供应和货币流通组织管理的基本方针和基本准则。货币政策对宏观经济进行全方位的调控,其调控作用突出表现在以下几点:(1)通过调控货币供应总量保持社会总供给与总需求的平衡;(2)通过调控利率和货币总量控制通货膨胀,保持物价总水平的稳定;(3)调节国民收入中消费与储蓄的比例;(4)引导储蓄向投资的转化并实现资源的合理配置。

货币政策工具是指中央银行为实现货币政策目标所采用的政策手段。货币政策工具可分为一般性政策工具和选择性政策工具。一般性政策工具是指中央银行经常采用的三大政策工具,即法定存款准备金率、再贴现政策和公开市场业务。选择性政策工具主要有两类:直接信用控制和间接信用指导。现阶段,我国的货币政策工具还有对商业银行的信贷规模控制、差别化的存款准备金率、基准利率控制等。

1. 法定存款准备金率

法定存款准备率是指中央银行规定的金融机构为保证客户提取存款和资金清算需要而准备的在中央银行的存款占其存款总额的比例。当中央银行提高法定存款准备金率时,商业银行可运用的资金减少,贷款能力下降,货币乘数变小,市场货币流通量便会相应减少。所以,在通货膨胀时期,中央银行可提高法定存款准备金率;反之,在通货紧缩时期,则降低法定存款准备金率。由于货币乘数的作用,法定存款准备金率的作用效果十分明显。人们通常认为这一政策工具效果过于猛烈,它的调整会在很大程度上影响整个经济和社会心理预期,因此,一般对法定存款准备金率的调整都持谨慎态度。

当增加货币供应量时,一方面证券市场的资金增多,另一方面通货膨胀也使人们为了保值而购买证券,从而推动证券价格上扬;反之,当减少货币供应量时,证券市场的资金减少,价格的回落又使人们对购买证券保值的欲望降低,从而使证券市场价格呈回落趋势。

2. 再贴现政策

再贴现政策是指中央银行对商业银行用持有的未到期票据向中央银行融资所做的政策规定。再贴现政策一般包括再贴现率的确定和再贴现的资格条件。再贴现率主要着眼于短期政策效应。中央银行根据市场资金供求状况调整再贴现率，以影响商业银行借入资金成本，进而影响商业银行对社会的信用量，从而调整货币供给总量。

通过再贴现率影响市场利率，从而影响到证券投资的机会成本和上市公司的业绩，进而影响证券市场价格。当提高再贴现率时，证券投资的机会成本提高，同时上市公司的营运成本提高、业绩下降，从而证券市场价格下跌；反之，当降低再贴现率时，证券投资的机会成本降低，而上市公司的营运成本也下降、业绩向好，从而证券市场价格上涨。

3. 公开市场业务

在多数发达国家，公开市场业务操作是中央银行吞吐基础货币、调节市场流动性的主要货币政策工具。1999 年以来，公开市场业务已成为中国人民银行货币政策日常操作的重要工具，对于调控货币供应量、调节商业银行流动性水平、引导货币市场利率走势发挥了积极的作用。中央银行在公开市场上买进证券时，对证券的有效需求增加，促进证券价格上涨；中央银行卖出证券时，证券的供给增加，引起证券价格下跌。

4. 利率

证券市场对中央银行的利率政策十分敏感，利率水平会左右股价水平，利率的升降会使证券市场应声跌涨。无论成熟股市或是初级股市，利率都是一个直接而强有力地发生作用的基本因素。

一般来说，利率下降时，股票价格就上升；而利率上升时，股票价格就下降。原因在于：第一，利率是计算股票内在投资价值的重要依据之一。当利率上升时，同一股票的内在投资价值下降，从而导致股票价格下跌；反之，则股价上升。第二，利率水平的变动直接影响到公司的融资成本，从而影响股票价格。利率低，可以降低公司的利息负担，增加公司盈利，股票价格也将随之上升；反之，利率上升，股票价格下跌。第三，利率降低，部分投资者将把储蓄投资转成股票投资，需求增加，促成股价上升；反之，若利率上升，一部分资金将会从证券市场转向银行存款，致使股价下降。

利率对股票价格的影响一般比较明显，反应也比较迅速。因此要把握住股票价格的走势，首先要对利率的变化趋势进行全面掌握。有必要指出的是，利率政策本身是中央银行货币政策的一个组成内容，但利率的变动同时也受其他货币政策因素的影响。如果货币供应量增加、中央银行贴现率降低、中央银行所要求的银行存款准备金比率下降，就表明中央银行在放松银根，利率将呈下降趋势；反之，则表示利率总的趋势在上升。

上述利率与股价运动呈反向变化是一般情况，不能将此绝对化，股价和利率并不是呈现绝对的负相关关系。当形势看好、股票行情暴涨的时候，利率的调整对股价的控制作用就不会很大。同样，当股市处于暴跌时，即使出现利率下降的调整政策，股价也可能回升乏力。

货币政策的运作分为两种，一是紧的货币政策。其主要政策手段是：减少货币供应量，提高利率，加强信贷控制。如果市场物价上涨，需求过度，经济过度繁荣，被认为是社会总需求大于总供给，中央银行就会采取紧缩货币的政策以减少需求。二是松的货币政策。其主要政策手段是：增加货币供应量，降低利率，放松信贷控制。如果市场产品销售不畅，经济运转困难，资金短缺，设备闲置，被认为是社会总需求小于总供给，中央银行则会采取扩大货币供应的办法增加总需求。

总的来说，在经济衰退时，总需求不足，采取松的货币政策；在经济扩张时，总需求过大，采取紧的货币政策。但这只是一个方面的问题，政府还必须根据现实情况对松紧程度做科学合理的把握，必须根据政策工具本身的利弊及实施条件和效果选择适当的政策工具。

（三）汇率

汇率是外汇市场上一国货币与他国货币相互交换的比率，是以一种货币表示另一种货币的价格。由于世界各国货币的名称不同，币值不一，所以一国货币对其他国家的货币要规定一个兑换率，即汇率。

汇率对证券市场的影响是多方面的。一般来讲，一国的经济越开放，证券市场的国际化程度越高，证券市场受汇率的影响越大。这里汇率用单位外币的本币标值来表示。

一般而言，以外币为基准，汇率上升，本币贬值，本国产品竞争力强，出口型企业将增加收益，因而企业的股票和债券价格将上涨；相反，依赖于进口的企业成本增加，利润受损，股票和债券的价格将下跌。同时，汇率上升，本币贬值，将导致资本流出本国，资本的流失将使得本国证券市场需求减少，从而市场价格下跌。

另外，汇率上升时，本币表示的进口商品价格提高，进而带动国内物价水平上涨，引起通货膨胀。通货膨胀对证券市场的影响需根据当时的经济形势和具体企业以及政策行为进行分析。为维持汇率稳定，政府可能动用外汇储备，抛售外汇，从而减少本币的供应量，使得证券市场价格下跌，直到汇率回落恢复均衡，反面效应可能使证券价格回升。如果政府利用债市与汇市联动操作达到既控制汇率的升势又不减少货币供应量，即抛售外汇的同时回购国债，则将使国债市场价格上扬。

第三节　行业分析

从证券投资分析的角度看，宏观经济分析是为了掌握证券投资的宏观环境，把握证券市场的总体趋势。行业分析是为了确定每个行业的与众不同之处，投资者通过对行业进行对比分析，将能弄清楚各行业各自的风险与收益关系。在弄清楚影响各个行业发展的重要因素后，投资者就可以根据这些因素来预测该行业的发展趋势。行业分析是介于宏观经济分析与公司分析之间的中观层次的分析，是对上市公司进行分析的前提，也是连接宏观经济分析和上市公司分析的桥梁，是基本分析的重要环节。

一、行业与行业分析

所谓行业是指从事国民经济中同性质的生产或其他经济社会活动的经营单位和个体等构成的组织结构体系，如林业、汽车业、银行业、房地产业等。从严格意义上讲，行业与产业有差别，主要是适用范围不一样。产业作为严格的经济专门术语有更严格的使用条件。构成产业一般需具备三个特点：规模性、职业化、社会功能性。行业也拥有职业人员，也有特定的功能，但一般没有规模性上的规定。

行业分析的主要任务包括：解释行业本身所处的发展阶段及其在国民经济中的地位，分析影响行业发展的各种因素以及判断对行业影响的力度，预测并引导行业的未来发展趋势，判断行业投资价值，揭示行业投资风险，从而为政府部门、投资者及其他机构提供决策依据或投资依据。

二、行业的划分方法

目前，对行业的分类有多种方法，如联合国标准行业分类法、我国的国民经济行业分类法等。这些分类方法都是与不同的需要相适应的，如我国的国民经济行业分类法旨在提高我国的宏观经济管理水平，联合国标准行业分类法则希望由此统一世界各国的行业分类，以便进行国际比较和交流。这些分类一般都是根据行业的技术特点进行的。从证券投资的角度看，一般的投资者既不可能懂得各种各样的技术，也不实际参与公司的经营管理，他们所关心的只是其证券投资能否保值增值。因此，证券市场的行业分类要重点反映行业的盈利前景，而按技术特征进行行业分类对证券投资来说意义不大，除非产业的发展具有显著的技术特征。下面，主要讨论我国上市公司的行业分类。

在我国证券市场建立之初，对上市公司没有统一的分类。上海、深圳证券交易所根据各自工作的需要，分别对上市公司进行了简单划分。上海证券交易所将上市公司分为工业、商业、地产业、公用事业和综合五类；深圳证券交易所则将上市公司分为工业、商业、地产业、公用事业、金融业和综合六类。

随着证券市场的发展，上市公司数量的激增，两家交易所原有分类的不足越来越明显地表现出来，即分类过粗，给市场各方对上市公司进行分析带来了很多不便。在此背景下，中国证监会于2001年4月4日公布了《上市公司行业分类指引》（简称《指引》）。《指引》是以中国国家统计局《国民经济行业分类与代码》（国家标准GB/T4754－94）为主要依据，在借鉴联合国国际标准产业分类、北美行业分类体系有关内容的基础上制定而成的。

《指引》以在中国境内证券交易所挂牌交易的上市公司为基本分类单位，规定了上市公司分类的原则、编码方法、框架及其运行与维护制度。《指引》以上市公司营业收入为分类标准，所采用财务数据为经会计师事务所审计的合并报表数据。当公司某类业务的营业收入比重大于或等于50％，则将其划入该业务相对应的类别；当公司没有一类业务的营业收入比重大于或等于50％时，如果某类业务营业收入比重比其他业务收入比重均高出30％，则将该公司划入此类业务相对应的行业类别；否则，将其划为综合类。

《指引》将上市公司分成13个门类，即农、林、牧、渔业，采掘业，制造业，电力、煤气及水的生产和供应业，建筑业，交通运输、仓储业，信息技术业，批发和零售贸易，金融、保险业，房地产业，社会服务业，传播与文化产业，综合类；以及90个大类和288个中类。

三、行业的一般特性分析

（一）行业的市场结构分析

现实中各行业的市场都是不同的，即存在着不同的市场结构。市场结构就是市场竞争或垄断的程度。根据该行业中企业数量的多少、进入限制程度和产品差别，行业基本上可分为四种市场结构：完全竞争、不完全竞争、寡头垄断和完全垄断。各种行业的市场结构，决定了其发展前景和盈利潜力的大小。

1. 完全竞争

完全竞争型市场是指竞争不受任何阻碍和干扰的市场结构。其特点是：

（1）生产者众多，各种生产资料可以完全流动。

（2）产品不论是有形或无形的，都是同质的、无差别的。

（3）没有一个企业能够影响产品的价格，企业永远是价格的接受者而不是价格的制定者。

(4)企业的盈利基本上由市场对产品的需求来决定。

(5)生产者可自由进入或退出这个市场。

(6)市场信息对买卖双方都是畅通的,生产者和消费者对市场情况非常了解。

由上可知,完全竞争是一个理论上的假设,该市场结构得以形成的根本因素在于企业产品无差异,所有的企业都无法控制产品的市场价格。在现实经济中,完全竞争的市场类型很少见,初级产品(如农产品)的市场类型较类似于完全竞争。

2. 垄断竞争

垄断竞争型市场是指既有垄断又有竞争的市场结构。在垄断竞争型市场上,每家企业都在市场上具有一定的垄断力,但它们之间又存在激烈的竞争。其特点是:

(1)生产者众多,各种生产资料都可以流动。

(2)生产的产品同种但不同质,即产品之间存在着差异。产品的差异性是指各种产品之间存在着实际或想象上的差异。这是垄断竞争与完全竞争的主要区别。

(3)由于产品差异性的存在,生产者可以树立自己产品的信誉,从而对其产品的价格有一定的控制能力。

可以看出,垄断竞争型市场中有大量企业,但没有一个企业能有效影响其他企业的行为。该市场结构中,造成垄断现象的原因是产品差别;造成竞争现象的原因是产品同质,即产品的可替代性。在国民经济各行业中,制成品(如纺织、服装等轻工业产品)的市场类型一般都属于垄断竞争。

3. 寡头垄断

寡头垄断型市场是指相对少量的生产者在某种产品的生产中占据很大市场份额,从而控制了这个行业的供给的市场结构。该市场结构得以形成的原因有:

(1)这类行业初始投入资本较大,阻止了大量中小企业进入。

(2)这类产品只有在大规模生产时才能获得好的效益,这就会在竞争中自然淘汰大量的中小企业。

在寡头垄断的市场上,由于这些少数生产者的产量非常大,因此它们对市场的价格和交易具有一定的垄断能力。同时,由于只有少量的生产者生产同一种产品,因而每个生产者的价格政策和经营方式及其变化都会对其他生产者产生重要影响。

4. 完全垄断

完全垄断型市场是指独家企业生产某种特质产品的情形,即整个行业的市场完全处于一家企业所控制的市场结构。特质产品是指那些没有或缺少相近的替代品的产品。

完全垄断可分为两种类型:

一是政府完全垄断。通常在公用事业中居多,如国有铁路、邮电等部门。

二是私人完全垄断。如根据政府授予的特许专营,或根据专利生产的独家经营以及由于资本雄厚、技术先进而建立的排他性的私人垄断经营。

完全垄断型市场结构的特点是:

(1)市场被独家企业所控制,其他企业不可以或不可能进入该行业。

(2)产品没有或缺少相近的替代品。

(3)垄断者能够根据市场的供需情况制定理想的价格和产量,在高价少销和低价多销之间进行选择,以获取最大的利润。

(4)垄断者在制定产品的价格与生产数量方面的自由性是有限度的,要受到有关反垄断法和政府管制的约束。

在当前的现实生活中没有真正的完全垄断型市场，每个行业都或多或少地引进了竞争。公用事业（如发电厂、煤气公司、自来水公司和邮电通信等）和某些资本、技术高度密集型或稀有金属矿藏的开采等行业属于完全垄断型。

（二）经济周期与行业分析

各行业变动时，往往呈现出明显的、可测的增长或衰退的格局。这些变动与国民经济总体的周期变动是有关系的，但关系密切的程度又不一样。据此，可以将行业分为增长型、周期型和防守型三类。

1. 增长型行业

增长型行业的运行状态与经济活动总水平的周期及其振幅并不紧密相关。这些行业收入增长的速率并不会总是随着经济周期的变动而出现同步变动，因为它们主要依靠技术进步、新产品推出及更优质的服务，从而使其经常呈现增长形态。

在经济高涨时，高增长行业的发展速度通常高于平均水平；在经济衰退时期，其所受影响较小甚至仍能保持一定的增长。然而，这种行业增长的形态却使得投资者难以把握精确的购买时机，因为这些行业的股票价格不会明显地随着经济周期的变化而变化。

2. 周期型行业

周期型行业的运行状态与经济周期紧密相关。当经济处于上升时期，这些行业会紧随其扩张；当经济衰退时，这些行业也相应衰落，且该类型行业收益的变化幅度往往会在一定程度上夸大经济的周期性。

产生这种现象的原因是，当经济上升时，对这些行业相关产品的购买相应增加；当经济衰退时，这些行业相关产品的购买被延迟到经济改善之后。例如，消费品业、耐用品制造业及其他需求收入弹性较高的行业，就属于典型的周期性行业。

3. 防守型行业

防守型行业的经营状况在经济周期的上升和下降阶段都很稳定。这种运动形态的存在是因为该类型行业的产品需求相对稳定，需求弹性小，甚至有些防守型行业在经济衰退时期还会有一定的实际增长。该类型行业的产品往往是生活必需品或是必要的公共服务，公众对其产品有相对稳定的需求，因而行业中有代表性的公司盈利水平相对较稳定。例如，食品业和公用事业就属于防守型行业。也正是因为这个原因，投资于防守型行业一般属于收入型投资，而非资本利得型投资。

（三）行业生命周期分析

通常，每个行业都要经历一个由成长到衰退的发展演变过程，这个过程便称为行业的生命周期。一般来说，行业的生命周期可分为幼稚期、成长期、成熟期和衰退期。

1. 幼稚期

一个行业的萌芽和形成，最基本和最重要的条件是人们的物质文化需求。由于新行业刚刚诞生或初建不久，只有为数不多的投资公司投资于该新兴行业；另外，创业公司的研究和开发费用较高，而大众对其产品尚缺乏全面了解，致使产品市场需求狭小，销售收入较低，因此这些创业公司财务上可能不但没有盈利，反而出现较大亏损。

同时，较高的产品成本和价格与较小的市场需求之间的矛盾使得创业公司面临很大的市场风险，而且还可能因财务困难而引发破产风险。因此，这类企业更适合投机者和创业投资者。在幼稚期后期，随着行业生产技术的成熟、生产成本的降低和市场需求的扩大，新行业逐步由高风险、低收益的幼稚期迈入高风险、高收益的成长期。

2. 成长期

行业的成长实际上就是行业的扩大再生产。各个行业成长的能力是有差异的。成长能力主要体现在生产能力和规模的扩张、区域的横向渗透能力以及自身组织结构的变革能力。

行业成长过程中，一般伴随着行业中企业组织不断向集团化、大型化方向发展。在成长期的初期，企业的生产技术逐渐成形，市场认可并接受了行业的产品，产品的销量迅速增长，市场逐步扩大，然而企业可能仍然处于亏损或者微利状态，需要外部资金注入以增加设备、人员，并着手下一代产品的开发。进入加速成长期后，企业的产品和劳务已为广大消费者接受，销售收入和利润开始加速增长，新的机会不断出现，但企业仍然需要大量资金来实现高速成长。在这一时期，拥有较强研究开发实力、市场营销能力、雄厚资本实力和畅通融资渠道的企业逐渐占领市场。这个时期的行业增长非常迅猛，部分优势企业脱颖而出，投资于这些企业的投资者往往获得极高的投资回报，所以成长期阶段有时被称为“投资机会时期”。

随着市场需求上升，新行业也随之繁荣起来。投资于新行业的厂商大量增加，产品也逐步从单一、低质、高价向多样、优质和低价方向发展，出现了生产厂商之间和产品之间相互竞争的局面。这种状况会持续数年或数十年。在此期间，市场竞争不断加剧、产品产量不断增加，生产厂商数量也不断增加。进入成长期后期，生产厂商不仅依靠扩大产量和提高市场份额获得竞争优势，还需不断提高生产技术水平，降低成本，研制和开发新产品，从而战胜或紧跟竞争对手，维持企业的生存。

这一时期企业的利润虽然增长很快，但所面临的竞争风险也非常大，破产率与被兼并率相当高。由于市场竞争优胜劣汰规律的作用，市场上生产厂商的数量会在一个阶段后出现大幅度减少，之后开始逐渐稳定下来。由于市场需求趋向饱和，产品的销售增长率减慢，迅速赚取利润的机会减少，整个行业便开始进入成熟期。

3. 成熟期

行业成熟表现在四个方面：产品的成熟、技术的成熟、生产工艺的成熟、产业组织的成熟。行业的成熟期是一个相对较长的时期。具体来看，各个行业成熟期的时间长短往往有所区别。一般而言，技术含量高的行业成熟期历时相对较短，而公用事业行业成熟期持续的时间较长。

行业处于成熟期的特点主要有：进入成熟期的行业市场已被少数资本雄厚、技术先进的大厂商控制，各厂商分别占有自己的市场份额，整个市场的生产布局和份额在相当长的时期内处于稳定状态。厂商之间的竞争手段逐渐从价格手段转向各种非价格手段，如提高质量、改善性能和加强售后服务等。行业的利润由于一定程度的垄断达到了较高的水平，而风险却因市场结构比较稳定、新企业难以进入而较低。

在行业成熟期，行业增长速度降到一个适度水平。在某些情况下，整个行业的增长可能会完全停止，其产出甚至下降。行业的发展很难较好地保持与国民生产总值同步增长。当然，由于技术创新、产业政策、经济全球化等各种原因，某些行业可能会在进入成熟期之后迎来新的增长。

4. 衰退期

行业衰退是客观的必然，是行业经济新陈代谢的表现。衰退期出现在较长的稳定期之后。由于大量替代品的出现，原行业产品的市场需求开始逐渐减少，产品的销售量也开始下降，某些厂商开始向其他更加有利可图的行业转移资金，因而原行业出现了厂商数量减少、利润水平停滞不前或不断下降的萧条景象。至此，整个行业便进入了衰退期。但在很多情况下，大量的行业都是衰而不亡，甚至会与人类社会长期共存，如钢铁业、纺织业、烟草业等。

四、影响行业兴衰的主要因素

（一）技术进步

当前是科学技术日新月异的时代，不仅新兴学科不断涌现，而且理论科学向实用技术的转化过程也被大大缩短，速度大大加快。技术进步对行业的影响是巨大的，它往往催生了一个新的行业，同时迫使一个旧的行业加速进入衰退期。未来优势行业将伴随新的技术创新而到来，处于技术尖端的基因技术、纳米技术等将催生新的优势行业。

当然，新、旧行业并存是未来全球行业发展的基本规律和特点，大部分行业都是国民经济不可缺少的。多数行业都会在竞争中发生变化，以新的增长方式为自己找到生存的空间。例如，传统农业已经遍布全世界，未来农业还会靠技术创新获得深度增长；传统工业在通过技术创新获得深度增长的同时，还可以通过行业的国际转移，在其他相对落后的国家获得广度增长的机会。

（二）产业政策

政府对于行业的管理和调控主要是通过产业政策来实现的。产业政策是国家干预或参与经济的一种形式，是国家（政府）系统设计的有关产业发展的政策目标和政策措施的总和。一般认为，产业政策可以包括产业结构政策、产业组织政策、产业技术政策和产业布局政策等。其中，产业结构政策与产业组织政策是产业政策的核心。

（三）社会习惯的改变

随着人们生活水平和受教育程度的提高，消费心理、消费习惯、文明程度和社会责任感会逐渐改变，从而使某些商品的需求发生变化并进一步影响行业的兴衰。在解决基本温饱之后，人们更加注重生活的质量，不受污染的天然食品备受人们青睐；对健康投资从注重保健品转向健身器材；在物质生活丰富后，注重智力投资和丰富的精神生活，旅游、音响成了新的消费热点；快节奏的现代生活使人们更偏好便捷的交通和通信工具；高度工业化和生活现代化又使人们认识到保护生存环境免受污染的重要性。发达国家的工业部门每年都要花费几十亿美元的经费来研制和生产与环境保护有关的各种设备，以便使工业排放的废渣、废水和废气能够符合规定的标准。所有这些社会观念、社会习惯、社会趋势的变化对企业的经营活动、生产成本和收益等方面都会产生一定的影响，足以使一些不再适应社会需要的行业在衰退的同时激发新兴行业的发展。

需求变化是未来优势产业的发展导向，并在相当程度上影响行业的兴衰。在收入相对比较低的时候，由于恩格尔定律的作用，人们对生活用品有较大需求。提供生活消费品的可口可乐、宝洁、强生公司和满足这些需求的销售渠道如沃尔玛公司，均在不断满足这些消费需求的过程中发展起来。随着收入水平的提高，生活消费品支出占消费总支出的比例逐渐下降，人们需要更多的服务消费和金融投资，从而使金融、旅游、教育、医疗、保险、体育、文化等行业从中获得了快速增长的动力。

第四节　公司分析

对宏观经济的分析让我们了解了投资环境，对中观行业的分析让我们确定了投资领域，但还没有选定具体的投资对象，这就需要对微观层面的上市公司进行分析。公司分析是基本分析的重点，如果没有对发行股票的公司状况进行全面的分析，就不可能准确地预测其股票的价格走势。

就投资者个人而言，宏观面分析和中观面分析难度较大，不具备分析基础，而相对简单、直接且行之有效的就是公司分析。

一、公司基本分析

（一）行业地位分析

行业地位分析的目的是找出公司在所处行业中的竞争地位，如是否是领导企业、在价格上是否具有影响力、有没有竞争优势等。在大多数行业中，无论其行业平均盈利能力如何，总有一些企业比其他企业获利能力更强。企业的行业定位决定了其盈利能力是高于还是低于行业平均水平，决定了其行业内的竞争地位。衡量公司行业竞争地位的主要指标是行业综合排序和产品的市场占有率。

（二）公司经济区位分析

区位，或者说经济区位，是指地理范畴上的经济增长点及其辐射范围。上市公司的投资价值与区位经济的发展密切相关。我们对上市公司进行区位分析，就是将上市公司的价值分析与区位经济的发展联系起来，以便分析上市公司未来发展的前景，确定上市公司的投资价值。具体可以通过区位内的自然条件与基础条件，区位内政府的产业政策和区位内的经济特色三个方面进行分析。

（三）公司产品竞争能力分析

产品的竞争能力主要体现在成本优势、技术优势、质量优势、产品的市场占有情况和产品的品牌战略上。

成本优势是指公司的产品依靠低成本获得高于同行业其他企业的盈利能力。在很多行业中，成本优势是决定竞争优势的关键因素，理想的成本优势往往成为同行业价格竞争的抑制力。如果公司能够创造和维持成本领先地位，并创造出与竞争对手价值相等或近似的产品，那么它只要将价格控制在行业平均或接近平均的水平，就能获取优于平均水平的经营业绩。成本优势的来源各不相同，并取决于行业结构。

技术优势是指公司拥有的比同行业其他竞争对手更强的技术实力及其研究与开发新产品的能力。这种能力主要体现在生产的技术水平和产品的技术含量上。在现代经济中，公司新产品的研究与开发能力是决定公司竞争成败的关键因素，因此，公司一般都确定了占销售额一定比例的研究开发费用。

质量优势是指公司的产品以高于其他公司同类产品的质量赢得市场，从而取得竞争优势。由于公司技术能力及管理等诸多因素的差别，不同公司间相同产品的质量是有差别的。消费者在进行购买选择时，产品的质量始终是影响他们购买倾向的一个重要因素。当一个公司的产品价格溢价超过了其为追求产品的质量优势而附加的额外成本时，该公司就能获得高于其所属行业平均水平的盈利。换句话说，在与竞争对手成本相等或成本近似的情况下，具有质量优势的公司往往在该行业中占据领先地位。

产品的市场占有情况在衡量公司产品竞争力方面，占有重要地位。通常可以从两个方面进行考察。其一，公司产品销售市场的地域分布情况。从这一角度可将公司的销售市场划分为地区型、全国型和世界范围型。市场地域的范围越大，说明公司的经营能力越强。其二，公司产品在同类产品市场上的占有率。市场占有率是对公司的实力和经营能力的较精确的估计。市场占有率是指一个公司的产品销售量占该类产品整个市场销售总量的比例。市场占有率越高，表示公司的经营能力和竞争力越强，公司的销售和利润水平越好、越稳定。

品牌是一种商品名称和商标的总称，它可以用来辨别一个卖者或卖者集团的货物或劳务，以便同竞争者的产品相区别。一个品牌不仅是一种产品的标识，而且是产品质量、性能、满足消费者效用可靠程度的综合体现。品牌竞争是产品竞争的深化和延伸，当产业发展进入成熟阶段，产业竞争充分展开时，品牌就成为产品及企业竞争力的一个越来越重要的因素。品牌具有产品所不具有的开拓市场的多种功能，如：品牌具有创造市场的功能；品牌具有联合市场的功能；品牌具有巩固市场的功能。

（四）公司经营能力分析

公司的经营能力对公司的生存和发展至关重要。投资者主要关注三方面的情况：一是公司法人治理结构。健全的公司法人治理机制至少体现出：规范的股权结构；有效的股东大会制度；董事会权力的合理界定与约束；完善的独立董事制度；监事会的独立性和监督责任；优秀的职业经理层；相关利益者的共同治理。二是公司经理层的素质。一般而言，企业的经理人员应该具备从事管理工作的愿望；专业技术能力；良好的道德品质修养和人际关系协调能力。三是公司从业人员素质和创新能力。公司业务人员应该具有如下的素质：专业技术能力、对企业的忠诚度、责任感、团队合作精神和创新能力等。对员工的素质进行分析，可以判断该公司发展的持久力和创新能力。

对于普通投资者来说，公司的经营能力有时很难了解，直观的办法是看企业的经营成本、财务费用，只有企业的经营成本、财务费用较低的公司才是经营管理水平较高的公司。

（五）公司盈利能力和公司成长性分析

1. 公司盈利预测

对公司盈利进行预测，是判断公司估值水平及投资价值的重要基础。盈利预测是建立在对公司深入了解和判断之上的，通过对公司基本面进行分析，进而对公司的预测做出假设。所作假设应该与公司、行业和宏观经济环境相符，且与以往年度各项经济指标比率的变化相符。盈利预测的假设主要包括销售收入预测、生产成本预测、管理和销售费用预测、财务费用预测等。

2. 公司经营战略分析

经营战略是企业面对激烈的市场变化与严峻挑战，为求得长期生存和不断发展而进行的总体性谋划。它是企业战略思想的集中体现，是企业经营范围的科学规定，同时又是制定规划的基础。经营战略是在符合和保证实现企业使命的条件下，在充分利用环境中存在的各种机会和创造新机会的基础上，确定企业同环境的关系，规定企业从事的经营范围、成长方向和竞争对策，合理地调整企业结构和分配企业的资源。经营战略具有全局性、长远性和纲领性的特征，它从宏观上规定了公司的成长方向、成长速度及其实现方式。

3. 公司规模变动特征及扩张潜力分析

公司规模变动特征和扩张潜力一般与其所处的行业发展阶段、市场结构、经营战略密切相关，它是从微观方面具体考察公司的成长性。可以从以下几个方面进行分析：

(1)公司规模的扩张是由供给推动，还是由市场需求拉动引致；是通过公司的产品创造市场需求，还是生产产品去满足市场需求；是依靠技术进步，还是依靠其他生产要素等，以此找出企业发展的内在规律。

(2)纵向比较公司历年的销售、利润、资产规模等数据，把握公司的发展趋势是加速发展、稳步扩张，还是停滞不前。

(3)将公司销售、利润、资产规模等数据及其增长率与行业平均水平及主要竞争对手的数据进行比较，了解其行业地位的变化。

(4)分析预测公司主要产品的市场前景及公司未来的市场份额；分析公司的投资项目，并预计其销售和利润水平。

(5)分析公司的财务状况以及公司的投资和筹资潜力。

二、公司财务分析

由于公司的财务状况最能反映公司的实际生产经营情况，因此投资者往往通过对公司的财务状况进行分析，了解公司的经营业绩，预测公司未来的发展状况，评估公司发行证券的内在价值。可见，财务分析是证券投资基本分析的核心内容。

对上市公司进行财务状况分析，首先要能看懂公司的财务报表及其各项目的含义，其次要建立财务分析的模式，即财务分析指标体系。

(一)公司主要的财务报表

股份公司一旦成为上市公司，就必须遵守财务公开的原则，即定期公开自己的财务状况，提供有关财务资料，便于投资者查询。上市公司公布的一整套财务资料中，对投资者最为重要的有资产负债表、利润表或利润及利润分配表、现金流量表等财务报表。

1. 资产负债表

资产负债表是反映企业在某一特定日期财务状况的会计报表，是企业经营活动的静态体现。我国资产负债表按账户式反映，即资产负债表分为左方和右方，左方列示资产各项目，右方列示负债和所有者权益各项目。总资产＝负债＋股东权益，即资产各项目的合计等于负债和股东权益各项目的合计。通过账户式资产负债表，可以反映资产、负债和股东权益之间的内在关系，并达到资产负债表左方和右方平衡，同时资产负债表还提供年初数和期末数的比较资料。

2. 利润表

利润表是反映企业一定期间生产经营成果的会计报表，表明企业运用所拥有的资产进行获利的能力。利润表是一个动态报表，它展示公司的损益账目，反映公司在一定时间的业务经营状况，直接明了地揭示公司获取利润能力的大小和潜力以及经营趋势。利润表对投资者了解、分析上市公司的实力和前景具有重要的意义。利润表由三个主要部分构成：第一部分是营业收入；第二部分是与营业收入相关的生产性费用、销售费用和其他费用；第三部分是利润。我国一般采用多步式利润表格式。

3. 现金流量表

无论是资产负债表还是利润表都不足以用来判断一个公司的经营状况的好坏。从短期经营看，流动性对于一个企业的生存至关重要。现金流量表反映了企业一定会计期间内的现金流入和流出，弥补了因使用权责发生制概念编制资产负债表和利润表而产生的不足。通过对现金流量表的分析，可以更深入地了解企业当前和未来获得现金和现金等价物的能力及现金组成项目的变化趋势，有助于对诸如融资、股利分配和投资方面做出重要决策。

现金流量表主要分经营活动、投资活动和筹资活动的现金流量三部分。此外，由于筹资活动和投资活动同时发生的交易事项，如发行股票或债券而获得某种非现金资产，是不影响现金流动的，因此，为了全面反映这些事项，现金流量表下设附注项目，对此单独列示。投资者将现金流量表、附注与年报中的其他项目结合分析，可以对上市公司的经营情况有更清晰、真实的了解。

（二）公司财务比率分析

财务比率是指同一张财务报表的不同项目之间、不同类别之间、在同一年度不同财务报表的有关项目之间，各会计要素的相互关系。财务比率是比较分析的结果，但财务比率分析同时也是对公司财务报表进行更深层次的比较分析或因素分析的基础。分析财务报表所使用的比率以及对同一比率的解释和评价，因使用者的着眼点、目标和用途不同而异。例如，一家银行在考虑是否给一个公司提供短期贷款时，它关心的是该公司的资产流动性比率；长期债权人则不然，他们着眼于公司的获利能力和经营效率，对资产的流动性则较少注意；投资者的目的在于考虑公司的获利能力和经营趋势，以便取得理想的报酬；至于公司的管理当局，则需要关心财务分析的一切方面，既要保证公司具有偿还长、短期债务的能力，又要替投资者赢得尽可能多的利润。不同资料使用者对同一比率的解释和评价，基本上应该一致，但有时候可能发生矛盾。例如，反映短期偿债能力的流动比率对短期债权人来说越大越好，但对公司管理层来说可能被认为是没有充分利用资金。比率分析可以从当年实际比率与以下几种标准比较后得出结论：公司过去的最好水平、公司当年的计划预测水平、同行业的先进水平或平均水平。比率分析涉及公司管理的各个方面，比率指标也特别多，大致可归为以下几大类：偿债能力分析、运营能力分析、盈利能力分析、成长能力分析、投资收益分析等。

1. 偿债能力分析

公司偿债能力通常包括短期偿债能力和长期偿债能力。

短期偿债能力是公司偿还流动负债的能力，短期偿债能力的强弱取决于流动资产的流动性，即资产转换成现金的速度。公司流动资产的流动性强，相应的短期偿债能力也强。反映短期偿债能力的财务比率主要有流动比率和速动比率。

长期偿债能力是指公司偿还 1 年以上债务的能力。通常以反映债务与资产、净资产的关系的负债比率来衡量，主要有资产负债率、产权比率等。

(1)流动比率。流动比率是流动资产与流动负债的比值。其计算公式为：

$$流动比率=\frac{流动资产}{流动负债}$$

流动比率可以反映短期偿债能力。公司能否偿还短期债务，要看有多少债务，以及有多少可变现偿债的资产。流动资产越多，短期债务越少，则偿债能力越强。如果用流动资产偿还全部流动负债，公司剩余的是营运资金（流动资产－流动负债＝营运资金）。营运资金越多，说明不能偿还的风险越小。因此，营运资金的多少可以反映偿还短期债务的能力。但是，营运资金是流动资产与流动负债之差，是个绝对数，如果公司之间规模相差很大，绝对数相比的意义则很有限。而流动比率是流动资产与流动负债的比值，是个相对数，排除了公司规模不同的影响，更适合公司间以及同一公司不同历史时期的比较。

一般认为，生产型公司合理的最低流动比率是 2。这是因为处在流动资产中变现能力最差的存货金额，约占流动资产总额的一半，剩下的流动性较大的流动资产至少要等于流动负债，公司的短期偿债能力才会有保证。但人们长期以来的这种认识，因其未能从理论上得到证明，还不能成为一个统一标准。

计算出来的流动比率，只有与同行业平均流动比率、本公司历史的流动比率进行比较，才能知道这个比率是高还是低。这种比较通常并不能说明流动比率为什么这么高或这么低，要找出过高或过低的原因还必须分析流动资产与流动负债所包括的内容以及经营上的因素。一般情况下，营业周期、流动资产中的应收账款数额和存货的周转速度是影响流动比率的主要因素。

(2)速动比率。流动比率虽然可以用来评价流动资产总体的变现能力，但人们(特别是短期债权人)还希望获得比流动比率更进一步的有关变现能力的比率指标。这个指标称为速动比率，也称为酸性测试比率。

速动比率是从流动资产中扣除存货部分，与流动负债的比值。速动比率的计算公式为：

$$速动比率=\frac{流动资产-存货}{流动负债}$$

在计算速动比率时，要把存货从流动资产中剔除的主要原因是：①在流动资产中，存货的变现能力最差；②由于某种原因，部分存货可能已损失报废，还没处理；③部分存货已抵押给某债权人；④存货估价还存在着成本与当前市价相差悬殊的问题。

综合上述原因，在不希望公司用变卖存货的办法还债以及排除使人产生种种误解因素的情况下，把存货从流动资产总额中排除计算出的速动比率，反映的短期偿债能力更加令人信服。通常认为正常的速动比率为1，低于1的速动比率被认为是短期偿债能力偏低。但这也仅是一般的看法，因为行业不同，速动比率会有很大差别，没有统一标准的速动比率。例如，采用大量现金销售的商店，几乎没有应收账款，大大低于1的速动比率是很正常的；相反，一些应收账款较多的公司，速动比率可能要大于1。

(3)资产负债率。资产负债率是负债总额除以资产总额的百分比，也就是负债总额与资产总额的比例关系。它反映在总资产中有多大比例是通过借债来筹资的，也可以衡量公司在清算时保护债权人利益的程度。其计算公式为：

$$资产负债率=\frac{负债总额}{资产总额}\times 100\%$$

这项指标反映债权人所提供的资本占全部资本的比例，也称为举债经营比率，它有以下几个方面的含义：

首先，从债权人的立场看，他们最关心的是贷给公司款项的安全程度，也就是能否按期收回本金和利息。如果股东提供的资本与公司资本总额相比，只占较小的比例，则公司的风险将主要由债权人负担，这对债权人是不利的。因此，他们希望债务比例越低越好，公司偿债有保证，贷款不会有太大的风险。

其次，从股东的角度看，由于公司通过举债筹措的资金与股东提供的资金在经营中发挥同样的作用，所以股东所关心的是全部资本利润率是否超过借入款项的利率，即借入资本的代价高低。在公司全部资本利润率超过因借款而支付的利息率时，股东所得到的利润就会加大；相反，如果运用全部资本所得的利润率低于借款利息率，则对股东不利，因为借入资本的多余利息要用股东所得的利润份额来弥补。因此，从股东的立场看，在全部资本利润率高于借款利息率时，负债比例越大越好；否则相反。

再次，从经营者的立场看，如果举债规模很大，超出债权人心理承受程度，则被认为是不保险的，公司就借不到钱。如果公司不举债，或负债比例很小，说明公司畏缩不前，对前途信心不足，利用债权人资本进行经营活动的能力很差。借款比率越大(当然不是盲目地借款)，越是显得公司具有活力。从财务管理的角度来看，公司应当审时度势，全面考虑，在利用资产负债率制定借入资本决策时，必须充分估计可能增加的风险和收益，在两者之间权衡利弊得失，做出正确决策。

(4)产权比率。产权比率是负债总额与股东权益总额之间的比率，也称为债务股权比率。其计算公式为：

$$产权比率=\frac{负债总额}{股东权益}\times 100\%$$

该项指标反映由债权人提供的资本与股东提供的资本的相对关系，反映公司基本财务结构是否稳定。一般来说，股东资本大于借入资本较好，但也不能一概而论。比如从股东来看，在通货膨胀加剧时期，公司多借债可以把损失和风险转嫁给债权人；在经济繁荣时期，公司多借债可以获得额外的利润；在经济萎缩时期，少借债可以减少利息负担和财务风险。产权比率高，是高风险、高报酬的财务结构；产权比率低，是低风险、低报酬的财务结构。

资产负债率与产权比率具有相同的经济意义，两个指标可以相互补充。

2. 运营能力分析

运营能力是指公司经营管理中利用资金运营的能力，一般通过公司资产管理比率来衡量，主要表现为资产管理及资产利用的效率。因此，资产管理比率通常又称为运营效率比率，主要包括存货周转率(存货周转天数)、应收账款周转天数(应收账款周转率)、流动资产周转率和总资产周转率等。

(1)存货周转率和存货周转天数。在流动资产中，存货所占的比重较大。存货的流动性将直接影响公司的流动比率，因此，必须特别重视对存货的分析。存货的流动性一般用存货的周转速度指标来反映，即存货周转率或存货周转天数。

存货周转率是营业成本被平均存货所除得到的比率，即存货的周转次数。它是衡量和评价公司购入存货、投入生产、销售收回等各环节管理状况的综合性指标。用时间表示的存货周转率就是存货周转天数。存货周转率和存货周转天数的计算公式分别为：

$$存货周转率=\frac{营业成本}{平均存货}(次)$$

$$\begin{aligned}存货周转天数&=\frac{360}{存货周转率}(天)\\&=\frac{平均存货\times 360}{营业成本}(天)\end{aligned}$$

一般来讲，存货周转速度越快，存货的占用水平越低，流动性越强，存货转换为现金或应收账款的速度越快。提高存货周转率可以提高公司的变现能力，存货周转速度越慢则变现能力越差。存货周转天数(存货周转率)指标的好坏反映存货管理水平，它不仅影响公司的短期偿债能力，也是整个公司管理的重要内容。

(2)应收账款周转率和应收账款周转天数。应收账款周转率是营业收入与平均应收账款的比值。它反映年度内应收账款转为现金的平均次数，说明应收账款流动的速度。应收账款周转天数是应收账款周转率的倒数乘以360天，也称应收账款回收期或平均收现期。它表示公司从取得应收账款的权利到收回款项转换为现金所需要的时间，是用时间表示的应收账款周转速度。

应收账款和存货一样，在流动资产中有着举足轻重的地位。及时收回应收账款，不仅能增强公司的短期偿债能力，也能反映公司管理应收账款方面的效率。应收账款周转率和应收账款周转天数的计算公式分别为：

$$应收账款周转率=\frac{营业收入}{平均应收账款}(次)$$

$$应收账款周转天数=\frac{360}{应收账款周转率}(天)$$

$$=\frac{平均应收账款\times 360}{营业收入}(天)$$

公式中的营业收入数据来自利润表。平均应收账款是指未扣除坏账准备的应收账款金额,是资产负债表中的应收账款期初数与期末数及对应坏账准备的平均数。

一般来说,应收账款周转率越高,平均收账期越短,说明应收账款的收回越快;否则,公司的营运资金会过多地滞留在应收账款上,影响正常的资金周转。影响该指标正确计算的因素有:季节性经营;大量使用分期付款结算方式;大量使用现金结算的销售;年末销售的大幅度增加或下降。这些因素都会对该指标计算结果产生较大的影响。

3. 盈利能力分析

盈利能力就是公司赚取利润的能力。反映公司盈利能力的指标很多,通常使用的主要有营业净利率、营业毛利率、资产净利率、净资产收益率等。

(1)营业净利率。营业净利率是指净利润与营业收入的百分比。其计算公式为:

$$营业净利率=\frac{净利润}{营业收入}\times 100\%$$

净利润,或称净利,在我国会计制度中是指税后利润。

该指标反映每1元营业收入带来的净利润是多少,表示营业收入的收益水平。从营业净利率的指标关系看,净利润额与营业净利率成正比关系,而营业收入额与营业净利率成反比关系。公司在增加营业收入额的同时,必须相应获得更多的净利润,才能使营业净利率保持不变或有所提高。通过分析营业净利率的升降变动,可以促使公司在扩大营业业务收入的同时,注意改进经营管理,提高盈利水平。

(2)营业毛利率。营业毛利率是毛利占营业收入的百分比,其中毛利是营业收入与营业成本的差。其计算公式为:

$$营业毛利率=\frac{营业收入-营业成本}{营业收入}\times 100\%$$

营业毛利率表示每1元营业收入扣除营业成本后,有多少钱可以用于各项期间费用和形成盈利。营业毛利率是公司营业净利率的基础,没有足够高的毛利率便不能盈利。

(3)资产净利率。资产净利率是公司净利润与平均资产总额的百分比。其计算公式为:

$$资产净利率=\frac{净利润}{平均资产总额}\times 100\%$$

把公司一定期间的净利润与公司的资产相比较,可表明公司资产利用的综合效果。指标越高,表明资产的利用效率越高,说明公司在增加收入和节约资金使用等方面取得了良好的效果;反之亦然。

(4)净资产收益率。净资产收益率是净利润与净资产的百分比,也称净值报酬率或权益报酬率。其计算公式为:

$$净资产收益率=\frac{净利润}{净资产}\times 100\%$$

该指标反映股东权益的收益水平,指标值越高,说明投资带来的收益越高。

4. 成长能力分析

成长能力分析就是对公司扩展经营能力的分析。其目的是为了说明公司的长远扩展能力和未来生产经营实力。股票投资是现在投入一笔资金以求将来收回更多的资金，因此，投资者就不能只看到公司的当前效益或者短期效益，而应注重公司未来的发展前景和发展能力。分析公司的成长能力常用的财务指标主要有营业收入增长率、净利润增长率和净资产增长率等。

(1)营业收入增长率。营业收入增长率是公司营业收入增长额与上年营业收入总额的比率，反映公司营业收入的增减变动情况。其计算公式为：

$$营业收入增长率=\frac{当期营业收入-上期营业收入}{上期营业收入}\times 100\%$$

营业收入增长率大于零，表明企业营业收入有所增长。该指标值越高，表明企业营业收入的增长速度越快，企业市场前景越好。

(2)净利润增长率。净利润增长率是指公司本期净利润增加额与上期净利润总额的比率。其计算公式为：

$$净利润增长率=\frac{当期净利润-上期净利润}{上期净利润}\times 100\%$$

净利润增长率代表公司当期净利润比上期净利润的增长幅度，指标值越大代表公司成长性越好。

(3)净资产增长率。净资产增长率是指公司本期净资产增加额与上期净资产总额的比率。其计算公式为：

$$净资产增长率=\frac{期末净资产-期初净资产}{期初净资产}\times 100\%$$

净资产增长率反映了公司资本规模的扩张速度，是衡量公司总量规模变动和成长状况的重要指标。在公司经营中，净资产收益率较高代表了较强的生命力。如果在较高净资产收益率的情况下，又保持较高的净资产增长率，则表示企业未来发展更加强劲。

5. 投资收益分析

(1)每股收益。每股收益影响着股票投资者的行为，影响着股票的市价，是投资者最为关心的。每股收益就是企业的税后利润与期末普通股份总数的比值。其计算公式为：

$$每股收益=\frac{税后利润}{普通股股本}$$

每股收益是判断公司盈利能力的最简单明了的指标。每股收益越高，证明公司的盈利能力越强，股东预期可得的回报空间越大。但每股收益多，并不意味着多分红，还要看公司的股利分配政策。

(2)市盈率。市盈率是普通股每股市价与每股收益的比率，亦称本益比。其计算公式为：

$$市盈率=\frac{每股市价}{每股收益}(倍)$$

该指标是衡量上市公司盈利能力的重要指标，反映投资者对每1元净利润所愿支付的价格，可以用来估计公司股票的投资报酬和风险，是市场对公司的共同期望指标。一般说来，市盈率越高，表明市场对公司的未来越看好。但对待市盈率指标应当辩证看待。市盈率高，说明每股收益低或股票价格偏高，投资风险也相应越大；反之亦然。

使用市盈率指标时应注意以下问题：首先，该指标不能用于不同行业公司的比较。成长性好的新兴行业的市盈率普遍较高，而传统行业的市盈率普遍较低，这并不说明后者的股票没有投资价值。其次，在每股收益很小或亏损时，由于市价不至于降为零，公司的市盈率会很高，如此情形下的高市盈率不能说明任何问题。再次，市盈率的高低受市价的影响，而影响市价变动的因素很多，包括投机炒作等，因此观察市盈率的长期趋势很重要。由于一般的期望报酬率为5%～20%，所以通常认为正常的市盈率为5～20倍。但与流动比率和速动比率的理想值一样，考虑到行业特征差异等因素，市盈率的理想取值范围也没有一个统一标准。投资者需要结合其他有关信息，才能运用市盈率指标判断股票的价值。

有人将市盈率称为"翻本期"，即投资者以某一价格购入某一股票，假定这种股票的价格始终不变，并舍去送红股配新股的回报，只从投入资金以每股收益作为回报的角度出发，支付的股票价格即支付的投资成本，多少年才能收回。例如，某只股票2015年6月23日的收盘价为15元，2014年的每股收益为0.30元，该股的市盈率为15÷0.30=50，即50年能收回本金。

投资者应该注意，上述观点是有关市盈率的抽象理论解释。实际情况是，股价每时每刻都在变化，今年的每股收益与上年相比有可能发生变化，所以市盈率是一个不断变化的动态指标，因而投资者需要参考某一股票一段时间甚至数年的市盈率指标才能得出比较正确的结论。

(3)每股净资产。每股净资产是年末净资产(即年末股东权益)与发行在外的年末普通股总数的比值，也称为每股账面价值或每股权益。用公式表示为：

$$每股净资产=\frac{年末净资产}{发行在外普通股股数}$$

这里的年末股东权益指扣除优先股权益后的余额。

该指标反映发行在外的每股普通股所代表的净资产成本即账面权益。在投资分析时，只能有限地使用这个指标，因其是用历史成本计量的，既不反映净资产的变现价值，也不反映净资产的产出能力。每股净资产在理论上提供了股票的最低价值。

(4)市净率。市净率是每股市价与每股净资产的比值。其计算公式为：

$$市净率=\frac{每股市价}{每股净资产}(倍)$$

市净率是将每股股价与每股净资产相比，表明股价以每股净资产的若干倍在流通转让，评价股价相对于每股净资产而言是否被高估。市净率越小，说明股票的投资价值越高，股价的支撑越有保证；反之，则投资价值越低。这一指标是判断某股票投资价值的重要指标。

本章小结

证券投资分析是证券投资的重要步骤，其目的在于选择合适的投资对象，抓住有利的投资机会，争取理想的投资收益。证券投资分析的方法主要有基本分析和技术分析两大类。基本分析法的理论依据是证券价格由其内在价值决定，通过分析影响证券价格的基础条件和决定因素，判断和预测证券价格今后的发展趋势。证券投资基本分析主要包括宏观经济分析、行业分析和公司分析三个方面。

宏观经济分析就是对证券市场所面临的宏观经济形势进行分析，主要以宏观经济运行和宏观经济政策为主。宏观经济运行中对证券价格产生重要影响的主要是宏观经济变动、经济周期变动和通货变动，而对证券市场产生重要影响的宏观经济政策主要是财政政策、货币政策和汇率政策。

行业分析有助于判断公司的长远发展和所在行业的地位，从而正确分析证券市场价格的变化趋势。主要分析行业的市场类型、生命周期和影响行业发展的有关因素。行业分析的主要目的在于挖掘最具投资潜力的行业，进而在此基础上选出最具投资价值的上市公司。

公司分析包括公司基本分析和公司财务分析两个主要方面。公司的行业地位、经济区位、产品竞争能力、经营能力、盈利能力和成长性构成了公司基本分析的基础；财务分析是证券投资基本分析的核心内容。对上市公司进行财务状况分析，首先要能看懂公司的财务报表，其次要建立财务分析的模式，即财务分析指标体系。通过对公司的财务状况进行分析，了解公司的经营业绩，预测公司未来的发展状况，评估公司发行证券的内在价值。

知识测试

一、单项选择题

1. 依据宏观经济形势、行业特征及上市公司的基本财务数据来进行投资分析的流派称为（　　）。

A. 定量分析流派　　B. 基本分析流派
C. 定性分析流派　　D. 技术分析流派

2. 基本分析法与技术分析法相比较，下列说法正确的是（　　）。

A. 基本分析法与技术分析法各有所长　　B. 技术分析法优于基本分析法
C. 基本分析法就是技术分析法　　D. 基本分析法优于技术分析法

3. 证券投资基本分析的重点是（　　）。

A. 宏观经济分析　　B. 行业分析　　C. 区域分析　　D. 公司分析

4. 当宏观经济处于通货膨胀时，央行通常会（　　）法定存款准备金率。

A. 降低　　B. 提高　　C. 不改变　　D. 变动

5. 反映一个国家经济是否具有活力的基本指标是（　　）。

A. 国内生产总值　　B. 人均生产总值
C. 消费物价指数　　D. 工业增加值

6. 我国股票市场作为一个新兴市场，股价在很大程度上是由（　　）决定的。

A. 市盈率　　B. 股票的内在价值
C. 资本收益率水平　　D. 股票的供求关系

7. 股票价格与市场利率的关系是（　　）。

A. 利率提高，股票价格下降　　B. 利率与股票价格同方向变动
C. 利率提高，股票价格上升　　D. 随机变动

8. 高通胀下的 GDP 增长，将促使证券价格（　　）。

A. 快速上涨　　B. 下跌　　C. 平稳波动　　D. 呈慢牛态势

9. 行业经济活动是（　　）分析的主要对象之一。

A. 市场　　B. 宏观经济　　C. 中观经济　　D. 微观经济

10. （　　）是行业成熟的标志。

A. 技术上的成熟　　B. 产品的成熟
C. 生产工艺的成熟　　D. 产业组织上的成熟

11. （　　）不是影响行业兴衰的主要因素。

A. 技术进步 B. 社会习惯的改变 C. 政府的更迭 D. 产业政策

12. 高增长行业的股票价格与经济周期的关系是( )。

A. 同经济周期及其振幅密切相关 B. 同经济周期及其振幅并不紧密相关

C. 大致上与经济周期的波动同步 D. 有时候相关,有时候不相关

13. 某一行业有如下特征:企业的利润增长很快,但竞争风险较大,破产率与被兼并率相当高,那么这一行业最有可能处于生命周期的( )。

A. 成长期 B. 成熟期 C. 幼稚期 D. 衰退期

14. 生产者众多,各种生产资料可以完全流动的市场属于( )的特点。

A. 不完全竞争型市场 B. 寡头竞争型市场

C. 完全竞争型市场 D. 完全垄断型市场

15. 以下属于防守型行业的是( )。

A. 商业 B. 房地产业 C. 公用事业 D. 家电业

16. 公司盈利水平高低及未来发展趋势是股东权益的基本决定因素,通常把盈利水平高的公司股票称为( )。

A. 高增长型股票 B. 成长股 C. 普通股 D. 绩优股

17. 在现代经济中,( )是决定公司竞争成败的关键因素。

A. 公司新产品的研究与开发能力 B. 低廉的成本

C. 质量保证 D. 优良的服务

18. ( )是指同一财务报表的不同项目之间、不同类别之间、在同一年度不同财务报表的有关项目之间,各会计要素的相互关系。

A. 财务指标 B. 财务目标 C. 财务比率 D. 财务分析

19. 企业的资产价值、负债价值与权益价值三者之间存在( )关系。

A. 权益价值=资产价值+负债价值 B. 权益价值=资产价值-负债价值

C. 负债价值=权益价值+资产价值 D. 权益价值=资产价值÷负债价值

20. 营业成本被平均存货所除得到的比率是指( )。

A. 存货周转率 B. 销售净利率

C. 资产负债比率 D. 销售毛利率

21. 每股股利与股票市价的比率称为( )。

A. 股利支付率 B. 市净率 C. 股票获利率 D. 市盈率

22. ( )是考察公司短期偿债能力的关键。

A. 运营能力 B. 变现能力 C. 盈利能力 D. 流动资产的规模

23. 运营能力是指公司经营管理中利用资金运营的能力,一般通过公司( )来衡量,主要表现为资产管理及资产利用的效率。

A. 资产管理比率 B. 流动比率 C. 资产负债率 D. 资产净利率

24. 赚取利润的能力是指( )。

A. 盈利能力 B. 偿债能力 C. 成长能力 D. 流动能力

25. 资产负债率中的"负债"指( )。

A. 长期负债加短期负债 B. 长期负债

C. 短期负债 D. 以上都不对

二、多项选择题

1. 证券投资的主要分析方法包括(　　)。

A. 基本分析法　　B. 技术分析法　　C. 量化分析法　　D. 综合分析法

2. 宏观经济分析中的经济政策包括(　　)。

A. 货币政策　　B. 财政政策　　C. 信贷政策　　D. 产业政策

3. 关于市场利率的表现,下列说法正确的有(　　)。

A. 在经济持续繁荣增长时期,资金供不应求,利率上升

B. 当经济萧条市场疲软时,利率会随着资金需求的减少而下降

C. 经济繁荣时,利率下降

D. 经济萧条时,利率上升

4. 对通货膨胀的衡量可以通过对一般物价水平上涨幅度的衡量来进行。一般来说,常用的指标有(　　)。

A. 零售物价指数　　B. 生产者价格指数

C. 国民生产总值物价平减指数　　D. 原材料物价指数

5. 财政政策的手段主要包括(　　)。

A. 国家预算　　B. 税收　　C. 公开市场业务　　D. 转移支付制度

6. 宏观经济对股票价格影响的特点是(　　)。

A. 波及范围广　　B. 干扰程度深

C. 作用机制复杂　　D. 股价波动幅度较大

7. 从程度上来看,通货膨胀可以分为(　　)。

A. 温和的通货膨胀　　B. 严重的通货膨胀

C. 恶性的通货膨胀　　D. 危机性通货膨胀

8. 影响股价变动的基本因素包括(　　)。

A. 宏观经济与政策因素　　B. 行业与部门因素

C. 公司经营状况　　D. 人为操纵因素

9. 对上市公司进行经济区位分析的目的有(　　)。

A. 测度上市公司在行业中的行业地位　　B. 分析上市公司未来发展的前景

C. 确定上市公司的投资价值　　D. 分析上市公司对当地经济发展的贡献

10. 产业政策可以包括(　　)。

A. 产业组织政策　　B. 产业结构政策

C. 产业布局政策　　D. 产业技术政策

11. 行业分析的主要任务包括(　　)。

A. 预测并引导行业的未来发展趋势,判断行业投资价值

B. 分析影响行业发展的各种因素及判断对行业影响的力度

C. 解释行业本身所处的发展阶段及其在国民经济中的地位

D. 揭示行业投资风险

12. 行业的市场结构包括(　　)。

A. 完全竞争　　B. 寡头垄断　　C. 垄断竞争　　D. 完全垄断

13. 下列事项中,可以用于分析公司经营状况好坏的有(　　)。

A. 公司的竞争力　　B. 公司财务状况

C. 公司治理水平　　D. 公司改组或合并

14. 上市公司的盈利性会影响股价变动，而衡量盈利性最常用的指标包括(　　)。

A. 销售收益率　　B. 每股收益　　C. 净资产收益率　　D. 资产周转率

15. 公司财务报表中最为重要的有(　　)。

A. 资产负债表　　B. 试算平衡表　　C. 附表　　D. 现金流量表

16. 下列关于市盈率的论述，正确的有(　　)。

A. 不能用于不同行业公司的比较

B. 市盈率低的公司股票没有投资价值

C. 一般来说，市盈率越高，表明市场对公司的未来越看好

D. 市盈率的高低受市价的影响

17. 一般认为，公司财务评价的内容有(　　)。

A. 偿债能力　　B. 盈利能力　　C. 成长能力　　D. 抗风险能力

18. 公司通过配股融资后(　　)。

A. 公司负债结构发生变化　　B. 公司净资产增加

C. 公司权益负债比率下降　　D. 公司负债总额发生变化

19. 公司经营能力分析包括(　　)。

A. 公司法人治理结构分析　　B. 公司经理层的素质分析

C. 公司从业人员素质和创新能力分析　　D. 公司盈利能力分析

20. 衡量公司运营能力的指标有(　　)。

A. 存货周转率和周转天数　　B. 流动资产周转率

C. 总资产周转率　　D. 应收账款周转率

21. 与公司长期偿债能力有关的指标有(　　)。

A. 资产负债率　　B. 有形资产净值债务率

C. 产权比率　　D. 已获利息倍数

22. 财务报表分析的方法主要有(　　)。

A. 估值法　　B. 比较分析法　　C. 因素分析法　　D. 重置成本法

23. 在公司投资收益分析中用到的财务指标有(　　)。

A. 每股收益　　B. 资产负债率　　C. 股利支付率　　D. 市盈率

三、判断题

1. 进行证券投资分析是投资者科学决策的基础，有利于减少投资决策的盲目性，从而提高决策的科学性。(　　)

2. 基本分析法是仅从证券的市场行为来分析证券价格未来变化趋势的方法。(　　)

3. 在衡量通货膨胀时最常用的指标是零售物价指数。(　　)

4. 中央银行的货币政策对股票价格有直接的影响。(　　)

5. 当社会总需求小于总供给时，中央银行会采取宽松的货币政策。(　　)

6. 行业与区域分析是介于宏观经济分析与公司分析之间的中观层次分析，主要分析行业所属的不同市场类型、所处的不同生命周期以及行业业绩对证券价格的影响。(　　)

7. 股票市场中，经常观察到某一行业(例如房地产)或者板块(例如新能源板块)的股票在特定时期表现出齐涨共跌的特征。(　　)

8. 根据上海证券交易所上市公司行业分类，航空货运与物流属于公用事业。（ ）

9. 寡头垄断是指独家生产某种产品，市场被独家企业所控制。（ ）

10. 完全垄断市场结构可以分为两种类型：企业完全垄断和私人完全垄断。（ ）

11. 投资于防守型行业一般属于收入型投资，而非资本利得型投资。（ ）

12. 市净率与市盈率相比，前者通常用于考察股票的内在价值，多为长期投资者所重视；后者通常用于考察股票的供求状况，更为短期投资者所关注。（ ）

13. 公司分析主要包括公司财务报表分析、公司产品与市场分析、公司证券投资价值及投资风险分析三个方面的内容。（ ）

14. 流动比率是一种比速动比率更能评价流动资产总体的变现能力的指标。（ ）

15. 因为销售毛利率是企业销售净利率的基础，所以销售毛利率高，就意味着销售净利率一定较高。（ ）

16. 净资产收益率是净利润与净资产的百分比，也称净值报酬率或权益报酬率。（ ）

17. 现金股利保障倍数越大，说明支付现金股利的能力越强。（ ）

18. 衡量公司行业竞争地位的主要指标是产品的市场占有率。（ ）

19. 企业流动资产越多，短期债务越少，其偿债能力越低。（ ）

四、计算题

1. 如果某公司的股价是20元，一季度每股盈利为0.4元，二季度每股盈利为0.4元，三季度每股盈利为0.5元，四季度每股盈利为−0.3元。问该公司的市盈率是多少？

2. 如果某公司的每股盈利为1元，该公司所在行业其他公司的平均市盈率是20倍，公司过去三年的平均市盈率是21倍，考虑到该公司所在行业的地位和前景，证券分析师给出该公司的合理市盈率为19～22倍。请问该公司的股价为多少时比较合理？

课外导航

1. http://www.caifutong.com.cn/ 东方财富通
2. http://www.eastmoney.com/ 东方财富网
3. http://www.stats.gov.cn/ 中华人民共和国国家统计局
4. http://www.mof.gov.cn/index.htm 中华人民共和国财政部

第六章　证券投资技术分析

【学习目标】

1. 了解证券投资技术分析的概念和理论基础。
2. 理解证券投资技术分析的基本要素和注意的问题。
3. 掌握典型的证券投资技术分析理论和技术分析指标。

【开篇案例】

“草根双杰”的超短线投资技巧

在江城，有这样一对炒股好兄弟，大的叫邹刚，网名周周阳，1968 年出生，初中文化，1996 年进入股市；小的叫冯刚，网名天天上，1970 年出生，大专文化，1999 年进入股市。虽说两人姓氏不同，出生年月不同，可他们的经历却酷似“双胞胎”。两人都开过出租车，也都开过饭店当过餐厅“老板”，炒股都曾亏得“一贫如洗”，从 2007 年起他们又以同样的超短线手法，在风雨飘摇的股市以极强的风险控制意识，叱咤股海风云。4 年间，这对“二刚”组合从“一贫如洗”到资金增长 30 多倍，在江城股坛上传出一段佳话，被人们称为“草根双杰”。

“草根双杰”赚钱的秘诀是什么？《民间股神》作者白青山对其进行了探访。

秘诀之一：把钱留住

把钱留住，就是要有极强的风险防范意识，操作中一旦买错，就要执行铁的纪律，勇于止损，保住本金，做到永不“套牢”。而赚了钱的股就要勇于卖股，舍得“止盈”，把利润及时装进口袋。而我们大多数人则是亏钱了，不忍心走；赚钱了，更舍不得卖，结果是亏了的越亏越多，赚了的最后空欢喜一场。

秘诀之二：娴熟的超短线战法，在“背离”中抢反弹

股市的规律是“牛短熊长”，打开 K 线图可以清楚地看到股市多半是漫漫熊途。在熊市中如何赚钱？“二刚”运用在“背离”中抢反弹的两把“撒手锏”不仅让他们在熊市中避免亏损，而且获益不菲。

撒手锏之一：连续暴跌买入法。股价经过连续暴跌后，6 日乖离率超过 −20，虽然此时日 K 线尚未有止跌迹象，但在 30 分钟和 60 分钟 K 线走势图中，因盘中反弹，MACD 出现“底背离”，即股价创新低，MACD 不再创新低，这时就是“抢反弹”的好机会。

实战案例一：广电电子(600602)

2007 年 6 月 5 日，广电电子在经历了“5 · 30”连续 5 个跌停板之后，6 日乖离率盘中达到 −25，60 分钟 K 线图中 MACD 出现背离，“二刚”以 5.49 元跌停板价位买入，当天该股打开跌停板，收于 6.09 元。第二天，冲高卖出，获利 10%以上。同时，在 6 月 5 日还买入了海欣股份(600851)，也于次日获利卖出。

实战案例二：金钼股份(601958)

2008 年 9 月 18 日，经过反复下跌的金钼股份从历史最高价 27.47 元一路跌破 10 元，跌幅达 60%之多，6 日乖离率和日线 MACD 均出现背离，股价创新低，而此时这两个指标均不再创新低，预示该股随时都有可能出现超跌反弹。这天，该股下午跟随大盘放量反弹，见势，“二刚”以 10.20 元重仓抢进。第二天，因国家出台重大救市利好，该股开盘即涨停。

撒手锏之二：日线“小双底”结合 MACD 指标背离买入法。股价经过一波较长时间的反复下跌后，连续反弹，MACD 止跌向上，DIF 金叉 DEA，此时，可跟踪选定这类目标股。当目标股再次缩量回落，至前期低点附近时，形态上构成“小双底”，而此时 MACD 指标线却继续上行，DIF 只是小幅回压甚至上行，与股价形成背离，此时是极佳的买入时机。

实战案例一：金钼股份(601958)

该股自 2010 年初始，反复盘跌，至 7 月 5 日股价创出新低，而此时 MACD 不再创新低，与股价形成“背离”，产生一波小幅反弹后，股价于 7 月 16 日再次接近前期低点，DIF 和 DEA 指标没有跟随回落，K 线形态形成“小双底”。此时，逢低分批买入，之后该股迅速突破小双底颈线，成为市场中一匹耀眼的黑马。

实战案例二：吉林敖东(000623)

该股从 2008 年初开始迅速下跌，至 4 月 3 日最低跌幅达到 60%左右。之后，展开一波反弹，DIF 低位金叉 DEA，当股价反弹结束后回落至前期低点附近时，DIF 和 DEA 却同时上行，与股价的下跌形成了背离。4 月 23 日该股跟随大盘放量大涨，“二刚”以 35.51 元果断追高买入。之后，该股连拉两个涨停。

在实战操作中，“二刚”时时注意提防“小双底”失败的可能。当“小双底”形成，股价回落与 MACD 背离时，买入后短线赚钱的概率很大。若成功向上突破颈线，持股时间可以稍长一些。但还存在另一种情况，探“小双底”反弹后，不能迅速突破颈线，而是横向震荡，DIF 回压 DEA 后有走弱迹象，这时，要考虑谨防“小双底”形态失败的可能，应及时止盈或止损出局。例如，中国石化(600028)于 2008 年 2 月 4 日经过前期下跌产生一波快速反弹，股价于 2 月 25 日再次回落至前期低点，而 DIF 指标只是小幅回压，“二刚”在前期低点附近分次以 16.13 元和 16.45 元买入。之后，反弹两天，“二刚”以超短心态止盈卖出。此后，该股并没有迅速突破“小双底”的颈线位，而是横向震荡，MACD 指标趋势走弱，双底形态最终失败。

（资料来源：笔者根据白青山著《民间股神》第 7 集整理）

请思考：“二刚”成功的秘诀给你带来了哪些启发？

第一节　技术分析概述

技术分析又称技术面分析，是利用某些历史资料来判断整个证券市场或某只证券价格变动的方向和程度，解决“何时买卖证券”的问题。技术分析偏重研究证券的价格，并认为证券价格是由供求关系决定的。技术分析人士认为，影响证券价格的所有因素都反映在市场行为中，因此，不必研究影响供求状况的各种因素，只需就这些因素对市场行为的影响结果进行分析。

技术分析是证券投资分析中常用的一种分析方法，上百年以来，众多投资者在进行证券投资的实践中，总结出多种技术分析方法，在今天看来仍然具有指导意义。但技术分析以三大假设为理论依据、以历史数据为信息基础、以经验总结而非缜密逻辑为分析思路等特点均导致了技术分析的局限性，并在实际运用中存在技术分析对长期趋势判断无效以及“骗线”等现象。

一、技术分析的基本假设与要素

(一)技术分析的含义

技术分析是以证券市场过去和现在的市场行为为分析对象，应用数学和逻辑的方法，探索出一些典型变化规律，并据此预测证券市场未来变化趋势的技术方法。由于技术分析运用了广泛的数据资料，并采用了各种不同的数据处理方法，因此受到投资者的重视和青睐。技术分析法不但用于证券市场，还广泛应用于外汇、期货和其他金融市场。

证券的市场行为可以有多种表现形式，其中证券的市场价格、成交量、价和量的变化以及完成这些变化所经历的时间是市场行为最基本的表现形式。

(二)技术分析的基本假设

作为一种投资分析工具，技术分析是以一定的假设条件为前提的。这些假设是：市场行为涵盖一切信息；证券价格沿趋势移动；历史会重演。

1. 市场行为涵盖一切信息

这条假设是进行技术分析的基础。其主要思想是：任何一个影响证券市场的因素，最终都必然体现在证券价格的变动上。外在的、内在的、基础的、政策的和心理的因素，以及其他影响证券价格的所有因素，都已经在市场行为中得到了反映。技术分析人员只需关心这些因素对市场行为的影响效果，而不必关心具体导致这些变化的原因究竟是什么。这一假设有一定的合理性，因为任何因素对证券市场的影响都必然体现在证券价格的变动上，所以它是技术分析的基础。

2. 证券价格沿趋势移动

这一假设是进行技术分析最根本、最核心的条件。其主要思想是：证券价格的变动是有一定规律的，即保持原来运动方向的惯性，而证券价格的运动方向是由供求关系决定的。技术分析法认为，证券价格的运动反映了一定时期内供求关系的变化。供求关系一旦确定，证券价格的变化趋势就会一直持续下去。只要供求关系不发生根本改变，证券价格的走势就不会发生反转。这一假设也有一定的合理性，因为供求关系决定价格在市场经济中是普遍存在的。只有承认证券价格遵循一定的规律变动，运用各种方法发现、揭示这些规律并对证券投资活动进行指导的技术分析法才有存在的价值。

3. 历史会重演

这条假设是从人的心理因素方面考虑的。市场中进行具体买卖的是人，是由人决定最终的操作。这一行为必然要受到人类心理学中某些规律的制约。在证券市场上，一个人在某种情况下按一种方法进行操作取得成功，那么以后遇到相同或相似的情况，就会按同一方法进行操作；如果失败了，以后就不会按前一次的方法操作。证券市场的某个市场行为给投资者留下的阴影或快乐是会长期存在的。因此，技术分析法认为，根据历史资料概括出来的规律已经包含了未来证券市场的一切变动趋势，所以可以根据历史预测未来。这一假设也有一定的合理性，因为投资者的心理因素会影响投资行为，进而影响证券价格。

技术分析的三个假设有合理的一面，也有不尽合理的一面。例如，第一个假设是市场行为包括了一切信息，但市场行为反映的信息同原始的信息毕竟有一些差异，信息损失是必然的。正因为如此，在进行技术分析的同时还应该适当进行一些基本分析和别的方面的分析，以弥补不足。又如，第二个假设认为股票价格沿趋势移动，实际上证券市场中的价格变动常常被认为是最没有规律可循的，股票价格沿某个方向波动时间过长，就会增加反方向的力量，从而使本假设受到冲击。此外，价格变动受到许多因素的影响，有些是根本料想不到的，这也使价格的波动表现出无规律现象。再如，第三个假设为历史会重演，但证券市场的市场行为是千变万化的，不可能有完全相同的情况重复出现，差异总是或多或少地存在。因此，技术分析法由于说服力不够强、逻辑关系不够充分引起不同的看法与争论。尽管如此，也不能完全否定这三个假设前提存在的合理性。我们必须承认它的存在，同时注意到它的不足。

（三）技术分析的要素

证券市场中，价格、成交量、时间和空间是进行分析的要素。这几个要素的具体情况和相互关系是进行正确分析的基础。

市场行为最基本的表现就是成交价和成交量。过去和现在的成交价、成交量涵盖了过去和现在的市场行为。技术分析就是利用过去和现在的成交价、成交量资料，以图形分析和指标分析工具来分析、预测未来的市场走势。在某一时点上的价和量反映的是买卖双方在这一时点上共同的市场行为，是双方的暂时均势点。随着时间的变化，均势会不断发生变化，这就是价量关系的变化。一般来说，买卖双方对价格的认同程度通过成交量的大小得到确认。认同程度小，分歧大，成交量小；认同程度大，分歧小，成交量大。双方的这种市场行为反映在价、量上就往往呈现出这样一种趋势规律：价升量增，价跌量减。根据这一趋势规律，当价格上升时，成交量不再增加，意味着价格得不到买方确认，价格的上升趋势就会改变；反之，当价格下跌时，成交量萎缩到一定程度就不再萎缩，意味着卖方不再认同价格继续往下降了，价格下跌趋势就会改变。成交价、成交量的这种规律关系是技术分析的合理性所在，因此，价、量是技术分析的基本要素，一切技术分析方法都是以价、量关系作为研究对象的，目的就是分析、预测未来价格趋势，为投资决策提供服务。

在进行行情判断时，时间有着很重要的作用。一个已经形成的趋势在短时间内不会发生根本改变，中途出现的反方向波动对原来趋势不会产生大的影响；一个形成了的趋势又不可能永远不变，经过一定时间又会有新的趋势出现。循环周期理论着重关心的就是时间因素，它强调了时间的重要性。

从某种意义上讲，空间可以认为是价格的一方面，指的是价格波动能够达到的极限。

二、技术分析方法的分类

在价、量历史资料基础上进行的统计、数学计算、绘制图表方法是技术分析方法的主要手段。从这个意义上讲，技术分析方法种类繁多。一般而言，常用的技术分析方法可以分为以下五类，即K线类、切线类、形态类、波浪类和指标类。

（一）K线类

K线类技术分析是根据若干天的K线组合情况，通过证券市场中多空双方力量的对比，进而判断证券市场行情变化趋势的方法。K线图是进行各种技术分析的最重要的图表。单独一天的K线形态有十几种，若干天的K线组合种类十分繁多，人们经过不断地总结经验，发现了一些对股票买卖有指导意义的组合，而且，新的研究结果正在不断地被发现和运用。

（二）切线类

切线类是按一定方法和原则在由股票价格的数据所绘制的图表中画出的一些直线，然后根据这些直线的情况找出股票价格变动的规律，进而推测股票价格的未来趋势。切线的画法是最为重要的，画得好坏直接影响预测的结果。目前，切线的种类主要有趋势线、轨道线、黄金分割线、甘氏线等。

（三）形态类

形态类是根据价格图表中过去一段时间走过的轨迹形态来预测股票价格未来趋势的方法。价格走过的形态是市场行为的重要部分，是各种信息在证券市场的具体表现，用价格轨迹的形态来推测股票价格的未来变化趋势是有道理的。从价格轨迹的形态中，我们可以推测证券市场处在一个什么样的大环境之中，由此对我们今后的投资给予一定的指导。其主要的形态有M头、W底、头肩顶、头肩底等十几种。

（四）波浪类

波浪理论认为股票价格的波动与大自然的波浪一样，一浪跟着一浪，周而复始，展现出周期循环的运动，具有相当一致的规律性。数清楚了各个浪就能准确地预见到股价的运动方向，指导我们的操作行为。波浪理论较之于别的技术分析流派，最大的区别就是能提前很长的时间预计到行情的底和顶，而别的流派往往要等到新的趋势已经确立之后才能看到。但是，波浪理论又是公认的较难掌握的技术分析方法。

（五）指标类

指标类是根据价、量的历史资料，通过建立数学模型，给出数学上的计算公式，得到一个体现证券市场某个方面内在实质的指标值。指标反映的东西大多是无法从行情报表中直接看到的，它可为我们的操作行为提供指导方向。目前，证券市场上常用的技术指标有移动平均线（MA）、平滑异同移动平均线（MACD）、威廉指标（WMS）、随机指标（KDJ）、相对强弱指标（RSI）、乖离率（BIAS）、心理线（PSY）、能量潮（OBV）等。

以上五类技术分析流派从不同的方面理解和研究证券市场，有的有相当坚实的理论基础，有的没有很明确的理论基础，但它们都有一个共同的特点，就是都经过证券市场的实践考验。这五类方法在操作上，有的注重长线，有的注重短线；有的注重价格的相对位置，有的注重绝对位置；有的注重时间，有的注重价格。尽管考虑的方式不同，但目的是相同的，彼此并不排斥，在使用上可相互借鉴，综合起来使用。

三、技术分析方法应用时应注意的问题

（一）技术分析必须与基本分析结合起来使用

从理论上看，技术分析法和基本分析法分析股价趋势的基本点是不同的。基本分析的基点是事先分析，即在基本因素变动对证券市场发生影响之前，投资者已经在分析、判断市场的可能走势，从而做出“顺势而为”的买卖决策。但是基本分析法在很大程度上依赖于经验判断，其对证券市场的影响力难以数量化、程式化，受投资者主观能力的制约较大。技术分析的基点是事后分析，以历史预知未来，用数据、图形、统计方法来说明问题，不依赖于人的主观判断，一切都依赖于用已有资料做出客观结论。但未来不会简单地重复过去，所以仅依靠过去和现在的数据预测未来并不可靠。因此，为了提高技术分析的可靠性，投资者只有将技术分析法与基本分析法结合起来进行分析，才能既保留技术分析的优点，又考虑基本因素的影响，提高测市的准确程度。

（二）多种技术分析方法综合研判

技术分析方法种类繁多，侧重点各异，但每一种方法都有其独特的优势和功能，同时也存在不足和缺陷，没有任何一种方法能概括股价走势的全貌。实践证明，单独使用一种技术分析方法有相当大的局限性和盲目性，甚至会给出错误的买卖信号。为了减少失误，只有将多种技术分析方法综合运用，相互补充、相互印证，才能减少出错的机会，提高决策的准确性。

（三）理论与实践相结合

各种技术分析的理论和方法都是他人在一定的特殊条件和特定环境下得到的，随着环境的变化，他人的成功方法自己在使用时却有可能失败。因此，在使用技术分析方法时，要注意掌握各种分析方法的精髓，根据实际情况做适当的调整，并经过实践验证有效后再使用。

第二节　技术分析主要理论

一、道氏理论

（一）道氏理论的形成

道氏理论是最早、最著名的技术分析理论，由美国人查尔斯·道（Charles Dow）创立。为了反映市场总体趋势，查尔斯·道与爱德华·琼斯创立了著名的道琼斯指数。查尔斯·道是《华尔街日报》的创始人，他在该报上发表了一系列文章，经后人整理、归纳，成为今天的道氏理论。道氏理论是技术分析的鼻祖，道氏理论之前的技术分析不成体系。

（二）道氏理论的主要内容

1. 市场平均价格指数能够解释和反映市场的大部分行为

为了反映股票市场的整体变化，道氏创建了平均价格指数，这为后来的各种指数创立奠定了基础，是道氏理论对证券市场的重大贡献。按照道氏理论，通过选择一些具有代表性的股票来编制平均指数，实际上是将投资者的各种行为综合起来，通过平均指数加以集中体现。换言之，平均价格指数是对市场行为的整体刻画和反映。

2. 市场存在三种波动趋势

虽然价格波动的表现形式不同，但最终可以将其区分为三种趋势：主要趋势、次要趋势、短

暂趋势。主要趋势，亦称为长期趋势、基本趋势，是指连续 1 年或 1 年以上的股价变动趋势，体现市场价格波动的最主要的方向；次要趋势，亦称为中期趋势，其经常与长期的运行方向相反，并对其产生一定的牵制作用，是对主要趋势的修正和调整；短期趋势，亦称为日常趋势，是指股价的日常波动。

这种将价格趋势区分为不同等级的观点，为后来的波浪理论打下了基础。

3. 成交量在确定趋势中起着很重要的作用

一般来说，成交量跟随当前的主要趋势，体现出成交量对价格的验证作用。比如，基本牛市中价格上升，成交量增加；价格回调，成交量萎缩。但是成交量并非总是跟随先前的主要趋势，如价升量减，此时成交量所提供的信息可以为确定反转趋势提供依据，有助于我们做出正确的判断。不言而喻，寻找到趋势的反转点对于投资者意义重大。

4. 收盘价是最重要的价格

道氏理论非常关注收盘价，认为在所有的价格中收盘价最重要，甚至认为只用收盘价，不用其他价格。

(三)道氏理论的局限性

道氏理论更多的是理论上的叙述，可操作性比较差，原因在于道氏理论的结论都落后于市场，信号太滞后。道氏理论对随时随地都在发生的小波动无能为力，它只对大形势的判断有较大的作用。此外，由于道氏理论已经存在了近 100 年，对于今天来说，有些内容已经过时，需要更新。在道氏理论之后出现了许多新的技术分析方法，在一定程度上弥补了道氏理论的不足。

二、K 线理论

技术分析的精髓是从市场行为中寻找总结规律，然后应用这些规律来推测证券市场的未来趋势。它的依据就是证券市场的市场行为，这样，准确、有效地记录和描述市场的行为就显得异常重要。由于描述市场行为的信息数量是十分巨大的，人们不可能也没有必要记录所有的信息，只需部分地、重点地记录市场行为的某些重要方面就可以了。正是出于上述考虑，K 线便应运而生了。经过上百年的证券市场实践，应用效果良好，受到世界各国证券投资者的广泛重视。目前，K 线已经成为人们进行技术分析必不可少的工具。

(一)K 线的画法

所谓 K 线，就是将各种股票在单位时间周期内(如 5 分钟、60 分钟、1 日、1 周、1 月、1 年等)的开盘价、收盘价、最高价和最低价等状况用图形的方式表现出来。K 线又叫作蜡烛图或阴阳线，是 18 世纪一个叫本间宗久的日本米商发明的。由于他在大米生意中使用 K 线分析交易行情，成功地把握了市场机会，积累了大量财富，并有过连续 100 笔交易全部盈利的惊人纪录，因此，使得 K 线技术广为流传。所以，K 线又称为日本线。

K 线是一条柱状的线条，由影线和实体组成。影线在实体上方的部分叫上影线，下方的部分叫下影线，中间的矩形长条叫实体，实体表示单位时间周期的开盘价和收盘价。上影线的上端顶点表示单位时间周期的最高价，下影线的下端顶点表示单位时间周期的最低价。根据开盘价和收盘价的关系，K 线分为阳线和阴线两种，又称红线和黑线。如果收盘价高于开盘价，则实体为阳线；反之，开盘价高于收盘价，则实体为阴线。如图 6—1 所示。

开盘价是指每个单位时间周期的第一笔成交价格，收盘价是指每个单位时间周期的最后一笔成交价格，最高价和最低价是每个单位时间周期成交的最高成交价格和最低成交价格。4 个价格中，收盘价是最重要的，很多技术分析方法只关心收盘价，而不理会其余 3 个价格。

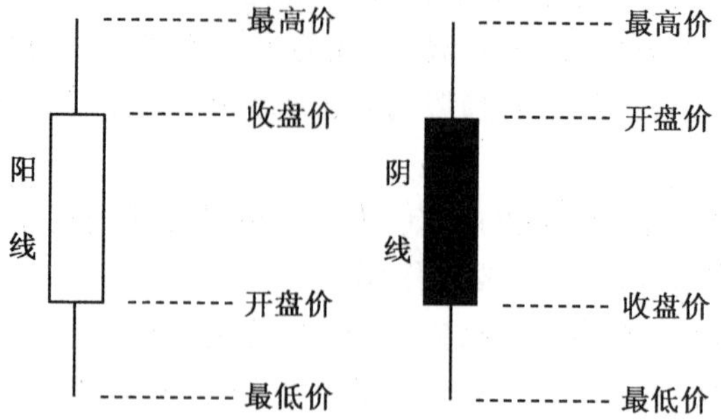

图 6—1　K 线的画法

人们在说到目前某只股票的价格时，说的往往是收盘价。

一条 K 线记录的是某一只股票一个单位时间周期的价格变动情况。将每个单位时间周期的 K 线按时间顺序排列在一起，叫作 K 线图。K 线图反映一段时间以来该股票的价格变动情况。我们可以画出不同时间周期的 K 线图，如日 K 线图、周 K 线图、月 K 线图、5 分钟 K 线图、30 分钟 K 线图、60 分钟 K 线图等。K 线图看起来一目了然，看了 K 线图就会对过去和现在的股价走势有大致的了解。

（二）K 线的主要形状

证券市场永远存在着两种力量，即买方（又称多方）和卖方（又称空方），买方和卖方永远站在对立的两边，进行不断的较量。K 线就是将买卖双方一段时间以来争斗的结果用图形表示出来，由于买卖双方在争斗中力量和策略的不同，其争斗结果也就不同，记录下的图形也就多种多样。

1. 光头光脚阳线

这种 K 线既没有上影线也没有下影线。当收盘价与最高价、开盘价与最低价相等时，就会出现这种 K 线。如图 6—2(1)左所示。这种 K 线说明多方占据优势，K 线实体越大，多方的优势就越大。

按照开盘价和收盘价的波动范围大小，可以分为大阳线、中阳线和小阳线。一般来说，波动范围大于 3.5%称为大阳线，波动范围在 1.5%～3.5%之间称为中阳线，波动范围小于 1.5%称为小阳线。当然，这个划分标准仅供参考，不同的投资者或对不同的投资对象划分标准是不同的。大盘和个股的划分标准也是不同的。

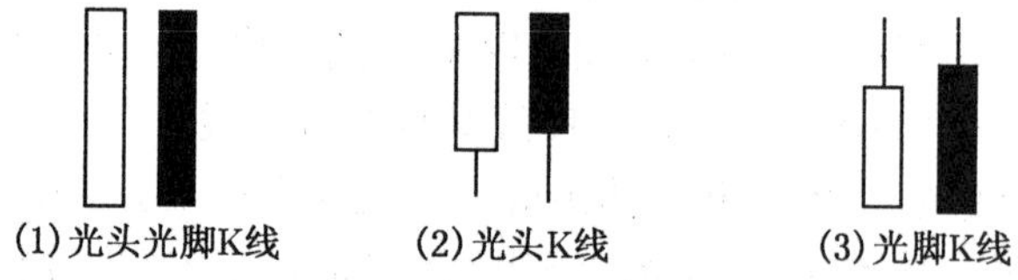

图 6—2　光头光脚类 K 线

一般而言，在上涨刚开始时，出现大阳线后市看涨；在上涨途中出现大阳线，继续看涨；在连续加速上涨行情中出现大阳线，是见顶信号；在连续下跌的行情中出现大阳线，有超跌反弹或趋势反转的可能。阳线实体越长，信号越可靠。

小阳线表示股价波动的幅度很小，多方略占上风。小阳线在盘整中出现较多，也可以在上涨初期、回调结束等任何行情中出现。单根小阳线研判意义不大，应结合其他 K 线形态一起研判。

2. 光头光脚阴线

这种 K 线没有上下影线。当开盘价与最高价、收盘价与最低价相等时，就会出现这种 K 线。如图 6－2(1)右所示。这种 K 线说明空方占据优势，实体的长度与空方的力度成正比，实体越长，力度越强。

一般来说，在涨势中出现大阴线，是见顶信号；在下跌刚开始时出现大阴线，后市看跌；在下跌途中出现大阴线，继续看跌；在连续加速下跌行情中出现大阴线，有空头陷阱之嫌疑。

小阴线表示股价波动的幅度很小，空方略占优势。单根小阴线研判意义不大，应结合其他 K 线形态一起研判。

3. 光头阳线

这是没有上影线的 K 线。当收盘价与最高价相等时，就会出现这种 K 线。如图 6－2(2)左所示。这是先跌后涨型 K 线。多方在开始失利的情况下，尽力充分地发挥力量，整个形势是多方占优。多方优势的大小与下影线和实体的长度有关。下影线和实体的长度越长，越有利于多方，也就是多方优势越大。

4. 光头阴线

这种 K 线没有上影线。当开盘价正好等于最高价时，就会出现这种 K 线。如图 6－2(2)右所示。这是下跌抵抗型 K 线。空方虽占优势，但不像光脚大阴线实体中的优势那么大，受到了一些抵抗。空方优势的大小与下影线的长度有关，与实体的长度也有关。一般来说，下影线越长，实体越短，越不利于空方，也就是空方所占优势越小；下影线越短，实体越长，越有利于空方，也就是空方占的优势越大。

5. 光脚阳线

这是没有下影线的 K 线。当开盘价正好等于最低价时，就会出现这种 K 线。如图 6－2(3)左所示。这是一种上升抵抗型 K 线。它所包含的内容正好与光头阴线相反。多方虽占优势，但不像光头大阳线实体中的优势那么大，受到了一些抵抗。多方优势的大小与上影线的长度有关，与实体的长度也有关。一般来说，上影线越长，实体越短，越不利于多方，也就是多方所占优势越小；上影线越短，实体越长，越有利于多方，也就是多方占的优势越大。

6. 光脚阴线

这也是没有下影线的 K 线。当收盘价与最低价相等时，就会出现这种 K 线。如图 6－2(3)右所示。这是先涨后跌型 K 线。与光头阳线相反，这是空方反败为胜的 K 线。空方的优势大小，与上影线和实体的长度有关。上影线和实体越长越有利于空方，空方优势越大。

7. 有上下影线的阳线和阴线

如图 6－3 所示，这是两种最为普遍的 K 线形状，说明多空双方争斗很激烈。双方一度都占据优势，把价格抬到最高价或压到最低价，但是，又都被对方顽强地拉回。阳线是到收盘时多方占优势，阴线则是到收盘时空方占优势。

对多方与空方优势的衡量，主要依靠上下影线和实体的长度来确定。一般来说，上影线越长，下影线越短，阳线实体越短或阴线实体越长，越有利于空方占优；上影线越短，下影线越长，阴线实体越短或阳线实体越长，越有利于多方占优。上影线和下影线相比的结果，可以判断多方和空方的力量对比。上影线长于下影线，利于空方；下影线长于上影线，则利于多方。

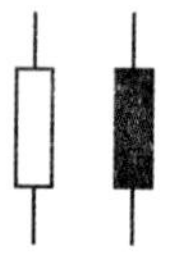

图 6－3　有上下影线的阳线和阴线

8. 十字形

当收盘价与开盘价相同时，就会出现这种 K 线，它的特点是没有实体。影线长的称为大十字形，影线短的称为小十字形。十字形又称为十字星。如图 6－4(1)所示。

十字形的出现表明多空双方力量暂时平衡，使市势暂时失去方向，但却是一个值得警惕、随时可能改变趋势方向的 K 线图形。大十字形有很长的上下影线，表明多空双方争斗激烈，最后回到原处，后市往往有变化。小十字形的上下影线较短，表明窄幅盘整，交易清淡。大十字形信号的可靠性比小十字形要高得多。

十字形在上涨趋势末端出现，是见顶信号；在下跌趋势末端出现，是见底信号。在上涨途中出现，继续看涨；在下跌途中出现，继续看跌。但信号的可靠性不强，应结合其他 K 线一起研判。

9. T 字形和倒 T 字形

当开盘价、收盘价和最高价三价相等时，就会出现 T 字形 K 线；当开盘价、收盘价和最低价三价相等时，就会出现倒 T 字形 K 线。它们没有实体，也没有上影线或者下影线。如图 6－4(2)和图 6－4(3)所示。

在上涨趋势末端出现，为卖出信号；在下跌趋势末端出现，为买进信号；在上涨途中出现，继续看涨；在下跌途中出现，继续看跌。

10. 一字形

一字形又称为一字线。当开盘价、收盘价、最高价、最低价 4 个价格相等时，就会出现这种 K 线。如图 6－4(4)所示。在存在涨跌停板制度时，当一只股票一开盘就封死在涨跌停板上，而且一天都不打开时，就会出现这种 K 线。同十字形和 T 字形 K 线一样，一字形 K 线同样没有实体。

在涨跌停板制度下，一字形有特别意义。在上涨趋势中出现，是买进信号，表示股价封在涨停板上，说明多头气盛，日后该股往往会变成强势股；在下跌趋势中出现，是卖出信号，表示股价封杀在跌停板上，说明空头力量极其强大，此后该股往往会变成弱势股。

图 6－4　十字形、T 字形、倒 T 字形和一字形 K 线

K 线应用与记忆要点：

一看阴阳。阴阳代表趋势方向，阳线表示将继续上涨，阴线表示将继续下跌。

二看实体大小。实体大小代表内在动力。阳线实体越长，越有利于上涨；阴线实体越长，越有利于下跌。

三看影线长短。影线代表转折信号，向一个方向的影线越长，越不利于股价向这个方向变动。即上影线越长，越不利于股价上涨；下影线越长，越不利于股价下跌。另外，上下影线小到一定程度，我们可以视之为没有。

四看位置高低。位置是K线的灵魂。如果是大幅上涨之后出现的大阳线有可能是庄家制造的诱多假象，是庄家出货留下的痕迹。

（三）K线的组合应用

一根K线包含的信息较少，用其研判行情错误率较高，因此人们常常用多根K线的组合推测行情。

K线组合的情况非常多，要综合考虑各根K线的阴阳、高低、上下影线的长短等。无论是两根K线、三根K线乃至多根K线，都是以各根K线的相对位置和阴阳来推测行情的。

将前一天的K线画出，然后将这根K线按数字划分成五个区域，如图6—5所示。

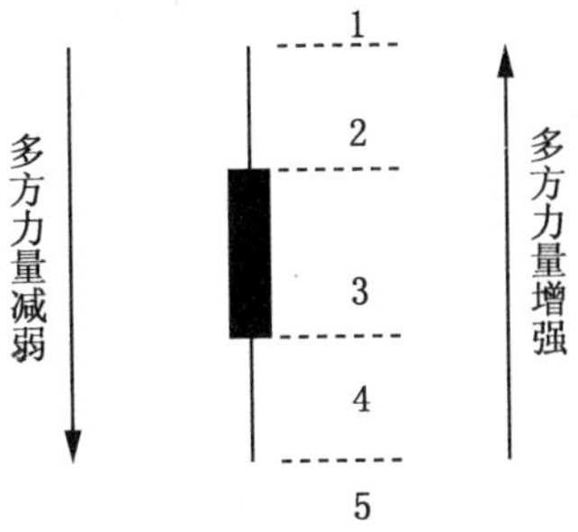

图6—5　K线的区域

对于两根K线的组合来说，第二天的K线是进行行情判断的关键。简单地说，第二天多空双方争斗的区域越高，越有利于上涨；越低，越有利于下跌。也就是说，从区域1到区域5是多方力量减弱、空方力量增强的过程。

总之，无论K线的组合多复杂，考虑问题的方式是相同的，都是由最后一根K线相对于前面K线的位置来判断多空双方的实力大小。由于三根K线组合比两根K线组合多了一根K线，获得的信息就多些，得出的结论相对于两根K线组合来讲要准确些，可信度更大些。也就是说，K线多的组合要比K线少的组合得出的结论可靠。

一些典型的K线组合将在模拟实验篇结合具体实践操作进行介绍。

（四）应用K线组合应注意的问题

无论是一根K线，还是两根、三根以至更多根K线，都是对多空双方争斗的一个描述，由它们的组合得到的结论都是相对的，不是绝对的。对股票投资者而言，结论只是起一种建议作用。在应用时，有时会发现运用不同种类的组合会得到不同的结论。有时应用一种组合得到明天会下跌的结论，但是次日股价没有下跌，反而上涨。避免这种情况发生的一个重要原则是尽量使用根数多的K线组合的结论，并将新的K线加进来重新进行分析判断。一般来说，多根K线组合得到的结果不太会与事实相距太远。

三、切线理论

切线理论又称为趋势分析。技术分析的第二条假设明确说明价格的变化是有趋势的，没有特别的理由，价格将沿着这个趋势继续运动，由此说明趋势在技术分析中占有很重要的地位，是技术分析的核心问题。

（一）趋势分析

1. 趋势的含义

趋势是指股票价格的波动方向。若确定了一段上升或下降的趋势，则股价的波动必然朝着这个方向运动。上升的行情中，虽然也时有下降，但不影响上升的大方向；同样，下降行情中也可能上升，但不断出现的新低使下降趋势不变。

一般来说，市场运动不是朝一个方向直来直去，而是迂回曲折，从图形上看像一条蜿蜒的曲线，每个折点处在高处形成一个峰，在低处形成一个谷。由这些峰和谷的相对高度可以看出趋势的方向。

2. 趋势的方向

趋势的方向有三类：上升方向；下降方向；水平方向，也就是无趋势方向。

（1）上升方向。如果图形中每个后面的峰和谷都高于前面的峰和谷，则趋势就是上升方向。这就是常说的一底比一底高或底部抬高。

（2）下降方向。如果图形中每个后面的峰和谷都低于前面的峰和谷，则趋势就是下降方向。这就是常说的一顶比一顶低或顶部降低。

（3）水平方向（无趋势方向）。如果图形中后面的峰和谷与前面的峰和谷相比，没有明显的高低之分，几乎呈水平延伸，则是水平方向，也叫箱形整理或横盘整理。水平方向趋势是被大多数人忽视的一种方向，这种方向在市场上出现的机会是相当多的。就水平方向本身而言，也是极为重要的。大多数技术分析方法，在对处于水平方向的市场进行分析时，都容易出错，或者说作用不大。这是因为，此时的市场正处在供需平衡的状态，股价下一步朝哪个方向运动无章可循，可以向上也可以向下，而对这样的对象去预测它朝哪个方向运动是极为困难的，也是不明智的。

3. 趋势的类型

按道氏理论的分类，趋势分为三种类型，如图 6－6 所示。

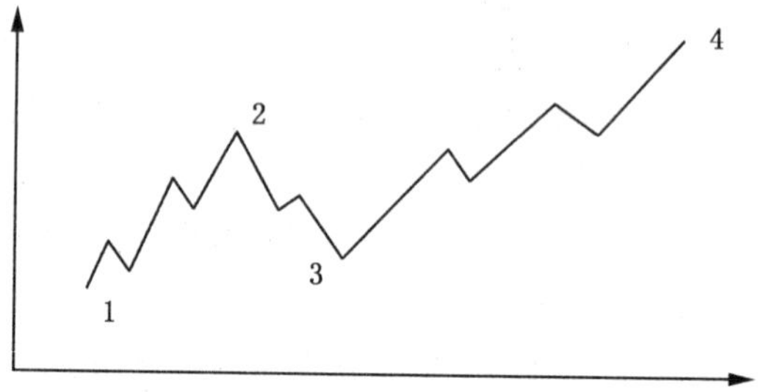

图 6－6　趋势的类型

（1）主要趋势。主要趋势是趋势的主要方向，是股票投资者极力要弄清楚的。了解了主要趋势才能做到顺势而为。主要趋势是股价波动的大方向，一般持续的时间比较长。图 6－6 中的 1－4 就是主要趋势。

（2）次要趋势。次要趋势是在主要趋势过程中进行的调整。由于趋势不是直来直去的，总有个局部的调整和回撤，次要趋势正是局部变化的反映。图 6－6 中的 2－3 就是次要趋势。

（3）短暂趋势。短暂趋势是在次要趋势中进行的调整。短暂趋势与次要趋势的关系就如同次要趋势与主要趋势的关系一样。图 6－6 中次要趋势 2－3 中的一小波上涨就是短暂趋势。

这三种类型的趋势最大的区别是时间的长短和波动幅度的大小。主要趋势持续时间最长,波动幅度最大;次要趋势次之;短暂趋势持续时间最短,波动幅度最小。

趋势迟早是会改变的,它们可以从上向下反转,或从下向上反转,也可以从上升或下跌趋势转为横向趋势。

趋势分析的意义在于掌握趋势运动的规律,发现趋势在什么时候出现转点。当从下降趋势转为上升趋势时,及早介入,并跟随上升趋势一路持股,直到趋势出现转点再离场,离场之后在下跌趋势中绝不轻易进场,直至趋势再出现转点。

(二)支撑线和压力线

1. 支撑线和压力线的含义

支撑线又称为抵抗线,是指当股价下跌到某个价位附近时,由于买盘介入,股价停止下跌,甚至有可能回升。支撑线起阻止股价继续下跌的作用。这个起着阻止股价继续下跌的价格就是支撑线所在的位置,如图 6—7 所示。

压力线又称为阻力线,是指当股价上涨到某个价位附近时,由于卖盘抛出,股价会停止上涨,甚至回落。压力线起阻止股价继续上升的作用。这个起着阻止股价继续上升的价位就是压力线所在的位置,如图 6—7 所示。

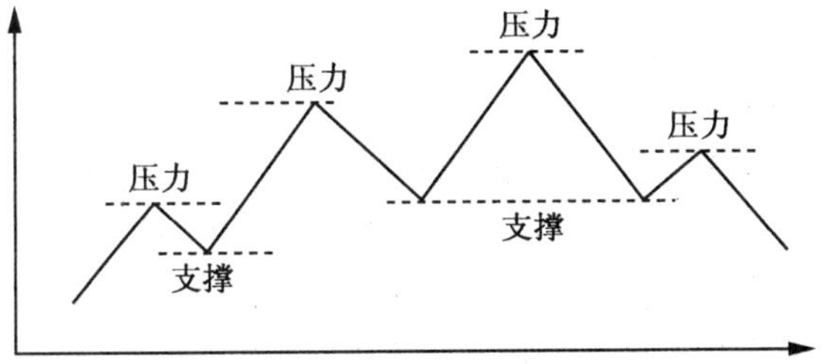

图 6—7 支撑线和压力线

在某一价位附近之所以形成对股价运动的支撑和压力,主要由投资者的筹码分布、持有成本以及投资者的心理因素所决定。当股价下跌到投资者(特别是机构投资者)的持仓成本价位附近,或股价从较高的价位下跌一定程度(如 50%),或股价下跌到过去的最低价位区域时,都会导致买方大量增加买盘,使股价在该价位站稳,从而对股价形成支撑。当股价上升到某一历史成交密集区,或当股价从较低的价位上升一定程度,或上升到过去的最高价位区域时,会导致大量解套盘和获利盘的抛出,从而对股价的进一步上升形成压力。

2. 支撑线和压力线的作用

如前所述,支撑线和压力线的作用是阻止或暂时阻止股价朝一个方向继续运动。我们知道股价的变动是有趋势的,要维持这种趋势,保持原来的变动方向,就必须冲破阻止其继续向前的障碍。比如说,要维持下跌行情,就必须突破支撑线的阻力和干扰,创造出新的低点;要维持上升行情,就必须突破上升压力线的阻力和干扰,创造出新的高点。由此可见,支撑线和压力线迟早会有被突破的可能,它们不足以长久地阻止股价保持原来的变动方向,只不过使它暂时停顿而已。

同时,支撑线和压力线又有彻底阻止股价按原方向变动的可能。当一个趋势终结了,它就不可能创出新的低价和新的高价,这样支撑线和压力线就显得异常重要。

在上升趋势中，如果下一次未创新高，即未突破压力线，这个上升趋势就已经处在很关键的位置了，如果再往后的股价又向下突破了这个上升趋势的支撑线，这就产生了一个很强烈的趋势有变的警告信号。通常意味着，这一轮上升趋势已经结束，下一步的走向将是下跌的过程，如图 6－8 所示。

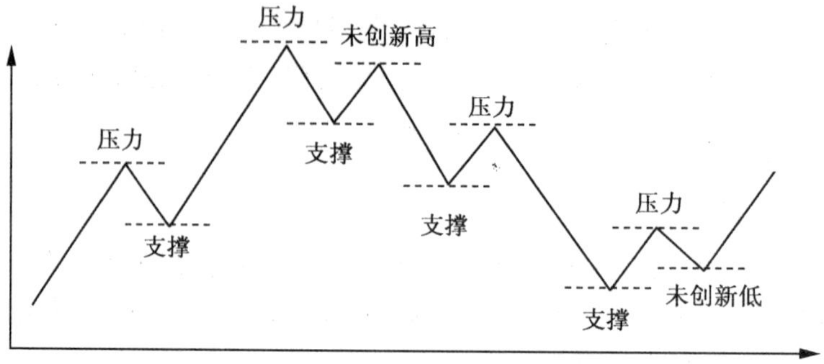

图 6－8　支撑线和压力线的作用

同样，在下降趋势中，如果下一次未创新低，即未突破支撑线，这个下降趋势就已经处于很关键的位置，如果下一步股价向上突破了这次下降趋势的压力线，这就发出了这个下降趋势将要结束的强烈信号，股价的下一步将是上升的趋势。

3. 支撑线和压力线的相互转化

支撑线和压力线之所以能起支撑和压力作用，并且两者能够相互转化，很大程度是由于人们心理因素方面的原因，这也是支撑线和压力线理论上的依据。

证券市场中主要有三种投资者，即多头、空头和旁观者。旁观者又可分为持股者和持币者。假设股价在一个区域停留了一段时间后突破压力区域开始向上移动，在此区域买入股票的多头们肯定认为自己对了，并对自己没有多买入些而感到后悔；在该区域卖出股票的空头们则意识到自己错了，他们希望股价再跌回到他们卖出的区域，将他们原来卖出的股票补回来；而旁观者中持股者的心情和多头相似，持币者的心情同空头相似。无论哪一种投资者，都有买入股票成为多头的愿望。正是由于投资者决定要在下一个买入的时机买入，所以才使股价稍一回落就会受到大家的关心，他们会或早或晚地进入股市买入股票，这就使价格根本还未下降到原来的位置，新的购买者自然又会把价格推上去，使该区域成为支撑区。这样，原来的压力线就转化为支撑线。在该支撑区发生的交易越多，就说明很多的股票投资者在这个支撑区有切身利益，这个支撑区就越重要。

我们再假设股价在一个支撑位置获得支撑后，停留了一段时间后突破支撑区域开始向下移动，情况就截然相反了。在该支撑区买入的多头都意识到自己错了，而没有买入的或卖出的空头都意识到自己对了。买入股票的多头都有抛出股票逃离目前市场的想法，因此，股价一旦有些回升，尚未到达原来的支撑位，就会有一批股票抛压出来，再次将股价压低。这样，原来的支撑线就转化为压力线。

综上所述，一条支撑线如果被跌破，那么这条支撑线将成为压力线；同理，一条压力线被突破，这个压力线将成为支撑线。这说明支撑线和压力线的地位不是一成不变的，而是可以改变的，条件是它被有效的足够强大的股价变动突破，如图 6－9 所示。

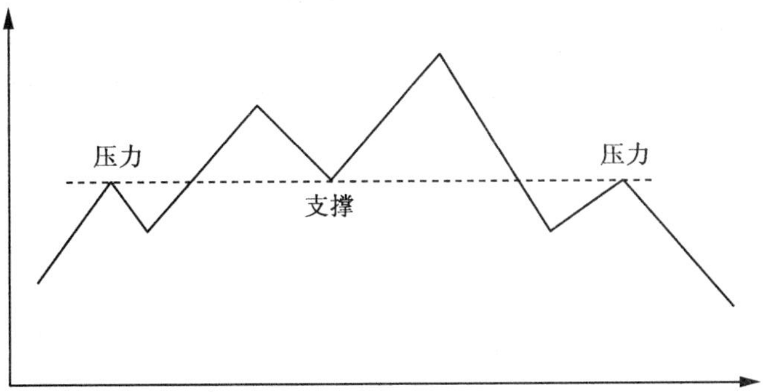

图 6—9　支撑线和压力线的转化

在支撑线上，连接点越多，成交量在这里越密集，支撑的可靠性也就越强；在阻力线上，历史的成交量和套牢盘越多，阻力也就越强。在大成交量形成的阻力线上，多方很难一次就有效地突破，往往需多次往返才能突破。

4. 支撑线和压力线的确认和修正

如前所述，每一条支撑线和压力线的确认都是人为进行的，主要是根据股价变动所画出的图表，这里面有很大的人为因素。

一般来说，一条支撑线或压力线对当前影响的重要性有三个方面的考虑：一是股价在这个区域停留时间的长短；二是股价在这个区域伴随的成交量大小；三是这个支撑区域或压力区域发生的时间距离当前这个时期的远近。很显然，股价停留的时间越长、伴随的成交量越大、离现在越近，则这个支撑或压力区域对当前的影响就越大；反之就越小。

上述三个方面是确认一条支撑线或压力线的重要识别手段。有时，由于股价的变动，会发现原来确认的支撑线或压力线可能不真正具有支撑或压力的作用，比如说不完全符合上面所述的三个条件，这时就有一个对支撑线和压力线进行调整的问题，这就是支撑线和压力线的修正。

对支撑线和压力线的修正过程其实是对现有各个支撑线和压力线重要性的确认。

每条支撑线和压力线在人们心目中的地位是不同的。股价到了这个区域，投资者心里清楚，它很有可能被突破；而到了另一个区域，投资者心里明白，它就不容易被突破。这为进行买卖提供了一些依据，不至于仅凭直觉进行买卖决策。

(三)趋势线和轨道线

1. 趋势线

(1)趋势线的含义。由于证券价格变化的趋势是有方向的，因而可以用直线将这种趋势表示出来，这样的直线称为趋势线。反映价格向上波动发展的趋势线称为上升趋势线；反映价格向下波动发展的趋势线则称为下降趋势线。由于股票价格的波动可分为长期趋势、中期趋势及短期趋势三种，因此，描述价格变动的趋势线也分为长期趋势线、中期趋势线与短期趋势线三种。由于价格波动经常变化，可能由升转跌，也可能由跌转升，甚至在上升或下跌途中转换方向，因此，反映价格变动的趋势线不可能一成不变，而是要随着价格波动的实际情况进行调整。换句话说，价格不论是上升还是下跌，在任一发展方向上的趋势线都不是只有一条，而是若干条。不同的趋势线反映了不同时期价格波动的实际走向，研究这些趋势线的变化方向和变化特征，就能把握住价格波动的方向和特征。

(2)趋势线的画法。连接一段时间内价格波动的高点或低点可画出一条趋势线。在上升趋势中,将两个低点连成一条直线,就得到上升趋势线;在下降趋势中,将两个高点连成一条直线,就得到下降趋势线,如图 6—10 中的直线 L。标准的趋势线必须由两个以上的高点或低点连接而成。

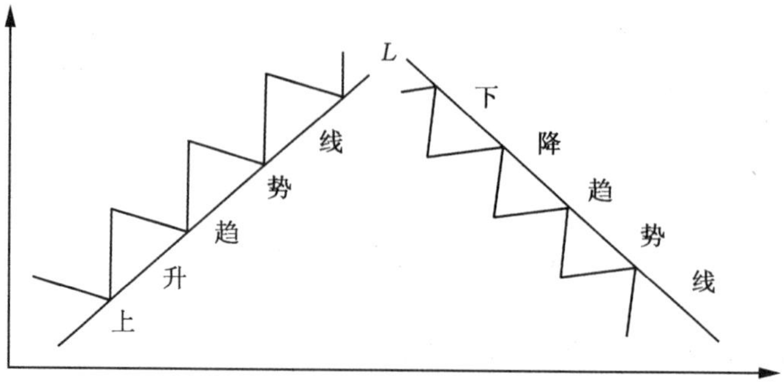

图 6—10 趋势线

由图 6—10 可看出,上升趋势线起支撑作用,是支撑线的一种;下降趋势线起压力作用,是压力线的一种。

虽然我们很容易画出趋势线,但这并不意味着趋势线已经被我们掌握了。画出一条直线后,有很多问题需要解答,最关键的问题是正确确定趋势线的高点或低点。然而,正确判断趋势线的高点或低点并不是一件十分容易的事情,它需要对过去价格波动的形态进行分析研究。根据两点决定一条直线的基本原理,画任何趋势线必然要选择两个有决定意义的高点或低点。一般来说,上升趋势线的两个低点,应是两个反转低点,即下跌至某一低点开始回升,再下跌没有跌破前一低点又开始上升,则这两个低点就是两个反转低点。同理,决定下降趋势线也需要两个反转高点,即上升至某一高点后开始下跌,回升未达前一高点又开始下跌,则这两个高点就是反转高点。

在若干条上升趋势线和下降趋势线中,最重要的是原始上升趋势线或原始下降趋势线。它决定了价格波动的基本发展趋势,有着极其重要的意义。原始趋势的最低点是由下跌行情转为上升行情之最低点,至少在 1 年中此价位没有再出现,例如 2013 年 6 月 25 日上证指数的 1 849.65 点。原始趋势的最高点是上升行情转为下跌行情之最高点,同样至少在 1 年中此价位没有再出现,例如 2015 年 6 月 12 日上证指数的 5 178.19 点。

(3)趋势线的确认及其作用。要得到一条真正起作用的趋势线,要经多方面的验证才能最终确认,不合条件的一般应删除。首先,必须确实有趋势存在。也就是说,在上升趋势中必须确认两个依次上升的低点,在下降趋势中必须确认两个依次下降的高点,才能确认趋势的存在。其次,画出直线后,还应得到第三个点的验证才能确认这条趋势线是有效的。一般来说,所画出的直线被触及的次数越多,其作为趋势线的有效性越能得到确认,用它进行预测越准确有效。另外,这条直线延续的时间越长,越具有有效性。

一般来说,趋势线有两种作用:

一是对价格今后的变动起约束作用,使价格总保持在这条趋势线的上方(上升趋势线)或下方(下降趋势线)。实际上,就是起支撑和压力的作用。

二是趋势线被突破后,就说明股价下一步的走势将要反转。越重要、越有效的趋势线被突破，其转势的信号越强烈。被突破的趋势线原来所起的支撑和压力作用，现在将相互交换角色。如图 6－11 所示。

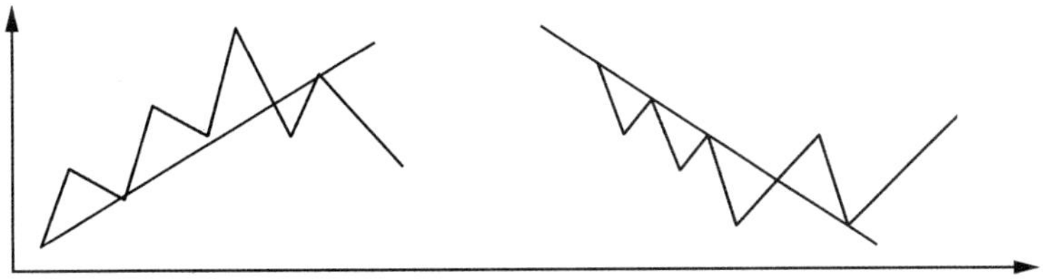

图 6－11　趋势线突破后起相反作用

趋势线的实际应用包括：

一是当发现上升趋势形成时，一旦股价回落到上升趋势线附近时，应买入股票；当发现下降趋势形成时，一旦股价反弹到下降趋势线附近时，应卖出股票。

二是当一个上升趋势运行了一段时间后，若股价从上向下突破了上升趋势线，说明转点已出现，股价可能将改变运行趋势，此时应卖出股票；当一个下降趋势运行了一段时间后，若股价从下向上突破了下降趋势线，表示股价的下降趋势已经转变，将可能变成上升趋势和横向运动趋势，此时买股票持股的风险将大大减小。技术分析者也经常把股价从上向下跌破上升趋势线，作为多方止损，把股价从下向上突破下降趋势线作为空方止损。

2. 轨道线

轨道线又称为通道线或管道线，是基于趋势线的一种方法。在已经得到了趋势线后，通过第一个峰和谷可以做出这条趋势线的平行线，这条平行线就是轨道线，如图 6－12 所示。

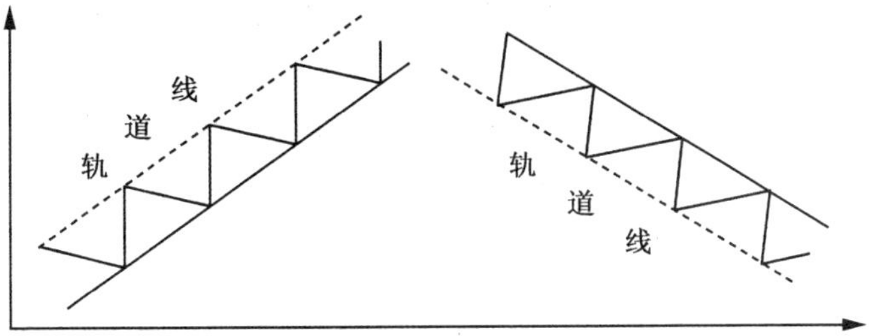

图 6－12　轨道线

两条平行线组成一个轨道，这就是常说的上升或下降轨道。轨道的作用是限制股价的变动范围。一个轨道一旦得到确认，那么价格将在这个通道里变动，对上面的或下面的直线的突破将意味着行情有一个大的变化。

与突破趋势线不同，对轨道线的突破并不是趋势反转的开始，而是趋势加速的开始，即原来的趋势线的斜率将会增加，趋势线的方向将会更加陡峭，如图 6－13 所示。

轨道线的另一个作用是提出趋势转向的警报。如果在一次波动中未触及轨道线，离得很远就开始掉头，这往往是趋势将要改变的信号。这说明，市场已经没有力量继续维持原有的上升或下降趋势了。

轨道线和趋势线是相互合作的一对。很显然，先有趋势线，后有轨道线，趋势线比轨道线重要。趋势线可以独立存在，而轨道线则不能。

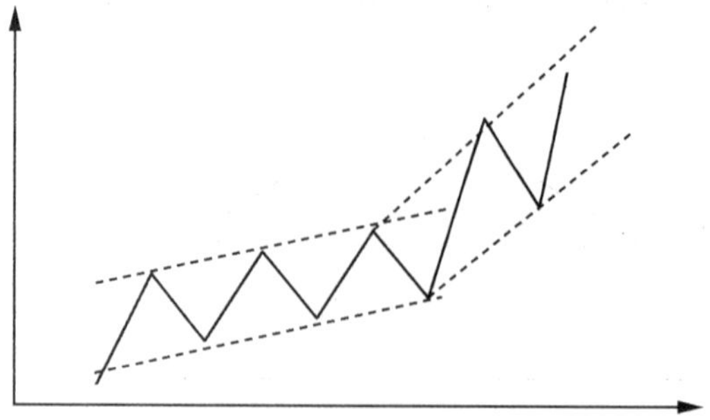

图 6—13 轨道线的突破

(四)应用切线理论应注意的问题

切线为我们提供了很多价格移动可能存在的支撑线和压力线,这些直线有很重要的作用。但是,支撑线、压力线有被突破的可能,它们的价位只是一种参考,不能把它们当成万能的工具。

四、形态理论

K 线理论已经告诉我们一些有关对今后股价运动方向进行判断的方法。不可否认,它有很好的指导意义。但由于 K 线理论注重短线操作,它的预测结果只适用于其后很短的时期,有时仅仅是一两天。为了弥补这种不足,我们将 K 线的数量增加,这样,众多的 K 线就组成了一条上下波动的曲线。这条曲线就是股价在这段时间移动的轨迹,它比前面 K 线理论中的 K 线组合所包括的内容要全面得多。

形态理论正是通过研究股价所走过的轨迹,分析和挖掘曲线反映出的股价运行规律,进而指导投资者的行动。

趋势的方向发生变化一般不是突然来到的,变化都有一个发展的过程。形态理论通过研究股价曲线的各种形态,发现股价正在进行的行动方向。

(一)股价移动规律和两种形态类型

1. 股价移动规律

股价的移动是由多空双方力量大小决定的。在一个时期内,多方处于优势,股价将向上移动;在另一个时期内,如果空方处于优势,则股价将向下移动。这些事实,我们在介绍 K 线的时候已经进行了说明,这里所考虑的范围要比前面所叙述的内容广泛得多。

多空双方的一方占据优势的情况又是多种多样的。有的只是稍强一点,股价向上(下)走不了多远就会遇到阻力;有的强势大一些,可以把股价向上(下)拉得多一些;有的优势是决定性的,这种优势完全占据主动,对方几乎没有什么力量与之抗衡,股价的向上(下)移动势如破竹。

根据多空双方力量对比可能发生的变化,可以知道股价的移动应该遵循这样的规律:第一,股价应在多空双方取得均衡的位置上下来回波动;第二,原有的平衡被打破后,股价将寻找新的平衡位置。这种股价移动的规律可用下式描述。

持续整理、保持平衡→打破平衡→新的平衡→再打破平衡→再寻找新的平衡……

股价的移动就是按这一规律循环往复、不断运行的。证券市场中的胜利者往往是在原来的平衡快要打破之前或者是在打破的过程中采取行动而获得收益的。如果原平衡已经打破,新的平衡已经找到，这时才开始行动，就已经晚了。

2. 股价移动的两种形态类型

根据股价移动的规律，我们可以把股价曲线的形态分成两大类型：持续整理形态和反转突破形态。前者保持平衡，后者打破平衡。平衡的概念是相对的，股价只要在一个范围内变动，都属于保持了平衡。这样，这个范围的选择就成为判断平衡是否被打破的关键。

同支撑线、压力线被突破一样，平衡被打破也有被认可的问题。刚打破一点，不能算真正打破。反转突破形态存在种种假突破的情况，假突破给某些投资者造成的损失有时是很大的。虽然我们对形态的类型进行了分类，但是这些形态中有些不容易区分其究竟属于哪一类。例如，一个局部的三重顶(底)形态，在一个更大的范围内有可能被认为是矩形形态的一部分；一个三角形形态有时也可以被当成反转突破形态，尽管多数情况下我们都把它当成持续整理形态。

(二)反转突破形态

反转突破形态描述了趋势方向的反转，是投资分析中应该重点关注的变化形态。反转突破形态主要有头肩顶(底)、双重顶(底)、圆弧形、喇叭形以及 V 形反转等多种形态。

1. 头肩顶(底)

头肩顶和头肩底是实际股价形态中出现最多的一种形态，也是最著名和最可靠的反转突破形态。

(1)头肩顶。头肩顶在形态学中是一种最典型、最具杀伤力的形态，有人形象地称它为“魔鬼头”。如果这种形态出现后，投资者还继续持股，那么必将损失惨重，伤痕累累。

头肩顶是在高位由三个高点和两个低点组成，形态组合就像一个人的左肩、头和右肩。如图 6－14 左所示。头的位置是最高点，左肩和右肩分别代表两个次高点，位于头的两侧的一定距离之外，如左肩和右肩的高度与头的高度平行或差不多时，被称为“三尊头”或“三重顶”。

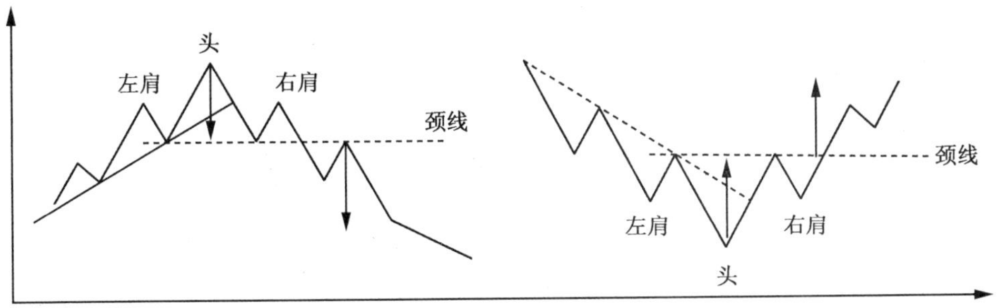

图 6－14 头肩顶(底)

我们把头肩顶的两波低点位置连成的直线称为“颈线”。颈线起支撑作用，而颈线一旦被有效突破，它就变为一条压力线。

头肩顶的形成通常包括五个步骤：左肩—头—右肩—跌破颈线—回抽。其形成过程大体如下：

①股价长期上升后，成交量大增，获利回吐压力亦增加，导致股价回落，成交量较大幅度下降，左肩形成。

②股价回升，突破左肩之顶点，成交量亦可能因充分换手而创纪录，但价位过高使持股者产生恐慌心理，竞相抛售，股价回跌到前一低点附近，头部完成。

③股价再次上升，但前段的巨额成交量将不再重现，涨势亦不再凶猛，价位到达头部顶点

之前即告回落，形成右肩。

④股价又一次下跌并急速穿过颈线。

⑤在理论上，股价跌破颈线之后，应有一个回抽来确认颈线压力是否有效，然后成为下跌趋势，头肩顶形态宣告完成。在实际操作中，投资者不要死等回抽出现，因为有时下跌势头强劲，回抽可能根本就不出现。

头肩顶具有以下特征：

①一般来说，左肩与右肩高点大致相等，有时右肩较左肩低，即颈线向下倾斜。

②就成交量而言，左肩最大，头部次之，而右肩成交量最小，即呈梯状递减。

③突破颈线不一定需要大成交量配合，但日后继续下跌时，成交量会放大。

头肩顶的下跌幅度是可以度量的，理论上股价从向下有效突破颈线时，下跌的最小幅度是颈线到头的垂直距离，又称为形态高度。

(2)头肩底。头肩底是头肩顶的倒转形态，是一个可靠的底部反转形态。这一形态的构成和分析方法，除了在成交量方面与头肩顶有所区别外，其余与头肩顶类同，只是方向正好相反，如图 6－14 右所示。

值得注意的是，头肩顶与头肩底在成交量配合方面的最大区别是：头肩顶完成后，向下突破颈线时，成交量不一定放大，但日后继续下跌时，成交量会放大；而头肩底向上突破颈线，若没有较大的成交量出现，可靠性将大为降低，甚至可能出现假的头肩底形态。

2. 双重顶(底)

双重顶和双重底就是市场上众所周知的 M 头和 W 底，在实际中出现得非常频繁，是一种极为重要的反转形态。

(1)双重顶。双重顶一共出现两个顶，即具有两个相同高度的高点。又称为双顶，如图 6－15 左所示。

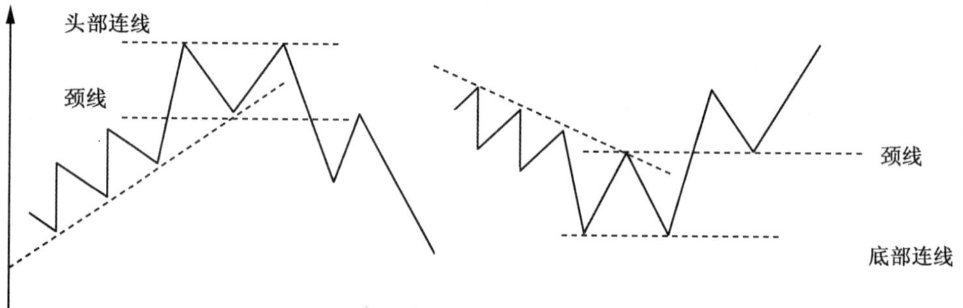

图 6－15 双重顶(底)

双重顶的形成过程大体如下：

在上升趋势的末期，股价上升到新高点，创立了新高点之后受阻回落，在峰顶处留下大成交量。在上升趋势线附近股价获得支撑停止回落，成交量随股价下跌而萎缩。随后股价继续上升，又回到与前期高点几乎等高的位置，成交量再度增加，但不能达到前面的成交水准。之后上升遇到阻力，股价掉头向下，这样就形成了双重顶。

两个顶点的连线称为“头部连线”，过两顶之间的低点作头部连线的平行线，就得到一条非常重要的直线，称为“颈线”。颈线在这里起支撑作用。

双重顶形成以后，要密切关注其后的走势。如果没有突破颈线的支撑位置，股价在头部连线与颈线之间的狭窄范围内上下波动，将演变成后面要介绍的矩形形态；如果突破了颈线的支撑位置继续向下，这种情况才真正表明双重顶反转突破形态的出现。前一种情况只能说是一个潜在的双重顶反转突破形态的出现。

一个真正的双重顶反转突破形态的出现，除了必要的两个相同高度的高点以外，还应该向下突破颈线的支撑。

双重顶反转形态一般具有以下特征：

①双重顶的两个高点不一定在同一水平面上，两者相差小于3%就不会影响形态的分析意义。

②通常第二个顶的成交量比第一个顶的成交量有较大的减少。向下突破颈线时，不一定有大成交量伴随，但日后继续下跌时，成交量会放大。

③双重顶的下跌幅度理论上是可以度量的，最小跌幅是两个头部连线到颈线的垂直距离。因此，股价向下突破颈线时，虽然不是最好的出货点，但却是投资者明智的离场点。

(2)双重底。双重底又称为双底，如图6－15右所示。对于双重底，有与双重顶完全相似或者说完全相同的结果。只要将对双重顶的介绍反过来叙述就可以了。比如，向下说成向上，高点说成低点，支撑说成压力。

需要注意的是，双重底的颈线突破时，必须有大成交量的配合，否则即可能为无效突破。

3. 三重顶(底)

三重顶(底)是头肩形态的一种小小的变体，它由三个一样高或一样低的顶或底组成，如图6－16所示。

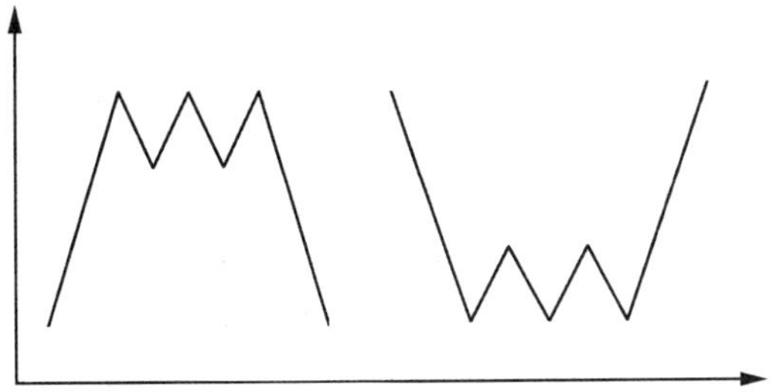

图6－16　三重顶(底)

与头肩形态的区别是头的价位回缩到与肩差不多相等的位置，有时甚至略低于或略高于肩部一点。从这个意义上讲，三重顶(底)与双重顶(底)也有相似的地方，只是前者比后者多“折腾”了一次。

三重顶(底)的颈线差不多是水平的，三个顶(底)也差不多是相等高度。

4. 圆弧形

将股价在一段时间的顶部高点用线连起来，每一个局部的高点都考虑到，有时可能得到一条类似于圆弧的弧线，盖在股价之上；同样，将每个局部的低点连在一起也能得到一条弧线，托在股价之下，如图6－17所示。

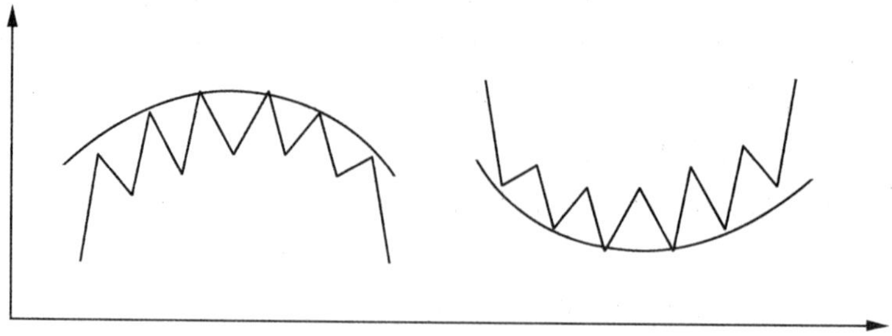

图 6—17　圆弧形

这样的价格形态就是圆弧形，圆弧形又称为碟形、圆形、碗形等。需要强调的是，图中的曲线不是数学意义上的圆，也不是抛物线，而仅仅是一条曲线。人们已经习惯于使用直线，在遇到图 6—17 这样的顶和底时，用直线显然就不够了，因为顶和底的变化太频繁，信息太多，一条直线反映不出来。

圆弧形在实际中出现的机会较少，但是一旦出现则是绝好的机会，它的反转深度和高度是不可测的，这一点与前面几种形态有一定区别。

圆弧形的形成在很大程度上是一些机构大户炒作的结果，圆弧顶一般是庄家缓缓出货的结果。庄家手里有足够的筹码，如果一下子抛出太多，股价下跌太快，手里的货可能不能全部出手，只能一点一点地往外抛，形成众多的来回拉锯，直到手中股票接近抛完时，才会大幅度打压，一举使股价下跌到很深的位置。圆弧底一般被认为是庄家逐步建仓的过程。这些人手里持有足够的资金，一下子买得太多，股价上涨得太快，也不利于今后的买入，只能逐渐地分批建仓，直到股价一点一点地来回拉锯，往上接至圆弧边缘时，才会用少量的资金一举往上拉升到一个很高的高度。因为这时股票大部分在机构大户手中，别人无法打压股价。

圆弧形的特征：

①形态完成、股价反转后，行情多属爆发性，涨跌急速，持续时间也不长，一般是一口气走完，中间极少出现回档或反弹。因此，形态确立后应立即顺势而为，以免踏空或套牢。

②在圆弧顶或圆弧底的形成过程中，成交量的变化都是两头多，中间少。越靠近顶或底成交量越少，到达顶或底时成交量达到最小。在突破后的一段，都有相当大的成交量。

③圆弧形形成所花的时间越长，今后反转的力度就越大，越值得人们去相信这个圆弧形。一般来说，应该与一个头肩形态形成的时间相当。

5. 喇叭形

喇叭形也是一种重要的反转形态。它大多出现在顶部，是一种较可靠的看跌形态。更为可贵的是，喇叭形在形态完成后，几乎总是下跌，不存在突破是否成立的问题。这种形态在实际中出现的次数不多，但一旦出现，则极为有用。

喇叭形的正确名称应该是扩大形或增大形。因为这种形态酷似一个喇叭，故得名，如图 6—18 所示。

喇叭形态的形成往往是由于投资者的冲动情绪造成的，通常在长期上升的最后阶段出现。这是一个缺乏理性的市场，投资者受到市场炽热的投机气氛或市场传闻的感染，很容易追涨杀跌。这种冲动而杂乱无章的行市，使得股价不正常地大起大落，形成巨幅震荡的行情，继而在震荡中完成形态的反转。

从图 6—18 中看出，由于股价波动的幅度越来越大，形成了越来越高的 3 个高点，以及越

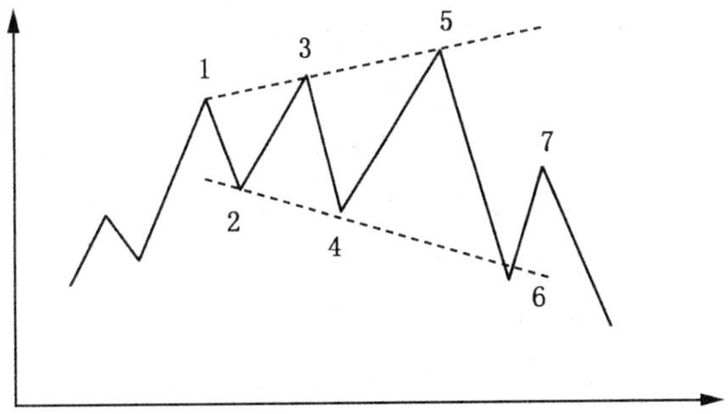

图 6—18　喇叭形

来越低的 2 个低点。这说明当时的交易异常活跃，成交量日益放大，市场已失去控制，完全由参与交易的公众情绪决定。在这个混乱的时候进入证券市场是很危险的，交易也十分困难。在经过了剧烈的动荡之后，人们的情绪会渐渐平静，远离这个市场，股价将逐步地往下运行。

一个标准的喇叭形态应该有 3 个高点、2 个低点。股票投资者应该在第三峰(图 6—18 中的 5)调头向下时就抛出手中的股票，这在大多数情况下是正确的。如果股价进一步跌破了第二个谷(图 6—18 中的 4)，则喇叭形完全得到确认，抛出股票更成为必然。

股价在喇叭形之后的下跌过程中，肯定会遇到反扑，而且反扑的力度会相当大，这是喇叭形的特殊性。但是，只要反扑高度不超过下跌高度的一半(图 6—18 中的 7)，股价下跌的势头还是应该继续的。

喇叭形态具有如下特征：

(1)喇叭形一般是一个下跌形态，暗示升势将到尽头，只有在少数情况下股价在高成交量配合下向上突破时，才会改变其分析意义；

(2)在成交量方面，整个喇叭形态形成期间都会保持不规则的大成交量，否则难以构成该形态；

(3)喇叭形走势的跌幅是难以量度的，一般来说，跌幅都会很大；

(4)喇叭形源于投资者的非理性，因而在投资意愿不强、气氛低沉的市道中，不可能形成该形态。

6. V 形反转

V 形走势是一种很难预测的反转形态，它往往出现在市场剧烈的波动之中。无论 V 形顶还是 V 形底的出现，都没有一个明显的形成过程，这一点同其他反转形态有较大的区别。因此，往往让投资者感到突如其来甚至难以置信。图 6—19 是 V 形和倒 V 形的简单图示。

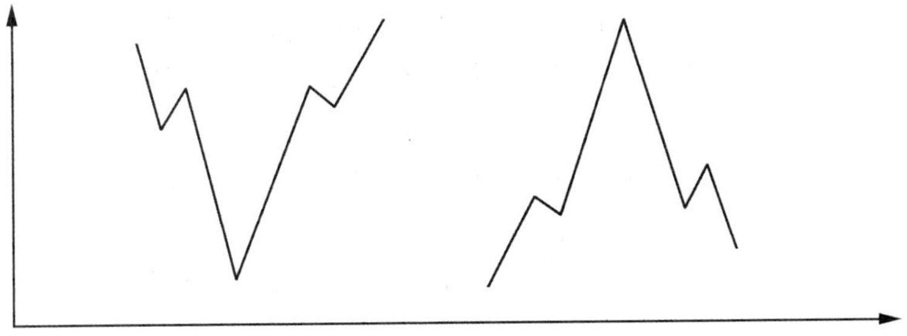

图 6—19　V 形和倒 V 形

一般的反转形态，都有一个较为明确的步骤：首先是原来的走势趋缓，市场多空双方的力量渐趋均衡；接着价格也由先前的走势转为横向徘徊；最后，多空力量的对比发生改变，走势发生逆转，股价反向而行。但V形走势却迥然不同，它没有中间那一段过渡性的横盘过程，其关键转向过程仅2～3个交易日，有时甚至在1个交易日内完成整个转向过程。

V形走势的一个重要特征是在转势点必须有大成交量的配合，且成交量在图形上形成倒V形。若没有大成交量，则V形走势不宜信赖。

V形反转一般事先无任何征兆，在大多数情况是由于突发意外消息引起的，而这种意外是无法控制的。V形是一种失控的形态，在应用时要特别小心。

（三）持续整理形态

与反转突破形态不同，持续整理形态描述的是，股价向一个方向经过一段时间的快速运行后，不再继续原趋势，而在一定区域内上下窄幅波动，等待时机成熟后再继续前进。这种运行所留下的轨迹称为整理形态。三角形、矩形、旗形和楔形是著名的整理形态。

1. 三角形

三角形整理形态主要分为三种：对称三角形、上升三角形和下降三角形。第一种有时也称为正三角形或收敛三角形，后两种合称直角三角形。

(1)对称三角形。对称三角形形态大多发生在一个大趋势进行的途中。它表示原有的趋势暂时处于休整阶段，之后还要沿着原趋势的方向继续运行。由此可见，见到对称三角形后，股价今后走向最大的可能是沿原有的趋势方向运动，如图6—20所示。

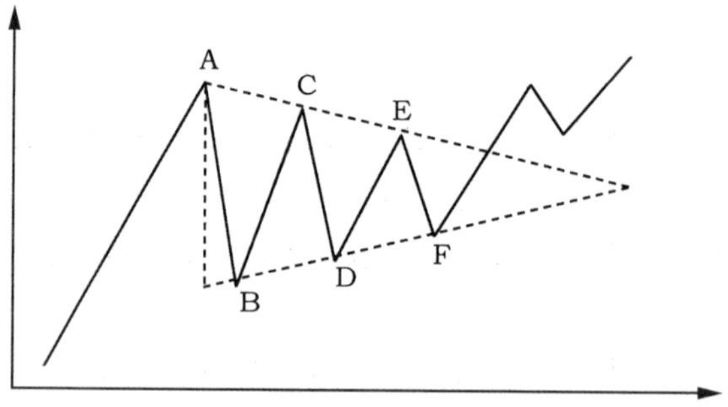

图6—20 对称三角形

从图6—20中可以看出，这里的原有趋势是上升，所以，三角形完成以后是突破向上。对称三角形有两条聚拢的直线，上面的向下倾斜，起压力作用；下面的向上倾斜，起支撑作用。两直线的交点称为顶点。正如趋势线的确认要求第三点验证一样，对称三角形一般应有6个转折点，如图中的A、B、C、D、E、F各点。这样，上下两条直线的支撑压力作用才能得到验证。

对称三角形只是原有趋势运动途中的休整状态，所以持续的时间不会太长。持续时间太长，保持原有趋势的能力就会下降。一般来说，突破上下两条直线的包围，继续原有既定方向的时间要尽量短。越靠近三角形的顶点，三角形的各种功能就越不明显，对我们投资的指导意义就越不强。根据经验，突破的位置一般应在三角形的横向宽度的1/2～3/4的某个位置。三角形的横向宽度是指三角形的顶点到底的高度。不过这里有个大前提，即必须认定股价一定要突破这个三角形。前面已经说过了，如果股价不在预定的位置突破三角形，那么这个对称三角形态可能会转化成别的形态。

对称三角形的突破也有真假的问题，可采用突破颈线3%以上原则和2日突破原则来确认。这里要注意,对称三角形的成交量因越来越小的股价波动而递减,而向上突破需要大成交量配合,向下突破则不必。没有成交量的配合,很难判断突破的真假。

对称三角形被突破后,也有测算功能。这里介绍两种测算价位的方法。以原有的上升趋势为例:

方法一:如图 6—21 所示。从 C 点向上带箭头直线的高度,是未来股价至少要达到的高度。箭头直线长度与 AB 连线长度相等。AB 连线的长度称为对称三角形的高度。

从突破点算起,股价至少要运动到与形态高度相等的距离。

方法二:如图 6—21 所示。过 A 点作平行于下边直线的平行线,即图中的斜虚线,它是股价今后至少要达到的位置。

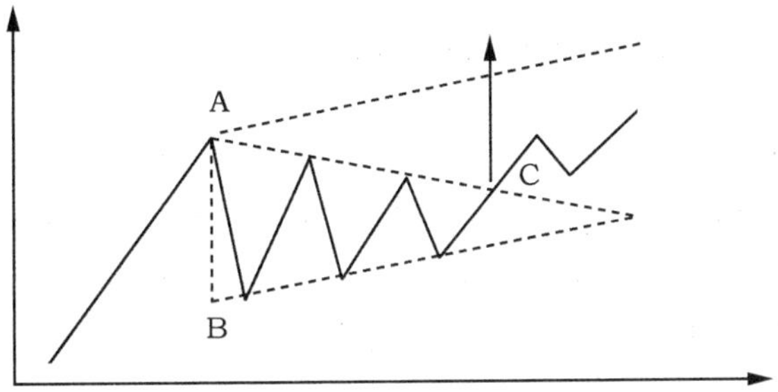

图 6—21 对称三角形的测算功能

从几何学上可以证明,用这两种方法得到的两个价位绝大多数情况下是不相等的。前者给出的是个固定的数字;后者给出的是个不断变动的数字,达到虚线的时间越迟,价位就越高。这条虚线实际上是一条轨道线。方法一简单,易于操作和使用;方法二更多的是从轨道线方面考虑的。

另外,虽然对称三角形一般是整理形态,但有时也可能在顶部或底部出现而导致大势反转,这是三角形形态在实际应用时要注意的问题。

(2)上升三角形。上升三角形是对称三角形的变形体。对称三角形有上下两条直线,将上面的直线由逐渐向下倾斜变成水平方向,就得到上升三角形,如图 6—22 所示。

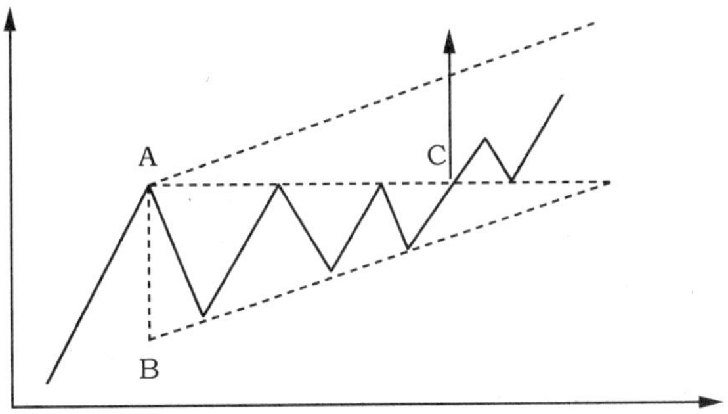

图 6—22 上升三角形

我们知道,上面的直线起压力作用,下面的直线起支撑作用。在对称三角形中,压力和支撑都是逐步加强的。一方越压越低,另一方越撑越高,看不出谁强谁弱。在上升三角形中就不同了，压力是水平的，始终如一，没有变化，而支撑却是越撑越高。由此可见，上升三角形比起对称三角形来，有更强烈的上升愿望，多方比空方更为积极。通常以三角形的向上突破作为这个持续过程终止的标志。

如果股价原有的趋势是向上，遇到上升三角形后，几乎可以肯定今后是向上突破。一方面要保持原有的趋势，另一方面形态本身就有向上的愿望，这两方面的因素使股价逆趋势而动的可能性很小。

如果原有的趋势是下降，则出现上升三角形后，今后股价的趋势判断起来有些难度。一方要继续下降，保持原有的趋势，另一方要上涨，两方必然发生争执。如果在下降趋势处于末期时(下降趋势持续了相当一段时间)，出现上升三角形还是以看涨为主，这样，上升三角形就成了反转形态的底部。

上升三角形在突破顶部的阻力线时，必须有大成交量的配合，否则为假突破。突破后的升幅量度方法与对称三角形相同。

(3)下降三角形。下降三角形同上升三角形正好反向，是看跌的形态。如图 6—23 所示。它的基本内容同上升三角形可以说完全相似，只是方向相反。这里需要注意：下降三角形的成交量一直十分低迷，突破时不必有大成交量配合。另外，如果股价原有的趋势是向上的，则遇到下降三角形后，趋势的判断有一定的难度，但如果在上升趋势的末期，出现下降三角形后，可以看成是反转形态的顶部。

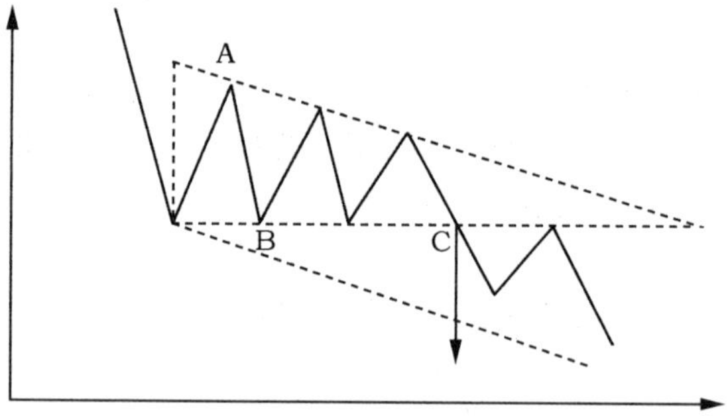

图 6—23 下降三角形

2. 矩形

矩形又叫箱形，也是一种典型的整理形态，股票价格在两条横着的水平直线之间上下波动，作横向延伸的运动。

矩形在形成之初，多空双方全力投入，各不相让。空方在价格涨到某个位置就抛售，多方在股价下跌到某个价位就买入，时间一长就形成两条明显的上下界线。随着时间的推移，双方的战斗热情会逐步减弱，成交量减少，市场趋于平淡。

如果原来的趋势是上升，那么经过一段矩形整理后，会继续原来的趋势，多方会占优势并采取主动，使股价向上突破矩形的上界；如果原来是下降趋势，则空方会采取行动，突破矩形的下界，如图 6—24 所示。

从图 6—24 中可以看出，矩形在其形成的过程中极可能演变成三重顶(底)形态，这是我们应该注意的。正是由于对矩形的判断有这么一个容易出错的可能性，在面对矩形和三重顶(底)进行操作时，几乎一定要等到突破之后才能采取行动，因为这两个形态今后的走势方向完全相反：一个是持续整理形态，要维持原来的趋势；另一个是反转突破形态，要改变原来的趋

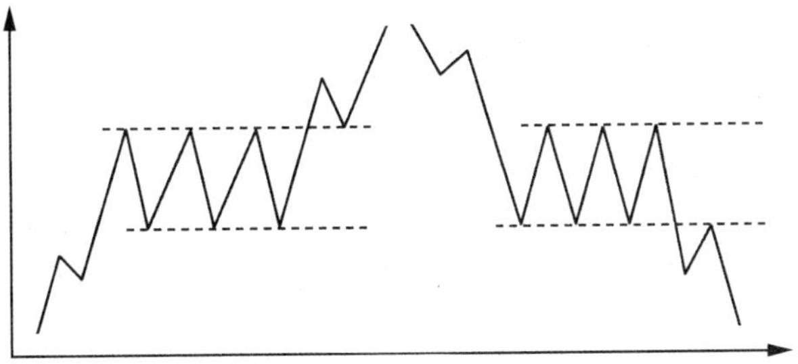

图 6—24　矩形

势。

矩形的突破也有一个确认的问题。当股价向上突破时，必须有大成交量的配合方可确认，而向下突破则不必有成交量增加。当矩形突破后，其涨跌幅度通常等于矩形本身宽度，这是矩形的测算功能。面对突破后股价的反扑，矩形的上下界线同样具有阻止反扑的作用。

与别的大部分形态不同，矩形为我们提供了一些短线操作的机会。如果在矩形形成的早期就能够预测到股价将进行矩形调整，那么，就可以在矩形的下界线附近买入，在上界线附近抛出，来回做几次短线的进出。如果矩形的上下界线相距较远，那么，这种短线的收益也是相当可观的。

3. 旗形和楔形

旗形和楔形是两个著名的持续整理形态。在股票价格的曲线图上，这两种形态出现的频率很高，一段上升或下跌行情的中途可能出现好几次这样的图形。它们都是一个趋势的中途休整过程，休整之后，还要保持原来的趋势方向。这两个形态的特殊之处在于，它们都有明确的形态方向，如向上或向下，并且形态方向与原有的趋势方向相反。例如，如果原有的趋势方向是上升，则这两种形态的方向就是下降。

(1)旗形。从几何学的角度看，旗形应该叫作平行四边形，它的形状是一上倾或下倾的平行四边形，如图 6—25 所示。

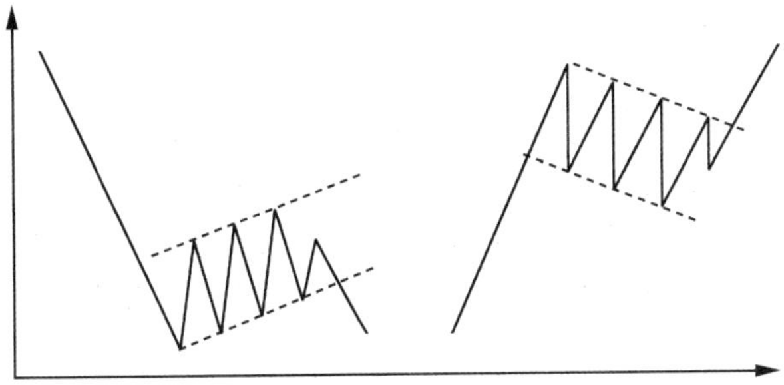

图 6—25　旗形

旗形大多发生在市场极度活跃、股价运动近乎直线上升或下降的情况下。在市场急速而又大幅的波动中，股价经过一连串紧密的短期波动后，形成一个稍微与原来趋势呈相反方向倾斜的长方形，这就是旗形走势。旗形走势的形状就如同一面挂在旗杆顶上的旗帜，故此得名。它又可分为上升旗形和下降旗形两种。

旗形的上下两条平行线起着压力和支撑作用，这有点像轨道线。这两条平行线的某一条被突破是旗形完成的标志。

旗形也有测算功能。旗形的形态高度是平行四边形左右两条边的长度。旗形被突破后，股价将至少要走到形态高度的距离，大多数情况是走到旗杆高度的距离。

应用旗形时，要注意以下几点：

①旗形出现之前，一般应有一个旗杆，这是由于价格做直线运动形成的。

②旗形持续的时间不能太长，时间一长，保持原来趋势的能力将下降。经验告诉我们，持续时间应该短于3周。

③旗形形成之前和被突破之后，成交量都很大。在旗形的形成过程中，成交量逐渐减少。

(2)楔形。如果将旗形中上倾或下倾的平行四边形变成上倾或下倾的三角形，就会得到楔形。楔形可分为上升楔形和下降楔形两种，如图6－26所示。

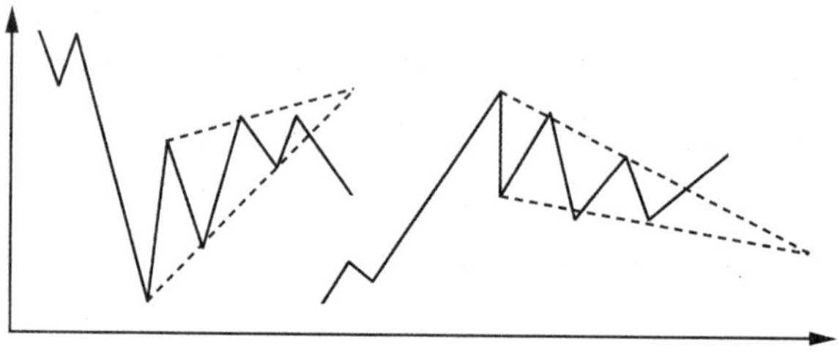

图6－26 楔形

上升楔形是指股价经过一次下跌后产生强烈技术性反弹，价格升至一定水平后又掉头回落，但回落点比前次高，然后又上升至新高点，再回落，在总体上形成一浪高于一浪的势头。如果把短期高点与高点相连、低点与低点相连，则形成两条向上倾斜的直线，且两者呈收敛之势。下降楔形则正好相反，股价的高点和低点形成一浪低于一浪之势。

同旗形一样，楔形也有保持原有趋势方向的功能。趋势的途中会遇到这种形态。上升楔形常在跌市中的回升阶段出现，显示股价尚未见底，只是一次技术性的反弹。下降楔形常出现于中长期升市的回落调整阶段。

楔形的上下两条边都是朝着同一方向倾斜，具有明显的倾向，这是该形态与前面三角形整理形态的不同之处。

与旗形和三角形稍微不同的地方是，楔形偶尔地出现在顶部或底部而作为反转形态。这种情况一定是发生在一个趋势经过了很长时间接近于尾声的时候。

在楔形形成过程中，成交量渐次减少。在楔形形成之前和突破之后，成交量一般都很大。

与旗形的另一个不同是，楔形形成所花费的时间较长，一般需要2周以上的时间方可完成。

(四)缺口

缺口，通常又称为跳空，是指证券价格在快速大幅波动中没有留下任何交易的一段真空区域。从这个意义上说，缺口也属于形态的一种。缺口的出现往往伴随着向某个方向运动的一种较强动力。缺口的宽度表明这种运动的强弱。一般来说，缺口越宽，运动的动力越大；反之，则越小。不论向何种方向运动所形成的缺口，都将成为日后较强的支撑或阻力区域，不过这种支撑或阻力效能依不同形态的缺口而定。

缺口分析是技术分析的重要手段之一。有关的技术分析著作常将缺口划分为普通缺口、突破缺口、持续性缺口和消耗性缺口四种形态。由于缺口具有不同形态，而每种形态各具特点，人们可以根据不同的缺口形态预测行情走势的变化方向和变化力度，因此，缺口分析已成为当今技术分析中极其重要的技术分析工具。

1. 普通缺口

普通缺口经常出现在股价整理形态中，特别是出现在矩形或对称三角形等整理形态中。由于股价仍处于盘整阶段，因此，在形态内的缺口并不影响股价短期内的走势。普通缺口具有的一个比较明显特征是，它一般会在3日内回补；同时，成交量很小，很少有主动的参与者。如果不具备这些特点，就应考虑该缺口是否属于普通缺口形态。普通缺口的支撑或阻力效能一般较弱。

普通缺口的这种短期内必补的特征，给投资者短线操作带来了一个机会，即当向上方向的普通缺口出现之后，在缺口上方的相对高点抛出证券，待普通缺口封闭之后买回证券；而当向下方向的普通缺口出现之后，在缺口下方的相对低点买入证券，待普通缺口封闭之后再卖出证券。这种操作方法的前提是，必须判明缺口是否为普通缺口，且证券价格的涨跌是否达到一定的幅度。

2. 突破缺口

突破缺口是证券价格向某一方向急速运动，跳出原有形态所形成的缺口。突破缺口蕴含较强的动能，常常表现为激烈的价格运动，具有极大的分析意义，一般预示行情走势将要发生重大变化。突破缺口的形成在很大程度上取决于成交量的变化情况，特别是向上的突破缺口。若突破时成交量明显增大，且缺口未被封闭(至少未完全封闭)，则这种突破形成的缺口是真突破缺口；若突破时成交量未明显增大，或成交量虽大，但缺口短期内很快就被封闭，则这种缺口很可能是假突破缺口。

一般来说，突破缺口形态确认以后，无论价位(指数)的升跌情况如何，投资者都必须立即做出买入或卖出的指令，即向上突破缺口被确认立即买入，向下突破缺口被确认立即卖出，因为突破缺口一旦形成，行情走势必将向突破方向纵深发展。

3. 持续性缺口

持续性缺口是在证券价格向某一方向有效突破之后，由于急速运动而在途中出现的缺口，它是一个趋势的持续信号。在缺口产生的时候，交易量可能不会增加，但如果增加的话，则通常表明一个强烈的趋势。

持续性缺口的市场含义非常明显，它表明证券价格的变动将沿着既定的方向发展变化，并且这种变动距离大致等于突破缺口至持续性缺口之间的距离，即缺口的测量功能。持续性缺口一般不会在短期内被封闭。因此，投资者可在向上运动的持续性缺口附近买入证券或者在向下运动的持续性缺口附近卖出证券，而不必担心是否会套牢或者踏空。

4. 消耗性缺口

消耗性缺口一般发生在行情趋势的末端，表明股价变动的结束。若一轮行情走势中已出现突破缺口与持续性缺口，那么随后出现的缺口就很可能是消耗性缺口。判断消耗性缺口最简单的方法就是考察缺口是否会在短期内封闭。若缺口封闭，则消耗性缺口形态可以确立。消耗性缺口容易与持续性缺口混淆，它们的最大区别是：消耗性缺口出现在行情趋势的末端，而且伴随着大的成交量。

由于消耗性缺口形态表明行情走势已接近尾声，因此，投资者在上升行情出现消耗性缺口时应及时卖出证券，而在下跌趋势中出现消耗性缺口时买入证券。

（五）应用形态理论应注意的问题

形态分析是较早得到应用的方法，相对比较成熟。尽管如此，也有正确使用的问题。站在不同的角度，对同一形态可能产生不同的解释。例如，头肩形态是反转形态，但有时从更大的范围去观察，则有可能成为中途持续形态。进行实际操作时，形态理论要求形态完全明朗才能行动，从某种意义上讲，有错过机会的可能。

此外，同其他技术方法一样，不能把形态理论当成万能的工具，更不应将其作为金科玉律，形态分析得出的结论仅是一种参考。

五、波浪理论

波浪理论是技术分析大师艾略特（R. N. Elliott）提出的一种价格趋势分析理论。艾略特原来是位会计，曾供职于餐馆和铁路公司。他在因病退休之后，细细揣摩出了证券市场价格运动的一些规律，并从道氏理论中吸取了灵感，在股市分析领域创立了长盛不衰的波浪理论。但在艾略特活着的时候，他的理论并没有形成完整的体系，因此也没有能够得到社会的广泛承认。直到 1978 年查尔斯・丁・柯林斯以艾略特原著为基础完成并发表了他的专著《波浪理论》之后，波浪理论才正式确立。

波浪理论的核心是根据大海的潮汐及波浪的变化规律，来描述股票以及商品价格的波动规律性及其走势。它是一套全凭观察得来的规律，可以用于分析股价指数、期货价格的走势，它是当今世界在股市分析中运用得最多却又最难以了解和精通的理论。

（一）波浪理论的基本原理

波浪理论认为：不管是股票还是商品价格的波动，都与大自然的潮汐、波浪一样，一浪跟着一浪，周而复始，具有相当一致的规律性，展现出周期循环的运动。其基本形态结构为：

（1）股价的上升和下跌将会交替进行，并呈现出周期性的变化。

（2）每个周期由 8 个波浪组成，这 8 个波浪可分为推动浪和调整浪。推动浪（即与大市走向一致的波浪，又称为主浪）和调整浪是价格波动的两个最基本形态；而推动浪可以再细分成 5 个小浪，一般用第 1 浪、第 2 浪、第 3 浪、第 4 浪和第 5 浪来表示，调整浪可再细分成 3 个小浪，通常用 a 浪、b 浪和 c 浪表示。

（3）推动浪可以是上升浪也可以是下跌浪，调整浪可以是下跌浪也可以是上升浪，即每个周期由上升 5 浪和下跌 3 浪或下跌 5 浪和上升 3 浪组成。

（4）在上述 8 个波浪完毕之后，一个循环即告完成，走势将进入下一个 8 波浪循环。

（5）时间的长短不会改变波浪的形态，因为市场仍会依照其基本形态发展。波浪可以拉长，也可以缩短，但其基本形态永远不变。

（二）波浪的特征

波浪理论认为，股票价格的上涨下跌不是随机性的，它们的运动是按照某种规律进行的。上升趋势的 8 浪结构如图 6－27 所示。下面以上升趋势为例，介绍波浪的特征。

（1）第 1 浪是 8 浪循环的开始，由于这段行情的上升出现在空头市场跌势之后，多方力量并不强大，加上空头继续存在抛压，因此，第 1 浪的涨幅通常是 5 浪中最短的行情。几乎所有的第 1 浪都处于构造底部的阶段。

（2）第 2 浪是下跌浪。由于市场人士误以为熊市尚未完结，其调整下跌的幅度相当大，几乎吃掉第 1 浪的升幅。在此浪跌至近底部时，市场出现惜售心理，抛售压力逐渐减轻，当成交量逐渐减小时，第 2 浪调整宣告结束。

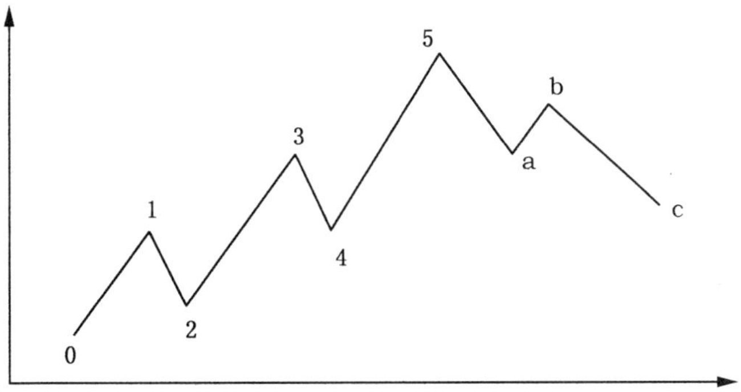

图 6－27 上升趋势的 8 浪结构

(3)第 3 浪是涨势往往最大、最有爆发力的上升浪。市场中投资者信心恢复，成交量大幅上升。这段行情持续上涨的时间往往最长，幅度也最大。传统图表中的突破信号经常出现在第 3 浪中。

(4)第 4 浪是行情大幅上升后的调整浪，通常以较复杂的形态出现，经常出现倾斜三角形的走势。第 4 浪的特点是该浪的底点不会低于第 1 浪的顶点。

(5)第 5 浪的涨势通常会小于第 3 浪，并且经常出现上攻失败的情况。

(6)对于 a 浪，市场中大多数投资者认为上升行情尚未逆转，此时仅为一个暂时的回档现象。但实际上，a 浪的下跌在第 5 浪中通常已有警告信号。

(7)b 浪的表现通常是成交量不大，一般而言是多头的逃命线，然而，由于是一段上升行情，很容易让投资者误以为是另一波段的涨势，形成“多头陷阱”，许多投资者在此期间买入后遭套牢。

(8)c 浪是一段破坏力较强的下跌浪，其跌势较为强劲，跌幅大，持续的时间也较长。

(三)波浪的层次

波浪理论考虑股价形态的跨度是可以随意而不受限制的，大到可以覆盖从有股票以来的全部时间跨度，小到可以只涉及数小时、数分钟的股价走势。

正是由于上述的时间跨度的不同，在数浪时，必然会涉及将一个大浪分成很多小浪和将很多小浪合并成一个大浪的问题，这就是波浪所处的层次的问题。

处于层次较低的几个浪可以合并成一个层次较高的大浪，而处于层次较高的一个浪又可以细分成几个层次较低的小浪。层次的高低和大浪、小浪的地位是相对的。对比其他层次高的浪来说，它是小浪，而对层次比它低的浪来说，它又是大浪。

如图 6－28 是上升趋势波浪的细分与合并图示。从图中可以看出，规模最大的有两个浪，第一大浪是从起点至顶点，第二大浪是从顶点至末点，它是第一大浪的调整浪。第一大浪又可以细分为(1)、(2)、(3)、(4)、(5)5 个浪，第二大浪又可细分为(a)、(b)、(c)3 个浪，共 8 浪，这 8 浪是处于第二层次的浪。第二层次的浪又可细分成下一层次的小浪，如图中的 1、2、3、4、5 和 a、b、c。下降趋势波浪细分道理相同，不再赘述。

(四)应用波浪理论应注意的问题

波浪理论最大的不足是应用上的困难，也就是学习和掌握上的困难。波浪理论从理论上讲是 8 浪结构完成一个完整的过程，但是，主浪的变形和调整浪的变形会产生复杂多变的形态，波浪所处的层次又会产生大浪套小浪、浪中有浪的多层次形态，这些都会使应用者在具体

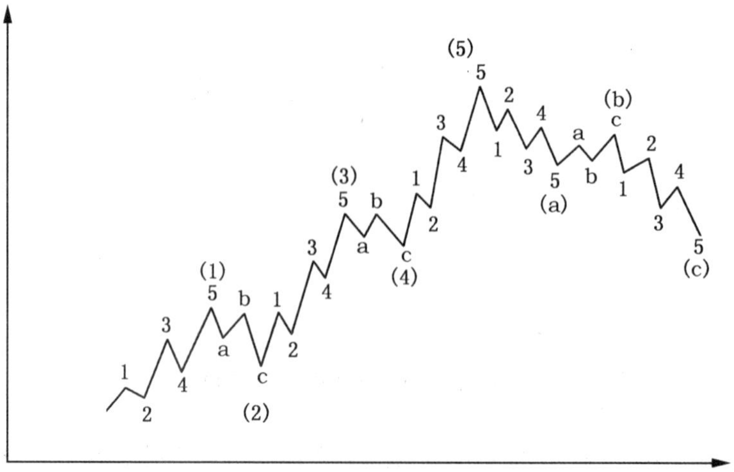

图 6—28 波浪的层次

数浪时发生偏差。浪的层次确定和起始点确认是应用波浪理论的两大难点。波浪理论的第二个不足是面对同一个形态,不同的人会产生不同的数法,而且都有道理,谁也说服不了谁。例如,一个下跌的浪可以被当成第 2 浪,也可能被当成 a 浪。如果是第 2 浪,那么紧接而来的第 3 浪将是很诱人的;如果是 a 浪,那么这之后的下跌可能是很深的。具体结果如何尚需实践的检验。

六、量价关系理论

在技术分析中,研究量与价的关系占据了极重要的地位。成交量是推动股价上涨的原动力,市场价格的有效变动必须有成交量配合,量是价的先行指标,是测量证券市场行情变化的温度计,通过其增加或减少的速度可以推断多空战争的规模大小和股价涨跌幅度。然而到目前为止,人们并没有完全掌握量价之间的准确关系。这里仅就目前常用的量价关系理论进行介绍。

(一)成交量与股价趋势——格兰维尔(葛兰碧)九大法则

格兰维尔在对成交量与股价趋势关系研究之后,总结出下列九大法则:

(1)价格随着成交量的递增而上涨,为市场行情的正常特性,此种量增价升的关系,表示股价将继续上升。

(2)在一个波段的涨势中,股价随着递增的成交量而上涨,突破前一波的高峰,创下新高价,继续上扬。然而,此段股价上涨的整个成交量水准却低于前一个波段上涨的成交量水准。此时股价创出新高,但量却没有突破,则此段股价涨势令人怀疑,同时也是股价趋势潜在反转信号。

(3)股价随着成交量的递减而回升,股价上涨,成交量却逐渐萎缩。成交量是股价上升的原动力,原动力不足显示出股价趋势潜在的反转信号。

(4)有时股价随着缓慢递增的成交量而逐渐上升,渐渐地,走势突然成为垂直上升的喷发行情,成交量急剧增加,股价跃升暴涨;紧随着此波走势,继之而来的是成交量大幅萎缩,同时股价急速下跌。这种现象表明涨势已到末期,上升乏力,显示出趋势有反转的迹象。反转所具有的意义,将视前一波股价上涨幅度的大小及成交量增加的程度而言。

(5)股价走势因成交量的递增而上升，是十分正常的现象，并无特别暗示趋势反转的信号。

(6)在一波段的长期下跌形成谷底后，股价回升，成交量并没有随股价上升而递增，股价上涨欲振乏力，然后再度跌落至原先谷底附近，或高于谷底。当第二谷底的成交量低于第一谷底时，是股价将要上升的信号。

(7)股价往下跌落一段相当长的时间，市场出现恐慌性抛售，此时随着日益放大的成交量，股价大幅度下跌；继恐慌卖出之后，预期股价可能上涨，同时恐慌卖出所创的低价，将不可能在极短的时间内突破。因此，随着恐慌大量卖出之后，往往是(但并非一定是)空头市场的结束。

(8)股价下跌，向下突破股价形态、趋势线或移动平均线，同时出现了大成交量，是股价下跌的信号，明确表示出下跌的趋势。

(9)当市场行情持续上涨数月之后，出现急剧增加的成交量，而股价却上涨无力，在高位整理，无法再向上大幅上升，显示了股价在高位大幅震荡，抛压沉重，上涨遇到了强阻力，此为股价下跌的先兆，但股价并不一定必然会下跌。股价连续下跌之后，在低位区域出现大成交量，而股价却没有进一步下跌，仅出现小幅波动，通常是上涨的前兆。

(二)涨跌停板制度下量价关系分析

由于涨跌停板制度限制了股票一天的涨跌幅度，使多空的能量得不到彻底的宣泄，容易形成单边市。很多投资者存在追涨杀跌的意愿，而涨跌停板制度下的涨跌幅度比较明确，在股票接近涨幅或跌幅限制时，很多投资者可能经不起诱惑，挺身追高或杀跌，形成涨时助涨、跌时助跌的趋势。而且，涨跌停板的幅度越小，这种现象就越明显。目前，在沪、深证券市场中，ST 板块的涨跌幅度由于被限制在 5%，因而它的投机性也是非常强的，涨时助涨、跌时助跌的现象最为明显。

在实行涨跌停板制度下，大涨(涨停)和大跌(跌停)的趋势继续下去，是以成交量大幅萎缩为条件的。拿涨停板时的成交量来说，在以前，看到价升量增，我们会认为价量配合好，涨势形成或会继续，可以追涨或继续持股；如上涨时成交量不能有效配合放大，说明追高意愿不强，涨势难以持续，应不买或抛出手中股票。但在涨跌停板制度下，如果某只股票在涨停板时没有成交量，那是卖主目标更高，想今后卖出好价，因而不愿意以此价抛出，买方买不到，所以才没有成交量。第二天，买方会继续追买，因而会出现续涨。然而，当出现涨停后中途打开，而成交量放大，说明想卖出的投资者增加，买卖力量发生变化，下跌有望。

类似地，在以前，价跌量缩说明空方惜售，抛压较轻，后市可看好；若价跌量增，则表示跌势形成或继续，应观望或卖出手中的筹码。但在涨跌停板制度下，若跌停，买方寄希望于明天以更低价买入，因而缩手，结果在缺少买盘的情况下成交量小，跌势反而不止；反之，如果收盘仍为跌停，但中途曾被打开，成交量放大，说明有主动性买盘介入，跌势有望止住，盘升有望。

在涨跌停板制度下，量价分析基本判断为：

(1)涨停量小，将继续上涨；跌停量小，将继续下跌。

(2)涨停中途被打开次数越多、时间越久、成交量越大，反转下跌的可能性越大；同样，跌停中途被打开的次数越多、时间越久、成交量越大，则反转上升的可能性越大。

(3)涨停关门时间越早，次日涨势可能性越大；跌停关门时间越早，次日跌势可能性越大。

(4)封住涨停板的买盘数量大小和封住跌停板时卖盘数量大小说明买卖盘力量大小。这个数量越大，继续当前走势的概率越大，后续涨跌幅度也越大。

不过，要注意庄家借涨停板制度反向操作。比如，他想卖，先以巨量买单挂在涨停位，因买盘量大集中，抛盘措手不及而惜售，股价少量成交后收涨停。自然，原先想抛的就不抛了，而这时有些投资者以涨停价追买，此时庄家撤走买单，填卖单，自然成交。当买盘消耗差不多了时，庄家又填买单接涨停价位处，以进一步诱多；当散户又追入时，他又撤买单再填卖单……如此反复操作，以达到高挂买单虚张声势诱多，在不知不觉中悄悄高位出货。反之，庄家想买，他先以巨量在跌停价位处挂卖单，吓出大量抛盘时，他先悄悄撤除原先卖单，然后填写买单，吸纳抛盘。当抛盘吸纳将尽时，他又抛巨量在跌停板价位处，再恐吓持筹者，以便吸纳……如此反复。所以，在此种场合，巨额买卖单多是虚的，不足以作为判断后市继续先前态势的依据。判断虚实的根据为是否存在频繁挂单、撤单行为，涨跌停是否经常被打开，当日成交量是否很大。若回答为是，则这些量必为虚；反之，则为实，从而可依先前标准做出判断结论。

第三节　技术分析常用技术指标

一、技术指标方法概述

（一）技术指标法的含义与本质

所谓技术指标法，就是应用一定的数学公式，对原始数据进行处理，得出指标值，将指标值绘成图表，从定量的角度对股市进行预测的方法。这里的原始数据指开盘价、最高价、最低价、收盘价、成交量和成交金额等。技术指标法的本质是通过数学公式产生技术指标。这个指标反映了股市的某一方面深层次的内涵，这些内涵仅仅通过原始数据是很难看出的。技术指标是一种定量分析方法，它克服了定性分析方法的不足，极大地提高了具体操作的精确度。尽管这种分析不是完全准确，但至少能在我们采取行动前从数量方面给以帮助。

（二）技术指标的分类

技术指标从不同的角度有不同的分类。本书以技术指标的功能为划分依据，将常用的技术指标分为趋势型指标、超买超卖型指标、人气型指标和大势型指标四类。

（三）技术指标法与其他技术分析方法的关系

其他技术分析方法都有一个共同的特点，就是过分重视价格，而对成交量重视不够。然而没有成交量的分析，无疑是丢掉重要的一类信息，分析结果的可信度将降低。

技术指标种类繁多，考虑的方面也多，人们能够想到的，都能在技术指标中得到体现。这一点是别的技术分析方法无法比拟的。

在进行技术指标的分析与判断时，也经常用到别的技术分析方法的基本结论。例如，在使用 RSI 等指标时，经常要用到形态理论中的头肩形、颈线和双重顶之类的结果以及切线理论中支撑线和压力线的分析手法。因此，全面学习技术分析的各种方法是很重要的。

（四）应用时注意的问题

(1)任何技术指标都有自己的适应范围和应用条件，得出的结论也都有成立的前提和可能发生的意外。因此，不管这些结论成立的条件，盲目绝对地相信技术指标是要出错的。但从另外一个角度看，也不能认为技术指标有可能出错而完全否定技术指标的作用。

(2)应用一种指标容易出现错误，但当使用多个具有互补性的指标时，可以极大地提高预测精度。因此，在实际应用时，应采用若干个互补性的指标进行组合分析，以提高决策水平。

二、主要技术指标

技术指标学派是技术分析中极为重要的分支。但由于技术指标众多，这里仅按上述分类介绍一些目前在中国证券市场常用的技术指标。

（一）趋势型指标

趋势指的是股价运行的方向，趋势型指标就是用来判断股价运行方向规律的指标。趋势型指标简单、易学，在技术分析中非常重要。

1. 移动平均线（MA）

（1）MA 的含义。移动平均线是指用统计分析的方法，将一段时期内的证券价格（指数）加以平均，并把不同时间的平均值连接起来形成的曲线。根据计算期的长短，移动平均线可分为短期、中期、长期三种。通常以 5 日、10 日线观察市场的短期走势，称为短期移动平均线；以 30 日、60 日线观察市场的中期走势，称为中期移动平均线；以 120 日、250 日线观察市场的长期走势，称为长期移动平均线。西方投资机构非常看重 200 日线，并以此作为长期投资的依据：若行情在 200 日均线以下，属空头市场；反之，则为多头市场。

由于短期移动平均线较长期移动平均线更易于反映行情价格的涨跌，所以一般又把短期移动平均线称为快速 MA，长期移动平均线称为慢速 MA。

根据 MA 的计算方法不同可将其分为算术移动平均线（SMA）、加权移动平均线（WMA）和指数平滑移动平均线（EMA）三种。算术移动平均法认为所有数据对后市的影响是相同的，所以把所有数据看得同等重要；加权移动平均法认为价格形成的时间越近，对未来价格的影响就越大，因此给较远的数据以较小的权数，较近的数据以较大的权数；指数平滑移动平均法着重强调了当期价格的影响，对趋势的变化更为敏感。在实际应用中常使用的是指数平滑移动平均线。

（2）MA 的特点。MA 的基本思想是消除股价随机波动的影响，寻求股价波动的趋势。它有以下几个特点：

①追踪趋势。MA 能够表示股价的趋势方向，并追踪这个趋势。如果能从股价的图表中找出上升或下降趋势，那么，MA 将与趋势方向保持一致。原始数据的股价图表不具备这种追踪趋势的特性。

②滞后性。在股价原有趋势发生反转时，由于 MA 追踪趋势的特征，使其行动往往过于迟缓，调头速度落后于大趋势。这是 MA 一个极大的弱点。

③稳定性。根据 MA 的计算方法，要想较大地改变移动平均的数值，当天的股价必须有很大的变化，因为 MA 是股价几天变动的平均值。这个特点也决定了 MA 对股价反映的滞后性。这种稳定性有优点，也有缺点，在应用时应多加注意，掌握好分寸。

④助涨助跌性。当股价突破 MA 时，无论是向上还是向下突破，股价都有继续向突破方向发展的愿望。

⑤支撑线和压力线的特性。由于 MA 的上述四种特性，使得它在股价走势中起支撑线和压力线的作用。MA 被突破，实际上是支撑线和压力线被突破，从这个意义上就很容易理解后面将要介绍的格兰维尔法则。

MA 参数的作用实际上就是调整 MA 上述几方面的特性。参数选择得越大，上述的特性就越大。比如，突破 5 日线和突破 10 日线的助涨助跌的力度完全不同，10 日线比 5 日线的力度大。

（3）MA 的应用法则——格兰维尔（葛兰碧）法则。在 MA 的应用上，最常见的是美国分析师格兰维尔的移动平均线八大买卖法则。此法则是以证券价格（或指数）与移动平均线之间的偏离关系作为研判的依据。八大法则中有 4 条是买进法则，有 4 条是卖出法则。如图 6—

29所示。其基本内容是：

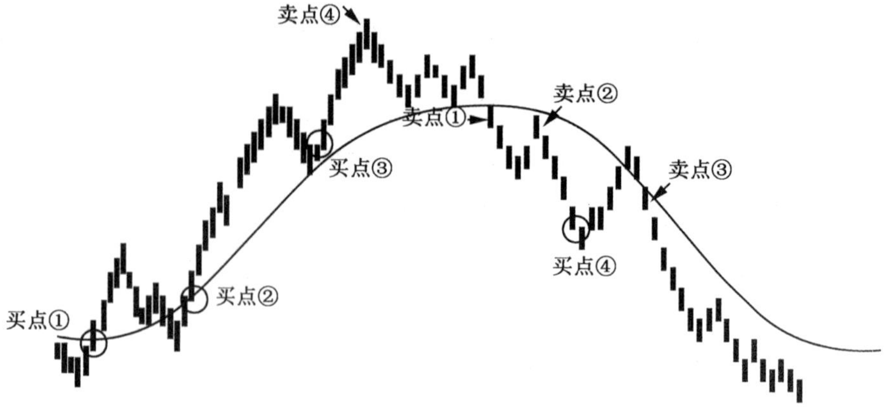

图6—29 格兰维尔买卖八大法则

①MA由下跌开始走平，并有抬头向上的迹象，股价线从下向上突破MA，这是第一买入信号。

②MA呈上升态势，股价线在MA之上，但呈急剧下跌趋势，在跌破MA后，忽而转头向上，并自下方向上突破了MA，这是第二买入信号。

③MA呈上升态势，股价线在MA上方，当股价线开始下跌但并未跌破MA又转向上涨时，是第三买入信号。

④MA和股价线均呈下降趋势，股价线处于MA下方并且出现暴跌，导致股价线距离MA过远时，是第四买入信号。

⑤MA由上涨开始走平，并有下跌的迹象，股价线从MA上方向下跌破MA，这是第一卖出信号。

⑥MA呈下降趋势，股价线在MA下方，当股价线开始上涨但并未突破MA又转向下跌时，这是第二卖出信号。

⑦MA呈下降趋势，股价线向上突破MA而处于MA上方，但迅速转头向下跌破MA，这是第三卖出信号。

⑧MA呈上升趋势，股价线在MA上方并且出现暴涨，导致股价线距离移动平均线过远时，这是第四卖出信号。

格兰维尔移动平均线买卖八大法则可以归纳为三句话："同向顺势而为，异向均线为主，太远必回归"。

总之，格兰维尔移动平均线法则是针对股价和移动平均线的位置关系决定操作方向的，这是依据移动平均线原理进行操作的基础。

(4)MA的组合应用。投资者在实际操作中，可以将短、中、长期移动平均线结合起来，分析它们的相互关系，从而判断股市趋势。

①多头排列。多头排列是指短、中、长期均线按照自上而下的顺序排列，且三条均线同时向右上方运行。均线的多头排列，表明多方力量强大并控制着局面，短线投资者和中长期投资者一致看好行情，股票求大于供，股价进入了一个稳定的上升期。投资者看到此形态应该以持股为主，在多头排列的开始阶段通常是中线进场的机会。

②空头排列。空头排列是指短、中、长期均线按照自下而上的顺序排列，且三条均线同时向右下方运行。均线的空头排列，表明空方力量强大并控制着局面，短线投资者和中长期投资者一致看淡行情，股票供大于求，股价进入了一个持续的下跌期。投资者看到此形态应该以持币为主，在空头排列的开始阶段通常是中线离场的机会。

③黄金交叉。当走势发生转向时，均线之间会打破原来的顺序重新排列。当行情由下跌转为上涨时，均线会由空头排列逐渐演变成多头排列。在转变过程中，股价会先上穿均线，并带动短期均线向上穿越中期均线和长期均线，接着中期均线向上穿越长期均线，这种均线的交叉现象称为黄金交叉。

黄金交叉简称金叉，是指周期较短的均线由下而上穿过周期较长的均线，而且这两条均线的方向都是向上的。金叉代表阻力线被向上突破，股价将继续上涨，通常是买入信号。

④死亡交叉。当行情由上涨转为下跌时，均线会由多头排列逐渐演变成空头排列。在转变过程中，股价会先跌破均线，并带动短期均线向下跌破中期均线和长期均线，接着中期均线向下跌破长期均线，这种均线的交叉现象称为死亡交叉。

死亡交叉简称死叉，是指周期较短的均线由上而下跌破周期较长的均线，而且这两条均线的方向都是向下的。死叉代表支撑线被向下跌破，股价将继续下跌，通常是卖出信号。

⑤均线粘合向上发散。均线粘合向上发散是指开始阶段短、中和长期均线纠缠在一起，处于粘合状态，后来在多方力量或是利好的推动下，均线由原来的粘合转为明显的分离状态，且均线系统一起向右上方运行，呈现多头排列。均线粘合向上发散是较为强烈的看涨买入信号，形成该状态的股票一旦启动，其涨幅往往是惊人的。

⑥均线粘合向下发散。均线粘合向下发散是指开始阶段短、中和长期均线纠缠在一起，处于粘合状态，后来在空方力量或是利空的推动下，均线由原来的粘合转为明显的分离状态，且均线系统一起向右下方运行，呈现空头排列。均线粘合向下发散是较为强烈的看跌卖出信号，具有该状态的股票一旦进入跌势，其杀伤力是巨大的。

需要说明的是，这里的短期均线、中期均线与长期均线只是相对的概念，与前面提到的均线的基本种类是有区别的。比如，如果选取三根均线来进行分析，若将均线的时间周期分别设为 5 日、10 日和 20 日，那么 5 日均线是短期均线，10 日均线是中期均线，而 20 日均线是长期均线；但如果将均线的时间周期分别设为 10 日、20 日和 30 日，那么 10 日均线就变成了短期均线，20 日均线就变成了中期均线，而 30 日均线则是长期均线。

移动平均线的优点是构造简单，适用广泛，但也存在明显的不足：一是在盘整阶段或趋势形成后中途休整阶段以及局部反弹或回落阶段，极易发出错误的信号；二是买卖信号延迟。这是使用移动平均线最应该注意的。

2. 指数平滑异同移动平均线（MACD）

指数平滑异同移动平均线，简称 MACD。MACD 听起来非常深奥，其实很简单。它是依据快慢两条速度不同的股价移动平均线的聚合与分离程度，来发现买卖股票的时机与征兆。在一段上涨的行情中，股价的快速移动平均线在慢速移动平均线之上，随着股价的进一步上涨，这两条线之间的距离必然拉大；反之，两者之间的距离则必然缩小，甚至交叉。这两条线的聚散能反映出未来的股价走势。平滑异同移动平均线中的异同就是指快速线与慢速线方向相反或相同之意。

（1）MACD 的计算公式。MACD 由 DIF 和 DEA 两部分组成，其中 DIF 是核心、DEA 是辅助。我们一般采用 12 日平滑移动平均线和 26 日平滑移动平均线为基础，这两条平均线的差值为 DIF，DIF 的 9 日平均值是 DEA。为了保证投资者观测股价波动的准确性，计算 MACD 时采用了一个指数因子，所以也称为指数平滑异同平均线。具体的计算方法是：

设 12 日指数平滑移动平均线为 EMA_{12}，26 日指数平滑移动平均线为 EMA_{26}，当日收盘价为 C_t，在第 n 日：

$EMA_{12}=(n-1)EMA_{12}\times 11/13+C_t\times 2/13$

$EMA_{26}=(n-1)EMA_{26}\times 25/27+C_t\times 2/27$

$DIF=EMA_{12}-EMA_{26}$

$DEA=(n-1)DIF\times 8/10+DIF\times 2/10$

此外，在分析软件上还有一个指标叫作柱状线（BAR），它是 DIF 减去 DEA 的差再乘以 2。即：$BAR=(DIF-DEA)\times 2$。

为了更加直观，通常在分析软件上将 BAR 绘制成围绕零轴线波动的垂线。

在坐标图上，横轴为时间，纵轴为高度值，中间还有一条 0 轴。

当 $BAR>0$ 时，BAR 上各点到 0 轴的垂线为红线；当 $BAR<0$ 时，BAR 上各点到 0 轴的垂线为绿线。

（2）MACD 的应用法则：

①DIF 和 DEA 均为正值时，属多头市场。DIF 向上突破 DEA 是买入信号；DIF 向下跌破 DEA 只能认为是回落，作获利了结。

②DIF 和 DEA 均为负值时，属空头市场。DIF 向下突破 DEA 是卖出信号；DIF 向上突破 DEA 只能认为是反弹，作暂时补空。

③当 DIF 向下跌破零轴线时，为卖出信号；当 DIF 上穿零轴线时，为买入信号。

④底背离。股价经过数浪连续下跌，一底比一底低，而 DIF 和 DEA 在 0 轴之下形成多次交叉，指标不创新低。这种股价创新低而指标不创新低的情况称为底背离，是非常好的买入信号，后市常产生较大的上升行情。

⑤顶背离。股价经过数浪连续上涨，一浪比一浪高，而 DIF 和 DEA 在 0 轴之上产生多次交叉，指标不创新高。这种股价创新高而指标不创新高的情况称为顶背离，是比较好的卖出信号，后市常产生较大的下跌行情。

（3）MACD 的优缺点。MACD 的最大优点是比移动平均线提前发出买卖信号，改进移动平均线的滞后反应；同时除掉了移动平均线产生的频繁买入与卖出信号，避免一部分假信号的出现，用起来比移动平均线更为可靠。

MACD 的缺点与移动平均线相同，在股市没有明显趋势而进入盘整时，常给出错误信号，失误的时候较多。另外，无法从这一指标看出行情是处于长期升势还是长期跌势，或是长期盘整市道，这方面的判断还要依赖于长期移动平均线以及其他技术指标。

（二）超买超卖型指标

超买和超卖是股市中的两个专门性的技术名词。股市上对某种股票的过度买入称为超买，而对某种股票的过度卖出则称为超卖。超买超卖型指标就是用以判断股票是否过度买入卖出情况的指标。超买超卖型指标是投资者最熟悉、最常见的技术指标。

1. 威廉指标

威廉指标简称 WMS，最早起源于期货市场，由威廉斯（Larry Williams）于 1973 年首创。该指标通过分析一段时间内股票高低价位和收盘价之间的关系来量度股市是处于超买还是超卖状态，以此作为短期投资信号的一种技术指标。目前已经成为我国证券市场被广泛使用的指标之一。

(1)WMS的计算公式：

$$WMS(n)=\frac{H_n-C_t}{H_n-L_n}\times 100$$

式中：C_t 为当天的收盘价，H_n 和 L_n 分别表示最近 n 日内(包括当天)出现的最高价和最低价，n 为选定的时间参数，一般取 14 日或 20 日。

参数 n 的选择非常重要。在 WMS 出现的初期，人们认为市场出现一次周期循环大约是 4 周，那么取周期的前半部分或后半部分，就一定能包含这次循环的最高值或最低值。这样，WMS 选的参数只要是 2 周，则这 2 周之内的 H_n 或 L_n 至少有一个成为顶价或底价。基于此，WMS 的参数选择应该至少是循环周期的一半。对于我国股市的循环周期目前还没有明确的共识，我们在应用 WMS 时，应该多选择几个参数试试。

WMS 指标表示的含义是当天的收盘价在过去一段时日的全部价格范围内所处的相对位置。如果 WMS 的值比较小，则当天的价格处在相对较高的位置，要提防回落；如果 WMS 的值较大，则说明当天的价格处在相对较低的位置，要注意反弹；WMS 取值居中，在 50 左右，则价格上下的可能性都有。WMS 的取值范围为 0～100。

(2)WMS 的应用法则。WMS 的应用法则可从 WMS 取值的绝对数值和 WMS 曲线的形状两方面考虑。从 WMS 的绝对取值方面：WMS 的取值介于 0～100 之间，以 50 为中轴将其分为上下两个区域。在上半区，WMS 大于 50，表示行情处于弱势；在下半区，WMS 小于 50，表示行情处于强势。从 WMS 的曲线形状方面：可以从背离原则以及撞顶和撞底次数的原则进行研判。具体法则如下：

①当 WMS 高于 80，即处于超卖状态，行情即将见底，应当考虑买入。

②当 WMS 低于 20，即处于超买状态，行情即将见顶，应当考虑卖出。

这里，80 和 20 只是一个经验数字，不是绝对的，有些个别的股票可能要求比 80 大，也可能比 80 小，不同的情况产生不同的买入线和抛出线，要根据具体情况在实战中不断摸索。

需要提醒投资者注意的是，有一些软件是采用 C_t-H_n 作为分子进行计算的，其结果刚好与上述相反。如当 WMS 高于 80，即处于超买状态，行情即将见顶，应当考虑卖出。

同时，WMS 在使用过程中应该注意与其他技术指标相配合。在盘整过程中 WMS 的准确性较高，而在上升或下降趋势当中，却不能只以 WMS 超买超卖信号为依据来判断行情即将反转。

③在 WMS 进入高位后，一般要回头。如果这时股价还继续上升，这就产生顶背离，是卖出的信号。

④在 WMS 进入低位后，一般要反弹。如果这时股价还继续下降，这就产生底背离，是买入的信号。

⑤WMS 连续几次撞顶(底)，局部形成双重或多重顶(底)，则是卖出(买入)的信号。

WMS 的优点是操作简单，反应敏感，是短线操作的有力工具。缺点是波动过于剧烈，方向转向频繁，敏感性过高，捕捉不到大行情，完全依照 WMS 操作会过于频繁导致劳而无功，应配合其他技术综合研究。

2. 随机指标(KDJ)

随机指标(KDJ)是由乔治·莱恩(George Lane)首创的。早期应用于期货市场，取得了很好的实战效果。

(1)KDJ 的计算公式。产生 KD 以前，先产生未成熟随机值 RSV。其计算公式为：

$$RSV(n)=\frac{C_t-L_n}{H_n-L_n}\times 100$$

式中：C_t、H_n 和 L_n 的意义同 WMS 指标。

对 RSV 进行 3 日指数平滑移动平均，就得到 K 值：

$$今日K值=2/3\times 昨日K值+1/3\times 今日RSV$$

对 K 值进行指数平滑移动平均，就得到 D 值：

$$今日D值=2/3\times 昨日D值+1/3\times 今日K值$$

式中，1/3 是平滑因子，是可以人为选择的，不过目前已经约定俗成，固定为 1/3 了。初始的 K、D 值可以用当日的 RSV(n)值或以 50 代替。

KD 是在 WMS(n)的基础上发展起来的，所以 KD 就有 WMS(n)的一些特性。在反映证券市场价格变化时，WMS(n)最快，K 其次，D 最慢。在使用 KD 指标时，我们往往称 K 指标为快指标，D 指标为慢指标。K 指标反应敏捷，但容易出错；D 指标反应稍慢，但稳重可靠。

J 指标是 D 指标加上一个修正值，计算公式为：

$$J=3D-2K$$

采用 J=3D−2K 的方法计算，KD 在先，J 值在后，所以叫作 KDJ 指标。而目前有一些软件使用 J=3K−2D 进行计算，这样得出的计算结果，J 值在先，KD 值在后，所以应该叫作 JKD 指标。

(2)KDJ 的应用法则。KDJ 指标是三条曲线，在应用时主要从五个方面进行考虑：

①KD 的取值。KD 的取值范围都是 0～100，将其划分为几个区域：超买区、超卖区、徘徊区。按一般的划分法，80 以上为超买区，20 以下为超卖区，其余为徘徊区。

根据这种划分，KD 超过 80 就应该考虑卖出，低于 20 就应该考虑买入。这种操作是很简单的，同时又是很容易出错的，完全按这种方法进行操作很容易招致损失。大多数对 KD 指标了解不深入的人，以为 KD 指标的操作就限于此，故而对 KD 指标的作用产生误解。应该说明的是，上述对 0～100 的划分只是一个应用 KD 指标的初步过程，仅仅是信号。真正做出买卖的决定还必须从以下几方面考虑。

②KD 指标的曲线形态。当 KD 指标在较高或较低的位置形成了头肩形态和多重顶(底)时，是采取行动的信号。注意，这些形态一定要在较高位置或较低位置出现，位置越高或越低，结论越可靠、越正确。操作时可按形态学方面的原则进行。对于 KD 的曲线我们也可以画趋势线，以明确 KD 的趋势。在 KD 的曲线图中仍然可以引进支撑线和压力线的概念。某一条支撑线或压力线的被突破，也是采取行动的信号。

③KD 指标的交叉。当快速线 K 在低位自下而上与慢速线 D 出现黄金交叉时，是买入信号；当快速线 K 在高位自上而下与慢速线 D 出现死亡交叉时，是卖出信号。

④KD 指标的背离。简单地说，背离就是走势的不一致。在 KD 处在高位或低位，如果出现与股价走向的背离，则是采取行动的信号。当 KD 处在高位，并形成两个依次向下的峰，而此时股价还在一个劲地上涨，这叫作顶背离，是卖出的信号。与之相反，KD 处在低位，并形成一底比一底高，而股价还在继续下跌，这构成底背离，是买入信号。

背离信号和交叉信号应注意一点：买入信号发生的位置越低越有效，卖出信号发生的位置越高越有效。

⑤J 指标的取值大小。J 指标取值超过 100 和低于 0，都属于价格的非正常区域，大于 100

为超买，小于 0 为超卖。

投资者在指标的实际运用中还应注意：股价一旦被中长期均线压制，无论 KDJ 怎样黄金交叉，一般也只能做短线操作，这是 KDJ 使用的前提。若股价在长期均线下且远离均线，KDJ 黄金交叉时，股价有超跌反弹的可能，可做短线操作。

KDJ 指标的优点是操作简便，反应敏感，可用来进行短线操作；其不足是，买卖信号出现时机不稳定，当 KDJ 指标的位置、方向、背离、交叉等信号出现后，股价的最佳买(卖)点往往在其前或后。另外，这一指标对指数大势较准确，对个股较差，需要同时与其他指标、股价形态、成交量等配合使用。

3. 相对强弱指标(RSI)

相对强弱指标 RSI 是与 KDJ 指标齐名的常用技术指标。RSI 以一特定时期内股价的变动情况推测股价未来的变动方向，并根据股价涨跌幅度显示市场的强弱。

(1)RSI 的计算公式。RSI 通常采用某一时期(n 天)内的收盘价或收盘指数作为计算对象，来反映这一时期内多空力量的强弱对比。RSI 将 n 日内每日收盘价或收盘指数涨数(即当日收盘价或指数高于前日收盘价或指数)的总和作为买方总力量 A，而 n 日内每日收盘价或收盘指数跌数(即当日收盘价或指数低于前日收盘价或指数)的总和作为卖方总力量 B。

先找出包括当日在内的连续 n+1 日的收盘价，用每日的收盘价减去上一日的收盘价，可得到 n 个数字。这 n 个数字中有正有负。

$$A = n\text{个数字中正数之和}$$

$$B = n\text{个数字中负数之和} \times (-1)$$

$$RSI(n) = \frac{A}{A+B} \times 100\%$$

式中：A 表示 n 日中股价向上波动的大小；B 表示 n 日中股价向下波动的大小；A+B 表示股价总的波动大小。

RSI 实际上是表示股价向上波动的幅度占总波动的百分比。如果比例大就是强市，否则就是弱市。

RSI 的参数是天数 n，一般取 5 日、9 日、14 日等。RSI 的取值范围介于 0～100 之间。

(2)RSI 的应用法则：

①根据 RSI 取值的大小判断行情。将 100 分成 4 个区域，根据 RSI 的取值落入的区域进行操作。RSI 投资操作参考值如表 6－1 所示。

表 6－1　　RSI 投资操作参考值

RSI 值	市场特征	投资操作
80～100	极强	卖出
50～80	强	买入
20～50	弱	卖出
0～20	极弱	买入

“极强”与“强”的分界线和“极弱”与“弱”的分界线是不明确的，它们实际上是一个区域。比如也可以取 30、70 或者 15、85。应该说明的是，分界线位置的确定与 RSI 的参数和选择的股票有关。一般而言，参数越大，分界线离 50 越近；股票越活跃，RSI 所能达到的高度越高，分

界线离 50 应该越远。

②两条或多条 RSI 曲线的联合使用。我们称参数小的 RSI 为短期 RSI，参数大的 RSI 为长期 RSI。两条或多条 RSI 曲线的联合使用法则与两条均线的使用法则相同，即短期 RSI＞长期 RSI，应属多头市场；短期 RSI＜长期 RSI，则属空头市场。

当然，这两条只是参考，不能完全照此操作。

③从 RSI 的曲线形状判断行情。当 RSI 在较高或较低的位置形成头肩形态和多重顶(底)时，是采取行动的信号。这些形态一定要出现在较高位置或较低位置，离 50 越远，结论越可靠。

另外，也可以利用 RSI 上升和下降的轨迹画趋势线，此时，起支撑线和压力线作用的切线理论同样适用。

④从 RSI 与股价的背离方面判断行情。RSI 处于高位，并形成一峰比一峰低的两个峰，而此时，股价对应的却是一峰比一峰高，这是顶背离，是比较强烈的卖出信号。与此相反的是底背离，RSI 在低位形成两个底部抬高的谷底，而股价还在下降，是可以买入的信号。

RSI 指标的优点是反应灵敏，能反映强势和弱势的转换，适合短线操作。但 RSI 只能作为一个警告信号，并不意味着市场必然朝着这个方向发展，尤其是在市场剧烈震荡时，超买还有超买，超卖还有超卖，这时需参考其他指标综合分析，不能单独依赖 RSI 的信号而做出买卖决定。

4. 乖离率(BIAS)

乖离率是测算当前股价偏离移动平均线程度的指标。当日收盘价减移动平均线之差与移动平均线的比值，即为乖离率。其基本原理是：如果股价偏离移动平均线太远，不管是在移动平均线上方或下方，都有向移动平均线回归的要求。

(1)BIAS 的计算公式：

$$\mathrm{BIAS}(n)=\frac{C_t-\mathrm{MA}(n)}{\mathrm{MA}(n)}\times 100\%$$

式中：C_t 表示当日收盘价；MA(n)表示 n 日移动平均线值。

由公式可知，乖离率也是有不同周期的，如对应于 5 日移动平均线的 5 日乖离率，对应于 10 日移动平均线的 10 日乖离率等。

公式中当日收盘价减移动平均线之差决定乖离率的正负符号。当日收盘价在移动平均线之上，$C_t>\mathrm{MA}(n)$，乖离率为正值；当日收盘价在移动平均线之下，$C_t<\mathrm{MA}(n)$，乖离率为负值。

乖离率没有固定的数值界限，其数值围绕 0 值上下摆动，属摆动指标。某特定市场的特定时期，某股票乖离率有一个常态分布范围，这个常态区间随时期不同会有一定改变。

(2)BIAS 的应用法则：

①从 BIAS 的取值大小和正负进行判断。一般来说，正的乖离率越大，表示短期多头的获利越大，获利回吐的可能性越高；负的乖离率越大，则空头回补的可能性也越高。在实际应用中，一般预设一个正数或负数，只要 BIAS 超过这个正数，我们就应该感到危险而考虑抛出；只要 BIAS 低于这个负数，我们就应感到机会可能来临而考虑买入。问题的关键在于找到这个正数或负数，它是采取行动与否的分界线。这条分界线与三个因素有关，即 BIAS 参数、所选择股票的性质以及分析时所处的时期。

一般来说，参数越大，股票越活跃，选择的分界线也越大。但乖离率达到何种程度为正确的买入点或卖出点，目前并无统一的标准，投资者可凭经验和对行情强弱的判断得出综合的结论。

表 6－2 给出的是这些分界线的参考数值，但这仅仅是参考，投资者在应用时应根据具体情况对它们进行适当的调整。

从表中的数值可看出，正数和负数的选择不是对称的，正数的绝对值偏大是进行分界线选择的一般规律。

表 6－2　BIAS 买卖信号参考值

n	买入信号(%)	卖出信号(%)
5 日	－3	3.5
10 日	－4	5
20 日	－7	8
60 日	－10	10

据有关人员的经验总结，如果遇到由于突发的利多或利空消息而产生股价暴涨暴跌的情况时，可以参考以下的数据分界线：

对于综合指数：BIAS(10)＞30％为抛出时机，BIAS(10)＜－10％为买入时机；

对于个股：BIAS(10)＞35％为抛出时机，BIAS(10)＜－15％为买入时机。

②从 BIAS 的曲线形状方面进行判断。形态学和切线理论在 BIAS 上也可以适用，主要是顶背离和底背离的原理。

③从两条 BIAS 线结合情况进行判断。在高位，当短期 BIAS 下穿长期 BIAS 时，是卖出信号；在低位，当短期 BIAS 上穿长期 BIAS 时，是买入信号。

要注意的是，由于乖离率指标变化范围较大，且往往在到达控制值后会持续一段时间，所以不宜单独使用该指标，一定要配合相对强弱指数和随机指数同时使用，方可最后确定买入、卖出信号，以免造成失误。

(三)人气型指标

人气型指标有的反映人们买卖趋向的心理变化，有的反映多空双方力量的对比，通过研究心理的变化或市场能量的转换，寻找参与市场的时机。

1. 心理线(PSY)

PSY 是从投资者买卖趋向的心理方面来研判股价未来走势的技术指标。一般来说，在一段时期内，如果股价连涨，则想卖出获取利润的人就越多，人们卖出的心理则会加强，股价可能回落；反之，如果股价连跌，则想低价买入捡便宜的人就越多，多方力量加强，股价有上涨动力。

(1)PSY 的计算公式：

$$PSY(N)=\frac{A}{N}\times 100\%$$

式中：N 为天数，是 PSY 的参数。参数的选择是人为的，没有硬性规定，为了便于计算，一般取 10。参数选得越大，PSY 的取值范围越集中、越平稳；参数选得越小，PSY 取值范围上下的波动就越大。A 为在 N 天之中股价上涨的天数。

这里，上涨和下跌的判断以收盘价为准。

PSY 的取值范围是 0～100。以 50 为中心，50 以上是多方市场，50 以下是空方市场。

(2)PSY 的应用法则:

①PSY 的取值在 25～75,说明多空双方基本处于平衡状态。如果 PSY 的取值超出了这个平衡状态,则是超卖或超买。

②PSY 的取值过高或过低,都是行动的信号。一般来说,如果 PSY<10 或 PSY>90 这两种极端情况出现,是强烈的买入或卖出信号。

③PSY 的取值第一次进入采取行动的区域时,往往容易出错。一般要求 PSY 进入高位或低位两次以上才能采取行动。

④PSY 的曲线如果在低位或高位出现大的 W 底或 M 头,也是买入或卖出的行动信号。

⑤PSY 线一般可同股价曲线配合使用,前面讲到的背离原则在 PSY 中也同样适用。

心理线所显示的买卖信号一般为事后现象,事前并不能十分确切地预测。同时,投资者的心理偏好又受诸多随机因素的影响,随时调整,不可捉摸,特别是在一个投机气氛浓厚、投资者心态不十分稳定的股市中,心理线的运用有其局限性。

2. 能量潮(OBV)

OBV 的英文全称是 on balance volume,即平衡交易量。有些人把每一天的成交量看作海的潮汐,形象地称 OBV 为能量潮。OBV 是由格兰维尔于 20 世纪 60 年代提出来的。OBV 构造的基本原理是根据潮涨潮落的原理。证券市场就像潮水的涨落一样,如果多方力量大,则向上的潮水就大,中途回落的潮水就小。能量潮大小的标准是成交量。成交量大,则潮水的力量就大;成交量小,潮水的力量就小。每一天的成交量可以理解成潮水,但这股潮水是向上还是向下,是保持原来的大方向,还是中途的回落,这个问题就由当天收盘价与昨天收盘价的大小比较而决定。如果今收盘价≥昨收盘价,则这一潮属于多方的潮水;如果今收盘价<昨收盘价,则这一潮属于空方的潮水。潮涨潮落反映多空双方力量对比的变化和最终大潮将向何处去。这就是 OBV 的基本原理,也是 OBV 又叫作能量潮的原因。我们可以利用 OBV 验证当前股价走势的可靠性,并可以由 OBV 得到趋势可能反转的信号,这对于准确预测未来是很有用的。比起单独使用成交量来说,OBV 比成交量看得更清楚。

(1)OBV 的计算公式。假设已经知道了上一个交易日的 OBV,我们就可以根据今天的成交量以及今天的收盘价与上一个交易日的收盘价的比较计算出今天的 OBV。计算公式为:

$$\text{今日 OBV} = \text{昨日 OBV} + \text{sgn} \times \text{今日成交量}$$

式中,sgn 是符号函数,其数值由下式决定:

若今收盘价≥昨收盘价,则 sgn=+1;若今收盘价<昨收盘价,则 sgn=−1。

OBV 的初始值可自行确定,一般用第一日的成交量代替。成交量是指成交股票的手数,不是成交金额。

(2)OBV 的应用法则:

①OBV 不能单独使用,必须与股价曲线结合使用才能发挥作用。

②OBV 曲线的上升和下降可以帮助我们确认当前股价的趋势。当股价上升(下降),而 OBV 也相应地上升(下降),则可以确认当前的上升(下降)趋势。当股价上升(下降),但 OBV 并未相应地上升(下降),则我们对目前上升(下降)趋势的认定程度就要大打折扣。这就是背离现象,OBV 已经提前告诉我们趋势的后劲不足,有反转的可能。

③对别的技术指标适用的形态学和切线理论的内容也同样适用于 OBV 曲线,W 底和 M 头等著名的形态学结果也适用于 OBV。

④在股价进入盘整区后,OBV 曲线会率先显露出脱离盘整的信号,向上或向下突破,且成

功率较大。

（四）大势型指标

大多数技术指标都是既可应用于个股，又可应用于大盘指数。而大势型指标主要对整个证券市场的多空状况进行描述，它只能用于研判证券市场整体形势，而不能应用于个股。

一般来说，描述股市整体状况的指标是综合指数，如道琼斯指数、上证指数等。但无论哪种指数都不可能面面俱到，总有不尽如人意的地方。以下介绍的 ADL、ADR 和 OBOS 三个指数从某个角度讲，能够弥补综合指数的不足，提前向投资者发出信号。

1. 腾落指数(advance/decline line，ADL)

腾落指数即上升下降曲线的意思。ADL 是以股票每天上涨或下跌的家数作为观察的对象，通过简单算术加减来比较每日上涨股票和下跌股票家数的累积情况，形成升跌曲线，并与综合指数相互对比，对大势的未来进行预测。

(1)ADL 的计算公式。假设已经知道了上一个交易日 ADL 的取值，则今天 ADL 的值为：

$$\text{今日 ADL}=\text{昨日 ADL}+N_A-N_D$$

式中：N_A 表示当天所有股票中上涨的家数；N_D 表示当天下跌的股票家数。

涨跌的判断标准是以今日收盘价与上一日收盘价相比较(无涨跌者不计)。ADL 的初始值可取为零。

(2)ADL 的应用法则：

①ADL 的应用重在相对走势，而不看重取值的大小。这与 OBV 相似。

②ADL 不能单独使用，要同股价曲线联合使用才能显示出作用，即：

ADL 与股价同步上升(下降)，创新高(低)，则可以验证大势的上升(下降)趋势，短期内反转的可能性不大，这是一致的现象。

ADL 连续上涨(下跌)了很长时间(一般是 3 天)，而指数却向相反方向下跌(上升)了很长时间，这是买进(卖出)信号，至少有反弹存在。这是背离的一种现象。

在指数进入高位(低位)时，ADL 并没有同步行动，而是开始走平或下降(上升)，这是趋势进入尾声的信号。这也是背离现象。

ADL 保持上升(下降)趋势，指数却在中途发生转折，但很快又恢复原有的趋势，并创新高(低)，这是买进(卖出)信号，是后市多方(空方)力量强盛的标志。

③形态学和切线理论的内容也可以用于 ADL 曲线。

④经验证明，ADL 对多头市场的应用比对空头市场的应用效果好。

2. 涨跌比指标(advance/decline ratio，ADR)

ADR 是根据股票的上涨家数和下跌家数的比值，推断证券市场多空双方力量的对比，进而判断证券市场的实际情况。

(1)ADR 的计算公式：

$$ADR(N)=\frac{P_1}{P_2}$$

式中：$P_1=\sum N_A$，为 N 日内股票上涨家数之和；$P_2=\sum N_D$，为 N 日内股票下跌家数之和；N 为选择的天数，是 ADR 的参数。

目前，N 比较常用的参数为 10。ADR(N)的取值不小于 0。

ADR 的图形以 1 为中心上下波动，波动幅度取决于参数的选择。参数选择得越小，ADR 波动的空间就越大，曲线的起伏就越剧烈；参数选择得越大，ADR 波动的幅度就越小，曲线上下起伏越平稳。

(2)ADR 的应用法则：

①从 ADR 的取值看大势。ADR 在 0.5～1.5 是常态情况，此时多空双方处于均衡状态。在极端特殊的情况下，如出现突发的利多、利空消息引起股市暴涨暴跌时，ADR 常态的上限可修正为 1.9，下限修正为 0.4。超过了 ADR 常态状况的上下限，就是采取行动的信号，表示上涨或下跌的势头过于强烈，股价将有回头的可能。ADR 处于常态时，买进或卖出股票都没有太大的把握。

②ADR 可与综合指数配合使用，其应用法则与 ADL 相同，也有一致与背离两种情况。

③从 ADR 曲线的形态上看大势。ADR 从低向高超过 0.5，并在 0.5 上下来回移动几次，是空头进入末期的信号。ADR 从高向低下降到 0.75 之下，是短期反弹的信号。ADR 先下降到常态状况的下限，但不久就上升并接近常态状况的上限，则说明多头已具有足够的力量将综合指数拉上一个台阶。

④在大势短期回档或反弹方面，ADR 有先行示警作用。若股价指数与 ADR 成背离现象，则大势即将反转。

3. 超买超卖指标(over bought over sold，OBOS)

OBOS 也是运用上涨和下跌的股票家数的差距对大势进行分析的技术指标。与 ADR 相比，其含义更直观，计算更简便。

(1)OBOS 的计算公式。OBOS 是用一段时间内上涨和下跌股票家数的差距来反映当前股市多空双方力量的对比和强弱。OBOS 的计算公式为：

$$OBOS(N)=\sum N_A-\sum N_D$$

式中：$\sum N_A$ 表示 N 日内每日上涨股票家数的总和；$\sum N_D$ 表示 N 日内每日下跌股票家数的总和；天数 N 为 OBOS 的参数，一般选 N=10。

OBOS 的多空平衡位置是 0，也就是 $\sum N_A=\sum N_D$ 的时候。当 OBOS(N)>0 时，多方占优势；当 OBOS(N)<0 时，空方占优势。

(2)OBOS 的应用法则：

①根据 OBOS 的数值判断行情。当 OBOS 的取值在 0 附近变化时，市场处于盘整时期；当 OBOS 为正数时，市场处于上涨行情；当 OBOS 为负数时，市场处于下跌行情。当 OBOS 达到一定正数值时，大势处于超买阶段，可择机卖出；反之，当 OBOS 达到一定负数时，大势超卖，可伺机买进。至于 OBOS 超买超卖的区域划分，受上市股票总的家数、参数的选择的直接影响。其中，参数选择可以确定，参数选择得越大，OBOS 一般越平稳；但上市股票的总家数则是不能确定的因素。这是 OBOS 的不足之处。

②当 OBOS 的走势与指数背离时，是采取行动的信号，大势可能反转。

③形态理论和切线理论中的结论也可用于 OBOS 曲线。

④当 OBOS 曲线第一次进入发出信号的区域时，应该特别注意是否出现错误。

⑤OBOS 比 ADR 的计算简单，意义直观易懂，所以使用 OBOS 的时候较多，使用 ADR 的时候较少，但放弃 ADR 是不对的。

本章小结

与基本分析相比，技术分析更注重对市场行为的分析，更关注买卖时机的选择，对短线操作更具有指导意义。技术分析的理论基础是基于三项假设：市场行为涵盖一切信息；价格沿趋势移动；历史会重演。

道氏理论是技术分析理论的鼻祖，是各种技术分析方法的理论基础。道氏理论主要用来预测股价变动的长期走势，而不是用来预测近期或短期的股价走势。

K 线理论是人们进行技术分析必不可少的工具之一，其精髓就在于 K 线的形态可以反映多空力量的消长变化状况。由于单根 K 线包含的信息量小，应用时应尽量使用根数多的 K 线组合。

切线理论是帮助投资者识别大势变动方向的较为实用的方法，是技术分析方法中的精髓，其核心思想是通过画线找出价格运动的趋势，顺势操作。

形态理论主要研究股价轨迹曲线的形态，以寻找规律判别未来趋势。股价轨迹曲线的形态可分为两大类型，即持续整理形态和反转突破形态。

波浪理论是技术分析中运用最多却又最难了解和精通的理论。波浪理论认为，世间万物，包括证券价格走势在内，基本上受制于大自然的规律，依据一定的波浪形态周而复始有规律地循环。

技术指标是技术分析方法中极为重要的分支，也是一种常用的技术分析方法。它是根据历史数据，依据统计学的一些原理，通过一定的数学方法处理，去预测未来的发展趋势。

知识测试

一、单项选择题

1.（　　）以价格判断为基础、以正确的投资时机抉择为依据。

A. 基本分析流派　　B. 技术分析流派

C. 行为分析流派　　D. 学术分析流派

2. 技术分析的理论基础是（　　）。

A. 道氏理论　　B. 切线理论　　C. 波浪理论　　D. K 线理论

3. 在进行证券投资技术分析的假设中，最根本、最核心的条件是（　　）。

A. 市场行为涵盖一切信息　　B. 证券价格沿趋势移动

C. 历史会重演　　D. 投资者都是理性的

4. 进行证券投资技术分析的假设中，（　　）是从人的心理因素方面考虑的。

A. 市场行为涵盖一切信息　　B. 价格沿趋势移动

C. 历史会重演　　D. 投资者都是理性的

5. 证券价格是技术分析的基本要素之一，其中（　　）是技术分析最重要的价格指标。

A. 开盘价　　B. 收盘价　　C. 最高价　　D. 最低价

6.（　　）是由美国道琼斯公司的创始人查尔斯·亨利·道在 19 世纪末期创立的。

A. K 线理论　　B. 切线理论　　C. 波浪理论　　D. 道氏理论

7. 当开盘价正好与最高价相等时出现的 K 线被称为（　　）。

A. 光头阳线　　B. 光头阴线　　C. 光脚阳线　　D. 光脚阴线

8. K 线图中十字线的出现，表明（　　）。

A. 买方力量还是比卖方力量大一点　　B. 卖方力量还是比买方力量大一点

C. 买卖双方的力量不分上下　　D. 行情将继续维持以前的趋势

9. 当开盘价和收盘价分别与最高价和最低价相等时出现的K线称为(　　)。

A. 光头光脚阳线　　B. 光头光脚阴线

C. 十字线　　D. 一字线

10. 当收盘价、开盘价和最高价三价相等时，就会出现(　　)K线。

A. 十字形　　B. 光头阴线　　C. 光脚阴线　　D. T形

11. 根据股价移动的规律，股价运行的形态划分为(　　)。

A. 持续整理形态和反转突破形态　　B. 多重顶形和圆弧顶形

C. 三角形和矩形　　D. 旗形和楔形

12. (　　)，这不符合在涨跌停板制度下量价分析的基本判断。

A. 跌停量小，将继续下跌

B. 跌停中途被打开的次数越多、成交量越大，反转下跌的可能性就越大

C. 封涨停时，卖盘数量越大，继续当前走势的概率越大

D. 封跌停时，卖盘数量越大，后续跌幅也越大

13. 由于证券价格变化的趋势是有方向的，因而可以用直线将这种趋势表示出来，这样的直线称为(　　)。

A. 趋势线　　B. 轨道线　　C. K线　　D. 支撑线

14. 趋势线被突破后，说明股价(　　)。

A. 会上升　　B. 走势将反转　　C. 会下降　　D. 走势将加速

15. 对称三角形情况出现，表示原有的趋势暂时处于休整阶段，之后最大的可能会(　　)。

A. 随着原趋势的方向继续运动　　B. 继续盘整格局

C. 不能做出任何判断　　D. 出现与原趋势反方向的走势

16. 反转突破形态不包括(　　)。

A. K线形态　　B. 圆弧顶(底)形态

C. 双重顶(底)形态　　D. V形反转形态

17. (　　)一般会在3日内回补，成交量很小，很少有主动的参与者。

A. 消耗性缺口　　B. 普通缺口　　C. 持续性缺口　　D. 突破缺口

18. 在多根K线的组合中，下列说法中正确的是(　　)。

A. 最后一根K线的位置越低，越有利于多方

B. 最后一根K线的位置越高，越有利于空方

C. 越是靠后的K线越重要

D. 越是靠前的K线越重要

19. 头肩顶形态的高度是指(　　)。

A. 头的高度　　B. 左、右肩连线的高度

C. 头到颈线的距离　　D. 颈线的高度

20. 出现在顶部的看跌形态是(　　)。

A. 头肩顶　　B. 旗形　　C. 楔形　　D. 三角形

21. 在双重顶反转突破形态中，颈线是(　　)。

A. 上升趋势线　　B. 下降趋势线　　C. 支撑线　　D. 压力线

22. 在MACD指标中，当股价走势出现2个或3个近期高点，而DIF(DEA)并不配合出

现新高点时，应(　　)。

A. 买入　B. 卖出　C. 观望　D. 无参考价值

23. 技术分析指标MACD是由异同平均数和正负差两部分组成，其中(　　)。

A. DEA是核心　B. EMA是核心

C. DIF是核心　D. (EMA－DEA)是核心

24. 表示市场处于超买或超卖状态的技术指标是(　　)。

A. PSY　B. BIAS　C. RSI　D. WMS

25. 如果股价偏离移动平均线太远，不管是在移动平均线上方或下方，都有向平均线回归的要求的是(　　)指标的基本原理。

A. KDJ　B. MACD　C. BIAS　D. RSI

二、多项选择题

1. 证券投资技术分析理论包括(　　)。

A. 波浪理论　B. K线理论　C. 随机漫步理论　D. 形态理论

2. 一般来说，可以将技术分析方法分为(　　)。

A. 指标类　B. 波浪类　C. 形态类　D. K线类

3. 按道氏理论的分类，趋势分为(　　)等类型。

A. 长期趋势　B. 中期趋势　C. 短期趋势　D. 无趋势

4. 市场行为最基本的表现是(　　)。

A. 成交价　B. 资金量

C. 股票指数涨跌幅度　D. 成交量

5. 证券市场中，技术分析的要素包括(　　)。

A. 价格　B. 成交量　C. 时间　D. 空间

6. 趋势的方向有三种：(　　)。

A. 上升方向　B. 下降方向　C. 主要方向　D. 水平方向

7. K线图又称为蜡烛线，是目前普遍使用的图形，其基本种类有(　　)。

A. 阳线　B. 阴线　C. 十字线　D. 影线

8. 整理形态的类型很多，除了三角形外，还有(　　)等形态。

A. 矩形　B. 旗形　C. 圆弧形　D. 楔形

9. 光头光脚大阳线的出现说明(　　)。

A. 多方占优势　B. 股价涨了

C. 市场波动很大　D. 空方占优势

10. 三角形态属于持续整理形态的一类。三角形主要分为(　　)。

A. 对称三角形　B. 等边三角形　C. 上升三角形　D. 下降三角形

11. 下列关于波浪理论的说法中正确的有(　　)。

A. 面对同一个形态，不同的人会产生不同的说法

B. 股价的形态是波浪理论赖以生存的基础

C. 艾略特的波浪理论以周期为基础

D. 浪的层次和起始点好确认

12. 关于涨跌停板制度下的量价分析基本判断，以下说法中正确的有(　　)。

A. 涨停中途成交量越大，反转下跌的可能性越大

B. 涨停中途被打开次数越多，反转下跌的可能性越大

C. 涨停量小，将继续上扬

D. 涨停关门时间越早，次日涨势可能性越小

13. 关于有上影线和下影线的阳线和阴线，下列说法中错误的有(　　)。

A. 十字星的出现说明多空双方力量暂时平衡，使市场走势暂时失去方向

B. 上影线越长，下影线越短，阳线实体越短或阴线实体越长，越有利于多方占优

C. 上影线越短，下影线越长，阴线实体越短或阳线实体越长，越有利于空方占优

D. 上影线长于下影线，利于空方；下影线长于上影线，则利于多方

14. MA 的特点有(　　)。

A. 追踪趋势　　B. 稳定性　　C. 滞后性　　D. 助涨助跌性

15. 下列关于旗形的说法中正确的有(　　)。

A. 旗形无测算功能　　B. 旗形持续时间可长于 3 周

C. 旗形形成之前成交量很大　　D. 旗形被突破之后成交量很大

三、判断题

1. K 线是一条柱状的线条，由影线和实体组成。(　　)

2. 有关的技术分析著作常将缺口划分为普通缺口、突破缺口、持续性缺口和消耗性缺口四种形态。(　　)

3. 对于两根 K 线的组合来说，第一天的 K 线是进行行情判断的关键。(　　)

4. 实体长于上影线的阳线，表示买方严重受挫，空方占优势。(　　)

5. 上下影线等长的十字星，称为转机线，常在反转点出现。(　　)

6. 只有在下跌行情中才有支撑线，只有在上升行情中才有压力线。(　　)

7. 趋势线衡量价格波动的方向，由它的方向可以明确地看出股价的趋势。(　　)

8. 上升趋势线起支撑作用，是支撑线的一种。(　　)

9. 反转不同于股价的变动，而是指对原先股价运动趋势的转折性变动。(　　)

10. 在技术分析中，对称三角形的特点是一般应有 6 个转折点。(　　)

11. 根据波浪理论，完整的波动周期上升是 3 浪，下跌是 5 浪。(　　)

12. 移动平均线可以帮助投资者把握股价的最高点和最低点。(　　)

13. 对于个股：BIAS(10)＞35%为抛出时机，BIAS(10)＜－15%为买入时机。(　　)

14. PSY 是从投资者的买卖趋向心理方面来研判股价未来走势的技术指标。(　　)

15. DIF 和 DEA 均为正值时，属多头市场。DEA 向上突破 DIF 是买入信号；DEA 向下跌破 DIF 只能认为是回落，做获利了结。(　　)

课外导航

1. 中国证券业协会．证券投资分析．北京：中国金融出版社，2012

2. 黎航．股市操练大全．上海：上海三联书店，2014

3. http://www.tdx.com.cn/ 通达信软件

4. http://www.10jqka.com.cn/ 同花顺

第七章　证券投资的收益与风险

【学习目标】

1. 了解证券投资收益的计算方法。
2. 理解证券投资收益与风险的关系。
3. 掌握证券投资风险的含义及其分类。

【开篇案例】

重庆啤酒股价癫狂的背后

2011年12月8日这一天，并没有什么轰轰烈烈的大事值得载入史册。A股市场上一只普通的股票重庆啤酒跌停，这远不能和许多重大的历史事件相提并论，所以也没能引起人们的注意。同样是在这一天，重庆啤酒披露了一条消息：在乙肝疫苗Ⅱ期临床试验的主要疗效指标方面，安慰剂组与用药组无显著性差异。这条消息意味着重庆啤酒进行了13年的乙肝疫苗项目宣告失败。在接下来的几天中，它的股价连续10个跌停，股价一落千丈，10天内市值蒸发了250多亿元，大量散户与机构投资者损失惨重。重庆啤酒如此疯狂的表现，震惊了投资者与监管层，短短几天内它成了多方关注的焦点。

重庆啤酒厂始建于1958年，1992年成立重庆啤酒集团公司，1993年以重啤集团为独家发起人，通过募集方式成立了重庆啤酒股份有限公司，以啤酒生产为主业，致力于啤酒、饮料、生物制药以及相关产品的生产和研发。1997年9月30日，重庆啤酒成功在我国A股市场上市，股票代码是600132，募集资金2.13亿元。

重庆啤酒股份有限公司成功上市之后，公司的领导层认为啤酒行业的竞争十分激烈，在发展啤酒主业的同时必须找到新的利润增长点，遂于1998年10月以1 435万元收购了重庆佳辰生物工程公司52%的股权；1999年8月25日重庆啤酒又通过配股募集资金1.11亿元，其中8 710万元被用于对重庆佳辰生物的增资，重庆啤酒的持股比例增至93.15%。重庆佳辰生物工程有限公司是集生物制品、化学药品等产、学、研为一体的高新技术企业，从20世纪90年代就开始研发乙肝疫苗。据当时重庆啤酒的管理层估计，当时全球有3.5亿乙肝患者，中国有9 300万患者，如果乙肝疫苗研制成功，10年内可以有过百亿元的净利润。

重庆啤酒收购佳辰生物的消息一经公布，市场上的投资者就产生了很大的反应。他们认为重庆啤酒找到了新的利润增长点，盈利能力大大增加，投资重庆啤酒在未来将会获得巨大的收益，于是开始在二级市场上大量买入重庆啤酒的股票。消息公布后不到两个月，重庆啤酒的股价就从13.69元疯涨到了30元。但是大部分投资者对于乙肝疫苗的研发技术并不了解，他们只是凭借市场上的消息就疯狂地买入重庆啤酒的股票，巨大的利好消息让投资者忽略了投资重庆啤酒背后的风险。从此，重庆啤酒就被投资者们当作“乙肝疫苗”概念股来进行炒作。

此后，佳辰生物又从第三军医大学吴玉章教授那里以2 300万元买来了处于基础研究阶段的“治疗性乙肝疫苗”。这样，重庆啤酒就具备了进行乙肝疫苗研发的一切条件。于是公司于2003年6月开始了乙肝疫苗项目的Ⅰ期临床试验。2004年11月，Ⅰ期临床试验完成，乙肝疫苗被验证是安全的。在Ⅱ期试验开始之前的8年中，重庆啤酒只有3次公告谈到了疫苗项目，研发进程公布得并不频繁，投资者对乙肝疫苗研发的进度了解较少，所以二级市场上股价的反应也不是很强烈。2006年4月，疫苗的Ⅱ期A阶段试验开始，这个阶段主要是验证疫苗的有效性以及最佳剂量。Ⅱ期A阶段结束后，重庆啤酒又于2009年1月启动了Ⅱ期B阶段的试验，并扩大了试验人群。也是在这时，重庆啤酒开始大量披露关于乙肝疫苗的消息，连发18份关于乙肝疫苗项目进展的报告。由于市场对于乙肝疫苗研发结果的乐观估计，每次公告都能够推动股价不同程度的上涨。3年中，重庆啤酒股价飙升362%，仅2010年的涨幅就达到了240%，吸引了众多基金、私募和散户入场增持。截至2011年12月7日，重庆啤酒的市值达到了392.3亿元，并以107倍的超高市盈率把其他医药股远远地甩在了身后。

然而，就在重庆啤酒在二级市场上表现如此疯狂之时，2011年12月8日，Ⅱ期B阶段显示的数据并没有出现预期的效果，用药组与安慰剂组无显著差异，这一结果正式向外界传递出疫苗研制失败的信号。这个消息一经证实，重庆啤酒的股价连续10个跌停，股价由最高时的83.12元跌到28.45元，市值蒸发了270多亿元，使得大量基金、私募和无数散户损失惨重。

事后，证监会对于重庆啤酒事件进行了调查。证监会有关人员表示，从形式上看，重庆啤酒是按照要求及时做了披露，但信息披露内容的真实性和完整性需要进一步关注。如果重庆啤酒所披露的信息是真实和完整的，那么对于投资重庆啤酒这类高科技医药概念股来说，投资者在进行投资的过程中必然会承担巨大的风险。这种巨大的风险来自乙肝疫苗项目的本身，而不是人为产生的。现在由于疫苗研发失败，重庆啤酒二级市场的股价暴跌，投资者损失惨重。但我们可以设想，如果乙肝疫苗研制成功，投资者们也会获得巨大的收益作为他们所承担风险的补偿与回报。重庆啤酒事件告诉我们，在进行股票投资时高收益总是伴随着高风险，而承担了高风险，却未必能获得高收益。投资者在股票投资过程中要充分认识到自身的风险偏好，权衡风险与收益。

（资料来源：葛红玲主编．证券投资学．机械工业出版社，2013.有删减）

请思考：透过重庆啤酒股价的暴涨暴跌，你对证券投资的风险与收益有什么认识？

第一节　证券投资的收益

证券投资的核心问题是收益和风险的权衡问题。人们从事证券投资的目的是为了获得投资收益,但获得收益的过程又时刻伴随着风险。投资收益是未来的,而且一般情况下是事先难以确定的,未来收益的不确定性就是证券投资的风险。收益和风险是并存的,一般而言,总是收益越高,风险越大;或是收益越低,风险越小。投资者遵循的一般原则是:在两种风险相同的证券中选择其中收益较高的证券,或是在两种收益相同的证券中选择其中风险较小的证券。

证券投资的收益可以分为两类:已经实现的收益和预期的收益。已经实现的收益是指在过去的投资期间实现的收益,预期收益是指未来投资期间可能实现的收益。两者的区别在于一个是实实在在已经实现的收益,另一个却是投资者期望的目前并没有实现的收益,将来的实际收益往往与期望的收益存在偏差。

一、证券投资收益的一般计算公式

对投资者来说,在保证本金安全的前提条件下,不仅希望得到稳定的利息收入和股息收入,还希望得到资本利得收入。证券投资收益是指证券投资者在某一段时间内投资某项证券带来的收入,它由持有期内的证券红利(利息)和资本利得构成。其大小可用收益率来衡量,通常收益率的计算公式为:

$$r=\frac{I_t+P_t-P_0}{P_0}\times100\%$$

式中,I_t 为在投资期间的红利收入;P_0 为某证券的初始价格;P_t 为证券在 t 时刻的价格。

根据所选的时间段的不同,收益率可分为日收益率、月收益率、年收益率等。如果持有时间较短,没有红利发放,则收益率就等于价格变化率:

$$r=\frac{P_t-P_0}{P_0}\times100\%$$

二、股票投资的收益

(一)股票投资收益的来源

股票投资的收益是指投资者从购入股票开始到出售股票为止整个持有期间的收入,这种收益由股息、资本利得和公积金转增收益组成。

1. 股息

股息是指股票持有者依据所持股票从发行公司分取的盈利。通常,股份有限公司在会计年度结算后,将一部分净利润作为股息分配给股东。其中,优先股股东按照规定的固定股息率优先取得固定股息,普通股股东则根据余下的利润分取股息。股东在取得固定的股息以后又从股份有限公司领取的收益,称为红利。由此可见,红利是股东在公司按规定股息率分派后所取得的剩余利润。但在概念的使用上,人们对股息和红利并未予以严格的区分,只是笼统地称为股利,习惯上又称为分红。

股息的来源是公司的税后利润。公司从营业收入中扣减各项成本和费用支出、应偿还的债务及应缴纳的税金后,余下的即为税后利润。通常,税后利润按以下程序分配:如果有未弥补亏损，首先用于弥补亏损；按《公司法》规定提取法定公积金；如果有优先股，按固定股息率对优先股股东分配；经股东大会同意，提取任意公积金；剩余部分按股东持有的股份比例对普通股股东分配。可见，税后净利润是公司分配股息的基础和最高限额，但因要作必要的公积金等的扣除，公司实际分配的股息总是少于税后净利润。

股息作为股东的投资收益，用以股份为单位的货币金额表示，但股息的具体形式可以有多种。

(1)现金股息。现金股息也称现金股利，是股份公司以现金形式支付的股息和红利，是最普通、最基本的股息形式，又称派现。分派现金股息，既可以满足股东预期的现金收益目的，又有助于提高股票的市场价格，以吸引更多的投资者。在公司留存收益和现金足够的情况下，现金股息分发的多少取决于董事会对影响公司发展的诸多因素的权衡，并要兼顾公司和股东两者的利益。一般来说，股东更偏重于目前利益，希望得到比其他投资形式更高的投资收益；董事会更偏重于公司的财务状况和长远发展，希望保留足够的现金扩大投资或用于其他用途。但是由于股息的高低会直接影响公司股票的市价，而股价的涨跌又关系到公司自身信誉的高低及筹资能力的大小，因此董事会在权衡公司的长远利益和股东的近期利益后，会制定出较为合理的现金股息发放政策。

股东取得现金股息应支付所得税。我国对个人投资者获取上市公司现金分红适用的利息税率为20%，目前减半征收。机构投资者由于本身需要缴纳所得税，为避免双重税负，在获取现金分红时不需要缴税。现金股息的发放致使公司的资产和股东权益减少同等数额，导致公司现金流出。稳定的现金股息政策对公司现金流管理有较高的要求，通常将那些经营业绩较好，具有稳定且较高的现金股利支付的公司股票称为蓝筹股。

(2)股票股息。股票股息也称股票股利，是股份公司以股票的方式派发的股息。通常由公司用新增发的股票或一部分库存股票作为股息代替现金分派给股东。又称送股或送红股(简称红股)。股票股息原则上是按公司现有股东持有股份的比例进行分配的，采用增发普通股票并发放给普通股股东的形式，实际上是将当年的留存收益资本化。也就是说，股票股息是股东权益账户中不同项目之间的转移，对公司的资产、负债、股东权益总额毫无影响，对得到股票股息的股东在公司中所占权益的份额也不会产生影响，仅仅是股东持有的股票数比原来多了。发放股票股息既可以使公司保留现金，解决公司发展对现金的需要，又使公司股票数量增加，股价下降，有利于股票的流通。股东持有股票股息在大多数西方国家可免征所得税，出售增加的股票又可转化为现实的货币，有利于股东实现投资收益，因而是兼顾公司利益和股东利益的两全之策。

(3)财产股息。财产股息是公司用现金以外的其他财产向股东分派股息。最常见的是公司持有的其他公司或子公司的股票、债券，也可以是实物。分派财产股息，可减少现金支出，满足公司对现金的需要，有利于公司的发展。在现金不足时，用公司产品以优惠价格充作股息，可扩大其产品销路。当公司需要对其他公司控股时，可有意将持有的其他公司的股票作为股息，采用内部转移方式分派给股东，以继续维持控股公司的地位。

(4)负债股息。负债股息是公司通过建立一种负债，用债券或应付票据作为股息分派给股东。这些债券或应付票据既是公司支付的股息，也可满足股东的获利需要。负债股息一般是在已宣布发放股息但又面临现金不足、难以支付的情况下不得已采取的权宜之计，董事会往往更愿意推迟股息发放日期。

(5)建业股息。建业股息又称建设股息，是指经营铁路、港口、水电、机场等业务的股份公司，由于其建设周期长，不可能在短期内开展业务并获得盈利，为了筹集所需资金，在公司章程中明确规定并获得批准后，公司可以将一部分股本作为股息派发给股东。建业股息不同于其他股息，它不是来自公司的盈利，而是对公司未来盈利的预分，实质上是一种负债分配，也是无盈利无股息原则的一个例外。建业股息的发放有严格的法律限制，在公司开业后，应在分配盈余前抵扣或逐年抵扣冲销，以补足资本金。

2. 资本利得

上市股票具有流动性，投资者可以在股票交易市场上出售持有的股票，收回投资，赚取盈利，也可以利用股票价格的波动低买高卖来赚取差价收入。股票买入价与卖出价之间的差额就是资本利得，或称资本损益。资本利得可正可负，当股票卖出价大于买入价时，资本利得为正，此时可称为资本收益；当卖出价小于买入价时，资本利得为负，此时可称为资本损失。由于上市公司的经营业绩是决定股票价格的重要因素，因此资本损益的取得主要取决于股份公司的经营业绩和股票市场的价格变化，同时与投资者的投资心态、投资经验及投资技巧也有很大关系。

3. 公积金转增股本

公积金转增股本是指公司将资本公积金转化为股本，简称转增股。公积金转增股本也是采取送股的形式，但送股的资金不是来自当年可分配盈利，而是公司提取的公积金。公司的公积金来源有以下几项：一是股票溢价发行时，超过股票面值的溢价部分，列入公司的资本公积金；二是依据我国《公司法》的规定，每年从税后利润中按比例提存部分法定公积金；三是经股东大会决议后提取的任意公积金；四是公司经过若干年经营以后的资产重估增值部分；五是公司从外部取得的赠与资产，如从政府部门、国外部门及其他公司等得到的赠与资产。我国《公司法》规定，公司分配当年税后利润时，应当提取利润的10%列入公司法定公积金。公司法定公积金累计额为公司注册资本50%以上的，可以不再提取。公司的法定公积金不足以弥补以前年度亏损的，在提取法定公积金之前，应当先用当年利润弥补亏损。公司从税后利润中提取法定公积金后，经股东大会决议，可以从税后利润中提取任意公积金。股份有限公司以超过股票票面金额的发行价格发行股份所得的溢价款以及国务院财政部门规定列入资本公积金的其他收入，应当列为资本公积金。公司的公积金用于弥补公司亏损、扩大公司生产经营或者转为公司资本。但是资本公积金不得用于弥补公司亏损。股东大会决议将公积金转为资本时，按股东原有股份比例派送红股或增加每股面值。但法定公积金转为资本时，所留成的该项公积金不得少于转增前公司注册资本的25%。

转增股本并没有改变股东的权益，但却增加了股本的规模，因而客观上与送红股相似。转增股本与送红股的本质区别在于，红股来自公司的年度税后利润，只有公司在有盈余的情况下，才能向股东送红股；而转增股本来自资本公积金，它可以不受公司本年度可分配利润的多少及时间的限制，只要将公司账面上的资本公积金减少一些，增加相应的注册资本金就可以了。因此从严格的意义上来说，转增股本并不是对股东的分红回报。

（二）股票投资收益率及其计算

股票和债券的主要区别之一是股票没有期限，而债券有偿还期限。因此，衡量股票投资收益水平的重要指标有股利收益率和持有期收益率。此外，在某些条件下拆股后持有期收益率等也有很重要的实际意义。

1. 股利收益率

股利收益率又称获利率，是指股份公司以现金形式派发的股息与股票市场价格的比率。

该收益率可用于计算已得的股利收益率，也可用于预测未来可能的股利收益率。如果投资者以某一市场价格购入股票，在持有股票期间得到公司派发的现金股息，可用本期每股股息与股票买入价计算，这种已得的股利收益率对长期持有股票的股东特别有意义。如果投资者打算投资某种股票，可用该股票上期实际派发的现金股息或是预计本期的现金股息与当前股票市场价格计算，得出预计的股利收益率，该指标对做出投资决策有一定帮助。股利收益率的计算公式为：

$$\text{股利收益率}=\frac{D}{P_0}\times 100\%$$

式中，D 为现金股息；P_0 为股票买入价。

[例 7—1] 某投资者以 20 元/股的价格买入某公司股票，持有 1 年，分得现金股息 1.80 元，则股利收益率＝1.80÷20×100%＝9%。

2. 持有期收益率

持有期收益率是指投资者持有股票期间的股息收入与买卖价差占股票买入价格的比率。股票没有到期日，投资者持有股票的时间短则几天，长则数年，持有期收益率就是反映投资者在一定的持有期内的全部股息收入和资本利得占投资本金的比率。持有期收益率是投资者最关心的指标，但如果要将它与债券收益率、银行利率等其他金融资产的收益率比较，需注意时间的可比性，可将持有期收益率转化为年收益率。

$$\text{持有期收益率}=\frac{D+(P_1-P_0)}{P_0}\times 100\%$$

式中，D 为现金股息；P_0 为股票买入价；P_1 为股票卖出价。

[例 7—2] 例 7—1 中，投资者在分得现金股息两个月后，将股票以 23.20 元的价格出售，则

$$\text{持有期收益率}=\frac{1.80+(23.20-20)}{20}\times 100\%=25\%$$

3. 股份变动后的持有期收益率

投资者在买入股票后，有时会发生该股份公司进行股票分割（即拆股）、送股、配股、增发等导致股份变动的情况。股份变动会影响股票的市场价格和投资者的持股数量，因此，有必要在股份变动后做相应调整，以计算股份变动后的持有期收益率。

$$\text{股份变动后的持有期收益率}=\frac{\text{调整后的资本损益}+\text{调整后的现金股息}}{\text{调整后的购买价格}}\times 100\%$$

[例 7—3] 例 7—1 中投资者买入股票并分得现金红利后，该公司以 1∶2 的比例拆股。拆股决定公布后，该公司股票市价涨至 22 元/股，拆股后的市价为 11 元/股，若投资者此时以市价出售，则应对持有期收益率进行调整。

$$\text{股份变动后的持有期收益率}=\frac{(11-10)+0.9}{10}\times 100\%=19\%$$

三、债券投资的收益

（一）债券收益的来源

债券的投资收益来自三个方面：一是债券的利息收益。这是债券发行时就决定的，除了保值贴补债券和浮动利率债券，债券的利息收入不会改变，投资者在购买债券前就可得知。二是资本利得。资本利得受债券市场价格变动的影响。三是再投资收益。再投资收益受以周期性

利息收入作再投资时市场收益率变化的影响。由于资本利得和再投资收益具有不确定性，投资者在作投资决策时计算的到期收益和到期收益率只是预期的收益和收益率，只有当投资期结束时才能计算实际收益和实际到期收益率。

1. 债息

债券的利息收益取决于债券的票面利率和付息方式。债券的票面利率是指 1 年的利息占票面金额的比率。票面利率的高低直接影响着债券发行人的筹资成本和投资者的投资收益，一般是由债券发行人根据债券本身的性质和对市场条件的分析决定的。通常，首先要考虑投资者的接受程度。发行人往往是在参照了其他相似条件债券的利率水平后，在多数投资者能够接受的限度内，以最低利率来发行债券。其次，债券的信用级别是影响债券票面利率的重要因素。再次，利息的支付方式和计息方式也是决定票面利率要考虑的因素。最后，还要考虑证券主管部门的管理和指导。一旦债券的票面利率确定后，在债券的有效期限内，无论市场上发生什么变化，发行人都必须按确定的票面利率向债券持有人支付利息。

2. 资本利得

债券投资的资本利得是指债券买入价与卖出价或买入价与到期偿还额之间的差额。同股票的资本利得一样，债券的资本利得可正可负：当卖出价或偿还额大于买入价时，资本利得为正，此时可称为资本收益；当卖出价或偿还额小于买入价时，资本利得为负，此时可称为资本损失。投资者可以在债券到期时将持有的债券兑现，或是利用债券市场价格的变动低买高卖，从中取得资本收益，当然，也有可能遭受资本损失。

3. 再投资收益

再投资收益是投资债券所获现金流量再投资的利息收入。对于附息债券而言，投资期间的现金流是定期支付的利息，再投资收益是将定期所获得的利息进行再投资而得到的利息收入。

对于投资于附息债券的投资者来说，只有将债券持有至到期日，并且各期利息都能按照到期收益率进行再投资，才能实现投资债券时预期的收益率。反之，如果未来的再投资收益率低于购买债券时预期的到期收益率，则投资者将面临再投资风险。

(二)债券收益率的计算原理

债券收益率的基本计算公式有三种。

1. 贴现式

贴现式依据 1896 年欧文·费雪(Irving Fisher)提出并做出解释的基本估值关系，即一项资产的价值等于它产生的未来现金流用适当的贴现率贴现而成的现值。该方法可以精确计算债券到期收益率，由于计算方法非常烦琐，很少实际使用，但它说明了债券收益率计算的基本原理，即根据债券的未来收益和当前的市场价格来推算到期收益率。其计算公式为：

$$P_0=\frac{C}{1+r}+\frac{C}{(1+r)^2}+\frac{C}{(1+r)^3}+\cdots+\frac{C}{(1+r)^n}+\frac{V}{(1+r)^n}$$

式中，P_0 为债券的市场现价；C 为债券每年的利息收入；r 为到期收益率(%)；n 为到期年限；V 为票面价值。

2. 近似式

由于贴现式的实用性差，在实际操作中多采用近似式计算。近似式计算简单，计算结果虽为近似值，但与贴现式计算的结果相差不大，在实际中有广泛应用。其计算公式为：

$$Y=\frac{C+(V-P_0)/n}{(V+P_0)/2}\times 100\%$$

式中，Y 为债券收益率；C 为债券年利息收入；V 为债券面值；P_0 为债券市场价格；n 为到期年限。

3. 实用式

若将 V 改为卖出债券的价格 P_{t+1}；P_t 为购买债券的实际价格；C 为 P_t 到 P_{t+1} 之间债券每年的利息收入；n 为 P_t 到 P_{t+1} 之间的时期数（以年计算），由上式可得出持有期的债券收益率的近似计算公式：

$$Y=\frac{C+(P_{t+1}-P_t)/n}{(P_{t+1}+P_t)/2}\times 100\%$$

再做简单变换，可得到债券持有期收益率计算的实用公式为：

$$Y=\frac{C+(P_{t+1}-P_t)/n}{P_t}\times 100\%$$

（三）债券收益率及其计算

债券收益率有票面收益率、直接收益率、持有期收益率、到期收益率和赎回收益率等多种，这些收益率分别反映投资者在不同买卖价格和持有年限下的不同收益水平。由于债券有多种类型，下面我们主要介绍附息债券、一次还本付息债券和贴现债券收益率的计算。

1. 附息债券收益率的计算

（1）票面收益率。票面收益率又称名义收益率或息票率，是印制在债券票面上的固定利率，即年利息收入与债券面额的比率。投资者如果将按面额发行的债券持有至期满，则所获得的投资收益率与票面收益率是一致的。其计算公式为：

$$Y_n=\frac{C}{V}\times 100\%$$

式中，Y_n 为票面收益率或名义收益率；C 为债券年利息；V 为债券面额。

票面收益率的计算只适用于投资者按票面金额买入债券持有至期满并按票面面额收回本金这种情况。它没有考虑买入价格与票面面额有可能不一致的情况，也没有考虑债券有中途卖出的可能。

（2）直接收益率。直接收益率又称本期收益率、当前收益率，是指债券的年利息收入与买入债券的实际价格之比率。该收益率将年度息票利息与市场价格联系起来，但该收益率仅考虑了息票利率，而未考虑到其他任何会影响投资者收益率的收益来源。其计算公式为：

$$Y_d=\frac{C}{P_0}\times 100\%$$

式中，Y_d 为直接收益率；P_0 为债券市场价格；C 为债券年利息。

[例 7—4] 以 700.89 美元出售的 18 年期 6% 息票债券的面值为 1 000 美元，则

年度息票利息＝1 000×0.06＝60（美元）

$$直接收益率=\frac{60}{700.89}\times 100\%=8.56\%$$

（3）持有期收益率。它是指买入债券后持有一段时间，又在债券到期前将其出售而得到的收益率。它包括持有债券期间的利息收入和资本损益，即买入价与卖出价之间的差额。

①按近似式计算：

$$Y_h=\frac{C+(P_1-P_0)/n}{(P_1+P_0)/2}\times 100\%$$

式中，Y_h 为持有期收益率；C 为债券年利息；P_1 为债券卖出价；P_0 为债券买入价；n 为持

有年限。

②按实用式计算。在实际使用中，常用此公式计算，分母直接表示投入的本金，更容易被投资者接受。

$$Y_h=\frac{C+(P_1-P_0)/n}{P_0}\times100\%$$

[例 7—5] 某债券面额为 1 000 元，5 年期，息票率为 6%，现以 950 元的发行价格向全社会公开发行，则投资者在认购债券后到持有期满时可获得的直接收益率为：

$$Y_d=\frac{1\ 000\times6\%}{950}\times100\%=6.32\%$$

若投资者认购后持有至第 3 年末，以 995 元的市价出售，则持有期的近似收益率为：

$$Y_h=\frac{1\ 000\times6\%+(995-950)/3}{(995+950)/2}\times100\%=7.71\%$$

用实用式计算的持有期收益率为：

$$Y_h=\frac{1\ 000\times6\%+(995-950)/3}{950}\times100\%=7.89\%$$

(4)到期收益率。到期收益率又称最终收益率，一般的债券到期都按面值偿还本金。所以，随着到期日的临近，债券的市场价格会越来越接近面值。到期收益率同样包括了利息收入和资本损益。计算方法有以下几种：

①按近似式计算。一般的息票债券都是 1 年或半年支付一次利息，到期按面值还本。

$$Y_m=\frac{C+(V-P_0)/n}{(V+P_0)/2}\times100\%$$

式中，Y_m 为到期收益率；C 为债券年利息；V 为债券面额；P_0 为债券买入价；n 为到期年限。

如例 7—5 中的债券，投资者认购后一直持有至期满收回本金，则到期收益率为：

$$Y_m=\frac{1\ 000\times6\%+(1\ 000-950)/5}{(1\ 000+950)/2}\times100\%=7.18\%$$

②实用式：

$$Y_m=\frac{C+(V-P_0)/n}{P_0}\times100\%$$

运用此公式，则例 7—5 中的债券到期收益率为：

$$Y_m=\frac{1\ 000\times6\%+(1\ 000-950)/5}{950}\times100\%=7.37\%$$

(5)赎回收益率。赎回是指债券发行人在债券到期前，提前偿还本金的行为，它是债券发行人的一种权利。因为赎回对投资者不利，所以很多债券都附有赎回保护条款，规定在一定期限内债券不得赎回，如果债券被赎回，发行人必须支付高于债券面值的溢价作为对投资者的补偿。赎回溢价随赎回时间而变化。此时，赎回收益率可用以下公式计算：

$$Y_c=\frac{C+(F_c-P_0)/n}{(F_c+P_0)/2}\times100\%$$

式中，Y_c 为赎回收益率；C 为债券年利息；P_0 为债券买入价；F_c 为赎回时的债券价格；n 为持有可赎回债券的年限。

如例 7—5 中的息票债券，发行 3 年后提前收回，赎回溢价是 1 070 元，则赎回收益率为：

$$Y_c=\frac{1\ 000\times6\%+(1\ 070-950)/3}{(1\ 070+950)/2}\times100\%=9.90\%$$

债券的赎回收益率要比到期收益率7.37%高，这是因为投资者得到70元的赎回溢价，且期限仅为3年而不是5年。

2. 一次还本付息债券收益率的计算

我国大部分债券为一次还本付息债券。一次还本付息债券与附息债券的主要区别是：前者在偿还债券前投资者没有利息收入，只是在到期日偿还本金和自发行日至到期日的利息。因此，投资者没有利用所得利息再投资的机会，因而它的持有期收益率和到期收益率的计算方法与附息债券也略有不同。

(1)持有期收益率。此时上述公式中的$C=0$，而P_1包括债券持有期间应得的全部收益，即既包括债券利息收入，又包括债券卖出时的资本损益，分子的内容仍表示债券持有期间的年平均收入，从而一次还本付息债券持有期收益率按近似式和实用式计算分别为：

$$Y_h=\frac{(P_1-P_0)/n}{(P_1+P_0)/2}\times100\%$$

$$Y_h=\frac{(P_1-P_0)/n}{P_0}\times100\%$$

式中，Y_h为持有期收益率；P_0为债券买入价；P_1为债券卖出价；n为持有年限。

(2)到期收益率。一次还本付息债券到期收益率按近似式和实用式计算分别为：

$$Y_m=\frac{[V\cdot(1+I\cdot n)-P_0]/n}{(V+P_0)/2}\times100\%$$

$$Y_m=\frac{[V\cdot(1+I\cdot n)-P_0]/n}{P_0}\times100\%$$

式中，Y_m为到期收益率；V为债券面额；P_0为债券买入价；n为到期年限；I为债券息票率。

[例7—6] 某债券面值1 000元，期限3年，息票率6%，一次性还本付息。若该债券以960元的价格发行，投资者认购后持有至期满，则到期收益率为多少？如果某投资者在持有2年后，以980元卖出，则持有期收益率又是多少？

到期收益率：

按近似式计算：$Y_m=\frac{[1\ 000\times(1+6\%\times3)-960]/3}{(1\ 000+960)/2}\times100\%=7.48\%$

按实用式计算：$Y_m=\frac{[1\ 000\times(1+6\%\times3)-960]/3}{960}\times100\%=7.64\%$

持有期收益率：

按近似式计算：$Y_h=\frac{(980-960)/2}{(980+960)/2}\times100\%=1.03\%$

按实用式计算：$Y_h=\frac{(980-960)/2}{960}\times100\%=1.04\%$

3. 贴现债券收益率的计算

贴现债券的特点是以低于面值的金额发行，发行价与票面金额之差额相当于预先支付的利息，债券期满时按面值偿还。贴现债券一般用于短期债券的发行，如美国政府国库券。因为它有诸多优点，现在也开始用于中期债券，但很少用于长期债券。因债券提前扣除利息，既可避免利息收入遭受通货膨胀风险，又可将该笔利息用于其他投资，得到利息再投资收益。

(1)到期收益率。贴现债券的收益是债券面额与发行价格之间的差额。贴现债券发行时只公布面额和贴现率,并不公布发行价格,所以,要计算贴现债券的到期收益率必须先计算其发行价格。由于贴现率通常以年率表示,为计算方便,习惯上贴现年率以 360 天计,在计算发行价格时还要将年贴现率换算成债券实际期限的贴现率。贴现债券发行价格的计算公式为:

$$P_0=V\times\left(1-d\times\frac{n}{360}\right)$$

式中,P_0 为发行价格;V 为债券面值;d 为年贴现率;n 为债券期限(以天计)。

计算出发行价格后,方可计算其到期收益率。贴现债券的期限一般不足一年,而债券收益率又都以年率表示,所以要将按不足一年的收益计算出的收益率换算成年收益率。重要的是,为了便于与其他债券比较,年收益率要按 365 天计算,而分母一般不再计算平均投入资本。贴现债券到期收益率的计算公式为:

$$Y_m=\frac{V-P_0}{P_0}\times\frac{365}{n}\times100\%$$

式中,Y_m 为到期收益率;V 为债券面额;P_0 为发行价格;n 为债券期限(以天计)。

(2)持有期收益率。持有期收益率是指在贴现债券不到期而中途出售时投资者的收益率。此时,投资者必须先计算债券卖出价,再计算持有期收益率。债券卖出价的计算公式与贴现债券发行价格的计算公式相似,只不过此时 d 为贴现债券在二级市场出售时的年贴现率,n 为债券的剩余天数。

持有期收益率的计算公式为:

$$Y_h=\frac{P_1-P_0}{P_0}\times\frac{365}{n}\times100\%$$

式中,Y_h 为持有期收益率;P_1 为债券卖出价;P_0 为债券买入价;n 为债券持有期限。

[例 7—7] 某贴现债券面值 1 000 元,期限 90 天,以 6%的贴现率公开发行。求其发行价格与到期收益率。如果投资者在 30 天后,以面值 5%的折扣在市场上卖出,求其持有期收益率。

发行价格:

$$P_0=1\,000\times(1-6\%\times\frac{90}{360})=985(元)$$

到期收益率:

$$Y_m=\frac{1\,000-985}{985}\times\frac{365}{90}\times100\%=6.16\%$$

卖出价格:

$$P_1=1\,000\times(1-5\%\times\frac{30}{360})=995.8(元)$$

持有期收益率:

$$Y_h=\frac{995.8-985}{985}\times\frac{365}{30}\times100\%=13.38\%$$

该例说明,贴现债券因有贴现因素,其实际收益率比票面贴现率高。投资者购入贴现债券后不一定持有至期满,如果持有期收益率高于到期收益率,则中途出售债券更为有利。

第二节 证券投资的风险

证券投资是一种风险性投资。一般而言,风险是指对投资者预期收益的背离,或者说是证券收益的不确定性。证券投资的风险是指证券预期收益变动的可能性及变动幅度。在证券投资活动中,投资者投入一定数量的本金,目的是希望能得到预期的若干收益。从时间上看,投入本金是当前的行为,其数额是确定的,而取得收益是在未来的时间。在持有证券这段时间内,有很多因素可能使预期收益减少甚至使本金遭受损失。因此,证券投资的风险是普遍存在的。与证券投资相关的所有风险称为总风险,总风险可分为系统风险和非系统风险两大类。

一、系统风险

系统风险是指由于某种全局性的共同因素引起的投资收益的可能变动,这种因素以同样的方式对所有证券的收益产生影响。在现实生活中,所有企业都受全局性因素的影响,这些因素包括社会、政治、经济等各个方面。由于这些因素来自企业外部,是单一证券无法抗拒和回避的,因此称为不可回避风险。这些共同的因素会对所有企业产生不同程度的影响,不能通过多样化投资而分散,因此又称为不可分散风险。系统风险包括政策风险、经济周期波动风险、利率风险和购买力风险等。

(一)政策风险

政策风险是指政府有关证券市场的政策发生重大变化或是有重要的法规、举措出台,引起证券市场的波动,从而给投资者带来的风险。

政府对本国证券市场的发展通常有一定的规划和政策,借以指导市场的发展,加强对市场的管理。证券市场政策应当是在尊重证券市场发展规律的基础上,充分考虑证券市场在本国经济中的地位、与社会经济其他部门的联系、整体经济发展水平、证券市场发展现状以及对投资者保护等多方面因素后制定的。政府关于证券市场发展的规划和政策应该是长期稳定的,在规划和政策既定的前提条件下,政府应运用法律手段、经济手段和必要的行政管理手段引导证券市场健康、有序地发展。但是,在某些特殊情况下,政府也可能会改变发展证券市场的战略部署,出台一些扶持或抑制市场发展的政策,制定新的法令或规章,从而改变市场原先的运行轨迹。特别是在证券市场发展初期,对证券市场发展的规律认识不足,法规体系不健全,管理手段不充分,更容易较多地使用政策手段来干预市场。

由于证券市场政策是政府指导、管理整个证券市场的手段,一旦出现政策风险,几乎所有的证券都会受到影响,因此属于系统风险。

(二)经济周期波动风险

经济周期波动风险是指证券市场行情周期性变动而引起的风险。这种行情变动不是指证券价格的日常波动和中级波动,而是指证券行情长期趋势的改变。

证券行情变动受多种因素影响,但决定性的因素是经济周期的变动。经济周期是指社会经济阶段性的循环和波动,是经济发展的客观规律。经济周期的变化决定了企业的景气和效益,从而从根本上决定了证券行情特别是股票行情的变动趋势。证券行情随经济周期的循环而起伏变化,总的趋势可分为看涨市场和看跌市场(或称多头市场和空头市场、牛市和熊市)两大类型。在看涨市场,随着经济回升,股票价格从低谷逐渐回升,随着交易量的扩大,交易日渐活跃，股票价格持续上升并可维持较长一段时间；待股票价格升至很高水平，资金大量涌入并进一步推动股价上升，但成交量不能进一步放大时，股票价格开始盘旋并逐渐下降，标志着看涨市场的结束。看跌市场是从经济繁荣的后期开始，伴随着经济衰退，股票价格也从高点开始一直呈下跌趋势，并在达到某个低点时结束。看涨市场和看跌市场是指股票行情变动的大趋势。实际上，在看涨市场中，股价并非直线上升，而是大涨小跌，不断出现盘整和回档行情；在看跌市场中，股价也并非直线下降，而是小涨大跌，不断出现盘整和反弹行情。但在这两个变动趋势中，一个重要的特征是：在整个看涨行市中，几乎所有的股票价格都会上涨；在整个看跌行市中，几乎所有的股票价格都不可避免地有所下跌，只是涨跌程度不同而已。

（三）利率风险

利率风险是指市场利率变动引起证券投资收益变动的可能性。市场利率的变化会引起证券价格变动，并进一步影响证券收益的确定性。利率与证券价格呈反方向变化，即利率提高，证券价格水平下跌；利率下降，证券价格水平上涨。利率从两方面影响证券价格。一是改变资金流向。当市场利率提高时，会吸引一部分资金流向银行储蓄、商业票据等其他金融资产，减少对证券的需求，使证券价格下降；当市场利率下降时，一部分资金流回证券市场，增加对证券的需求，刺激证券价格上涨。二是影响公司的盈利。利率提高，公司融资成本提高，在其他条件不变的情况下净盈利下降，派发股息减少，引起股票价格下降；利率下降，融资成本下降，净盈利和股息相应增加，股票价格上涨。

利率政策是中央银行的货币政策工具，中央银行根据金融宏观调控的需要调节利率水平。当中央银行调整利率时，各种金融资产的利率和价格都会灵敏地做出反应。除了中央银行的货币政策以外，利率还受金融市场供求关系的影响：当资金供求宽松时，利率水平稳中有降；当资金供求紧张时，利率水平逐渐上升。

（四）购买力风险

购买力风险又称通货膨胀风险，是由于通货膨胀、货币贬值给投资者带来实际收益水平下降的风险。在通货膨胀情形下，物价普遍上涨，社会经济运行秩序混乱，企业生产经营的外部条件恶化，证券市场也难免深受其害，所以购买力风险是难以回避的。在通货膨胀条件下，随着商品价格的上涨，证券价格也会上涨，投资者的货币收入有所增加，会使他们忽视购买力风险的存在并产生一种货币幻觉。其实，由于货币贬值，货币购买力水平下降，投资者的实际收益不仅没有增加，反而有所减少。一般来说，可通过计算实际收益率来分析购买力风险：

$$实际收益率=名义收益率-通货膨胀率$$

式中，名义收益率是指债券的票面利息率或股票的股息率。例如，某投资者买了一张年利率为10%的债券，其名义收益率为10%。若1年中通货膨胀率为5%，投资者的实际收益率为5%；当年通货膨胀率为10%时，投资者的实际收益率为0；当年通货膨胀率超过10%时，投资者不仅没有得到收益，反而有所亏损。可见，只有当名义收益率大于通货膨胀率时，投资者才有实际收益。

购买力风险对不同证券的影响是不相同的，最容易受其损害的是固定收益证券，如优先股、债券。因为它们的名义收益率是固定的，当通货膨胀率升高时，其实际收益率就会明显下降，所以固定利息率和股息率的证券购买力风险较大；同样是债券，长期债券的购买力风险又要比短期债券大。相比之下，浮动利率债券或保值贴补债券的购买力风险较小。普通股股票的购买力风险相对较小。当发生通货膨胀时，由于公司产品价格上涨，股份公司的名义收益会增加，特别是当公司产品价格上涨幅度大于生产费用的涨幅时，公司净盈利增加，此时股息会增加，股票价格也会随之提高，普通股股东可得到较高收益，可部分减轻通货膨胀带来的损失。

需要指出的是，购买力风险对不同股票的影响是不同的；在通货膨胀的不同阶段，对股票的影响也是不同的。这是因为公司的盈利水平受多种因素影响，产品价格仅仅是其中的一个因素。在通货膨胀情况下，由于不同公司产品价格上涨幅度不同、上涨时间先后不同、对生产成本上升的消化能力不同、受国家有关政策的控制程度不同等原因，会出现在相同的通货膨胀水平条件下，不同股票的购买力风险不尽相同的情况。一般来说，率先涨价的商品、上游商品、热销或供不应求商品的股票购买力风险较小，国家进行价格控制的公用事业、基础产业和下游商品等股票的购买力风险较大。在通货膨胀之初，企业消化生产费用上涨的能力较强，又能利用人们的货币幻觉提高产品价格，股票的购买力风险相对小一些。当出现严重通货膨胀时，各种商品价格轮番上涨，社会经济秩序紊乱，企业承受能力下降，盈利和股息难以增加，股价即使上涨也很难赶上物价上涨，此时普通股也很难抵御购买力下降的风险。

二、非系统风险

非系统风险是指只对某个行业或个别公司的证券产生影响的风险，它通常由某一特殊因素引起，与整个证券市场的价格不存在系统、全面的联系，而只对个别或少数证券的收益产生影响。这种因行业或企业自身因素改变而带来的证券价格变化与其他证券的价格、收益没有必然的内在联系，不会因此而影响其他证券的收益。这种风险可以通过分散投资来抵消。若投资者持有多样化的不同证券，当某些证券价格下跌、收益减少时，另一些证券可能价格正好上升、收益增加，这样就使风险相互抵消。非系统风险是可以抵消、回避的，因此又称为可分散风险或可回避风险。非系统风险包括信用风险、经营风险、财务风险等。

（一）信用风险

信用风险又称违约风险，是指证券发行人在证券到期时无法还本付息而使投资者遭受损失的风险。证券发行人如果不能支付债券利息、优先股股息或偿还本金，哪怕仅仅是延期支付，都会影响投资者的利益，使投资者失去再投资和获利的机会，遭受损失。信用风险实际上揭示了发行人在财务状况不佳时出现违约和破产的可能，它主要受证券发行人的经营能力、盈利水平、事业稳定程度及规模大小等因素影响。债券、优先股、普通股都可能有信用风险，但程度有所不同。债券的信用风险就是债券不能到期还本付息的风险。信用风险是债券的主要风险，因为债券是需要按时还本付息的要约证券。政府债券的信用风险最小，一般认为中央政府债券几乎没有信用风险，其他债券的信用风险依次从低到高排列为地方政府债券、金融债券、公司债券，但大金融机构或跨国公司债券的信用风险有时会低于某些政局不稳的国家的政府债券。投资于公司债券首先要考虑的就是信用风险，产品市场需求的改变、成本变动、融资条件变化等都可能削弱公司偿债能力，特别是公司资不抵债、面临破产时，债券的利息和本金都可能会化为泡影。股票没有还本要求，普通股股息也不固定，但仍有信用风险，不仅优先股股息有缓付、少付甚至不付的可能，而且如果公司不能按期偿还债务，会立即影响股票的市场价格，更不用说当公司破产时，该公司股票价格会接近于零，无信用可言。在债券和优先股发行时，要进行信用评级，投资者回避信用风险的最好办法是参考证券信用评级的结果。信用级别高的证券信用风险小；信用级别越低，违约的可能性越大。

（二）经营风险

经营风险是指公司的决策人员与管理人员在经营管理过程中出现失误而导致公司盈利水平变化，从而使投资者预期收益下降的可能。

经营风险来自内部因素和外部因素两个方面。企业内部因素主要有：一是项目投资决策失误，未对投资项目做可行性分析，草率上马；二是不注意技术更新，使企业在行业中的竞争地位下降；三是不注意市场调查，不注重开发新产品，仅满足于目前公司产品的市场占有率和竞争力，满足于目前的利润水平和经济效益；四是销售决策失误，过分依赖大客户、老客户，没有注重打开新市场，寻找新的销售渠道。其他还有公司的主要管理者因循守旧、不思进取、机构臃肿、人浮于事，对可能出现的天灾人祸没有采取必要的防范措施等。外部因素是公司以外的客观因素，如政府产业政策的调整、竞争对手的实力变化使公司处于相对劣势地位等，引起公司盈利水平的相对下降。但经营风险主要还是来自公司内部的决策失误或管理不善。

公司的经营状况最终表现为盈利水平的变化和资产价值的变化，经营风险主要通过盈利变化产生影响，对不同证券的影响程度也有所不同。经营风险是普通股票的主要风险，公司盈利的变化既会影响股息收入，又会影响股票价格。当公司盈利增加时，股息增加，股票价格上涨；当公司盈利减少时，股息减少，股价下降。经营风险对优先股的影响要小一些，因为优先股的股息率是固定的，盈利水平的变化对价格的影响有限。公司债券的还本付息受法律保障，除非公司破产清理，一般情况下不受企业经营状况的影响，但公司盈利的变化同样可能使公司债券的价格呈同方向变动，因为盈利增加使公司的债务偿还更有保障，信用提高，债券价格也会相应上升。

（三）财务风险

财务风险是指公司财务结构不合理、融资不当而导致投资者预期收益下降的风险。负债经营是现代企业应有的经营策略，通过负债经营可以弥补自有资本的不足，还可以用借贷资金来实现盈利。股份公司在营运中所需要的资金一般都来自发行股票和债务两个方面。其中，债务（包括银行贷款、发行企业债券、商业信用）的利息负担是一定的，如果公司资金总量中债务比重过大，或是公司的资金利润率低于利息率，就会使股东的可分配盈利减少，股息下降，使股票投资的财务风险增加。例如，当公司的资金利润率为10%，公司向银行贷款的利率或发行债券的票面利率为8%时，普通股股东所得权益将高于10%；如果公司的资金利润率低于8%时，公司须按8%的利率支付贷款或债券利息，普通股股东的收益就将低于资金利润率。实际上，公司融资产生的财务杠杆作用犹如一把双刃剑，当融资产生的利润大于债息率时，给股东带来的是收益增长的效应；反之，就是收益减少的财务风险。对股票投资来讲，财务风险中最大的风险当属公司亏损风险。公司亏损风险虽然发生的概率不是很高，但这却是投资者常常面临的最大风险。投资股票就是投资于公司，投资者的股息收益和通过股票价格变动获得的资本利得与公司的经营效益密切相关。所以，股票的风险将直接取决于公司的经营效益。但是，公司未来的经营是很难预测的，这使投资者买了股票之后，很难准确地预期自己未来的收益。一般而言，只要公司经营不发生亏损，投资股票始终有收益，存在的问题只是收益的高低。但投资者却有可能遭遇公司亏损，而一旦公司发生亏损，投资者将在两个方面产生风险：一是投资者将失去股息收入；二是投资者将损失资本利得。因为在公司亏损时，股票的价格必然下跌。更有甚者，如果公司亏损严重以致资不抵债，投资者可能血本无归，股票将成为一张废纸。

三、风险与收益的关系

在证券投资中，收益和风险形影相随，收益以风险为代价，风险用收益来补偿。投资者投资的目的是为了得到收益，与此同时，又不可避免地面临着风险。一般来说，风险较大的证券，收益率相对较高;反之,收益率较低的投资对象,风险相对也较小。但是,绝不能就此认为,风险越大,收益率就一定越高,因为我们以上分析的风险是客观存在的风险,它不包括投资者主观上的风险。如果投资者对证券投资缺乏正确的认识,盲目入市,轻信传言,操作不当等,只能得到高风险、低收益的结果。

证券投资的收益与风险同在,收益是风险的补偿,风险是收益的代价。大多数投资者要求较高的投资收益以对不确定性做出补偿。这种无风险收益率之上的收益率的增加就是风险溢价。它们之间的关系可表示为:

预期收益率＝无风险利率＋风险溢价

这里,预期收益率是投资者承受各种风险应得的补偿;无风险利率是指把资金投资于某一没有任何风险的投资对象而能得到的利息等,这是投资的时间补偿。我们把这种收益率作为一种基本收益率,再考虑各种可能出现的风险,使投资者得到应有的风险补偿。

现实生活中不可能存在没有任何风险的理想证券,但可以找到某种收益率变动最小的证券来近似代替。例如,美国短期国库券由政府发行,联邦政府有征税权和货币发行权,债券的还本付息有可靠保障,因此没有违约风险和财务风险。短期国库券期限很短,以 3 个月(91 天)和 6 个月(182 天)为代表,几乎没有利率风险,只要在其发行期间没有严重通货膨胀,可以视为不附任何风险的证券。短期国库券的利率很低,它的利息可以看作是投资者牺牲当前消费,让渡货币使用权的补偿。在美国一般把联邦政府发行的短期国库券当作无风险证券,把短期国库券利率当作无风险利率。

在短期国库券无风险利率的基础上,我们可以发现:

(1)同一种类型的债券,期限越长,利率越高,这是对利率风险的补偿。比如同是政府债券,它们都没有违约风险和财务风险,但长期债券的利率要高于短期债券,这是因为短期债券几乎没有利率风险,而长期债券却可能遭受市场利率变动的影响,两者之间利率的差额就是对利率风险的补偿。

(2)不同债券的利率水平不同,这是对违约风险的补偿。通常政府债券的利率最低,地方政府债券的利率稍高,其他依次是金融债券、企业债券。在企业债券中,信用级别高的债券利率较低,信用级别低的债券利率较高,这是因为它们的违约风险不同。

(3)在通货膨胀严重的情况下,会发行浮动利率债券。我国政府对 3 年以上国库券进行利率的保值贴补,就是对购买力风险的补偿。

(4)股票的收益率一般高于债券,这是因为股票面临的经营风险和市场风险比债券大得多,必须给投资者相应的补偿。面值相同的股票却有迥然不同的市场价格,这是因为不同股票的经营风险相去甚远,市场风险也有差别,投资者以出价和要价来评价不同股票的风险,调节不同股票的实际收益,使风险大的股票市场价格低,风险小的股票市场价格高。

当然,风险与收益的关系并非如此简单。证券投资除了以上几种主要的风险之外,还有其他次要风险,引起风险的因素以及风险的大小程度也在不断变化之中。影响证券投资收益的因素很多,所以这种以收益率替代风险的方法只能粗略近似地反映两者之间的关系,更进一步地说,只有加上证券的价格变动才能更好地反映两者间的动态替代关系。

有一点需要强调:非系统风险可以通过分散化投资来抵消,如投资者持有多样化的不同证券,当某些证券价格下跌、收益减少时,另一些证券可能价格正好上升、收益增加,这样就使风险相互抵消,平均收益率不致下降,而系统风险却不能分散和减少。由于非系统风险可以通过投资组合加以分散,市场对风险的补偿,只涉及系统风险,也只有系统风险才是市场所承认的风险，因此投资者承担风险而得到的风险溢价只与所承担的系统风险有关，非系统风险得不到风险补偿。正是由于系统风险能够带来收益补偿，而非系统风险得不到收益补偿，因而人们常常要求降低非系统风险。通过投资组合方法得到的有效组合降低非系统风险。对于系统风险，投资者应该根据自己的风险承受能力决定承担多大的系统风险，以期获得相应的收益补偿。

本章小结

收益和风险是证券投资的核心问题，是投资决策的基础。证券投资的目的在于获取收益，但是证券投资的收益发生在未来，具有不确定性，收益和风险并存。衡量证券投资收益的指标是收益率，不同的收益率反映投资者持有不同种类的证券以及在不同买卖价格和持有年限下的不同收益水平。不同品种和期限的证券有不同的收益率计算方法，投资者应通过计算确定自己的投资计划。

证券投资的风险来源于未来的不确定性，分为系统风险和非系统风险。系统风险包括政策风险、经济周期波动风险、利率风险和购买力风险；非系统风险包括经营风险、信用风险和财务风险。风险和收益存在着对应关系。投资既要考虑收益，还要注意交易过程中发生的风险，以免造成不必要的损失。

知识测试

一、单项选择题

1. 只有当证券投资的名义收益率(　　)时投资者才有实际收益。

A. 小于通货膨胀率　　B. 大于通货膨胀率
C. 等于通货膨胀率　　D. 不等于通货膨胀率

2. 下列证券投资风险中，属于系统性风险的是(　　)。

A. 财务风险　　B. 信用风险　　C. 购买力风险　　D. 经营风险

3. 长期政府债券的利率比短期政府债券的利率高，这是对(　　)的补偿。

A. 信用风险　　B. 通胀风险　　C. 利率风险　　D. 政策风险

4. 作为无盈利、无股息原则的一个例外的股息形式是(　　)。

A. 股票股息　　B. 负债股息　　C. 财产股息　　D. 建业股息

5. 以股票的方式派发的股息，由公司用新增发的股票或一部分库存股票作为股息派发，称为(　　)。

A. 现金股息　　B. 股票股息　　C. 财产股息　　D. 负债股息

6. 债券的价格变动风险随着期限的增大而(　　)。

A. 减小　　B. 增大　　C. 不变　　D. 没有影响

7. 在存在购买力风险的情况下，下列各项中最容易受到损害的是(　　)。

A. 浮动利率债券　　B. 优先股　　C. 普通股票　　D. 保值贴补债券

8. 由于通货膨胀、货币贬值给投资者带来实际收益水平下降的风险属于(　　)。

A. 经济周期波动风险　　B. 购买力风险
C. 利率风险　　D. 违约风险

9. 关于投资收益与风险的关系，下列表述中错误的是（　　）。

A. 风险较大的证券其要求的收益率相对要高

B. 收益与风险相对应，风险越大，收益就一定越高

C. 收益与风险共生共存，承担风险是获取收益的前提

D. 投资者投资的目的是为了得到收益，与此同时又不可避免地面临着投资风险

10. 开放式基金所特有的风险是（　　）。

A. 市场风险　　B. 管理风险　　C. 技术风险　　D. 巨额赎回风险

11. 下列证券中，受到利率风险影响较小的是（　　）。

A. 普通股票　　B. 优先股票

C. 固定收益政府债券　　D. 固定收益金融债券

12. 如果市场是有效的，则债券的平均收益率和股票的平均收益率会（　　）。

A. 大体保持相对稳定的关系　　B. 保持相反的关系

C. 两者没有任何关系　　D. 大体保持相等的关系

二、多项选择题

1. 股息的分配可以采用（　　）。

A. 现金的形式　　B. 股票的形式

C. 现金以外的其他财产形式　　D. 债券或应付票据等负债的形式

2. 对基金投资进行限制的主要目的有（　　）。

A. 降低风险　　B. 避免基金操控市场

C. 发挥基金引导市场的积极作用　　D. 增加基金资产的收益水平

3. 设甲为预期收益率，乙为无风险利率，丙为风险补偿，则三者之间的关系不能表示为（　　）。

A. 乙＝甲＋丙　　B. 甲＝乙＋丙　　C. 丙＝甲＋乙　　D. 甲＝乙＝丙

4. 证券投资基金投资存在的风险主要有（　　）。

A. 市场风险　　B. 管理能力风险　　C. 技术风险　　D. 巨额赎回风险

5. 债券的投资收益主要来源于（　　）。

A. 债券的利息　　B. 债券的免税收入

C. 债券的买卖价差　　D. 购买过债券的国家奖励

6. 政府债券的风险主要有（　　）。

A. 信用风险　　B. 利率风险　　C. 购买力风险　　D. 财务风险

7. 关于证券投资的系统风险，下列说法中正确的有（　　）。

A. 系统风险包括社会、政治、经济等各个方面

B. 系统风险会对所有企业产生不同程度的影响，不能通过多样化投资而分散，因此又称为不可分散风险

C. 系统风险来自企业内部，单一证券有时可以抗拒和回避，但效果不好，因此称为不可回避风险

D. 现实生活中，所有企业都受系统风险的影响

8. 关于风险，下列说法中正确的有（　　）。

A. 风险是指对投资者预期收益的背离

B. 证券投资的风险就是证券收益的不确定性

C. 系统性风险是可以通过投资组合来避免的

D. 非系统性风险是可以通过投资组合来避免的

9. 非系统风险包括(　　)。

A. 信用风险　　B. 经营风险　　C. 利率风险　　D. 财务风险

10. 以下债券在国内金融市场上发行时需要经过信用评级的是(　　)。

A. 中央政府债券　　B. 地方政府债券　　C. 金融债券　　D. 公司债券

三、判断题

1. 非系统风险通常是由某一特殊因素引起,与整个证券市场的价格不存在系统、全面的联系。(　　)

2. 利用股票指数期货和现货之间的对冲交易,可以降低非系统性风险。(　　)

3. 在金融衍生工具交易中,因交易或管理人员的人为错误或系统故障、控制失灵而造成的风险是市场风险。(　　)

4. 股票股息实际上是将当年的留存收益资本化。(　　)

5. 通货膨胀条件下,固定收益证券的风险要比变动证券大。(　　)

6. 在国外,国库券利率往往被称为无风险利率,这表明国库券投资不存在任何风险。(　　)

7. 股票投资收益是指投资者从购入股票开始到出售股票为止整个持有期间的股息和资本利得收入。(　　)

8. 公司在没有盈利前是不能发放任何股息的。(　　)

9. 债券的价格是将未来的利息收益和本金按市场利率折算成的现值,债券的期限越长,未来收入的折现率就越大,所以债券的价格变动风险随着期限的增加而增大。(　　)

10. 普通股票和优先股票都会受到利率风险影响,但是优先股票较普通股票受利率风险的影响相对小些。(　　)

四、计算题

1. 某投资者以每股 10 元的价格买入某公司的股票,持有 6 个月该公司即分红,分红方案为每 10 股派现金 5 元,试计算股利收益率。若投资者在分得现金股息 3 个月后将股票卖出,每股价格为 12 元,求持有期收益率。

2. 某投资者购买中联重科股票 2 000 股,持有期 3 年,买入价 5 元,卖出价 7 元,投资期间只在第三年年末发放每股 0.5 元的现金股利,问该投资者持有期收益率是多少?

课外导航

1. http://www.csrc.gov.cn/pub/newsite/ 中国证券监督管理委员会

2. http://www.sac.net.cn/ 中国证券业协会

3. http://www.chinaclear.cn/ 中国证券登记结算有限公司

4. http://www.sse.com.cn/上海证券交易所

5. http://www.szse.cn/深圳证券交易所

第八章　证券组合与管理

【学习目标】

1. 了解证券组合的含义。
2. 理解证券组合管理的方法和步骤。
3. 掌握证券组合收益与风险的计算。

【开篇案例】

华夏大盘精选基金投资组合

2015 年 1 月 22 日，华夏大盘精选基金发布了 2014 年第 4 季度业绩报告。截至 2014 年 12 月 31 日，期末基金份额净值 9.075 元，净值增长率 15.7%。同期业绩比较基准增长率为 36.44%。其报告期末投资组合情况如表 8—1 所示。

表 8—1　　华夏大盘精选基金 2014 年第 4 季度投资组合情况　　金额单位：人民币元

基金资产组合情况

序号	项　目	金　额	比例(%)
1	权益投资	1 922 114 319.81	87.57
	其中：股票	1 922 114 319.81	87.57
2	固定收益投资	89 943 000.00	4.10
	其中：债券	89 943 000.00	4.10
3	贵金属投资	—	—
4	金融衍生品投资	—	—
5	买入返售金融资产	35 000 000.00	1.59
6	银行存款和结算备付金合计	138 797 370.60	6.32
7	其他各项资产	9 163 086.09	0.42
8	合　计	2 195 017 776.50	100.00

续表

按公允价值占基金资产净值比例大小排序的前十名股票投资明细金额

序号	股票代码	股票名称	数量(股)	公允价值	占基金资产净值比例(%)
1	600837	海通证券	5 488 100	132 043 686.00	6.26
2	601633	长城汽车	3 075 984	127 807 135.20	6.05
3	000651	格力电器	3 182 069	118 118 401.28	5.60
4	300168	万达信息	2 530 804	116 923 144.80	5.54
5	600016	民生银行	10 295 500	112 015 040.00	5.31
6	600000	浦发银行	6 895 429	108 189 281.01	5.13
7	600118	中国卫星	3 058 942	87 118 668.16	4.13
8	601377	兴业证券	5 675 486	85 813 348.32	4.07
9	600031	三一重工	6 128 500	61 162 430.00	2.90
10	600100	同方股份	4 857 627	56 737 083.36	2.69

按债券品种分类的债券投资组合

序号	债券品种	公允价值	占基金资产净值比例(%)
1	国家债券	—	—
2	央行票据	—	—
3	金融债券	89 943 000.00	4.26
4	企业债券	—	—
5	企业短期融资券	—	—
6	合　计	89 943 000.00	4.26

按公允价值占基金资产净值比例大小排序的前五名债券投资明细

序号	债券代码	债券名称	数量(张)	公允价值	占基金资产净值比例(%)
1	140213	14国开13	500 000	50 000 000.00	2.37
2	140204	14国开04	300 000	30 006 000.00	1.42
3	100225	10国开25	100 000	9 937 000.00	0.47

2014年第4季度，金融市场的一系列改革措施和预期激发A股做多热情，投资者乐观情绪空前高涨，主要股指实现了近年来最大单季涨幅，热点从金融扩散到周期行业。中国的经济结构、金融结构正处于一轮大变革的前夜。报告期内，华夏大盘精选基金看好以券商为代表的金融机构的发展空间，较大比例超配金融行业股票，获得了较好的收益；同时市场热点从高估值的小股票转向大盘、低估值蓝筹股票，也对该基金的净值增长提供了帮助。

（资料来源：作者根据公开资料整理）

请思考：什么是证券组合？为什么要进行证券组合？

第一节　证券组合与管理概述

证券组合管理理论最早由美国著名经济学家哈理·马科维茨于1952年系统提出。马科维茨的证券组合理论的基本思路为：首先分析证券的收益和风险，然后建立可供选择的有效证券组合集，再结合具体投资目标，最终确定最佳证券组合。

一、证券组合的含义及类型

投资学中的"组合"一词通常是指投资者所拥有的各种资产的总称。如果没有特别的说明，证券组合是指投资者所持有的各种有价证券的总称，通常包括各种类型的债券、股票及存款单等。

证券组合按不同的投资目标可以分为避税型、收入型、增长型、收入和增长混合型、货币市场型、国际型及指数化型等。

避税型证券组合通常投资于免税债券。

收入型证券组合追求基本收益(即利息、股息收益)的最大化。能够带来基本收益的证券有附息债券、优先股及一些避税债券。

增长型证券组合以资本升值(即未来价格上升带来的价差收益)为目标。投资于此类证券组合的投资者往往愿意通过延迟获得基本收益来求得未来收益的增长。这类投资者很少会购买分红的普通股，投资风险较大。

收入和增长混合型证券组合试图在基本收入与资本增长之间达到某种均衡，因此也称为均衡组合。两者的均衡可以通过两种组合方式获得：一种是使组合中的收入型证券和增长型证券达到均衡；另一种是选择那些既能带来收益，又具有增长潜力的证券进行组合。

货币市场型证券组合是由各种货币市场工具构成的，如国库券、高信用等级的商业票据等，安全性很强。

国际型证券组合投资于海外不同国家，是组合管理的时代潮流。实证研究结果表明，这种证券组合的业绩总体上强于只在本土投资的组合。

指数化型证券组合模拟某种市场指数。信奉有效市场理论的机构投资者通常会倾向于这种组合，以求获得市场平均的收益水平。

二、证券组合管理的意义和特点

证券组合管理的意义在于采用适当的方法选择多种证券作为投资对象，以达到在一定预期收益的前提下投资风险最小化或在控制风险的前提下投资收益最大化的目标，避免投资过程的随意性。

证券组合管理的特点主要表现在两个方面：

一是投资的分散性。证券组合理论认为，证券组合的风险随着组合所包含证券数量的增加而降低。只要证券收益之间不是完全正相关，分散化就可以有效降低非系统风险，使证券组合的投资风险趋向于市场平均风险水平。因此，组合管理强调构成组合的证券应多元化。

二是风险与收益的匹配性。证券组合理论认为，投资收益是对承担风险的补偿。承担风险越大，收益越高；承担风险越小，收益越低。因此，组合管理强调投资的收益目标应与风险的承受能力相适应。

三、证券组合管理的方法和步骤

(一)证券组合管理的方法

根据组合管理者对市场效率的不同看法,其采用的管理方法可大致分为被动管理和主动管理两种类型。

所谓被动管理方法,指长期稳定持有模拟市场指数的证券组合以获得市场平均收益的管理方法。采用此种方法的管理者认为,证券市场是有效市场,凡是能够影响证券价格的信息均已在当前证券价格中得到反映。也就是说,证券价格的未来变化是无法估计的,以致任何企图预测市场行情或挖掘定价错误证券,并借此频繁调整持有证券的行为无助于提高期望收益,只会浪费大量的经纪佣金和精力。因此,他们坚持“买入并长期持有”的投资策略。但这并不意味着他们无视投资风险而随便选择某些证券进行长期投资。恰恰相反,正是由于承认存在投资风险并认为组合投资能够有效降低公司的个别风险,所以他们通常购买分散化程度较高的投资组合,如市场指数基金或类似的证券组合。

所谓主动管理方法,是指经常预测市场行情或寻找定价错误证券,并借此频繁调整证券组合以获得尽可能高的收益的管理方法。采用此种方法的管理者认为,市场不总是有效的,加工和分析某些信息可以预测市场行情趋势和发现定价过高或过低的证券,进而对买卖证券的时机和种类做出选择,以实现尽可能高的收益。

(二)证券组合管理的基本步骤

组合管理的目标是实现投资收益的最大化,也就是使组合的风险和收益特征能够给投资者带来最大满足。具体而言,就是使投资者在获得一定收益水平的同时承担最低的风险,或在投资者可接受的风险水平之内使其获得最大的收益。显然,实现这种目标需要对组合进行有效和科学的管理。证券组合管理通常包括以下几个基本步骤:

1. 确定证券投资政策

证券投资政策是投资者为实现投资目标应遵循的基本方针和基本准则,包括确定投资目标、投资规模和投资对象三方面的内容以及应采取的投资策略和措施等。投资目标是指投资者在承担一定风险的前提下,期望获得的投资收益率。由于证券投资属于风险投资,而且风险和收益之间呈现一种正相关关系,所以,证券组合管理者如果把只能赚钱不能赔钱定为证券投资的目标,是不客观的。客观和合适的投资目标应该是在盈利的同时也承担可能发生的亏损。因此,投资目标的确定应包括风险和收益两项内容。投资规模是指用于证券投资的资金数量。投资对象是指证券组合管理者准备投资的证券品种,这是根据投资目标而确定的。确定证券投资政策是证券组合管理的第一步,它反映了证券组合管理者的投资风格,并最终反映在投资组合中所包含的金融资产类型特征上。

2. 进行证券投资分析

证券投资分析是指对证券组合管理第一步所确定的金融资产类型中个别证券或证券组合的具体特征进行的考察分析。这种考察分析的一个目的是明确这些证券的价格形成机制和影响证券价格波动的诸因素及其作用机制,另一个目的是发现那些价格偏离价值的证券。

3. 构建证券投资组合

构建证券投资组合主要是确定具体的证券投资品种和在各证券上的投资比例。在构建证券投资组合时,投资者需要注意个别证券选择、投资时机选择和多元化三个问题。个别证券选择主要是预测个别证券的价格走势及其波动情况；投资时机选择涉及预测和比较各种不同类型证券的价格走势和波动情况（例如，预测普通股相对于公司债券等固定收益证券的价格波动）；多元化则是指在一定的现实条件下，组建一个在一定收益条件下风险最小的投资组合。

4. 投资组合的修正

投资组合的修正实际上是定期重温前三步的过程。随着时间的推移，过去构建的证券组合对投资者来说可能已经不再是最优组合了，这可能是因为投资者改变了对风险和回报的态度，或者是其预测发生了变化。作为对这种变化的一种反应，投资者可能会对现有的组合进行必要的调整，以确定一个新的最佳组合。然而，进行任何调整都将支付交易成本，因此，投资者应该对证券组合在某种范围内进行个别调整，使得在剔除交易成本后，在总体上能够最大限度地改善现有证券组合的风险回报特性。

5. 投资组合业绩评估

对投资组合进行业绩评估就是评价投资的表现。业绩评估是证券组合管理过程中的一种反馈与控制机制。由于投资者在投资过程中获得收益的同时，还将承担相应的风险，获得较高收益可能是建立在承担较高风险的基础之上，因此，在对证券投资组合业绩进行评估时，不能仅仅比较投资活动所获得的收益，而应该综合衡量投资收益和所承担的风险情况。

四、证券组合理论的假设条件

证券组合理论为了便于进行抽象的说明，提出了以下假设条件：

（1）有效市场假设。有效市场假设认为证券市场是有效的，即证券市场能及时充分地反映各种证券的特性及其价格变动的原因。

（2）理性投资者假设。理性投资者总是追求收益的最大化且厌恶风险。在同一风险水平上，投资者偏好收益较高的资产或资产组合；在同一收益水平上，投资者偏好风险较小的资产或资产组合。即理性投资者总是在一定预期收益和风险水平上选择证券投资组合。

（3）收益相关性假设。各种证券之间的收益都是相关的。如果可以知道它们之间的相关系数，就可以选择最低风险的投资组合。

（4）风险可衡量假设。投资者能利用预期收益的波动来估计风险，风险以收益率的变动性来衡量，用统计上的标准差来衡量。

第二节　证券组合的收益与风险

利用马科维茨模型确定最小方差资产组合，首先要计算构成资产组合的单个资产的收益、风险以及资产之间的关系。计算预期收益和风险的标准方法就是用数学期望计算预期收益，用方差或标准差计算风险，用协方差计算资产之间的相互关系。根据马科维茨关于证券组合投资理论的前提假设我们可以知道，在购买风险资产以前，投资者应首先对资产的未来收益作一个估计，估计值同实际值之间总是会有偏差的。根据对各种不同经济状况的预期，我们可以对这种偏差进行估计，并用估计值标准差或方差的形式表示出来，将它作为衡量资产风险的一个标准。通过大量的研究，马科维茨发现只有用投资收益的方差作为投资风险的度量指标，才有可能找到一种科学的、系统的投资组合选择方法。因此，马科维茨投资组合的方法也被称为“均值—方差法”。

一、单个证券收益和风险的度量

（一）收益的度量：期望收益

证券的收益是一个不确定性收益，这个不确定性是基于未来可能发生的各种情况，特别是经济运行状况的不确定性。证券会因为不同的经济运行状况而产生不同的收益，因此我们首先要确定的问题是未来的经济运行状况。比如，经济衰退的可能性、经济复苏的可能性、经济繁荣的可能性等，将每一种状况发生的概率作为权数，对对应状况的收益率进行加权平均计算，含义是未来收益的平均水平。我们对这一品种的未来可能的收益率就有了一个综合的估计，这就是该品种的预期收益率。因此，预期收益率是证券未来收益率的数学期望，所以预期收益率也称为期望收益率。这样我们就对证券的收益进行了量化，计算公式为：

$$E(r)=p_1r_1+p_2r_2+\cdots+p_nr_n=\sum_{i=1}^{n}p_ir_i$$

$$0<p_i\leqslant 1,\sum_{i=1}^{n}p_i=1$$

式中，E(r)是预期收益率；r_i 是第 i 种情况的收益；p_i 是 r_i 可能发生的概率。

[例 8—1] 假定证券 A 的收益率分布如下：

收益率(%)	−40	−10	0	15	30	40	50
概率	0.03	0.07	0.30	0.10	0.05	0.20	0.25

则该证券的预期收益率为：

$$E(r)=(-40\%)\times 0.03+(-10\%)\times 0.07+0\times 0.30+15\%\times 0.10+30\%\times 0.05+40\%\times 0.20+50\%\times 0.25=21.6\%$$

在实际中，我们经常使用历史数据来估计期望收益率。假定证券的月或年实际收益率为 $r_t(t=1,2,\cdots,n)$，那么估计期望收益率($\bar{r}$)的计算公式为：

$$\bar{r}=\frac{1}{n}\sum_{t=1}^{n}r_t$$

（二）风险的度量：方差

风险是指对投资者预期收益的背离，或者说是投资收益的一种不确定性。投资者投入一定数量的本金后，取得收益是在未来发生的，在持有所投入资产的这段时间内，有很多因素可能使预期收益变动，因此证券投资的风险是普遍存在的。测定某一单项资产的风险也就是要在估计预期收益率后分析实际结果对预期结果的偏离程度。

方差表示不确定变量可能值的分散程度，也就是变量取值的不确定程度，因此也就表示了风险的大小。如果投资者以预期收益率为依据来进行投资决策，就必须意识到不能达到预期的可能性，可能的收益率越是分散，它与预期收益的偏离程度就越大，投资者所承担的风险就越大。风险的计算方法为：

$$\sigma^2(r)=\sum_{i=1}^{n}p_i[r_i-E(r)]^2$$

式中，$\sigma^2(r)$为方差。

[例 8—2] 假定证券 A 的收益率分布如下：

收益率(%)	−2	−1	1	3
概率	0.20	0.30	0.10	0.40

证券A的期望收益率E(r)为：

$$E(r)=(-2\%)\times0.20+(-1\%)\times0.30+1\%\times0.10+3\%\times0.40=0.6\%$$

$$\begin{aligned}\sigma^2(r)&=\sum_{i=1}^{n}p_i[r_i-E(r)]^2\\&=(-0.02-0.006)^2\times0.20+(-0.01-0.006)^2\times0.30+(0.01-0.006)^2\times0.10\\&\quad+(0.03-0.006)^2\times0.40\\&=0.000\,444\end{aligned}$$

与期望收益率的估计相同，在实际应用中也可用历史数据来估计方差和标准差。假设证券的月或年实际收益率为 $r_t(t=1,2,\cdots,n)$，那么，估计方差的计算公式为：

$$\bar{\sigma}^2=\frac{1}{n-1}\sum(r_t-\bar{r})^2$$

这样，我们就用样本的平均期望值和方差替代了对未来情况的期望和方差的估计，也就解决了对未来各种情况判断的难题。

二、证券组合的收益和风险

(一)证券组合的收益计算

证券组合是指按照一定的比例投资于不同品种的证券，这些证券构成一个证券投资整体。我们已经学习了如何计算单个证券的收益和风险，在此基础上我们把证券组合也看作一个单个证券，只是组合的收益和风险不是组合内所有品种的收益、风险的简单相加。明显地，不同证券的收益不同，证券组合的整体收益因此和投资比例密切相关。证券组合的预期收益率取决于组合中每一种证券的预期收益率和投资比例。具体来讲，证券组合的预期收益率是构成该组合的各种证券的预期收益率的加权平均数，权数是各种证券在组合中所占的比例。证券组合的收益计算公式为：

$$\begin{aligned}E(r_p)&=E(x_1r_1+x_2r_2+\cdots+x_nr_n)\\&=x_1E(r_1)+x_2E(r_2)+\cdots+x_nE(r_n)\\&=\sum_{i=1}^{n}x_iE(r_i)\end{aligned}$$

$$x_1+x_2+\cdots+x_n=1$$

式中，x_i 为组合中某品种证券的投资比重。

[例8—3] 某投资者拥有资金100万元，投资于三只股票，投资金额分别为30万元、30万元和40万元，3只股票的预期收益率分别为10%、15%和20%，求该投资组合的预期收益率。

$$\begin{aligned}E(r_p)&=x_1E(r_1)+x_2E(r_2)+x_3E(r_3)\\&=(30/100)\times10\%+(30/100)\times15\%+(40/100)\times20\%\\&=15.5\%\end{aligned}$$

(二)证券组合的风险计算

前面已经讲过，我们利用预期收益率的方差或标准差作为衡量风险的标准，方差或标准差越大，代表实际结果对预期结果偏离的程度越大，风险也就越大。但需要注意的是，证券投资组合的风险并不等于组合中各个证券方差或标准差的加权平均。这是因为证券组合的风险不仅依赖于单个证券的风险，而且依赖于证券之间的相互影响。证券之间的相互关系可以用协方差和相关系数来表示。协方差是一个测量投资组合中一个投资项目相对于其他投资项目风险的统计量。

假设一个投资组合由 A 和 B 两只证券组成，则其协方差的计算公式为：

$$cov(r_A, r_B) = \sum [r_{Ai} - E(r_A)][r_{Bi} - E(r_B)] p_i$$

式中，$cov(r_A, r_B)$为证券 A 和 B 的协方差；r_{Ai} 和 r_{Bi} 为在 i 种情况下的证券 A 和 B 的收益率；$E(r_A)$和 $E(r_B)$为证券 A 和 B 的预期收益率；p_i 为各种情况发生的概率。

从公式中我们可以看出，协方差可以反映两个证券资产的收益变动是否同向。如果两个证券资产的变化趋势一致，也就是说如果其中一个大于自身的期望值，另一个也大于自身的期望值，那么两个证券资产之间的协方差就是正值，即 $cov(r_A, r_B)$为正数，表示 A 和 B 的收益变动方向相同；如果两个证券资产的变化趋势相反，也就是说其中一个大于自身的期望值，另一个却小于自身的期望值，那么两个证券资产之间的协方差就是负值，即 $cov(r_A, r_B)$为负数，表示 A 和 B 的收益变动方向相反。为了进一步分析两种证券收益率联系的程度，我们引入一个新的统计量——相关系数，其计算公式为：

$$\rho_{AB} = \frac{cov(r_A, r_B)}{\sigma_A \sigma_B}$$

ρ_{AB} 的取值范围为[-1,1]，为正数时，表示两者正相关，为负数时，表示两者负相关。ρ_{AB} 的绝对值越接近 1，表示两者的相关程度越强。当 $\rho_{AB}=1$ 时，A 和 B 的变动完全一致，我们称之为完全正相关；当 $\rho_{AB}=-1$ 时，A 和 B 的变动完全相反，我们称之为完全负相关；当 $\rho_{AB}=0$ 时，A 和 B 完全不相关。两个证券的相关系数可以通过证券 A 和 B 的历史价格数据进行估计。

证券 A 和 B 投资组合的风险计算公式为：

$$\begin{aligned}\sigma_p^2 &= E[r_p - E(r_p)]^2 p_i \\ &= {x_A}^2{\sigma_A}^2 + {x_B}^2{\sigma_B}^2 + 2x_A x_B \sigma_A \sigma_B \rho_{AB}\end{aligned}$$

式中，x_A、x_B 为证券 A、B 在组合中的投资比例，$x_A + x_B = 1$；${\sigma_A}^2$、${\sigma_B}^2$ 是证券 A、B 的方差。ρ_{AB}是证券 A、B 的相关系数。

[例 8—4]　某投资者购买证券 A 和 B，投资比例分别为 40%和 60%，已知证券的期望收益率分别为 10%和 15%，标准差为 20%和 28%，相关系数是 0.3，求该组合的期望收益和方差。

组合的期望收益为：

$$\begin{aligned}E(r_p) &= \sum_{i=1}^{n} x_i E(r_i) \\ &= x_A E(r_A) + x_B E(r_B) \\ &= 0.4 \times 10\% + 0.6 \times 15\% \\ &= 13\%\end{aligned}$$

组合的方差为：

$$\begin{aligned}\sigma_p^2 &= x_A^2 \sigma_A^2 + x_B^2 \sigma_B^2 + 2x_A x_B \sigma_A \sigma_B \rho_{AB} \\ &= 0.4^2 \times 0.2^2 + 0.6^2 \times 0.28^2 + 2 \times 0.4 \times 0.6 \times 0.2 \times 0.28 \times 0.3 \\ &= 0.042\ 7\end{aligned}$$

由上可见，相关系数越大，方差就越大，风险也就越大。因此，选择互不相关或负相关的证券构成组合，可以降低风险。在实际经济生活中，由于各种股票、债券对宏观经济信息都会做出类似的反映，绝对负相关或不相关的股票很难找到，只能尽可能选择相关系数偏低的证券。投资组合选择不同的证券比率可以得到不同的证券组合，从而得到不同收益和风险的组合。

如果是多种证券进行组合，根据我们对风险的定义，一个投资组合的风险就是资产组合的实际收益和预期收益偏离数的数学期望的平方，计算远比组合收益要复杂。由 N 种证券组合的方差的计算公式为：

$$\begin{aligned}\sigma_p^2 &= E[r_p - E(r_p)]^2 \\ &= \sum_{i=1}^{N}\sum_{j=1}^{N} x_i x_j \operatorname{cov}(x_i, x_j) \\ &= \sum_{i=1}^{N}\sum_{j=1}^{N} x_i x_j \sigma_i \sigma_j \rho_{ij}\end{aligned}$$

式中，${\sigma_p}^2$ 为证券组合 P 的方差；x_i、x_j 表示证券 i 和证券 j 在证券组合中的比重；σ_i、σ_j 表示证券 i 和证券 j 的标准差；ρ_{ij} 表示 r_i 与 r_j 的相关系数。

由上式可知，当 N 比较大时，要计算 $E(r_p)$ 和 ${\sigma_p}^2$，计算量十分巨大。随着计算机技术的发展，已开发出计算 $E(r_p)$ 和 ${\sigma_p}^2$ 的计算机应用软件，如 Matlab、SPSS 和 Eviews 等，大大方便了投资者。

第三节　最优证券组合的选择

一、有效组合的确立

一个理性的投资者总是具有两个基本行为特征：一是厌恶风险，二是追求利润最大化。一般来说，单个资产的收益越高，它的风险也就相应越高，但是，在组合投资中我们可以将不同种类的资产按照一定的比例组合，就可以提高原有收益率或者降低原有风险，从而可以通过比较选择组合投资整体的收益—风险特征达到同等风险收益最大或同等收益风险最小的理想状态，也就是选择出有效率的资产组合。

在市场上我们可以选择投资的证券有很多种，它们可以组成无可计数的证券投资组合。一个理性投资者在投资组合的选择上应遵循下述规律：如果两种证券组合具有相同的收益率标准差和不同的期望收益率，那么投资者应选择期望收益率较高的组合；如果两种证券组合具有相同的期望收益率和不同的收益率标准差，那么投资者应选择收益率标准差较小的组合；如果一种证券组合相比另一种证券投资组合具有较小的收益率标准差和较高的期望收益率，那么投资者应选择前一种投资组合。这种选择规则称为投资者的共同偏好规则。在一个投资组合集中按照这种规则选择出的投资组合称为有效组合。很显然，有效组合将满足以下两个条件：第一，在各种风险条件下，提供最大的预期收益率。第二，在各种预期收益率水平下，提供最小的风险。这种有效组合是在一定的收益或风险水平上投资者希望得到的最优组合。

我们可以用图示的方法表达出有效组合集。如图 8－1 所示，坐标轴的横轴表示投资的风险，纵轴表示投资的收益。假设市场上有 N 种可供投资者选择的证券，这 N 种证券可以按照不同的比例组成许多证券投资组合，每种投资组合按其相应的预期收益和风险在图中用一个点标出。每一个点代表一个可行的投资组合，所有的点组合在一起就形成了一个可行组合集，而有效组合就隐含在可行组合集中。一般来说，这种可行组合的集合在图中呈伞状。

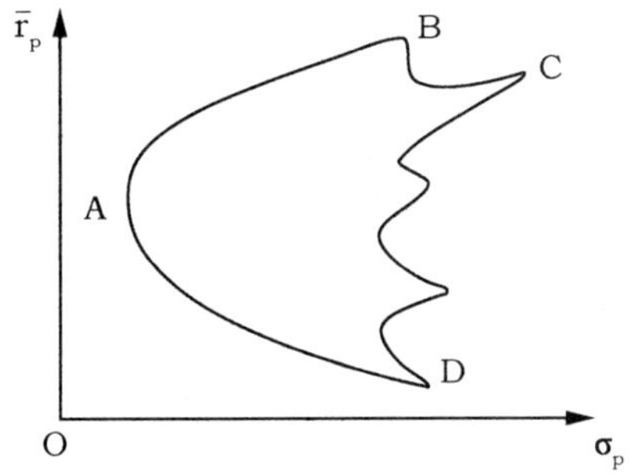

图 8—1　有效组合集

根据有效组合所应满足的条件，我们可以在可行组合集中找出有效组合。

第一个条件，在各种风险条件下，提供最大的预期收益率。我们在图中首先找到 A 点，过此点做平行于纵轴的垂线，使得所有可行组合的点都落在垂线的右边。也就是说，可行组合集中没有比 A 点的组合风险更小的了。同理，我们找到 C 点，过 C 点做平行于纵轴的垂线，使得所有可行组合的点都落在垂线的左边。C 点也就是整个可行集中风险最大的组合点。因此，在各种风险水平条件下，能够提供最大收益的证券组合位于从 A 点到 C 点之间的可行组合左上角的边界上。

第二个条件，在各种预期收益水平下，提供最小的风险。在图中我们找到 B 和 D 两个点，分别过 B 点和 D 点做平行于横轴的平行线，使得可行组合集中所有的点都落在过 B 点所做的平行线的下方，也就是说，所有过 B 点的组合是所有可行组合中预期收益率最大的点。同时可行组合集中的点都在过 D 点所做平行线的上方，D 点就是所有可行组合集中收益率最低的点。因此，在各种可能的收益水平的条件下，能够提供最小风险的组合位于从 D 点到 B 点的可行组合左边的边界上。

有效组合在图中的表示就是满足条件一和条件二的两段曲线的交集，也就是曲线 AB。通过比较我们可以发现，位于可行组合集的左上的曲线 AB 比这一曲线外的其他任何组合都要优越。

二、投资者的效用

位于有效边界上的组合都是有效的投资组合，是可供投资者选择的范围。那么投资者该如何选择呢？这个问题同经济学中消费者选择的问题类似，在很大程度上，这取决于投资者对风险和收益的态度。收益和风险好比投资者所必须选择的两种商品，增加其中的一种就势必要减少另一种。我们引入经济学中效用的概念来解决这个问题。在金融市场上，理性投资者具有两大特征，即追求收益最大化和厌恶风险，两者综合起来就是追求效用最大化。在效用相同的条件下，如果增加投资者所面对的风险，就必须相应地提高预期收益来补偿。因此，投资活动的效用实际上就是投资者权衡风险和收益后的满足感。

我们用无差异曲线来表示投资者的效用。图 8—2 是描述一个投资者效用的一组无差异曲线。

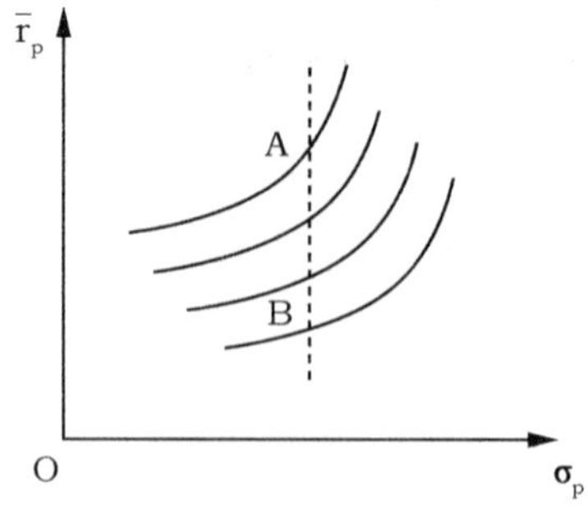

图 8—2 无差异曲线

同一条无差异曲线的点有着不同的收益和风险，但对于这个投资者来说，效用都是一样的。也就是说，这个投资者对这条线上的投资组合具有相同的偏好。每一条曲线代表一种效用水平。

一般来说，无差异曲线有以下性质：

第一，无差异曲线的波动方向一定是从左下方到右上方的过程。也就是说，无差异曲线的斜率都是正的。这主要是由投资者非满足性和风险规避的特征造成的。风险增加时投资者需要更高的收益来弥补，这种高收益、高风险的投资规律使得无差异曲线的斜率一定为正。

第二，随着无差异曲线向右移动，曲线将变得越来越陡峭而不是越来越平缓。也就是说，无差异曲线都是凸向的。随着风险的增加，为了弥补所增加的风险，投资者所需要额外增加的风险溢价即收益也越高；同时随着风险降低，投资者为使风险再降低一个单位而愿意放弃的收益也越少，这就决定了无差异曲线的凸向性。

第三，无差异曲线的形状（弯曲程度）因人而异，它反映了投资者对收益和风险的偏好态度。愿意冒险的投资者无差异曲线较为平坦，而害怕风险的投资者无差异曲线则较为陡峭。这是因为对愿意冒险的投资者来说，只要收益有少量的提高，就可弥补可能的风险损失。而对于害怕风险的投资者来说，收益必须有较大幅度的提高才能使他愿意承担较大的风险。图 8—3 和图 8—4 分别代表愿意冒险和不愿冒险的投资者的无差异曲线。

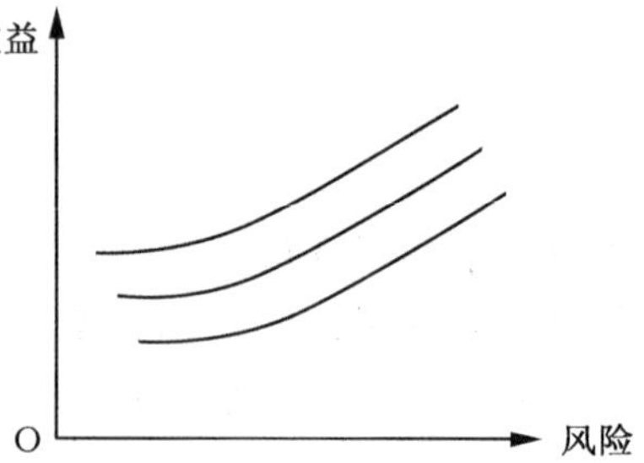

图 8—3 愿意冒险者的无差异曲线

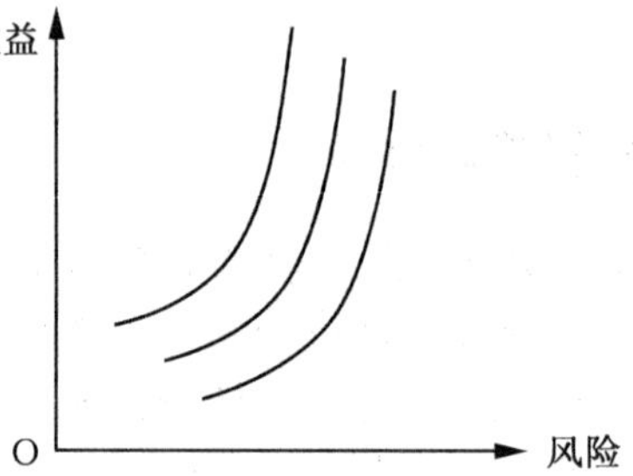

图 8—4 不愿意冒险者的无差异曲线

第四，投资者更偏好位于左上方的无差异曲线。如图 8—2 所示，在同一风险水平上的两点 A 和 B 具有相同的风险，而位于偏左上方的无差异曲线上的 A 点明显具有较高的收益率。因此，我们说 A 点的投资组合对投资者而言比 B 点的投资组合效用高。对于某一特定投资者而言，只要他对风险和收益替代关系的态度不变，他的无差异曲线的斜率在同一水平线上就保持一致，而且每一条位于左上方的无差异曲线上的任一投资点都优于位于右下方无差异曲线上的任一投资点。

第五，无差异曲线簇中的曲线互不相交。因为每一条无差异曲线都代表着一种投资者的效用水平，所以无差异曲线在坐标系上都是相互平行的。

三、最优证券组合

当确立了投资组合的有效集合以及投资者的效用无差异曲线后，我们将这两者结合起来，就可以得出投资者选择最优证券组合的条件了。

如图 8－5 所示，首先，最优组合应该位于有效边界上。只有在有效边界上的组合才是有效组合。其次，最优组合应该位于投资者的无差异曲线上。再次，由于无差异曲线的斜率为正、非满足性和回避风险的特性使得无差异曲线呈凸形，而投资组合的有效集一般呈凹形，因此，两者有唯一存在的一个切点。无差异曲线与有效边界的这个切点是投资者对证券组合的最优选择，也是唯一选择。值得说明的是，无差异曲线簇中的很多条曲线都与有效边界有交点，但所有与有效边界有交点的曲线中，与它相切的那条曲线一定是位于左上方的，因此在切点处的投资组合给投资者带来的效用最大。

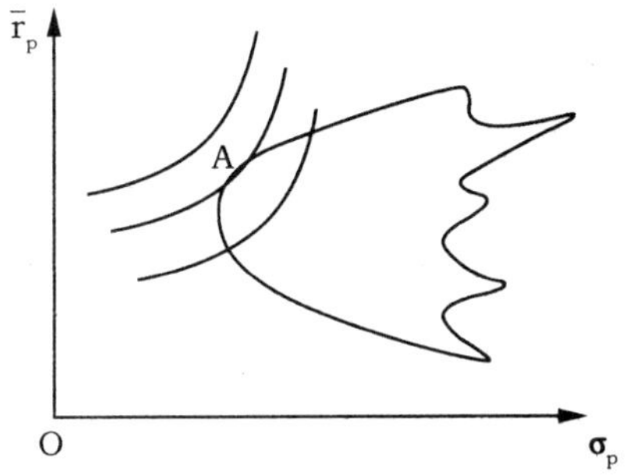

图 8－5　最优投资组合

以上我们所讨论的方法在理论上是正确的，但在实践中，我们要使用这种方法，首先就要确定投资者的效用无差异曲线，这是不容易做到的。因此，在现实生活中，确定最优资产组合的问题，在有效集合包含预期收益目标的前提下，通常被转化为在投资者可以接受的风险水平下寻找预期收益率最高的投资组合或是寻找能实现一定预期收益目标的最小方差的资产组合的问题。也就是说，在我们确定了要达到的收益目标后，选择风险最小的那种投资组合。

本章小结

证券组合是按照一定比例投资于不同品种的证券，构成一个证券投资整体。通过有效地构建投资组合可以实现降低风险保证收益的目的，因此证券投资组合与管理是指导现代证券市场投资行为的主要方法。它主要研究每项资产的风险与收益和其他资产的风险与收益间的相互关系，以及投资者应如何合理地选择自己的最佳证券投资组合，以获得投资收益与风险的最佳组合，从而实现风险一定条件下的收益最大化，或者收益一定条件下的风险最小化目标。

证券组合管理的步骤包括确定证券投资政策、进行证券投资分析、构建证券投资组合、投资组合的修正和投资组合业绩评估。

收益和风险是证券投资的核心问题。投资者无法改变单个证券的风险，但是可以通过选择不同的证券品种，以及各个品种的投资比例来改变组合的总风险。根据投资组合的期望收益率和标准差，可以在由所有投资组合构成的可行集中寻找有效组合，使有效组合包含的组合满足：同样收益水平下具有最小风险，或者同样风险水平下具有最大收益率，有效组合的全体构成有效组合边界。有效组合边界与代表投资者风险偏好的无差异曲线的切点就是最佳投资组合，它可以给投资者带来最大的投资效用。

知识测试

一、单项选择题

1. 在证券组合投资理论的发展历史中，提出"均值—方差"法的是(　　)。

A. 夏普　　B. 法玛　　C. 罗斯　　D. 马科维茨

2. 完全负相关的证券 A 和证券 B，其中证券 A 的标准差为 40%，期望收益率为 15%，证券 B 的标准差为 20%，期望收益率为 12%，那么证券组合 25%A+75%B 的标准差为(　　)。

A. 20%　　B. 10%　　C. 5%　　D. 0

3. 被称为"均衡组合"的是(　　)。

A. 增长型证券组合　　B. 货币市场型证券组合

C. 收入和增长混合型证券组合　　D. 指数化型证券组合

4. 现代组合投资理论认为，有效边界与投资者的无差异曲线的切点所代表的组合是该投资者的(　　)。

A. 最大期望收益组合　　B. 最小方差组合

C. 最优证券组合　　D. 有效证券组合

5. 如果证券 A 的投资收益率等于 7%、9%、10%和 12%的可能性大小是相同的，那么，证券 A 的期望收益率为(　　)。

A. 9.5%　　B. 9.0%　　C. 1.8%　　D. 1.2%

二、多项选择题

1. 证券组合管理的基本步骤包括(　　)。

A. 确定证券投资政策　　B. 进行证券投资分析

C. 构建证券投资组合　　D. 投资组合业绩评估

2. 在证券组合管理过程中，制定证券投资政策阶段的基本内容包括(　　)。

A. 确定投资对象　　B. 确定投资规模

C. 确定各投资证券的投资比例　　D. 确定投资目标

3. 确定证券投资政策是证券组合管理的第一步，它不能反映证券组合管理者的(　　)。

A. 投资原则　　B. 投资目标　　C. 投资偏好　　D. 投资风格

4. 追求收益厌恶风险的投资者的共同偏好包括(　　)。

A. 如果两种证券组合具有相同的期望收益率和不同的收益率方差，那么投资者选择方差较小的组合

B. 如果两种证券组合具有相同的收益率方差和不同的期望收益率，那么投资者选择

期望收益率高的组合

C. 如果两种证券组合具有相同的期望收益率和不同收益率方差，那么投资者选择方差较大的组合

D. 如果两种证券组合具有相同的收益率方差和不同的期望收益率，那么投资者选择期望收益率低的组合

5. 证券组合按不同的投资目标可分为（ ）。

A. 避税型 B. 增长型 C. 收入型 D. 指数化型

三、判断题

1. 理性投资者认为，最小方差集合上的资产或资产组合都是有效组合。（ ）

2. 如果以无风险收益率借入资金并投资到市场组合上，你所承担的风险要大于市场组合的风险。（ ）

3. 证券组合管理者应把“只能赚钱不能赔钱”定为证券投资的最高目标。（ ）

4. 对于多个证券组合来说，其可行域仅依赖于其组成证券的期望收益率和方差。（ ）

5. 证券组合管理的意义在于采用适当的方法选择多种证券作为投资对象，以达到在一定预期收益的前提下使投资风险最小或在控制风险的前提下使投资收益最大化的目标。（ ）

四、计算题

1. 某投资者购买了A和B两种证券，投资比例分别为30%和70%。已知证券A和B的期望收益率分别为10%和12%，标准差分别为20%和18%，相关系数是0.2，求该组合的期望收益和方差。

2. 某投资者欲购买股票A，通过查找资料，看到该股票的收益率数据如下表所示，试帮助其计算股票A的预期收益率和风险。

收益率(%)	−2	−1	1	3
发生概率	0.2	0.3	0.1	0.4

3. 某投资者拥有资金120万元，投资于3只股票，投资金额分别为30万元、30万元和60万元，3只股票的预期收益率分别为10%、12%和18%，求该投资组合的预期收益率。

课外导航

1. http://finance.sina.com.cn/ 新浪财经
2. https://www.yicai.com/ 第一财经
3. http://www.cninfo.com.cn/new/index 巨潮资讯网
4. http://www.hongzhoukan.com 证券市场红周刊

下　篇

模拟实验篇

第1实验单元　证券行情分析系统基本操作

◆　实验目的

(1)了解通达信等证券行情分析系统软件基本操作平台;

(2)理解通达信等证券行情分析系统软件的基本功能;

(3)掌握通达信等证券行情分析系统软件的下载安装方法和基本操作。

◆　实验工具

通达信、同花顺、大智慧或钱龙等证券行情分析软件。

◆　实验内容

1. 证券行情分析软件的下载、安装

常见的证券行情分析软件有通达信、同花顺、大智慧和钱龙等,这些软件的功能基本相同,投资者可以根据自己的喜好选择使用。可以进入这些公司的网站进行软件下载,也可以进入某证券公司网站下载。很多证券公司在其主页都有软件下载链接,将各种证券软件集中在一起,供投资者选用,非常方便。下面以东北证券通达信为例进行说明。

进入东北证券主页(网址为:http://www.nesc.cn/),点击【软件下载】按钮,下拉即出现通达信、同花顺等软件的下载链接,点击下载“东北证券通达信”软件安装包,根据提示把通达信软件安装在自己使用的设备上。

2. 通达信行情分析软件的基本操作和基本功能

(1)实时行情界面

双击桌面东北证券通达信软件快捷图标,出现东北证券通达信软件进入窗口,点击[独立行情],即打开通达信软件,首先出现的就是实时证券行情数据界面,是以表格的形式同屏显示多种证券价格信息。如实验图1—1所示。

按【PageUp】与【PageDown】,可以换屏,你将看到更多股票的行情信息。

行情列表的第一行是列表指标,表中依次列出了相关股票的实时数据,包括证券代码、证券名称、涨幅、现价、涨跌、买价、卖价、总量、现量、涨速、换手率等指标。在屏幕下方右侧有一横向滑动条,拖动横向滑动条,可看到更多栏目内容。如果想把某一栏目指标放在前面,或者调整栏目排列顺序,可以在希望显示的位置,在现有指标上单击右键,就可根据需要选择设定显示指标。如实验图1—2所示。

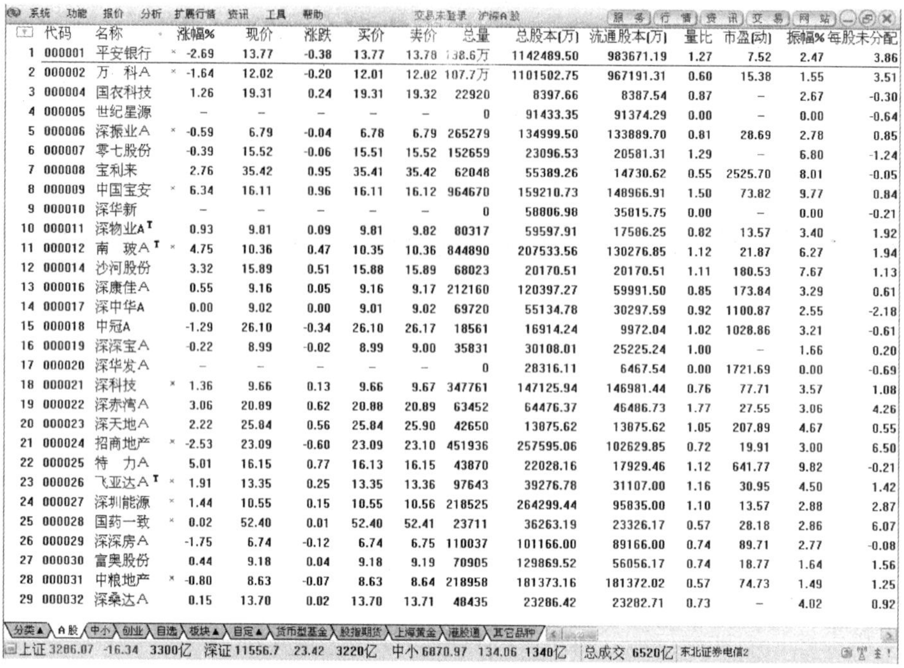

	代码	名称	涨幅%	现价	涨跌	买价	卖价	总量	总股本(万)	流通股本(万)	量比	市盈(动)	振幅%	每股未分配
1	000001	平安银行	-2.69	13.77	-0.38	13.77	13.78	138.6万	1142489.50	983671.19	1.27	7.52	2.47	3.86
2	000002	万　科A	-1.64	12.02	-0.20	12.01	12.02	107.7万	1101502.75	967191.31	0.60	15.38	1.55	3.51
3	000004	国农科技	1.26	19.31	0.24	19.31	19.32	22920	8397.66	8387.54	0.87	–	2.67	-0.30
4	000005	世纪星源	–	–	–	–	–	0	91433.35	91374.29	0.00	–	0.00	-0.64
5	000006	深振业A	-0.59	6.79	-0.04	6.78	6.79	265279	134999.50	133889.70	0.81	28.69	2.78	0.85
6	000007	零七股份	-0.39	15.52	-0.06	15.51	15.52	152659	23096.53	20581.31	1.29	–	6.80	-1.24
7	000008	宝利来	2.76	35.42	0.95	35.41	35.42	62048	55389.26	14730.62	0.55	2525.70	8.01	-0.05
8	000009	中国宝安	6.34	16.11	0.96	16.11	16.12	964670	159210.73	148966.91	1.50	73.82	9.77	0.84
9	000010	深华新	–	–	–	–	–	0	58806.98	35015.75	0.00	–	0.00	-0.21
10	000011	深物业A	0.93	9.81	0.09	9.81	9.82	80317	59597.91	17586.25	0.82	13.57	3.40	1.92
11	000012	南　玻A	4.75	10.36	0.47	10.35	10.36	844890	207533.56	130276.85	1.12	21.87	6.27	1.94
12	000014	沙河股份	3.32	15.89	0.51	15.88	15.89	68023	20170.51	20170.51	1.11	180.53	7.67	1.13
13	000016	深康佳A	0.55	9.16	0.05	9.16	9.17	212160	120397.27	59991.50	0.85	173.84	3.29	0.61
14	000017	深中华A	0.00	9.02	0.00	9.01	9.02	69720	55134.78	30297.59	0.92	1100.87	2.55	-2.18
15	000018	中冠A	-1.29	26.10	-0.34	26.10	26.17	18561	16914.24	9972.04	1.02	1028.86	3.21	-0.61
16	000019	深深宝A	-0.22	8.99	-0.02	8.99	9.00	35831	30108.01	25225.24	1.00	–	1.66	0.20
17	000020	深华发A	–	–	–	–	–	0	28316.11	6467.54	0.00	1721.69	0.00	-0.69
18	000021	深科技	1.36	9.66	0.13	9.66	9.67	347761	147125.94	146981.44	0.76	77.71	3.57	1.08
19	000022	深赤湾A	3.06	20.89	0.62	20.88	20.89	63452	64476.37	46486.73	1.77	27.55	3.06	4.26
20	000023	深天地A	2.22	25.84	0.56	25.84	25.90	42650	13875.62	13875.62	1.05	207.89	4.67	0.55
21	000024	招商地产	-2.53	23.09	-0.60	23.09	23.10	451936	257595.06	102629.85	0.72	19.91	3.00	6.50
22	000025	特　力A	5.01	16.15	0.77	16.13	16.15	43870	22028.16	17929.46	1.12	641.77	9.82	-0.21
23	000026	飞亚达A	1.91	13.35	0.25	13.35	13.36	97643	39276.78	31107.00	1.16	30.95	4.50	1.42
24	000027	深圳能源	1.44	10.55	0.15	10.55	10.56	218525	264299.44	95835.00	1.10	13.57	2.88	2.87
25	000028	国药一致	0.02	52.40	0.01	52.40	52.41	23711	36263.19	23326.17	0.57	28.18	2.86	6.07
26	000029	深深房A	-1.75	6.74	-0.12	6.74	6.75	110037	101166.00	89166.00	0.74	89.71	2.77	-0.08
27	000030	富奥股份	0.44	9.18	0.04	9.18	9.19	70905	129869.52	56056.17	0.74	18.77	1.64	1.56
28	000031	中粮地产	-0.80	8.63	-0.07	8.63	8.64	218958	181373.16	181372.02	0.57	74.73	1.49	1.25
29	000032	深桑达A	0.15	13.70	0.02	13.70	13.71	48435	23286.42	23282.71	0.73	–	4.02	0.92

实验图 1—1　实时行情界面图

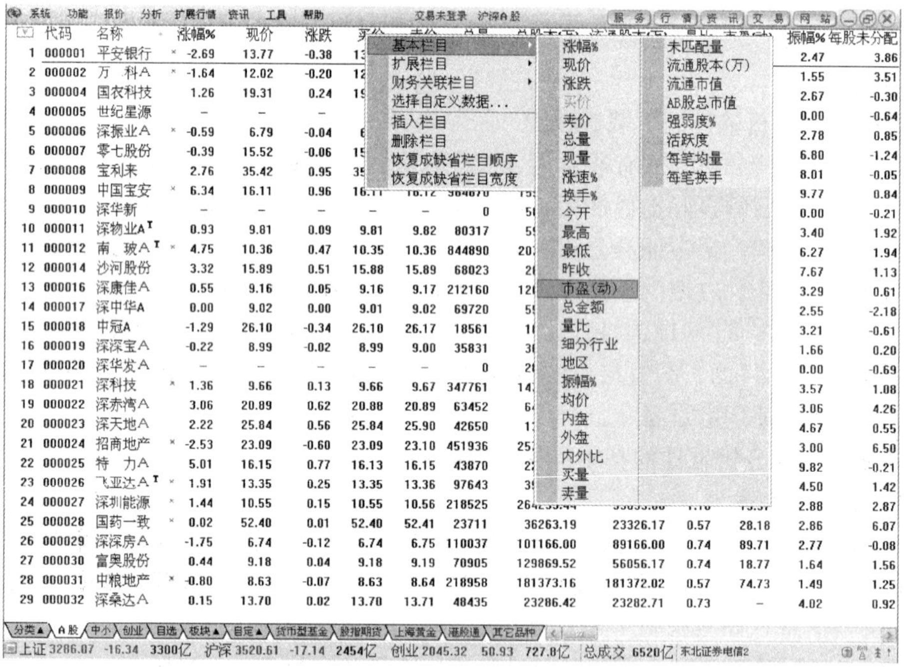

实验图 1—2　指标栏目设置

窗口顶部是主菜单栏，分设【系统】、【功能】、【报价】、【分析】、【资讯】、【工具】和【帮助】菜单选项。主菜单栏的右端有一组按钮，分别控制系统窗口和其子窗口的最小化、层叠/还原、关闭。

窗口左下方有若干个证券分类标签，可以点击某个标签查看某类证券的行情。也可用鼠标左键点击屏幕左下方的证券【分类】菜单进行更多的选择。

在窗口底部有当日沪深两市股价指数以及总交易额等指标，投资者可以根据这些指标大致了解当日大盘行情，为投资活动提供一定的参照。

如果想要查看大盘走势，可以选取【分析】菜单栏。第一栏就是大盘走势，在大盘走势项里，软件提供了多种分类大盘走势图，投资者可以根据自身的需要选取不同的走势图进行分析。或者按下 F3 或 F4 键，可分别查看沪、深大盘分时走势；按下 F5 键可在分时走势与 K 线图之间切换。

(2)个股界面

如果投资者想多了解比较关注的个股信息，可以选取个股界面进行观察，采用股票快速查找方法可以迅速找到相关个股。如果在初始页面能看到拟要选取的个股，可以使用鼠标左键直接双击个股名称，就可以进入。如果投资者记得证券简称，可借助键盘精灵来快速定位，即敲入证券名称的拼音首字母来快速定位股票。例如，投资者要查看"贵州茅台"的股票行情，可输入拼音首字母"GZMT"(在英文状态下一敲击键盘便能激活键盘精灵)，键盘精灵马上就会找到"GZMT 贵州茅台"，按回车键，即可查看其行情走势，如实验图 1—3 所示。如果投资者知道所要查看的股票代码，直接利用数字键盘输入代码即可准确定位该证券，然后回车即可查看该股票行情。例如，敲入代码"601318"，系统马上找到"中国平安"，按回车键即可进入。

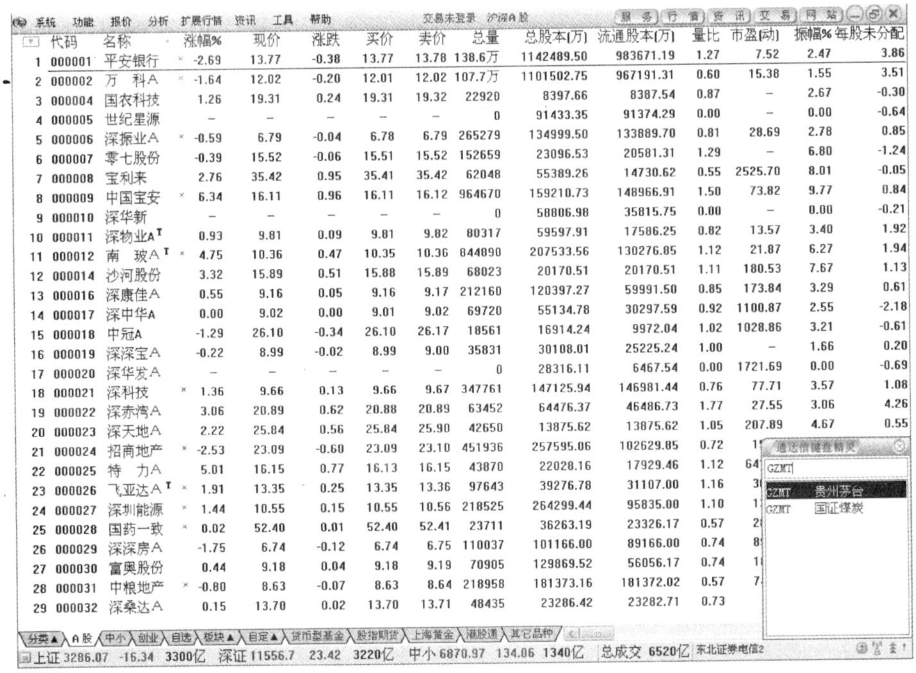

	代码	名称	涨幅%	现价	涨跌	买价	卖价	总量	总股本(万)	流通股本(万)	量比	市盈(动)	振幅%	每股未分配
1	000001	平安银行	-2.69	13.77	-0.38	13.77	13.78	138.6万	1142489.50	983671.19	1.27	7.52	2.47	3.86
2	000002	万　科A	-1.64	12.02	-0.20	12.01	12.02	107.7万	1101502.75	967191.31	0.60	15.38	1.55	3.51
3	000004	国农科技	1.26	19.31	0.24	19.31	19.32	22920	8397.66	8387.54	0.87	–	2.67	-0.30
4	000005	世纪星源	–	–	–	–	–	0	91433.35	91374.29	0.00	–	0.00	-0.64
5	000006	深振业A	-0.59	6.79	-0.04	6.78	6.79	265279	134999.50	133889.70	0.81	28.69	2.78	0.85
6	000007	零七股份	-0.39	15.52	-0.06	15.51	15.52	152659	23096.53	20581.31	1.29	–	6.80	-1.24
7	000008	宝利来	2.76	35.42	0.95	35.41	35.42	62048	55389.26	14730.62	0.55	2525.70	8.01	-0.05
8	000009	中国宝安	6.34	16.11	0.96	16.11	16.12	964670	159210.73	148966.91	1.50	73.82	9.77	0.84
9	000010	深华新	–	–	–	–	–	0	58806.98	35815.75	0.00	–	0.00	-0.21
10	000011	深物业A	0.93	9.81	0.09	9.81	9.82	80317	59597.91	17586.25	0.82	13.57	3.40	1.92
11	000012	南　玻A	4.75	10.36	0.47	10.35	10.36	844890	207533.56	130276.85	1.12	21.87	6.27	1.94
12	000014	沙河股份	3.32	15.89	0.51	15.88	15.89	68023	20170.51	20170.51	1.11	180.53	7.67	1.13
13	000016	深康佳A	0.55	9.16	0.05	9.16	9.17	212160	120397.27	59991.50	0.85	173.84	3.29	0.61
14	000017	深中华A	0.00	9.02	0.00	9.01	9.02	69720	55134.78	30297.59	0.92	1100.87	2.55	-2.18
15	000018	中冠A	-1.29	26.10	-0.34	26.10	26.17	18561	16914.24	9972.04	1.02	1028.86	3.21	-0.61
16	000019	深深宝A	-0.22	8.99	-0.02	8.99	9.00	35831	30108.01	25225.24	1.00	–	1.66	0.20
17	000020	深华发A	–	–	–	–	–	0	28316.11	6467.54	0.00	1721.69	0.00	-0.69
18	000021	深科技	1.36	9.66	0.13	9.66	9.67	347761	147125.94	146981.44	0.76	77.71	3.57	1.08
19	000022	深赤湾A	3.06	20.89	0.62	20.88	20.89	63452	64476.37	46486.73	1.77	27.55	3.06	4.26
20	000023	深天地A	2.22	25.84	0.56	25.84	25.90	42650	13875.62	13875.62	1.05	207.89	4.67	0.55
21	000024	招商地产	-2.53	23.09	-0.60	23.09	23.10	451936	257595.06	102629.85	0.72	1		
22	000025	特　力A	5.01	16.15	0.77	16.13	16.15	43870	22028.16	17929.46	1.12	64		
23	000026	飞亚达A	1.91	13.35	0.25	13.35	13.36	97643	39276.78	31107.00	1.16	3		
24	000027	深圳能源	1.44	10.55	0.15	10.55	10.56	218525	264299.44	95835.00	1.10	1		
25	000028	国药一致	0.02	52.40	0.01	52.40	52.41	23711	36263.19	23326.17	0.57	2		
26	000029	深深房A	-1.75	6.74	-0.12	6.74	6.75	110037	101166.00	89166.00	0.74	8		
27	000030	富奥股份	0.44	9.18	0.04	9.18	9.19	70905	129869.52	56056.17	0.74	1		
28	000031	中粮地产	-0.80	8.63	-0.07	8.63	8.64	218958	181373.16	181372.02	0.57	7		
29	000032	深桑达A	0.15	13.70	0.02	13.70	13.71	48435	23286.42	23282.71	0.73			

实验图 1—3　利用键盘精灵查看个股行情

在个股界面，我们可以通过分时走势图综合了解该股票当日的价格走势，以及该股票的市盈率、成交量、买盘价、卖盘价等数据，如实验图 1—4 所示。还可以通过 K 线图了解该股某一段时间的价格趋势以及该股的近期表现。在 K 线图状态下，可以通过上、下方向键来展开或压缩 K 线显示的数量及大小。

实验图 1—4　个股分时走势图

在通达信软件中，直接按回车键(或 F5 键)可以在 K 线图和分时走势图之间进行快速切换。

根据分析的需要，可以显示不同周期的 K 线图，其方法有三种：一是在主菜单下的时间周期栏，点击相应的时间周期；二是在 K 线图状态下，通过 F8 键在不同 K 线周期下进行切换；三是在 K 线空白区域单击鼠标右键，选择【分析周期】，在弹出的菜单中选择，可以选择周线、月线、季线等不同周期，如实验图 1—5 所示。

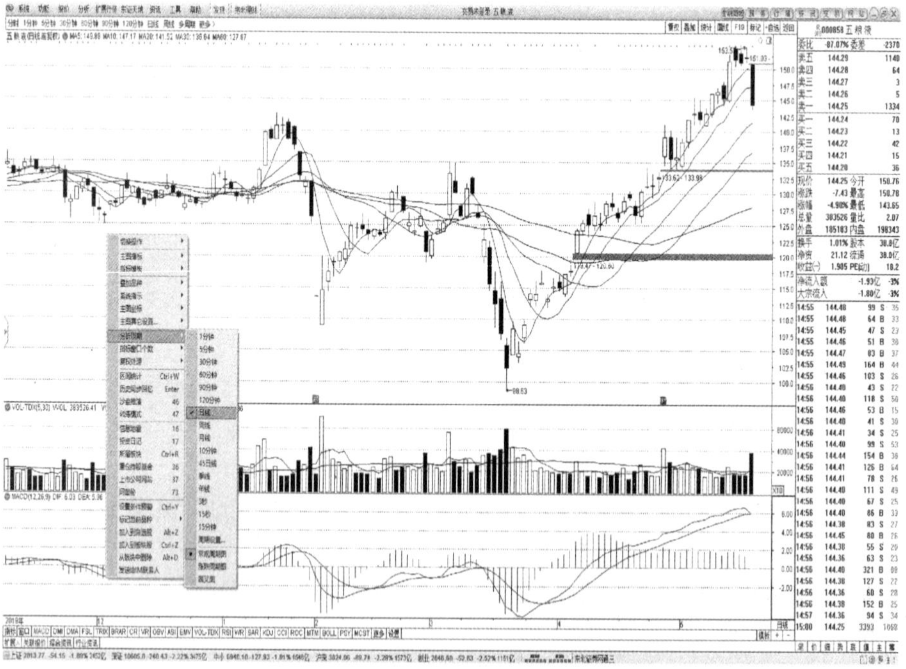

实验图 1—5　K 线周期的选择

（3）证券排序

在列表状态下，任何一个栏目，用鼠标左键单击变量名都可实现排序，再单击则按相反的方向排序。如鼠标左键点击“涨幅”，单击一次为从大到小排序，涨幅最大的股票排在最前面，你可以看到有哪些股票涨停；再单击一次为涨幅从小到大排序，跌幅最大的股票排在前面，你可以看到有哪些股票跌停。

（4）查看综合排名

通达信证券分析软件还提供不同分类的证券综合排名的查看功能。通过对不同市场的上市证券按照不同的参照指标进行排名，使得投资者能够综合了解个股之间的相对变化，以及不同市场间的比较。投资者可以利用排名的功能进行证券的选择，为证券的进一步操作提供依据。敲击数字 81、82、83、84、85、86、87，可分别调出沪 A、沪 B 股，深 A、深 B 股，沪债、深债，沪深 A 股的综合排名。系统用 9 个排成方阵的小窗列出所选市场的股票的涨幅、跌幅、振幅、5 分钟涨幅、5 分钟跌幅、量比、委比、成交金额排名。在综合排名中可以使用右键菜单选择查看不同的市场信息，同时可以按“3 行 3 列”或“1 行 4 列”的方式选择查看的方式，如实验图 1－6 所示。

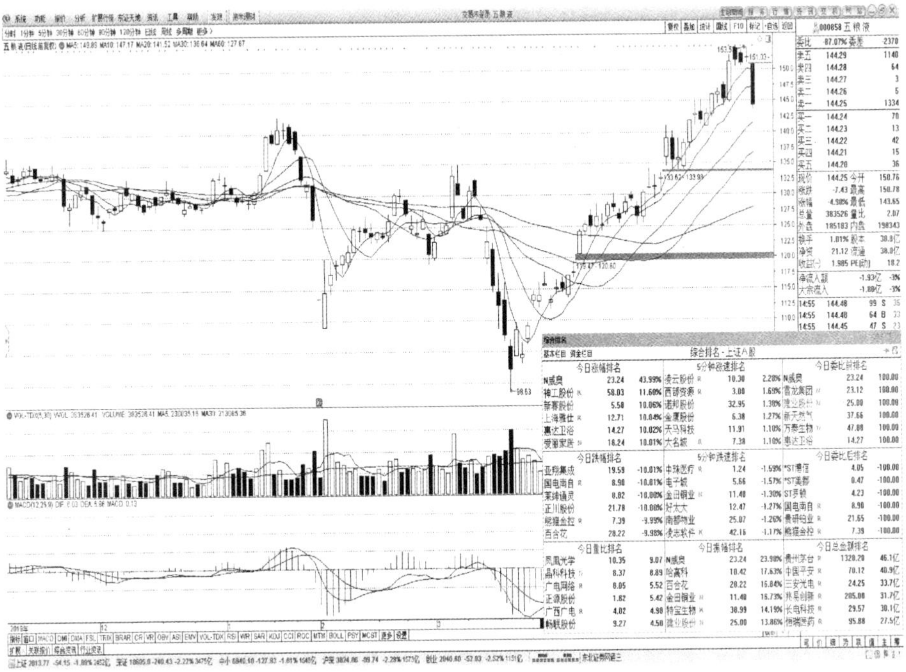

实验图 1－6　综合排名功能

（5）查看所属板块

如果要了解某个证券的“板块”属性，可以通过右键菜单中的“所属板块”进入查看，板块属性给出了单个证券的行业、地域和概念特征，便于了解该证券的基本面情况。

（6）查看板块分析

通达信软件提供了热门板块排序功能。点击【报价】/【板块分析】即可打开该功能，主要对板块涨跌幅进行动态排序，便于及时发现热门板块、领涨的龙头股。点击“均涨幅”可以逆序排名，及时发现跌幅居前的板块。双击“板块”名称，进入板块内的个股排序报价表，可对板块内的个股进行多种排序操作。该功能在捕捉个股行情方面有独到的功效，也是板块联动战法的必备工具。

(7)自选股设定

由于证券市场交易的品种和数量太多,我们可以将重点关注的证券集中放在自选股中便于查看。其操作方法是:在证券列表状态下选中要加入的个股,或在K线图状态下,点击鼠标右键,选择【加入到自选股】,如实验图1—7所示。在列表状态下,鼠标直接点击屏幕下方的自选股标签即可查看自选股列表。

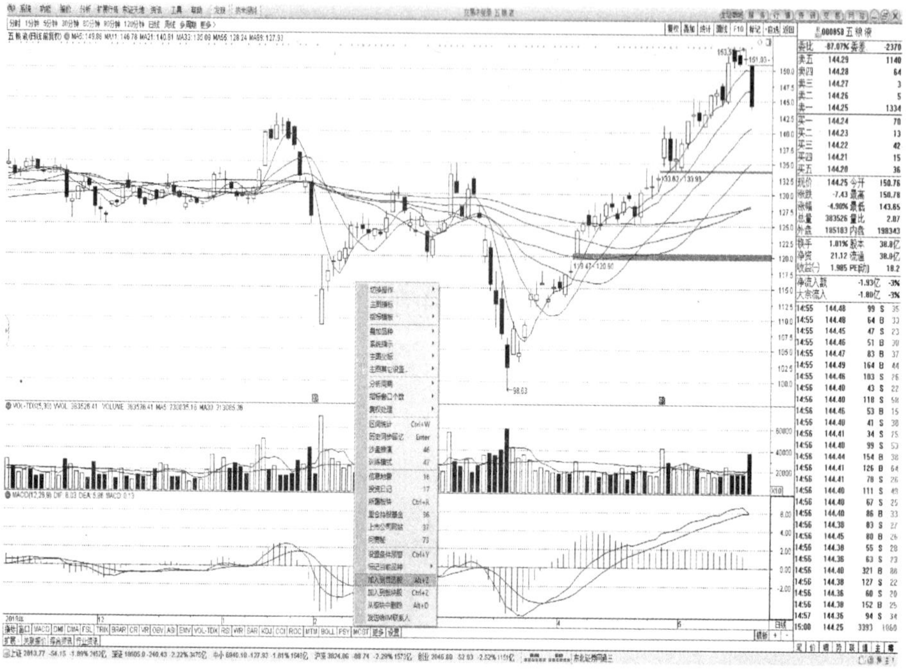

图1—7 加入到自选股

(8)技术分析基本界面及设定

证券分析软件的使用者可以用回车键或者"F5"键实现技术分析K线界面和分时走势界面的相互切换,或者点击【功能】/【技术分析】也可以切换到技术分析界面。

技术分析界面默认分为3个窗口,最上面的窗口是主图区,下面的两个是副图区。

主图区默认的主图类型为K线图(空心阳线)。除此之外,软件还可以提供美国线、收盘线、宝塔线等类型。在K线图状态下,可以在鼠标右键菜单的【主图设置】中选中相应的主图进行切换查看。在通达信证券分析软件中,与主图类型配合观察的主图指标有若干种,在技术分析界面的右键菜单中,点击【主图指标】可进行选择。投资者可以在主图指标的对话框上打开这些主图指标的用法诠释,也可以自行设定或变动这些指标的参数值。实际中,绝大多数投资者将主图指标设定为系统默认的移动平均线MA。

主图区下面是副图区,划分为两个技术指标窗口,显示两个技术指标,中间默认的是成交量指标,下面默认的是MACD指标。投资者可以通过单击右键在指标窗口个数栏目中选择指标窗口个数,如实验图1—8所示。每个窗口可以根据自己的喜好选择不同的技术指标。具体方法为:在指标窗口处单击右键,选择【副图指标】/【选择副图指标】,此时显示各类技术指标窗口,选择想要设置的技术指标,按回车键即可。通达信软件提供了丰富的技术指标,可根据需要选择。如果投资者熟悉了各类常见指标的代码,则直接利用键盘精灵就可以方便地调用技术指标。

实验图 1—8　技术分析基本界面

(9)技术指标参数调整

无论是主图指标还是副图指标,根据分析的需要,投资者都可以对带有参数的技术指标的默认参数进行调整。方法是:如在主图指标图的空白处点击鼠标右键,选择【主图指标】/【调整指标参数】,则出现公式参数调整对话框,如实验图 1—9 和实验图 1—10 所示。比如,用户想把主图中的 MA 指标中默认的 30 日均线改为 60 日均线,只要在"指标参数调整"中选择 K 线的第四条,并在对话框中将 30 改为 60 就可以了。如果不想显示那么多条均线,只要将其参数设为 0 即可。如果要恢复为系统的初始设置值,则点击"恢复缺省"即可。

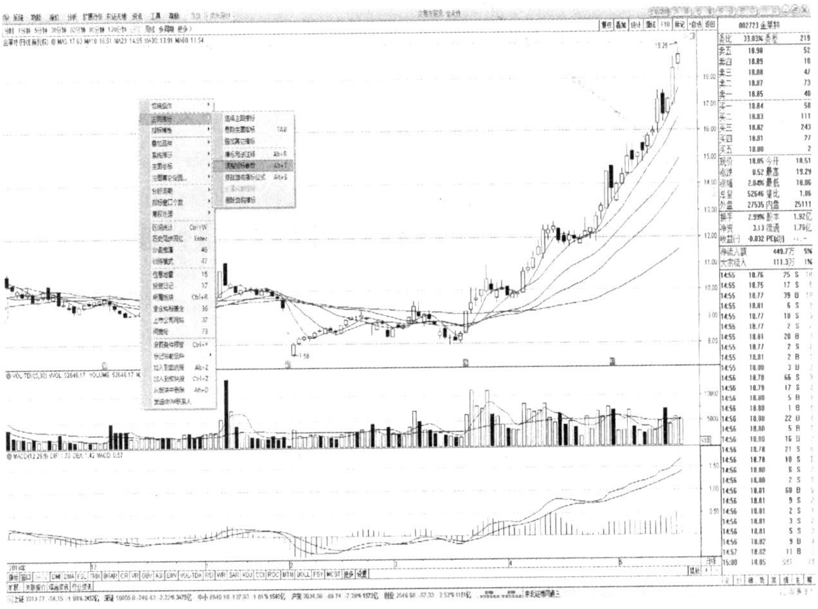

实验图 1—9　指标参数调整功能

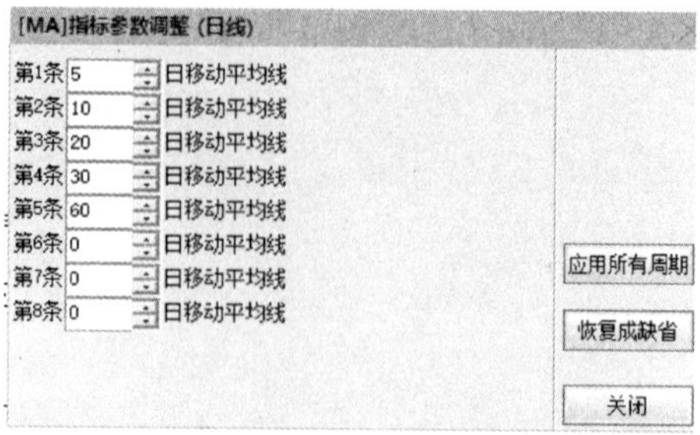

实验图 1—10　指标参数调整界面

(10)选股器

通达信选股器的选股方法有多种，点击【功能】/【选股器】即可看到有条件选股、模式选股、综合选股等。下面以条件选股进行说明。条件选股就是由用户设定一些条件(例如 MA 黄金交叉)，软件按照这个条件由系统自动搜索设定范围内的股票并找出符合条件的股票。该功能可以为用户筛选出当前或一段时间内满足条件的股票，列在证券列表中，供用户逐个进行分析。

点击【功能】/【选股器】/【条件选股】按钮，就会弹出条件选股窗口。如实验图 1—11 和实验图 1—12 所示。

实验图 1—11　条件选股功能

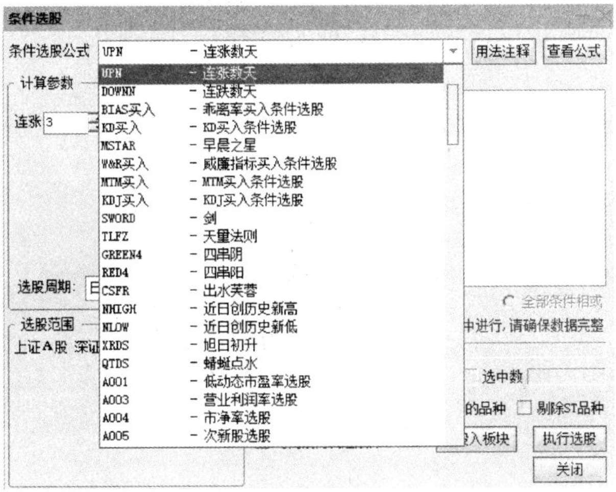

实验图 1—12　条件选股操作界面

点击条件选股公式后面的▼，会出现下拉菜单，从下拉菜单中选择条件选股公式并设定计算参数、选股周期等，然后点击加入条件并设定选股范围等，然后点击“执行选股”，系统会按设定的条件选出证券供投资者研究参考。

注意，选股功能可能需要本地计算机拥有完整的行情数据，系统会提醒补全数据。如果数据不全，可能影响选股的准确性。

(11)K 线复权功能

当上市证券发生权益分派、公积金转增股本、配股等情况，交易所会在除权除息日对该证券作除权除息处理，在 K 线图上往往表现为向下的缺口，如实验图 1—13 所示。

实验图 1—13　除权、除息缺口

需要注意的是，除权缺口和跳空缺口不同。除权缺口下面有一个标识（S 上面带个▲号），当鼠标移动到其上时，会显示权息变动信息，如实验图 1－14 圆圈处所示。而普通缺口则没有任何标识提示。

实验图 1－14　除权缺口标识

除权、除息的基本思想就是"股东财富不变"原则，意即分红事项不应影响股东财富总额，这是符合基本财务原理的。依据此原则，交易所在除权前后提供具有权威性的参照价格，作为证券交易的价格基准即除权、除息报价。在除权、除息日交易所公布的前收盘是除权、除息报价而非上一交易日收盘价，当日的涨跌幅以除权、除息参考报价为基准计算，所以能够真实反映投资者相对于上一交易日的盈亏状况。交易所依据"股东财富不变"原则制定除权、除息报价计算办法。

除权、除息之后，股价随之产生了变化，往往在股价走势图上出现向下的跳空缺口，但股东的实际资产并没有变化。这种情况可能会影响部分投资者的正确判断，看似这个价位很低，但有可能是一个历史高位，在股票分析软件中还会影响到技术指标的准确性。因此，软件提供了复权功能。所谓复权，就是对股价和成交量进行权息修复，按照股票的实际涨跌绘制股价走势图，并把成交量调整为相同的股本口径。复权有前复权和后复权之分。

前复权就是保持现有价位不变，将以前的价格缩减，将除权前的 K 线向下平移，使图形吻合，保持股价走势的连续性。如实验图 1－15 为东方财富前复权的情形。

后复权就是保持先前的价格不变，而将以后的价格增加。

两者最明显的区别在于，前复权的当前周期报价和 K 线显示价格完全一致，而后复权的报价大多低于 K 线显示价格。

需要注意的是，通达信软件的复权 K 线范围是所有从服务器端取得的数据，如果将分析股票的所有数据（从上市第一天开始）下载到本地计算机，则复权是基于所有数据的（数据的多少对后复权的当前价格有很大影响）。

实验图 1—15　前复权 K 线图

投资者如果需要在软件中对 K 线进行“复权”和“不复权”的切换，可以在 K 线画面单击右键，在【复权处理】中进行选择。

(12)画线功能

通达信行情分析软件带有画线工具，选择【工具】菜单，点击【工具】/【画线工具】，则弹出画线工具对话框，如实验图 1—16 所示。里面的工具非常丰富，不仅能画直线，而且可以画曲线，还可以进行文字注释，请一一尝试使用。

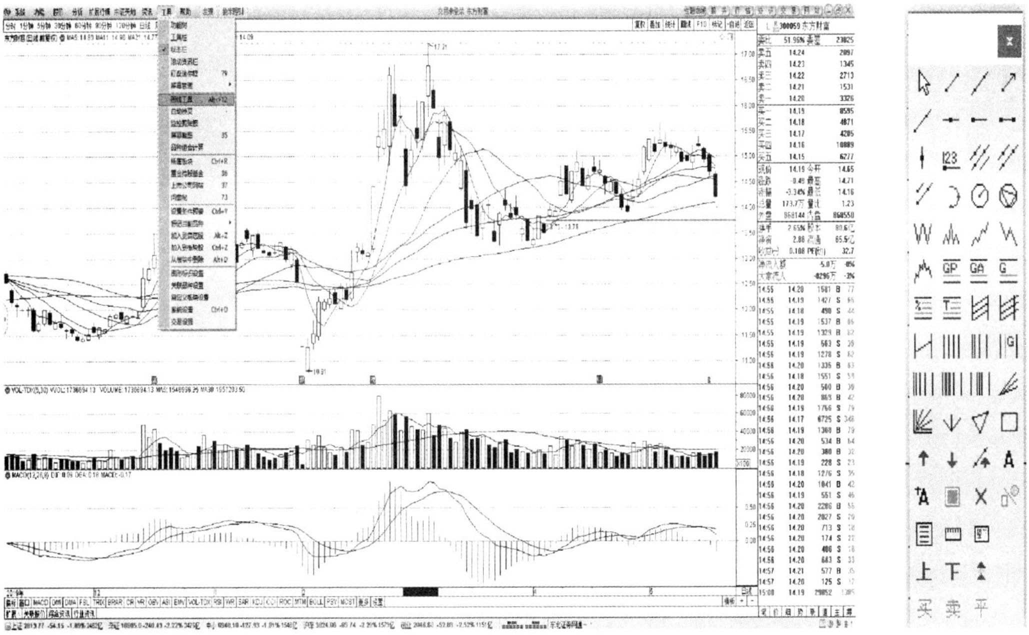

实验图 1—16　画线工具

由于篇幅所限,通达信软件的更多功能请参看软件的帮助系统。

◆ 思考与练习

1. 在个人电脑上下载安装通达信证券行情分析软件。
2. 将通达信证券行情分析软件的基本功能用截图方式进行梳理,汇总到实验报告中。

第2实验单元　证券交易模拟

◆　**实验目的**

(1)了解证券交易模拟操作平台；

(2)理解证券交易规则；

(3)掌握证券交易模拟基本操作方法。

◆　**实验工具**

叩富网模拟炒股系统。

◆　**实验内容**

1. 叩富网模拟炒股软件的注册与登录

证券模拟交易系统主要有叩富网模拟炒股系统、同花顺模拟炒股系统和智盛证券模拟交易系统等，本证券交易模拟实验在叩富网模拟炒股系统进行。

叩富网模拟炒股系统是一个专业的炒股练习平台，系统历经多次升级，技术已非常成熟。系统同时为用户提供Web、客户端软件及手机三种方式进行炒股交易，行情与交易所实时同步，成交撮合、闭市清算流程与交易所完全一致。2008年叩富网被上海证券交易所推荐为投资者教育训练网站。

(1)注册

进入叩富网模拟交易网站 http://www.cofool.com/，点击【免费注册】，按照提示即可完成注册。如实验图2—1所示。

叩富网为团体提供免费模拟炒股比赛平台。授课老师可提前按授课班注册模拟团队炒股小组，并自定义参赛规则、参赛本金，小组可以独立计算，单独排名，便于对学生进行管理与考核。

(2)登录

输入用户名和预留的密码，即可完成登录，进入“模拟练习区”界面。如实验图2—2所示。

2. 叩富网模拟炒股系统基本功能与操作

进入叩富网“模拟练习区”界面后，点击左侧的【模拟练习区】选项或右侧的【进入交易】，即可进入“练习区”界面。在练习区可以看到与股票买卖操作相关的功能选项，分别为【资金股票】、【买入】、【卖出】、【撤单】、【排行榜】和【实时行情】。如实验图2—3所示。

实验图 2—1 叩富网界面

实验图 2—2 叩富网模拟练习区界面

（1）资金股票

单击【资金股票】选项，则进入资金股票界面，其中列出用户的资金信息和持股信息。包括总资产、可用资金、股票市值、仓位、月排名、月盈利率、成功率、回撤率、总周转、月周转、正负收益天数、月均盈利、评级、赢大盘、升降、勋章等。

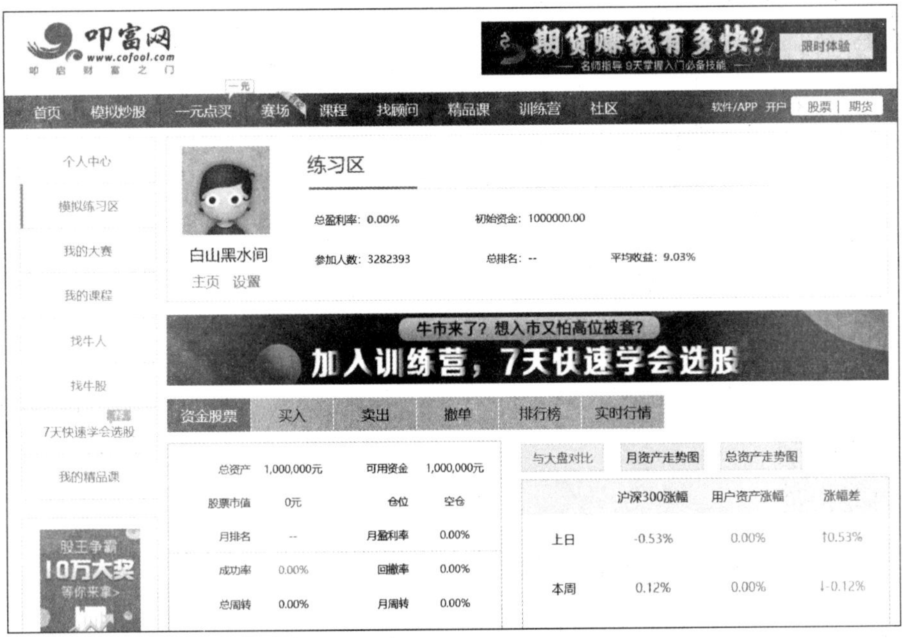

实验图 2—3　叩富网练习区界面

向下拖动右侧的滑动条，在资金股票界面的下方，有【当前持仓】、【当日委托】、【当日成交】、【历史成交】和【业绩报告】等功能选项，可根据需要点击查看。

在资金股票界面的右侧，有【与大盘对比】、【月资产走势图】和【总资产走势图】三个选项。【与大盘对比】列示了上日、本周、本月、今年、自交易之日起用户资产涨幅和沪深 300 指数涨幅详细数据的精确比较。【月资产走势图】用图示的方式直观展示了个人月资产涨幅、仓位和日收益率情况。【总资产走势图】是系统根据用户每天的总资产变化绘制出的个人总资产涨跌走势图，以图形的方式直观描述了用户总资产的增长走势，该走势图中还附加了同期沪深 300 指数的走势图。这样，用户就可以非常方便地将个人的资产走势与沪深 300 指数的走势进行对比，通过直观的比较来评估自己的操作方法是否能跑赢大盘走势。

(2)买入股票

单击【买入】选项，即可进入买入股票的操作界面。如实验图 2—4 所示。在该买入界面中，在输入股票代码、买入价格、买入数量后，单击【买入下单】，此时出现买入委托确认提示界面，如图 2—5 所示，此时点击【确定】选项就可以提交买入股票的委托单。

(3)卖出股票

单击【卖出】选项，即可进入卖出股票的操作界面。在卖出委托界面中，系统自动列示用户当前所持有的全部股票，点击相应股票栏最后的【卖出】链接即可以进入卖出股票的下一步，在输入股票的卖出价格和卖出数量后，单击【卖出下单】选项，此时出现卖出委托确认提示界面，单击【确认】选项即可提交卖出委托单。

(4)撤单

单击【撤单】选项，即可进入撤单操作界面。如实验图 2—6 所示。这里列出了用户本交易日清算前的所有委托记录，这些委托在没有成交前用户可以随时单击委托记录中的【撤单】来取消本笔委托操作。点击要撤销委托后面的【撤销】链接即出现撤销确认提示界面，如实验图

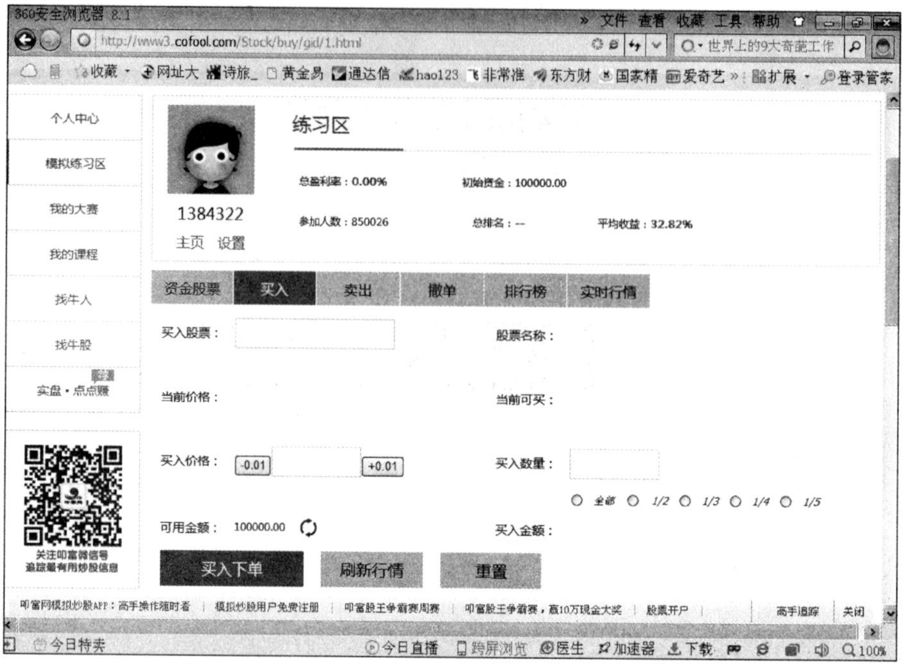

实验图 2—4　叩富网买入操作界面

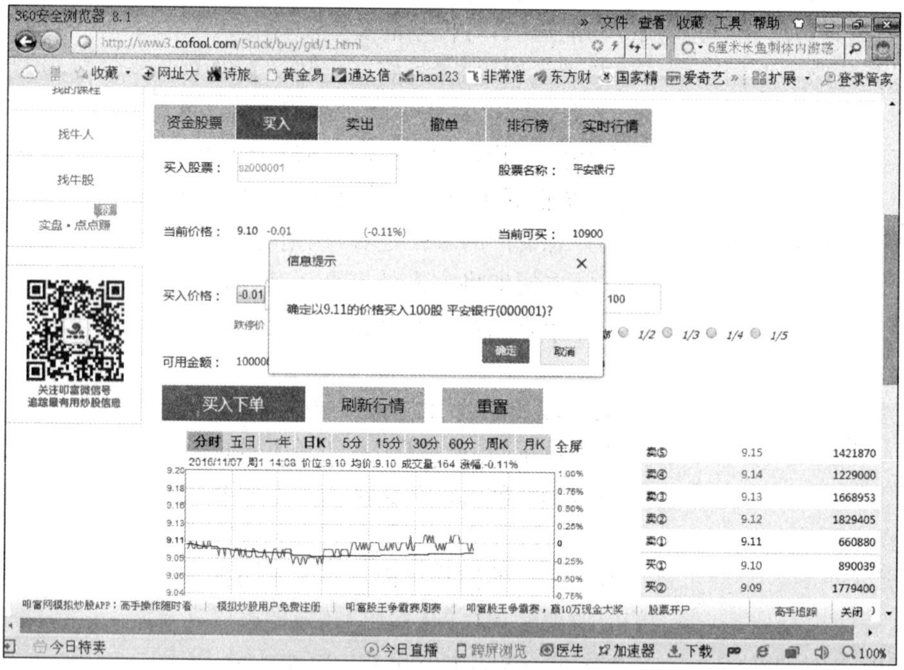

实验图 2—5　买入委托指令确认界面

2—7 所示。点击【确认】选项，撤单指令即进入系统。撤单成功后，买入委托冻结的资金或卖出委托冻结的股票会返回到用户账户下。用户如要再次委托买入或卖出，需要重新提交委托单，股票委托撤单不收取手续费和佣金。

实验图 2—6　撤单操作界面

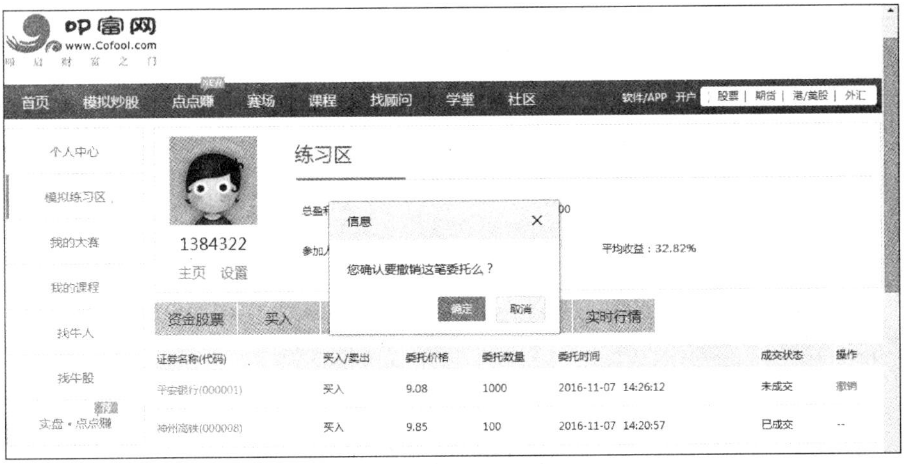

实验图 2—7　撤单操作确认提示界面

（5）排行榜

单击【排行榜】，可以查看用户交易盈亏的排名情况。如实验图 2—8 所示。排行榜按照用户进入系统交易以来的总盈利进行排名，并包含总盈利、昨盈利、周盈利、月盈利、年盈利、成功率、总周转、月周转、仓位、最大回撤、升降、评级等，以使用户进行比较，利于评价自己的操作水平。

（6）实时行情

叩富网模拟炒股采用的股票行情信息和交易所实时同步，用户单击【实时行情】选项，无须安装行情软件，即可进入证券实时行情界面。如实验图 2—9 所示。

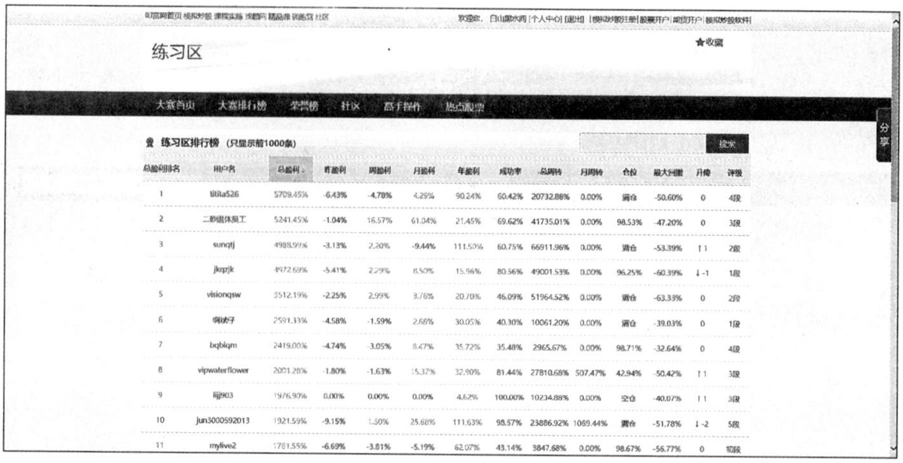

实验图 2—8 排行榜界面

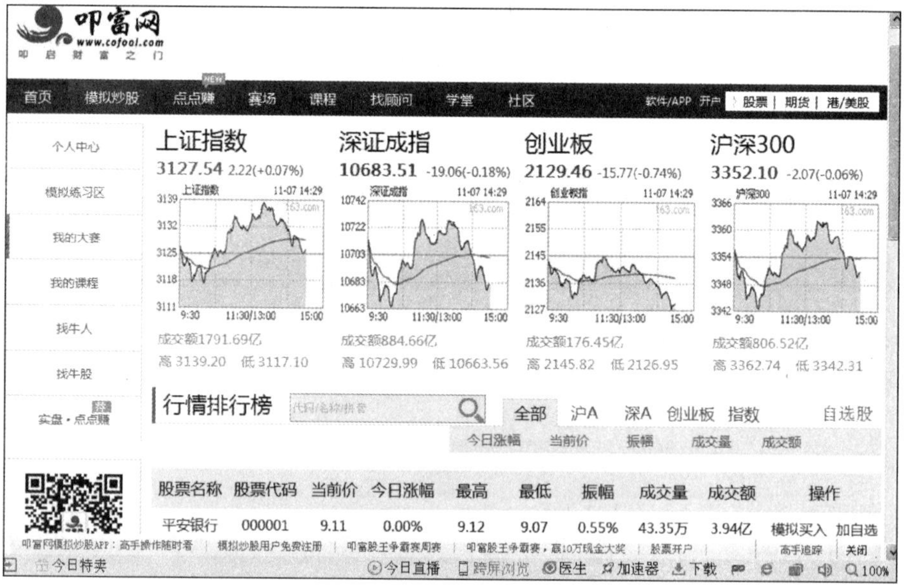

实验图 2—9 实时行情界面

在实时行情界面中，既可以查看全部证券的行情数据，也可以按沪 A、深 A、创业板、自选股以及指数分类查看。系统提供了股票名称、股票代码、当前价、今日涨幅、最高、最低、振幅、成交量、成交额等信息。对感兴趣的股票，可以点击【加自选】选项将其加入自选股中进行重点观察，也可以点击【模拟买入】选项进行买入操作。

在行情排行榜后的搜索栏中直接输入股票代码或股票简称，就可以查询到该只股票的详细行情信息。其中包括：分时走势、五日分时走势、一年分时走势、日 K 线图、周 K 线图、月 K 线图、5 分钟 K 线图、15 分钟 K 线图、30 分钟 K 线图、60 分钟 K 线图以及买卖五档等候成交显示栏的数据信息。在个股的行情界面中，可以点击【加入自选】将其加入自选股中，也可以点击【模拟买入】进入模拟买入操作界面，进行模拟买入操作。

3. 了解叩富网模拟炒股交易规则

(1)交易时间

叩富网模拟炒股接受 24 小时委托(清算时间除外),当日清算后的委托为第二天的委托。

清算时间:每日 15:00—17:00,清算时间内不允许下单委托。

撮合时间为正常交易日的交易时间:上午 9:31—11:29,下午 13:01—14:59。

注意:模拟系统与交易所实盘交易系统是同步的,因此在节假日实盘股市休市期间模拟系统只接受选手委托,但不会撮合成交。

(2)交易制度

交易品种仅限于深沪交易所所有挂牌交易的 A 股、指数基金、封闭基金和权证(如果您参加的大赛组别中大赛组委会限制了权证交易则以小组的大赛规则为准)。

清算同证券营业部基本一致。即证券 T+1,权证 T+0,资金 T+0。

股票交易手续费为 0.3%,权证为 0.15%。

(3)成交规则

买入:买入委托确认后,若实时行情中卖一最新价与申报价相同或更低,则此委托可成交,涨停不能买入。卖出:卖出委托确认后,若实时行情中买一最新价与申报价相同或更高,则此委托可成交,跌停不能卖出。

委托成交时,成交价为实时行情的最新价,客户委托数量全部成交。

关于分红送股:

①叩富网模拟炒股系统支持股票除权(送股、派息),送股与分红会在股票除权日第二天到账,用户登录模拟炒股系统后,在资金股票栏的持仓股票列表下方可以单击【查询分红送股】或在历史成交中点【分红送股】查询分红、送股记录。

②叩富网模拟炒股系统不考虑配股的权息因素,参赛者如持有即将配股的股票,应及时在配股日前卖出,以免对您的成绩造成影响。

◆　**思考与练习**

1. 股票集合竞价的规则是什么?如何加以利用?
2. 股票连续竞价的规则是什么?如何加以利用?
3. 在叩富网完成买入、卖出、撤单、查询等基本操作,并用截图的方式汇总到实验报告中。

第3实验单元　证券投资基本分析

◆　实验目的

(1)了解证券投资基本分析方法的基本思路；

(2)理解证券内在价值与基本分析方法的关系；

(3)掌握宏观分析、行业分析和公司分析的基本内容和方法。

◆　实验工具

东方财富通、通达信、同花顺和东方财富网等证券行情分析软件和网站。

◆　实验内容

1. 东方财富通下载安装

东方财富通是东方财富网基于自身的平台优势研发的一款免费炒股软件。进入东方财富网(https://www.eastmoney.com/)，拖动右侧的滑动条滑动到页面最底端，点击东方财富产品中的【东方财富免费版】下载东方财富通软件，安装后桌面出现两个快捷图标，双击运行东方财富快捷图标，无须注册，选择游客登录，便进入东方财富通主界面。

2. 宏观经济指标观察与分析

在东方财富通主界面，选择【数据】/【宏观数据】，如实验图3－1所示，可以看到下级菜单中一系列的宏观经济指标。选择某一宏观经济指标单击进入，可以看到该指标的历史数据及其走势图。将鼠标在走势图上移动，就可看到不同时点的指标数据。

(1)采购经理人指数

采购经理人指数(PMI)，其体系涵盖着生产与流通，制造业与非制造业领域，是国际上通行的宏观经济监测指标体系之一，对国家经济活动监测和预测具有重要作用。采购经理人指数用百分比来表示，常以50%作为经济强弱的分界点：当指数高于50%时，则被解释为经济扩张的讯号。当指数低于50%，尤其是非常接近40%时，则有经济萧条的忧虑。一般在40%～50%之间时，说明制造业处于衰退，但整体经济还在扩张。它是领先指标中一项非常重要的附属指标。

从实验图3－2可以看出，近几年来，我国采购经理人指数呈下降走势，经济形势并不向好，2020年6月制造业指数为50.9%，处于经济强弱分界点略上，尚未真正摆脱颓弱走势。

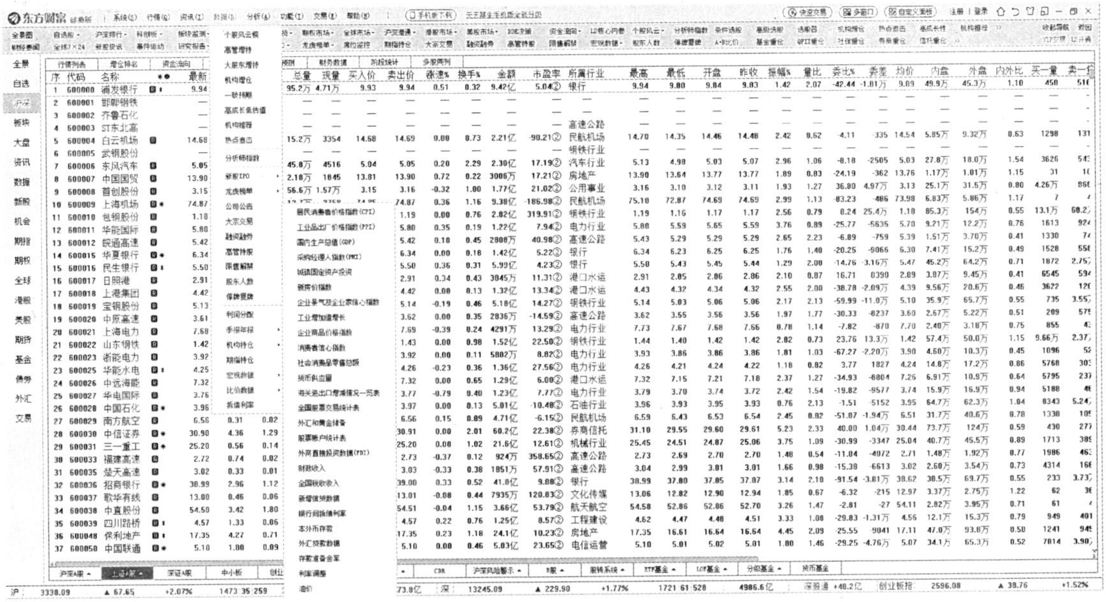

实验图 3－1　宏观经济指标查询

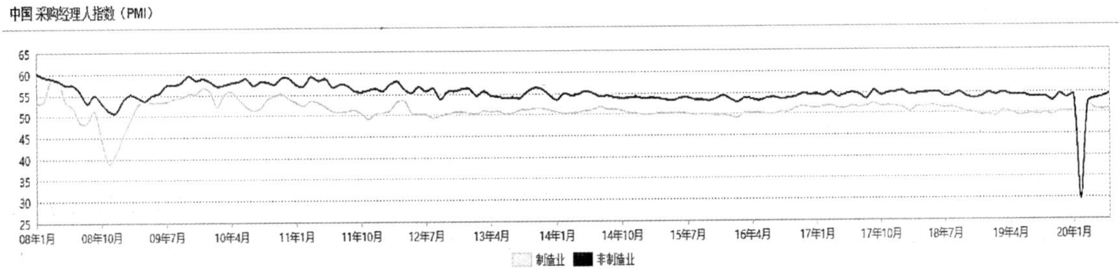

实验图 3－2　采购经理人指数(PMI)

(2)国内生产总值

国内生产总值(GDP)是在一定时期内(一个季度或一年)，一个国家或地区的经济中所生产出的全部最终产品和劳务的价值的总和。快速增长的 GDP 表示该国经济正迅速扩张，公司有充足的机会来提高销售量，企业的利润将持续上升，投资风险相对减小，从而股票可能有较大的上升空间。

从实验图 3－3 可以看出，从 2010 年至今，我国 GDP 同比增长速度呈现出下降趋势，一方面表明经济增长面临着比较大的压力，另一方面也是我国开始注重经济发展质量的结果。虽然 2020 年初由于受到新冠疫情的影响，GDP 增长速度大幅下滑，但我国政府应对得力，复工复产效果明显，GDP 又快速拐头向上，未来我国经济运行稳中向好的基本趋势不会变化。

(3)通货膨胀

通货膨胀指一般物价水平持续、普遍、明显的上涨。高通货膨胀经常与过热的经济联系在一起，当对产品和劳务的需求超过了该经济的生产能力时，它就会导致价格升高的压力。衡量通货膨胀率的价格指数一般有三种：消费者物价指数、生产者物价指数、GDP 平减指数，而居民消费物价指数(CPI)是使用得最多、最普遍的经济指标。

从实验图 3—4 可以看出，近些年来我国 CPI 总体表现温和，大多在 1%～3%之间，虽然 2019 年第 4 季度和 2020 年第 1 季度向上波动，但到 2020 年第 2 季度又回落到温和状态，说明我国的物价水平总体平稳。

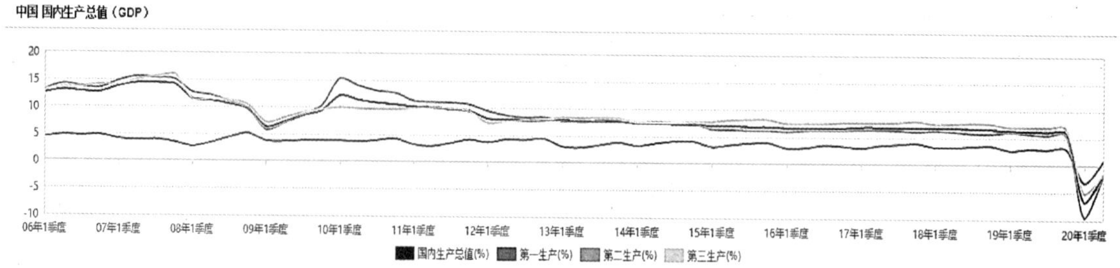

实验图 3—3　国内生产总值(GDP)

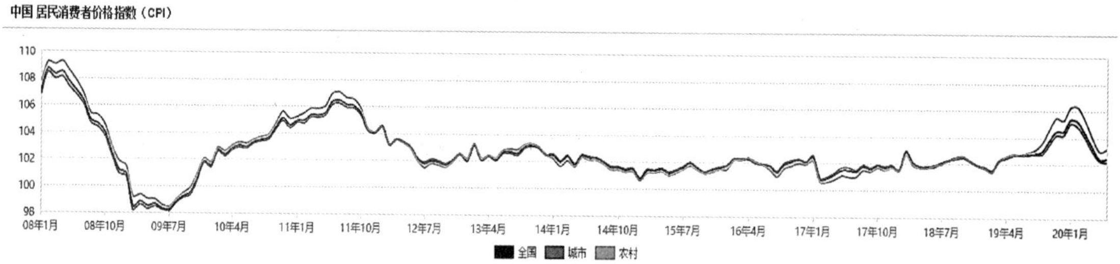

实验图 3—4　居民消费物价指数(CPI)

(4)利率

从宏观经济分析的角度看，利率的波动反映出市场资金供求的变动状况。在经济持续繁荣的增长期，资金供不应求，利率上升；当经济萧条市场疲软时，利率会随着资金需求的减少而下降。同时利率还影响着人们的投资、消费和储蓄行为。利率结构也影响着居民金融资产的选择，影响证券的持有结构。高利率会减少未来现金流的现值，因而会减少投资机会的吸引力。

实验图 3—5 显示我国从 2006 年到 2015 年的一年期存贷款基准利率变化情况。在经济过热，通货膨胀严重时，央行提高利率以抑制过热的经济；当经济萧条市场疲软时，央行会降低利率以促进投资带动经济的增长。

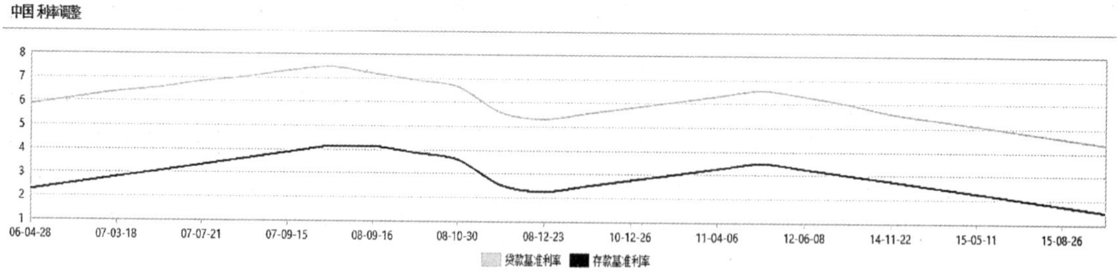

实验图 3—5　利率

(5)货币政策

在货币政策的宏观调控中，货币供给的增加可以降低利率，从而刺激投资需求；货币供给的减少可以提高利率，从而抑制投资需求。现阶段，我国的货币政策工具主要有公开市场操作、存款准备金、再贷款与再贴现、利率政策、汇率政策和窗口指导等。

存款准备金制度的初始作用是保证存款的支付和清算，之后才逐渐演变成货币政策工具，中央银行通过调整存款准备金率，影响金融机构的信贷资金供应能力，从而间接调控货币供应量。

实验图 3－6 是近年来我国金融机构存款准备金趋势，从整体上来看，我国存款准备金率的调整比较频繁，每次调整幅度都比较小。2007 年至 2008 上半年央行不断提高存款准备金率，2008 年下半年，由于金融危机的影响，央行采取宽松的货币政策，下调存款准备金率，并对大小金融机构施行差别存款准备金率。2010 年开始又由于通货膨胀的加剧，央行采取紧缩的货币政策，不断上调存款准备金率。大型金融机构的存款准备金率甚至在 2011 年 6 月达到了 21.5％的高位，之后由于经济面临较大的下行压力，为了维持宽松的货币环境，从 2012 年开始又逐渐下调存款准备金率，至 2020 年 1 月已调至 12.5％。

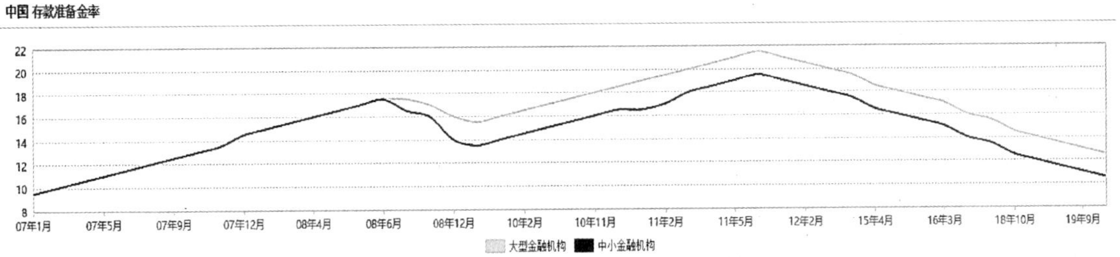

实验图 3－6　存款准备金率

3. 行业相关信息查询及分析

(1)当日行业涨幅查询

进入通达信行情分析软件，单击【功能】/【定制版面】/【板块联动】可观察行业涨幅及行业个股排名，如实验图 3－7 所示。

实验图 3－7　行业涨幅排名

（2）行业信息查询

打开东方财富通软件，单击【资讯】/【资讯大全】/【行业资讯】，出现如实验图3—8所示界面，其中有行业资讯、行业研究、行业透视、行业数据诸多栏目，可从中查询最新行业信息。

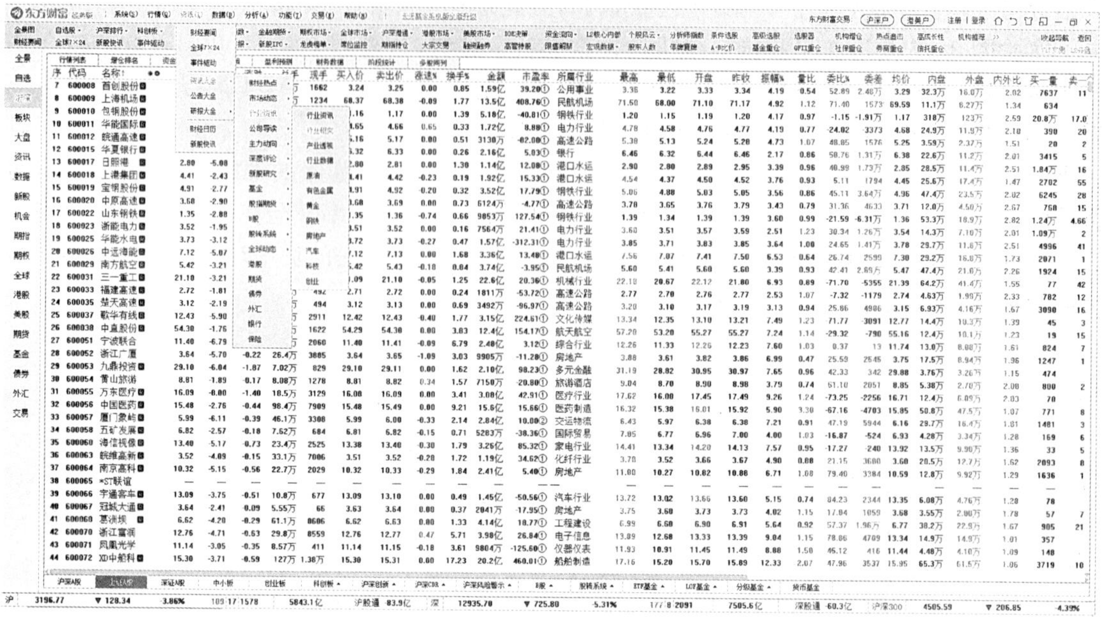

实验图3—8　行业资讯查询

（3）行业研究报告查询

打开东方财富通软件，单击【研究报告】右侧的▼符号，在下拉菜单中单击【行业研究】，则显示各个行业的研究报告，如实验图3—9所示。选择要查看行业的研报标题，即打开相关报告的原文链接，单击【查看原文】即可打开报告进行阅读。

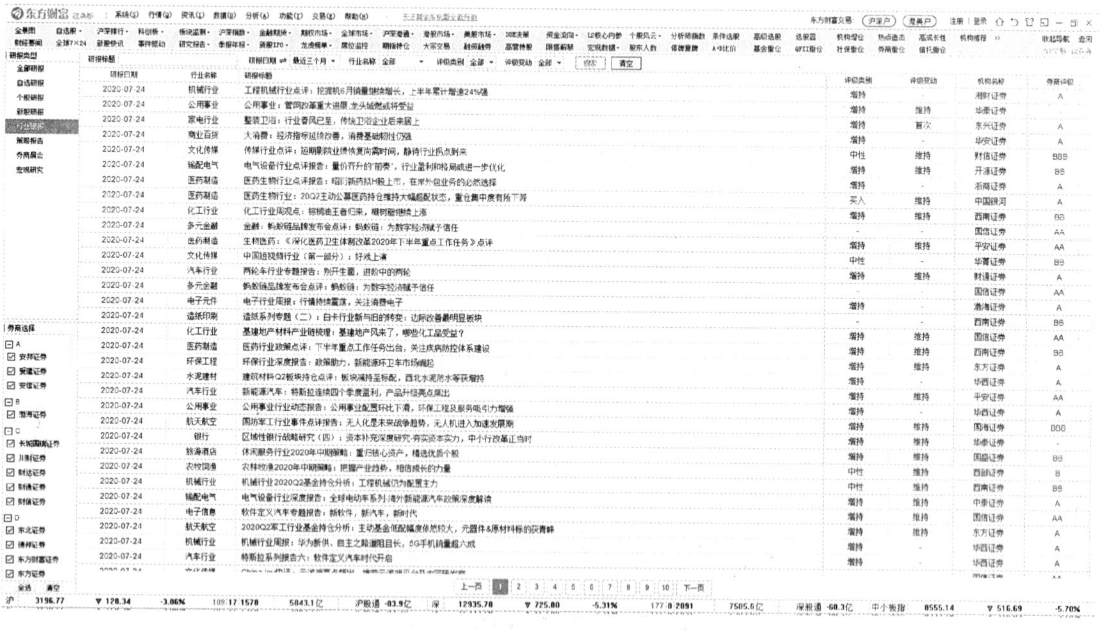

实验图3—9　行业研究报告查询

4. 公司相关信息查询及分析

公司分析内容较多，本文以股票五粮液(000858)为例进行说明。

(1)公司基本信息查询

进入东方财富通主界面，输入五粮液代码 000858，进入个股界面。按 F10 键，可以看到【操盘必读】、【股东研究】、【经营分析】、【核心题材】、【资讯公告】、【公司大事】、【公司概况】、【同行比较】等信息栏目选项，可以选择相应栏目进行查看。如点击【公司概况】选项，可以看到公司名称、法人代表、上市日期、行业分类、注册资本和经营范围等一系列基本信息。

进入通达信软件的主界面，输入五粮液代码 000858，进入个股界面。按 F10 键，可以看到【最新提示】、【公司概况】、【财务分析】、【股东研究】、【股本结构】、【资本运作】、【高层治理】、【经营分析】等信息选项，选择相应选项可以查看公司的基本信息。如点击【公司概况】，五粮液公司的概况如实验表 3—1 所示。

实验表 3—1　　**五粮液公司概况**

【1. 基本资料】			
公司名称	宜宾五粮液股份有限公司		
英文名称	WULIANGYE YIBIN CO. ,LTD.		
证券简称	五粮液	证券代码	000858
曾用简称	五粮液→G 五粮液		
关联上市			
相关指数	深证成指、深证 100(全收益)、巨潮 100、沪深 300、中证 100、深证 300R、深证 300		
行业类别	酒、饮料和精制茶制造业(共 41 家)		
证券类别	A 股	上市日期	1998—04—27
成立日期	1998—04—21	股份公司设立日期	—
注册资本	388 160. 80 万元	社会信用代码	91511500MA62A0WM8P
法人代表	刘中国	总 经 理	陈林
公司董秘	彭智辅	证券事务代表	肖祥发、李欣忆
联系电话	86—831—3567000;3566938;3567988	传　真	86—831—3555958
公司网址	www. wuliangye. com. cn		
电子信箱	000858—wly@sohu. com		
注册地址	四川省宜宾市翠屏区岷江西路 150 号		
办公地址	四川省宜宾市翠屏区岷江西路 150 号		
会计师事务所	四川华信(集团)会计师事务所(特殊普通合伙)		
经营范围	主营:酒类产品及相关辅助产品(瓶盖、商标、标识及包装制品)的生产经营; 兼营:饮料、药品、水果种植、进出口业务、物业管理等。		
主营业务	五粮液及其系列酒的生产和销售		
历史介绍	公司前身宜宾五粮液酒厂 1959 年 3 月 12 日成立。1997 年 5 月 8 日根据五粮液酒厂关于发起设立本公司的决议,对五粮液酒厂进行局部改组。1997 年 8 月经四川省人民政府[1997]295 号文批准,由四川省宜宾五粮液酒厂独家发起,并拟向社会公开发行人民币普通股募集设立本公司。		

续表

【2. 发行上市】			
网上发行日期	1998—03—27	上市日期	1998—04—27
发行方式	网下配售，网上发行	每股面值(元)	1.000 0
发行量(万股)	8 000.00	每股发行价(元)	14.770 0
老股东发售总量(万股)	—	老股东发售总量占总发行量比(%)	—
发行费用(万元)	2 224.00	发行总市值(万元)	118 160.00
募集资金净额(万元)	115 936.00	二级市场配售中签率(%)	—
网下_超额认购倍数	—	网下_有效申购总量(万股)	—
网上_超额认购倍数	145.740 0		
缴款认购股份数(股)	0.0	放弃认购股份数(股)	0.0
上市首日收盘价(元)	53.57	上市首日开盘价(元)	29.77
每股摊薄市盈率	—	每股加权市盈率	13.000 0
主承销商	君安证券有限责任公司		
保荐人	君安证券有限责任公司，南方证券股份有限公司		

(2)重要财务数据

在进行公司财务分析之前，首先要对公司的重要财务数据进行查询。在东方财富通个股界面，按左侧【深度 F9】选项，则显示一系列信息，其中包括公司基本资料、财务数据、财务分析、盈利预测与研究报告等，在【财务数据】中提供了公司的财务摘要、资产负债表、现金流量表、利润表等重要的经营数据。

进入通达信软件个股界面，按 F10 键，单击【财务分析】选项，则显示一系列信息，其中包括公司财务指标、报表摘要等经营数据。经营数据的列示分为同比和环比两类，实验表 3—2 为 2017—2019 年及 2020 年 1 季度五粮液的主要财务指标(同比)。

实验表 3—2　　五粮液公司主要财务指标

【主要财务指标】

财务指标	2020—03—31	2019—12—31	2018—12—31	2017—12—31
审计意见	未经审计	标准无保留意见	标准无保留意见	标准无保留意见
净利润(万元)	770 428.95	1 740 216.42	1 338 424.67	967 372.15
净利润增长率(%)	18.983 1	30.019 8	38.356 8	42.584 9
营业总收入(万元)	2 023 822.64	5 011 810.59	4 003 018.96	3 018 678.04
营业总收入增长率(%)	15.053 6	25.200 8	32.608 3	22.991 5
加权净资产收益率(%)	9.860 0	25.260 0	22.800 0	19.380 0
资产负债比率(%)	20.194 1	28.479 1	24.362 6	22.909 9
净利润现金含量(%)	−15.599 0	132.811 5	92.028 8	100.955 7
基本每股收益(元)	1.985 0	4.483 0	3.474 0	2.548 0

续表

财务指标	2020-03-31	2019-12-31	2018-12-31	2017-12-31
每股收益—扣除(元)	—	4.484 0	3.477 0	2.540 0
稀释每股收益(元)	1.985 0	4.483 0	3.474 0	2.548 0
每股资本公积金(元)	0.691 1	0.691 1	0.691 1	0.251 1
每股未分配利润(元)	15.287 1	13.302 3	11.284 7	9.925 1
每股净资产(元)	21.124 0	19.139 2	16.355 9	14.050 2
每股经营现金流量(元)	-0.309 6	5.954 3	3.173 3	2.572 8
经营活动现金净流量增长率(%)	-115.161 6	87.638 2	26.122 6	-16.505 3

【偿债能力指标】

财务指标	2020-03-31	2019-12-31	2018-12-31	2017-12-31
流动比率	4.548 4	3.217 1	3.772 0	3.962 8
速动比率	3.957 1	2.761 7	3.202 4	3.301 7
资产负债比率(%)	20.194 1	28.479 1	24.362 6	22.909 9
产权比率(%)	25.304 1	39.819 3	32.209 8	29.718 3

【运营能力指标】

财务指标	2020-03-31	2019-12-31	2018-12-31	2017-12-31
存货周转率	0.363 7	1.005 1	0.938 3	0.852 9
流动资产周转率	0.210 5	0.573 6	0.566 2	0.512 6
固定资产周转率	3.329 1	8.815 1	7.585 0	5.629 8
总资产周转率	0.191 1	0.520 7	0.509 9	0.453 6
每股现金流量增长率(%)	-115.161 5	87.638 3	23.339 7	-16.505 3

【盈利能力指标】

财务指标	2020-03-31	2019-12-31	2018-12-31	2017-12-31
营业利润率	53.069 5	48.377 3	46.760 7	44.305 9
营业净利率	39.828 1	36.370 6	35.070 2	33.411 9
营业毛利率	76.531 6	74.455 8	73.802 8	72.007 3
成本费用利润率	112.942 4	92.726 9	86.829 3	79.377 6
总资产报酬率	10.147 8	22.656 7	21.612 2	18.882 1
加权净资产收益率	9.860 0	25.260 0	22.800 0	19.380 0

【发展能力指标】

财务指标	2020-03-31	2019-12-31	2018-12-31	2017-12-31
营业收入增长率	15.053 6	25.200 8	32.608 3	22.991 5
总资产增长率	12.290 2	23.581 9	21.391 8	14.070 5

续表

财务指标	2020—03—31	2019—12—31	2018—12—31	2017—12—31
营业利润增长率	16.962 7	29.529 3	39.955 5	44.888 7
净利润增长率	18.983 1	30.019 8	38.356 8	42.584 9
净资产增长率	17.198 7	17.016 7	19.037 0	13.291 8

资产负债表、利润表、现金流量表是公司的三大会计报表，从多个角度展现公司的财务状况，反映公司的资产质量和经营业绩。资产负债表反映企业报表日财务状况，利润表反映企业会计期间的盈亏情况，现金流量表反映企业会计期间的经营、投资、筹资现金流情况。三张报表在编制上相对单独存在，而在财务分析时相互依存、相互影响。从时间属性上看，利润表、现金流量表属于期间报表，反映的是某一段时期内企业的经营业绩，资产负债表是期末报表，反映的是报表制作时点企业的资产状况。从相互作用上看，利润表、现金流量表改变资产负债表结构，但长期而言，资产质量对企业盈利能力起到决定性作用，这又使资产负债表决定利润表和现金流量表。

实验表 3—3、3—4 和 3—5 分别为五粮液公司 2017—2019 年及 2020 年 1 季度的资产负债表、利润表和现金流量表摘要，三张表全方位显示了五粮液公司的财务状况。

实验表 3—3　　五粮液公司资产负债表摘要

指标(单位:万元)	2020—03—31	2019—12—31	2018—12—31	2017—12—31
资产总额	10 545 156.40	10 639 697.23	8 609 426.57	7 092 262.67
货币资金	6 189 261.64	6 323 882.57	4 896 004.89	4 059 180.34
应收票据及应收账款	1 480 439.05	1 477 759.93	1 626 197.33	1 129 777.00
预付账款	51 496.64	23 190.91	22 091.68	19 805.84
其他应收款	133 861.08	124 864.46	87 177.04	63 426.77
存货	1 243 663.69	1 367 961.96	1 179 546.11	1 055 780.15
流动资产总额	9 565 985.86	9 662 676.50	7 811 017.05	6 327 970.11
固定资产	604 961.09	610 874.59	526 216.34	529 287.24
负债总额	2 129 502.36	3 030 092.47	2 097 482.64	1 624 830.10
应付票据及应付账款	380 805.64	367 715.84	356 629.32	376 758.41
预收账款	—	1 253 070.69	670 673.59	464 572.18
流动负债	2 103 116.62	3 003 459.93	2 070 781.58	1 596 802.91
非流动负债	26 385.74	26 632.54	26 701.06	28 027.19
未分配利润	5 933 853.81	5 163 424.85	4 380 260.40	3 767 528.20
盈余公积金	1 609 219.70	1 609 219.70	1 312 041.10	1 090 957.67
母公司股东权益	8 199 499.02	7 429 070.07	6 348 727.01	5 333 408.12
少数股东权益	216 155.02	180 534.70	163 216.93	134 024.45

续表

指标(单位:万元)	2020—03—31	2019—12—31	2018—12—31	2017—12—31
股东权益合计	8 415 654.04	7 609 604.77	6 511 943.93	5 467 432.56
商誉	162.16	162.16	162.16	162.16
在建工程(净额)	93 107.72	81 242.82	35 199.35	27 341.48
可出售金融资产	—	—	120.00	120.00

实验表 3—4　　五粮液公司利润表摘要

指标(单位:万元)	2020—03—31	2019—12—31	2018—12—31	2017—12—31
营业收入	2 023 822.64	5 011 810.59	4 003 018.96	3 018 678.04
营业成本	474 958.93	1 280 225.99	1 048 678.29	845 008.73
营业费用	172 862.25	498 557.93	377 843.37	362 539.79
管理费用	70 074.64	265 534.71	234 049.87	219 118.43
财务费用	—40 074.68	—143 074.59	—108 501.08	—89 050.59
投资收益	—	9 250.08	10 086.46	6 821.09
营业利润	1 074 032.25	2 424 579.98	1 871 839.33	1 337 453.52
营业外收支净额	—3 929.20	—13 978.78	—11 157.06	1 715.30
利润总额	1 070 103.04	2 410 601.20	1 860 682.27	1 339 168.82
净利润	770 428.95	1 740 216.42	1 338 424.67	967 372.15

实验表 3—5　　五粮液公司现金流量表摘要

指标(单位:万元)	2020—03—31	2019—12—31	2018—12—31	2017—12—31
销售商品收到现金	1 268 701.64	6 311 144.84	4 603 138.84	3 575 361.95
经营活动现金流入	1 311 600.57	6 460 450.31	4 728 631.52	3 707 542.21
经营活动现金流出	1 431 779.67	4 149 243.10	3 496 895.62	2 730 924.63
经营活动现金净额	—120 179.10	2 311 207.20	1 231 735.90	976 617.58
投资活动现金流入	3.92	9 205.08	4 982.50	1 517.76
投资活动现金流出	14 447.82	170 845.51	38 138.15	21 605.89
投资活动现金净额	—14 443.91	—161 640.43	—33 155.65	—20 088.13
筹资活动现金流入	—	—	181 371.79	49 104.72
筹资活动现金流出	—	725 164.70	543 164.15	413 029.03
筹资活动现金净额	—	—725 164.70	—361 792.35	—363 924.31
汇率变动的现金流	2.07	6.37	36.65	—16.58
现金流量净增加额	—134 620.94	1 424 408.44	836 824.55	592 588.56

(3)公司研究报告查询

进入东方财富网(http://www.eastmoney.com/),点击【研报】进入研报首页,在个股研报搜索中输入相关公司股票代码即可查询该公司研究报告,这些研究报告为专业研究机构发布,具有很高的参考价值。

(4)公司财务分析

进入东方财富通个股界面,按 F10 键,单击【财务分析】选项,出现实验图 3－10 所示界面。图中上方是柱状图,下方是若干财务指标,财务指标又有【按报告期】、【按年度】、【按单季度】三种统计数值。当鼠标点击某一财务指标时,上方则显示该指标的柱状图。限于版面,下面以按年度为例每类只选取一个指标进行分析,并且仅截取柱状图部分作为示例。

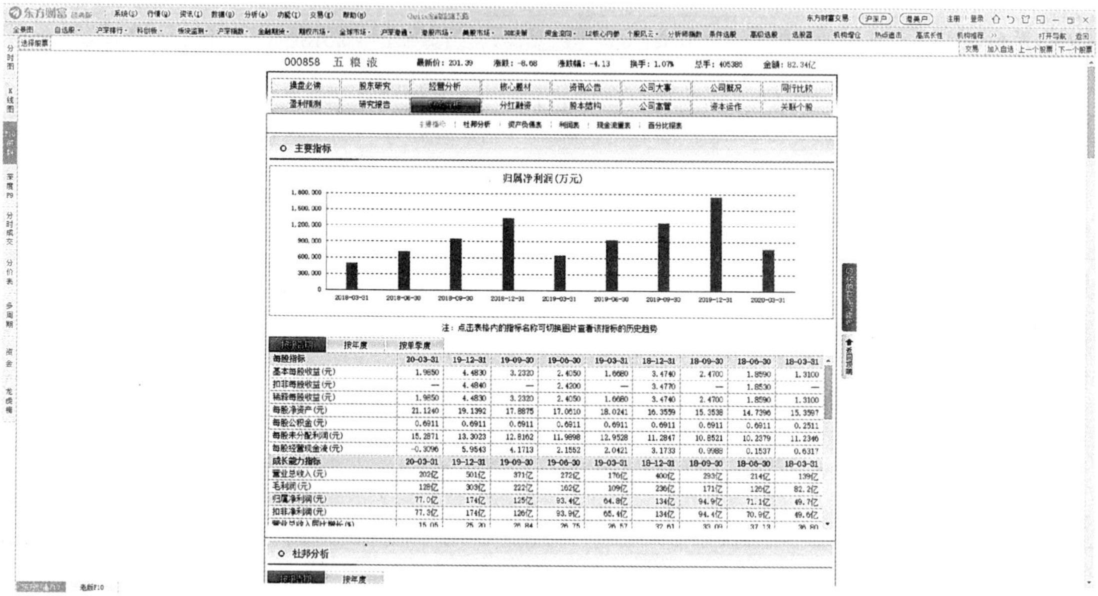

实验图 3－10 财务分析指标

①偿债能力分析

向下拖动财务指标值右侧的滑动条,可以看到财务风险指标,其中包含资产负债率、流动负债/总负债、流动比率、速动比率四项指标。点击【速动比率】选项,则显示 9 个年度的速动比率指标值和柱状图,柱状图如实验图 3－11 所示。从图中可以看出,五粮液的速动比率一直保持较高的水平,仅在 2011 年低于 2,其他年份均在 2 以上,2014 年甚至高达至 5,说明公司财务状况良好,变现能力较强,有充足的短期偿债能力。

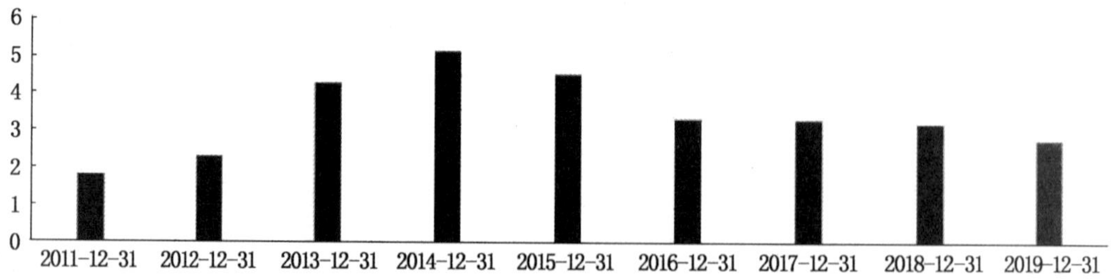

实验图 3－11 速动比率

②运营能力分析

东方财富通运营能力指标包括总资产周转率、应收账款周转天数、存货周转天数三项。点击【应收账款周转天数】选项，柱状图如实验图 3－12 所示。从图中可以看出，五粮液应收账款周转天数一直保持在 2 以下，表明公司应收账款的周转速度非常高，运营能力非常好。

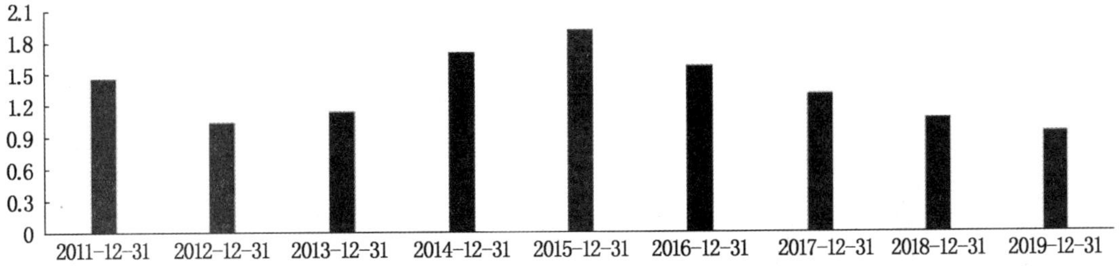

实验图 3－12　应收账款周转天数

③盈利能力分析

东方财富通盈利能力指标包括毛利率、净利率等多项，下面选取净利率进行分析。点击【净利率】选项，柱状图如实验图 3－13 所示。从图中可以看出，五粮液净利率一直非常稳定，并保持在 30%左右的较高水平，体现出较强的盈利能力。

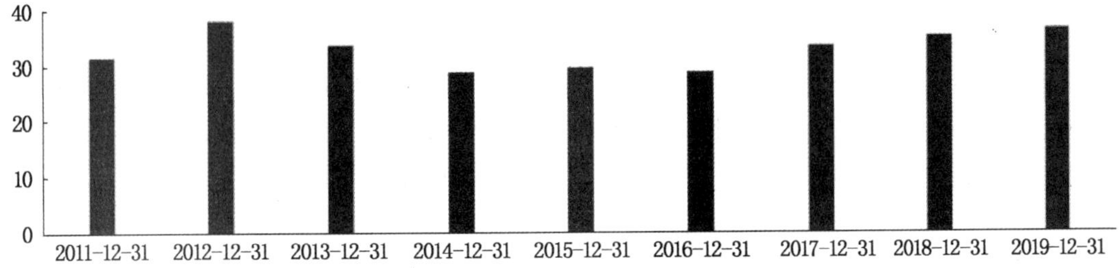

实验图 3－13　营业净利率

④成长能力分析

东方财富通成长能力指标较多，尽管其名称与其他平台有所不同，但有些指标的含义是一样的，下面选取归属净利润同比增长率进行分析。点击【归属净利润同比增长】选项，柱状图如实验图 3－14 所示。从图中可以看出，五粮液净利润增长率没有上面的营业净利率稳定，在 2013 和 2014 年出现大幅下滑。究其原因，这与中央八项规定有关，由于中央反腐处于高压态势，三公消费明显减少，公司经营处于比较困难的时期。但随着民间消费的推动，五粮液的净利润增长率重新爆发，增速逐渐恢复。总体来看，公司的成长能力较好。

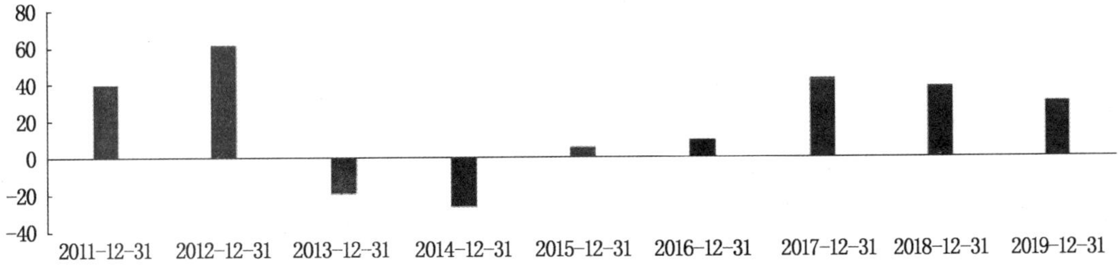

实验图 3－14　归属净利润同比增长率

⑤投资收益分析

投资收益是投资者最为关心的内容，常用于分析的财务指标有每股收益、每股净资产、市盈率、市净率和净资产收益率等。点击【基本每股收益】选项，柱状图如实验图 3－15 所示。从图中可以看出，五粮液基本每股收益除了中间几年稍低外，一直保持了较高的水平。特别是 2016 年以后，呈现出迅猛的增长态势，说明公司盈利状况越来越好。

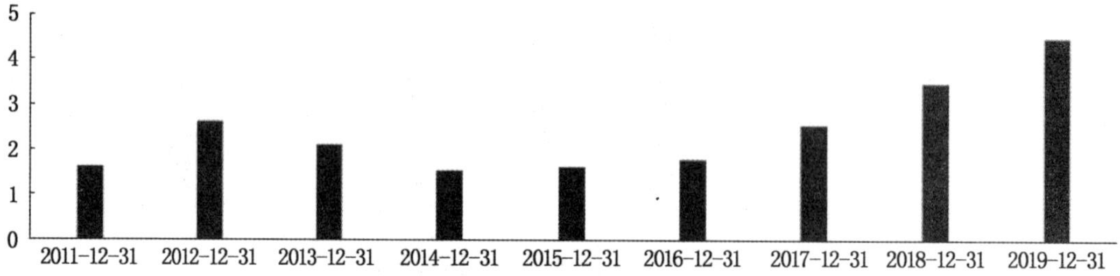

实验图 3－15 基本每股收益

(5)同行业比较分析

公司财务分析除了要进行纵向比较外，还需要与行业内其他公司进行横向比较，以了解公司在行业中的地位、公司规模、市场表现、财务状况和估值水平等。

①成长性比较

在东方财富通软件输入五粮液股票代码 000858 回车进入个股界面，按 F10 键后单击【同行比较】选项，则显示成长性比较和估值比较信息，如实验图 3－16 所示。先来分析成长性比较，图中显示的是基本每股收益增长率和营业收入增长率指标，点击右侧的三角，还会显示净利润增长率。每个指标都包含 3 年复合、19A、TTM、20E、21E、22E 等多项数据，具体释义如下：

字母 A 是 Actual 的简写，意指已经公布的真实数据；字母 E 是 Estimate 的简写，意指预测数据。

3 年复合是指净利润三年的平均增长率，多数用未来三年的平均增长率，也是预测值。

19A 是指 2019 年已公布的年报数据。

20E、21E、22E 分别指 2020、2021 和 2022 年预测的数据。

TTM 又称为滚动市盈率，一般是指市盈率在一定的考察期内(一般是 12 个月)股票价格和每股收益的比率。我们平时常说的市盈率是按照去年的年度指标进行计算的，不跨年度，而 TTM 数据是一个滚动概念，数据有可能属于两个不同的自然年度。

从实验图 3－16 可以看出，五粮液 3 年复合基本每股收益增长率、营业收入增长率和净利润增长率均远高于行业平均值和行业中值，但与行业中前 3 名的公司还有相当的差距。

②估值水平比较

在实验图 3－16 的【估值比较】中，包含多项指标信息，限于篇幅主要介绍 PEG、市盈率和市销率三个指标。

PEG 为市盈率相对盈利增长率，是用市盈率除以盈利增长速度。一般将 1 看成 PEG 指标的重要临界值。当股票的 PEG 小于 1 时，才有投资价值，若能小于 0.5 更佳。PEG 在 0.5～1 之间，是安全范围。PEG 大于 1 时，就要考虑该股票有被高估的可能。

市盈率指在一个考察期内，股票的价格和每股收益的比率。投资者通常利用该指标估量

000858　五 粮 液　最新价：201.39　涨跌：-8.68　涨跌幅：-4.13　换手：1.07%　总手：405386　金额：82.34亿

操盘必读 | 股东研究 | 经营分析 | 核心题材 | 资讯公告 | 公司大事 | 公司概况 | 同行比较

盈利预测 | 研究报告 | 财务分析 | 分红融资 | 股本结构 | 公司高管 | 资本运作 | 关联个股

行业资讯 | 成长性比较 | 估值比较 | 杜邦分析比较 | 市场表现 | 公司规模

○ 成长性比较

排名	代码	简称	基本每股收益增长率(%)						营业收入增长率(%)					
			3年复合	19A	TTM	20E	21E	22E	3年复合	19A	TTM	20E	21E	22E
6	000858	五粮液	18.78	29.04	7.06	17.74	20.96	17.67	15.37	25.20	5.28	14.57	16.98	14.58
行业平均			16.21	14.99	-2.82	11.44	19.99	16.76	12.80	13.47	-1.79	8.82	15.60	13.48
行业中值			16.03	19.92	-11.45	5.82	22.35	17.70	12.93	5.19	-8.15	2.13	14.83	14.48
1	000860	顺鑫农业	25.67	8.72	-9.34	23.51	29.08	24.48	13.38	23.40	5.10	11.28	14.78	14.11
2	000799	酒鬼酒	25.62	34.50	7.82	20.18	28.44	28.41	18.10	27.38	-2.22	9.39	22.35	23.09
3	300755	华致酒行	24.87	-39.53	2.85	21.34	26.58	26.75	23.42	37.38	4.51	21.52	25.42	23.35
4	600809	山西汾酒	23.06	28.35	17.85	25.44	24.36	19.46	17.63	25.79	1.12	17.61	18.81	16.49
5	603369	今世缘	19.67	26.71	-4.19	12.61	23.22	23.49	18.77	30.35	-3.78	12.68	22.34	21.55

○ 估值比较

排名	代码	简称	PEG	市盈率					市销率				
				19A	TTM	20E	21E	22E	19A	TTM	20E	21E	22E
6	000858	五粮液	2.23	44.92	41.96	38.15	31.54	26.81	10.30	14.81	13.61	11.64	10.16
行业平均			2.93	32.07	43.26	40.08	33.41	28.96	8.95	12.30	12.07	10.45	9.40
行业中值			2.80	36.54	29.64	34.48	29.11	25.30	3.91	5.12	6.09	4.94	5.73
1	300755	华致酒行	1.52	38.89	37.82	32.05	25.32	19.98	2.53	3.18	2.74	2.18	1.77
2	600702	舍得酒业	1.69	23.38	27.36	22.07	17.95	14.90	3.82	5.04	4.40	3.76	3.24
3	000568	泸州老窖	1.87	35.97	34.53	31.49	25.77	21.61	8.03	10.98	9.65	8.19	7.06
4	603369	今世缘	1.91	36.05	37.62	32.01	25.98	21.04	8.43	11.21	9.58	7.83	6.44
5	603589	口子窖	2.17	16.88	20.47	16.96	14.66	12.88	7.05	7.10	6.20	5.49	4.89

注：具体计算方法见页尾(点击可直接跳转至页尾)

实验图 3－16　五粮液公司成长性行业比较

股票的投资价值，或者用该指标在不同公司的股票之间进行比较。以市盈率为核心的估值方法是使用最为广泛的一种方法，但对于处于成长初期的净利润水平较低的公司并不适合。

市销率是证券市场中出现的一个新概念，又称为收入乘数，是指普通股每股市价与每股销售收入的比率。市销率＝总市值÷主营业务收入，或者市销率＝股价÷每股销售额。市销率越低，说明该公司股票目前的投资价值越大。市销率反映了投资者愿意为每 1 元营业收入支付的购买股票的成本。对评估一个处于成长初期的企业，市销率指标具有重要价值。

试验图 3－16 的数据显示，五粮液 PEG 低于行业均值和行业中值，但高于位列前 5 位的公司，并且已经大于 2；市销率高于行业均值和行业中值；市盈率 19A 高于行业均值和行业中值，预测值介于行业均值和中值之间。由此说明，五粮液公司的估值存在一定程度的高估。

③市场表现比较

在五粮液【同行比较】中，向下滑动右侧滚动条，则显示市场表现信息，如实验图 3－17 所示。

○ 市场表现

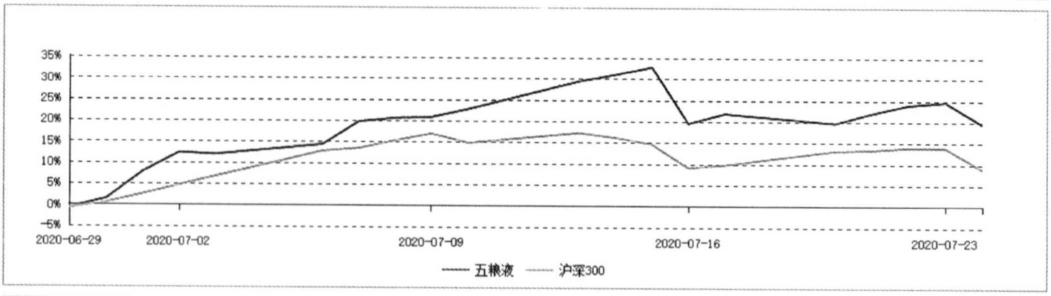

代码	简称	最近1个月累计涨跌幅	最近3个月累计涨跌幅	最近6个月累计涨跌幅	今年以来累计涨幅
000858	五粮液	19.44%	55.33%	61.78%	53.45%
000300	沪深300	8.86%	18.66%	12.53%	9.98%

实验图 3—17　五粮液公司市场表现

从图中可以看出，五粮液的累计涨幅远高于沪深 300 涨幅，说明五粮液的市场表现远好于沪深 300 指数。

◆ 思考与练习

1. 搜集反映我国宏观经济形势的数据，并分析其对证券市场的影响。
2. 选择两个你感兴趣的行业搜集其相关资料，并进行比较分析。
3. 选择一家你感兴趣的上市公司，搜集整理其相关财务数据并进行分析。

第 4 实验单元　证券投资盘面分析

◆　**实验目的**

(1)了解大盘和个股分时走势研读方法；

(2)理解盘面分析的要点；

(3)掌握盘口买卖技术。

◆　**实验工具**

通达信、同花顺、大智慧和钱龙等证券行情分析软件。

◆　**实验内容**

1. 大盘盘面信息获取与分析方法

登录通达信行情分析软件，按 F3 键显示上证指数分时走势，按 F4 键显示深证指数分时走势。下面以上证指数为例进行分析，如实验图 4－1 所示。

实验图 4－1 基本含义如下：

(1)粗横线

粗横线表示上一个交易日指数的收盘位置，它是当日大盘上涨与下跌的分界线。它的上方，是大盘的上涨区域；它的下方，是大盘的下跌区域。

(2)红色柱状线和绿色柱状线

红色柱状线和绿色柱状线是用来反映指数上涨或下跌的强弱程度的，又称红角线和绿角线。大盘向上运行时，在横线上方会出现红色柱状线，红色柱状线出现越多、越高，表示上涨力度越强，若渐渐减少、缩短，表示上涨渐渐减弱。大盘向下运行时，在横线下方会出现绿色柱状线，绿色柱状线出现越多、越长，表示下跌力度越强，若渐渐减少、缩短，表示下跌力度渐渐减弱。

(3)白色曲线和黄色曲线

白色曲线是通过加权平均法计算的指数走势图，黄色曲线是不含加权的指数走势图。因指数是以各上市公司的总股本或流通股本为权数计算出来的，故盘子大的股票较能左右指数的走势，如上证指数中的宝钢股份、上海石化、浦发银行等。由于黄线表示的是不含加权的指数，各股票的权数都相等，所以价格变动较大的股票对黄线的影响要大一些。这样，当指数上涨时，如白线在黄线的上方，它说明大盘股的影响较大，盘子大的股票涨幅比盘子小的股票要

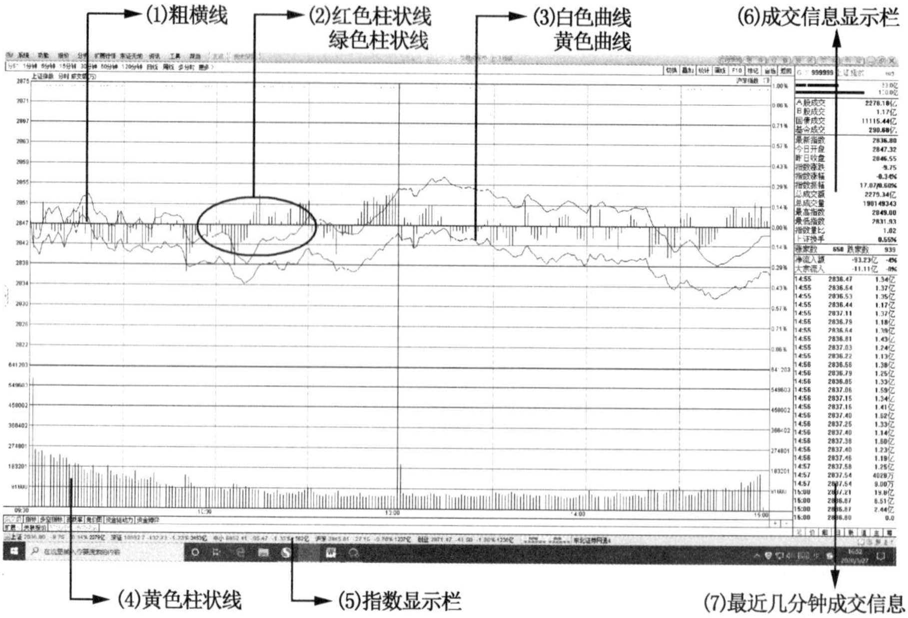

实验图 4—1　上证指数分时走势图

大;反之,如黄线在白线的上方,就是小盘股的涨幅比大盘股要大。而当指数下跌时,如黄线在白线的下方,它表示大盘股的下跌幅度较小而小盘股的跌幅较大;反之,如白线在黄线的下方,它表示大盘股的跌幅比较大。

(4)黄色柱状线

黄色柱状线表示每分钟的成交量,单位为手。最左边一根特长的线是集合竞价时的交易量,后面是每分钟显示一根。

成交量大时,黄色柱状线就拉长;成交量小时,黄色柱状线就缩短。

(5)指数显示栏

显示大盘指数的涨跌情况和成交金额等。其中"上证"是上证综合指数,"深证"是深证成分指数,"沪深"是沪深 300 指数,"中小"是中小企业板指数,"创业"是创业板指数。

(6)成交信息显示栏

成交信息显示栏分作五个部分:

第一部分,也就是最上面的一栏,是大盘多空阵线。绿线表示当前市场的挂五档卖盘总金额,绿线前面小条表示市场的挂卖一的总金额;红线表示当前市场的挂五档买盘总金额,红线前面小条表示市场的挂买一的总金额。这样用图示的方式非常直观地把买卖盘的情况展现出来。

第二部分,是分类证券当日成交情况,分为 A 股、B 股、国债和基金。

第三部分,是指数和成交金额情况,具体释义如下:

最新指数:指当前时刻的指数值。

今日开盘:指今日开盘的指数值。

昨日收盘:指上一交易日收盘的指数值。

指数涨跌:指今天开盘以来股价指数上涨和下跌的绝对值,以点为单位。红色数字表示指数在上涨，绿色数字表示指数在下跌。

指数涨幅：指今天开盘以来股价指数上涨或下跌的幅度，即涨跌的相对值。红色数字表示指数在上涨，绿色数字表示指数在下跌。

指数振幅：指今日指数的震荡幅度，计算公式为：(今日最高指数－今日最低指数)/昨日收盘指数×100%。

总成交额：指今日成交的所有证券的市值总和。

总成交量：指今日成交的所有证券的数量。

最高指数：指今日开盘以来指数的最高点数。

最低指数：指今日开盘以来指数的最低点数。

指数量比：指开盘以来每分钟的平均成交量与过去5日平均每分钟成交量的比值。若量比大于1，说明交易比过去5日活跃。

上证换手：指今日开盘以来已经成交的证券数量与其上市流通的证券总数之比，用百分数表示。它说明证券交易的活跃程度。

第四部分是涨跌证券的数量。涨家数和跌家数是今日开盘以来上涨证券的数量和下跌证券的数量。

第五部分是资金流向指标，包括净流入额和大宗流入。每分钟计算一次，每天加总统计一次。

净流入额就是流入资金与流出资金的差额。如果是正值表示资金净流入，负值则表示资金净流出。上涨时的成交额计为流入资金，下跌时的成交额计为流出资金。例如，在9:50这一分钟里，指数较前一分钟是上涨的，则将9:50这一分钟的成交额计作资金流入；若较前一分钟是下跌的，则计作资金流出；若指数与前一分钟相比没有发生变化，则不计入。资金流向测算的是推动股价或整个股市涨跌的力量强弱，这反映了人们对股市看多或看空的程度。

大宗流入是大宗资金的净流入额。大宗流入＝超大单和大单的主买金额－超大单和大单主卖金额。大单和超大单是按照一定标准界定的。

(7)最近几分钟成交信息

该栏显示的是当前最近几分钟成交情况，即几点几分以什么价位成交，每笔成交金额是多少。

在上证指数或者深证成指等指数K线图上双击某日K线，就会显示该日该指数的分时走势图，这个分时走势图和上面看到的分时走势有所不同。以上证指数为例，其大盘走势图如实验图4－2所示。

实验图4－2基本含义与实验图4－1基本相同，不同的是，白色曲线表示指数一个交易日的走势情况，黄色曲线表示该日开盘以来的平均指数。没有红色柱状线和绿色柱状线。

2. 个股盘面信息获取与分析方法

登录通达信行情分析软件，输入想要查看的股票代码，如“000915”，或者股票简称拼音首字母，如“SDHT”，就可利用键盘精灵找到这只股票，按回车键打开这只股票的日K线图，按F5键切换，就可看到这只股票的分时走势图，如实验图4－3所示。

实验图4－3是个股“山大华特”的分时走势图，其基本含义如下：

(1)分时价位线

分时价位线在电脑上为白色曲线，表示该股票的实时成交价格。

(2)分时均价线

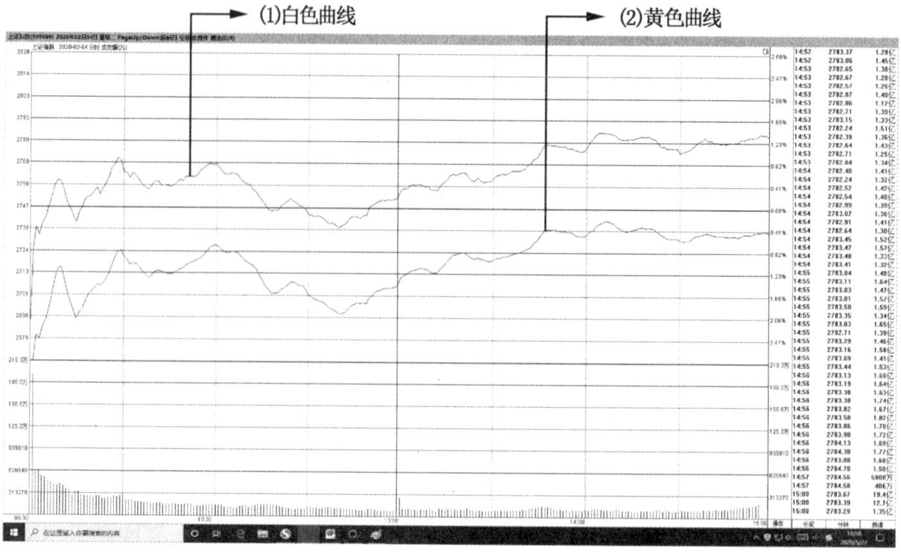

实验图 4—2　上证指数分时走势图

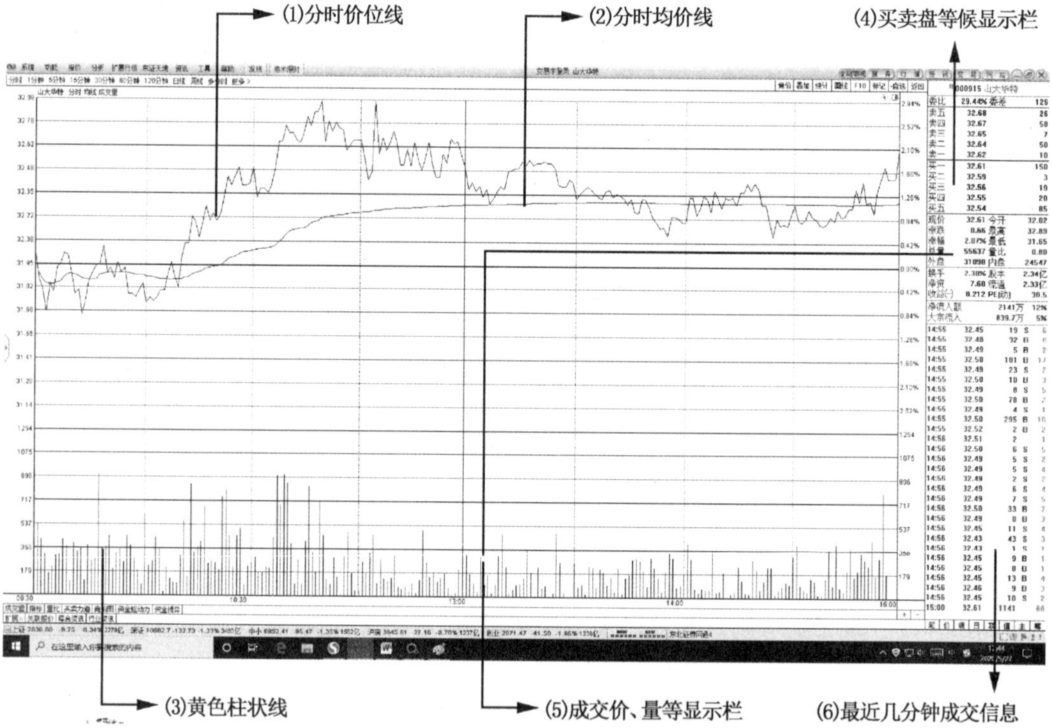

实验图 4—3　个股分时走势图

分时均价线在电脑上为黄色曲线，表示该股票的平均成交价格。它是以当日开盘到现在平均交易价格画成的曲线。

均价线的原理与移动平均线的原理是一样的，只是均价线反映的是当天投资者的平均持股成本，只有一条线，而移动平均线有任意多条，反映的是一段时间内投资者的平均持股成本。

一般来说，利用分时线和均价线之间的位置关系，可以大致了解买卖盘的力量对比情况。若股价一直在均价线之下运行，说明市场抛压沉重，后市看跌。有时日 K 线虽然收阳，但均价线却以平缓的角度向下倾斜，说明当天重心下移，短期上行阻力重，这是明显的冲高乏力的表现。若股价始终在均价线之上运行，说明当天投资者愿以更高的价格买入，该股处于强势，可重点关注。

应用均价线时，需注意与日线指标以及中线指标相对照，若日线指标和中线指标同时向多，均价线亦处于强势，即产生共振现象，此时买入风险较低，从日线图上看刚刚脱离底部的个股，中线买入安全性较高。

（3）黄色柱状线

黄色柱状线表示成交量，每分钟显示一根，单位为手。最左边一根特长的线是集合竞价时的交易量。成交量越大，黄色柱状线越长。

（4）买卖盘等候显示栏

买卖盘等候显示栏分为上下两部分，上面是卖盘等候显示栏，下面是买盘等候显示栏，各显示五档数据。

卖盘等候显示栏中卖一、卖二、卖三、卖四、卖五表示依次等候卖出。按照“价格优先，时间优先”的原则，谁卖出的报价低谁就排在前面，如卖出的报价相同，谁先报价谁就排在前面。卖一、卖二、卖三、卖四、卖五后面的数字为价格，再后面的数字为等候卖出的股票手数。如实验图 4—3 显示：“卖一 32.62 10”表示第一排等候卖出的报价是 32.62 元，共有 10 手股票，即有 1 000 股在这个价位等候卖出。

买盘等候显示栏中买一、买二、买三、买四、买五表示依次等候买入。与等候卖出相反，谁买入的报价高谁就排在前面，如买入的报价相同，谁先报价谁就排在前面。如实验图 4—3 显示：“买一 32.61 150”，表示在第一排等候买入的报价为 32.61 元，共有 150 手股票，即有 15 000 股在这个价位等候买入。

（5）成交价、量等显示栏

该栏目内容较多，释义如下：

现价：指股票当前时刻的价格。

今开：指今日的开盘价。

涨跌：指今天开盘以来股价上涨和下跌的绝对值，以元为单位。红色数字表示价格在上涨，绿色数字表示价格在下跌。

涨幅：指今天开盘以来股价上涨或下跌的幅度，即涨跌的相对值。红色数字表示价格在上涨，绿色数字表示价格在下跌。

最高：指开盘以来买卖双方成交的最高价格。收盘时“最高”后面显示的价格为当日成交的最高价格。

最低：指开盘以来买卖双方成交的最低价格。收盘时“最低”后面显示的价格为当日成交的最低价格。

总量：指当日开市以来累计成交的数量。以手数为单位。

量比：量比是衡量相对成交量的指标。它是开盘后每分钟平均成交量与过去 5 个交易日每分钟平均成交量之比。其计算公式为：量比＝现成交总手/（过去 5 个交易日平均每分钟成交手数×当日累计开市分钟数）。量比是投资者分析行情短期趋势的重要依据之一。若量比数值大于 1，且越来越大时，表示现在这一时刻的成交总手数，即成交量在放大；若量比数值小于1，且越来越小时，表示现在这一时刻的成交总手数，即成交量在萎缩。这里要注意的是，并非量比大于1，且越来越大就一定对多方有利。通常，若股价上涨，价升量增，这当然是好事，投资者可积极看多、做多，但此时如果股价在往下走，价跌量增，这就不一定是好事了。总之，量比要同股价涨跌联系起来分析，这样才会减少失误，提高投资成功率。

外盘：外盘即主动买盘，就是按市价直接买入后成交的筹码，成交价是卖出价。

内盘：内盘即主动卖盘，就是按市价直接卖出后成交的筹码，成交价是买入价。

当外盘数量比内盘数量大出很多，而且股价也在上涨时，表示很多人在抢盘买入股票；当内盘数量比外盘数量大很多的时候，而股价下跌，表示很多人在抛售股票。

当外盘数量比内盘数量大出很多，而股价还在下跌时，如果股价处于低位，并且"明细"（按F1键显示）中大买单很多时，表明庄家正在逢低吸货，股价随时有可能火箭式爆发；如果股价处于高位，则要仔细分析，如果"明细"中大卖单不多，表明该股人气旺盛，仍有冲高的可能，如果"明细"中大卖单较多，则极有可能是庄家在对倒出货。

换手：指今天开盘以来已经成交的股票股数与其上市流通股总数之比，用百分数表示。它说明该股票交易的活跃程度。

股本：指该股票的发行数量。

流通：指当前允许上市交易的股票数量。

净资：指股票的每股净资产。

收益：指每股收益，收益后面括号内的数字表示计算截止的季度，如（一）为截至今年第一季度的每股收益。

PE（动）：指该股票的动态市盈率。动态市盈率是指当年度预测利润的市盈率。计算公式为：动态市盈率＝股票现价/当年每股收益的预测值。

净流入额和大宗流入与大盘指数中的释义相同。

（6）最近几分钟成交信息

该栏显示当前最近几分钟的成交情况，即几点几分以什么价位成交，每笔成交手数是多少。

3. 盘口买卖技术

由于大盘是众多股票集体行为的反映，被操纵的难度要比个股大很多，所以大盘的反映会比较客观和准确，并且一般情况下大多数股票的走势会和大盘同步，因此，研判大盘盘口走势对把握买卖时机至关重要。由于大盘每天盘口在位置上会出现很多个高点和低点，如果我们能够认真地对待盘口交易，注重操作的细节，买入的时候尽量选择在大盘盘口的低点买入，卖出的时候尽量选择在大盘盘口的高点卖出，对于交易的成功率、交易心态和风险控制等都会起到十分重要的作用。

一天当中大盘会出现若干个高点和低点，这些高点和低点的级别不同，所起的作用也不同。怎么判断这些高点和低点呢？下面，我们把这些高点和低点分为1分钟高（低）点、5分钟高（低）点、驼峰背离高（低）点等类别逐一介绍。

（1）1分钟高（低）点

首先找到大盘分时盘口的一个上升，在上升过程中我们会发现，随着指数的上升红角线不断放大，接下来我们终有一时会看到红角线不再放大，而是开始缩短。一般情况下，红角线的峰值并不是指数的最高点，在时间上会有3分钟的延迟（个别时候也可能延迟1～2分钟；急速上涨时也可能延迟5分钟）。也就是说，在红角线峰值出现后的第3根缩短的红角线位置指数达到高点，之后开始回落，这个高点我们称之为 1 分钟高点。如实验图 4—4 左所示。

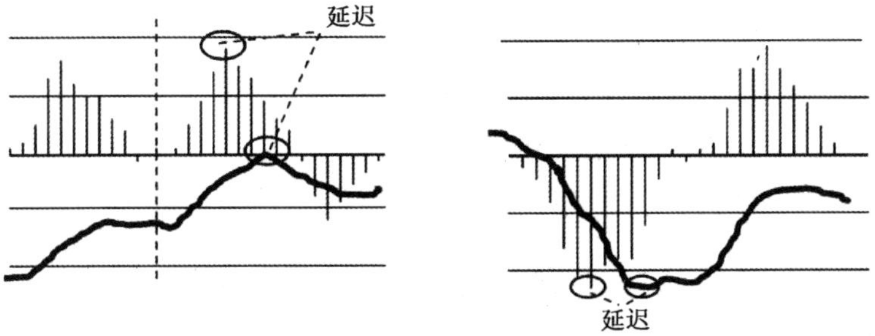

实验图 4—4　1 分钟高(低)点

寻找 1 分钟低点的道理是一样的。首先找到大盘分时盘口的一个下跌，在下跌过程中我们会发现，随着指数的下跌绿角线不断放大，接下来我们终有一时会看到绿角线不再放大，而是开始缩短。一般情况下，绿角线的峰值并不是指数的最低点，在时间上会有 3 分钟的延迟(个别时候也可能延迟 1～2 分钟；急速下跌时也可能延迟 5 分钟)。也就是说，在绿角线峰值出现后的第 3 根缩短的绿角线位置指数达到低点，之后开始回升，这个低点我们称之为 1 分钟低点。如实验图 4—4 右所示。

判断 1 分钟高(低)点的核心是大盘的一个上升或下跌与其间的红绿角线的方向形成背离。

(2) 5 分钟高(低)点

5 分钟高(低)点就是在众多的 1 分钟高(低)点当中找到级别比较大的、比较重要的高(低)点，这些 5 分钟高(低)点经常会成为全天的最高点或最低点。

5 分钟高点的判断方法是：在一个大盘分时盘口出现上升和价格出现峰值的时候，红角线也会形成一个峰值。当价格出现回落的时候，红角线转为绿角线。然后，当价格再次出现上升的时候，价格将再次出现峰值，红角线也将再次出现峰值。而 5 分钟高点的特征就在于价格的峰值后面的比前面的更高，而红角线的峰值后面的将低于前面的，从而形成两个峰值之间的明显背离，价格峰值向上，红角线峰值向下，此为 5 分钟高点，如实验图 4—5 左所示。

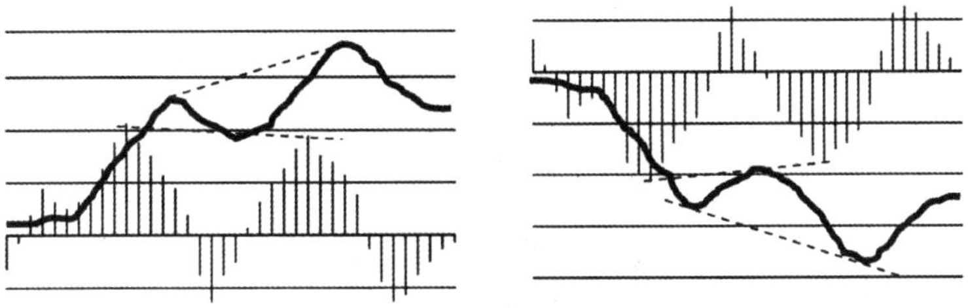

实验图 4—5　5 分钟高(低)点

同理，5 分钟低点具体的判断方法是：在一个大盘分时盘口出现下跌和价格出现峰值的时候，绿角线也会形成一个峰值。当价格出现回升的时候，绿角线转为红角线。然后，当价格再次出现下跌的时候，价格将再次出现峰值，绿角线也将再次出现峰值。而 5 分钟低点的特征就在于价格的峰值后面的比前面的更低，而绿角线的峰值后面的将高于前面的峰值，从而形成两个峰值之间的明显背离，价格峰值向下，绿角线峰值向上，此为 5 分钟低点，如实验图 4—5 右所示。

5分钟高(低)点是我们在大盘盘口上最常遇到的重要高点和低点,有时候5分钟高点和5分钟低点也并非一定是最近的两个价格峰值和红绿角线的峰值比较,中间也可以隔一个,但最多只准许隔一个峰值。

判断5分钟高(低)点的核心是价格和两个红(绿)角线之间的背离关系,这两个红(绿)角线形成的波峰必须是独立的,也就是说两个红角线的波峰之间必须有绿角线,两个绿角线的波峰之间必须有红角线。对于处于两个波峰之间的红(绿)角线的根数没有要求,最少为1根红角线或绿角线。

5分钟高(低)点并不像1分钟高(低)点那样普遍,有时5分钟K线上出现的重要高低点,在盘口没有任何迹象有可能就形成了,一般很难把握。

在单边市里,比如大盘大涨的单边上升或大跌的单边下跌里,由于速度极快,类似的结构趋于弱化,所以通常在特别快的上升或特别快的下降里,不建议大家寻找5分钟高(低)点。在临近收盘的时候,比方说下午的14:50附近形成的5分钟高(低)点,通常效果也会差一些,因为当市场隔了一夜之后,市场情绪很难跟昨日的情绪衔接得上。

(3)驼峰背离高(低)点

驼峰背离高点的判断方法:当做多动能连续释放,红角线连续出现两波,从形态上就构成了驼峰形态,即类似骆驼的驼峰。驼峰是做多动能连续释放的结果。需要注意的是,做多动能的驼峰中间不能出现绿角线。当指数创了新高,而红角线却没有创出新高,即出现红角线与指数的背离,此时的高点称为驼峰背离高点,如实验图4—6左所示。

驼峰背离低点的判断方法:当做空动能连续释放,绿角线连续出现两波,从形态上就构成了驼峰形态,即类似骆驼的驼峰。驼峰是做空动能连续释放的结果。需要注意的是,做空动能的驼峰之间不能出现红角线。当指数创了新低,而绿角线却没有创出新低,即出现绿角线与指数的背离,此时的低点称为驼峰背离低点,如实验图4—6右所示。

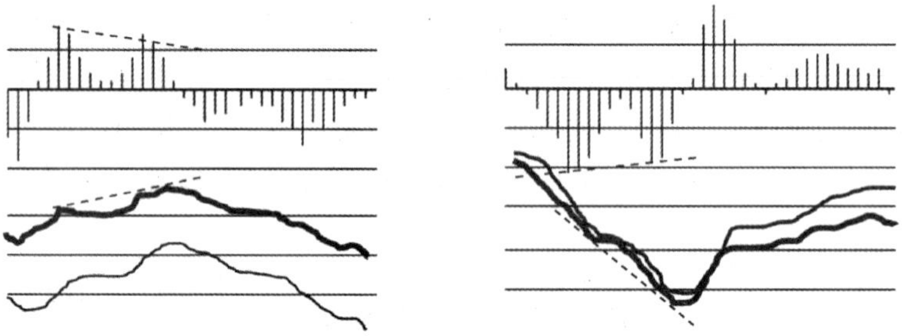

实验图4—6 驼峰背离高(低)点

当驼峰高点形成之后并不一定会马上形成大级别高点,也可能只是次高点。如果紧接着出现5分钟高点,即驼峰高点和5分钟高点叠加,则这个高点的级别就更大一些,可操作性也更强。同理,当驼峰低点形成之后并不一定会马上形成大级别低点,也可能只是次低点。如果紧接着出现5分钟低点,即驼峰低点和5分钟低点叠加,则这个低点的级别就更大一些,可操作性也更强。如实验图4—7所示。

4. 分时走势图与技术指标结合看盘

无论是大盘指数还是个股的分时走势图都可以叠加指标窗口,指标窗口的数量最多可以叠加5个,将分时走势和技术指标结合起来可以提高盘面分析的准确率,更容易把握盘面走势。例如,在上证指数分时走势图界面,点击右下角的【指标】选项,就会出现实验图4—8所示

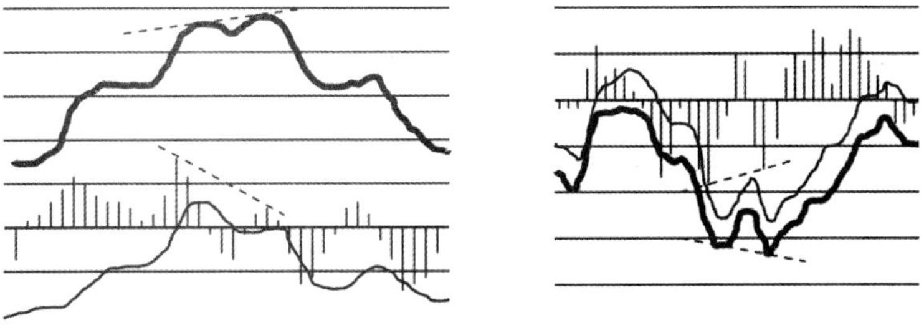

实验图 4—7　驼峰高(低)点叠加 5 分钟高(低)点

界面,点击【1 个指标窗口】,分时图就会叠加 MACD 指标,如实验图 4—9 所示。**也可以根据**个人喜好叠加多个技术指标。

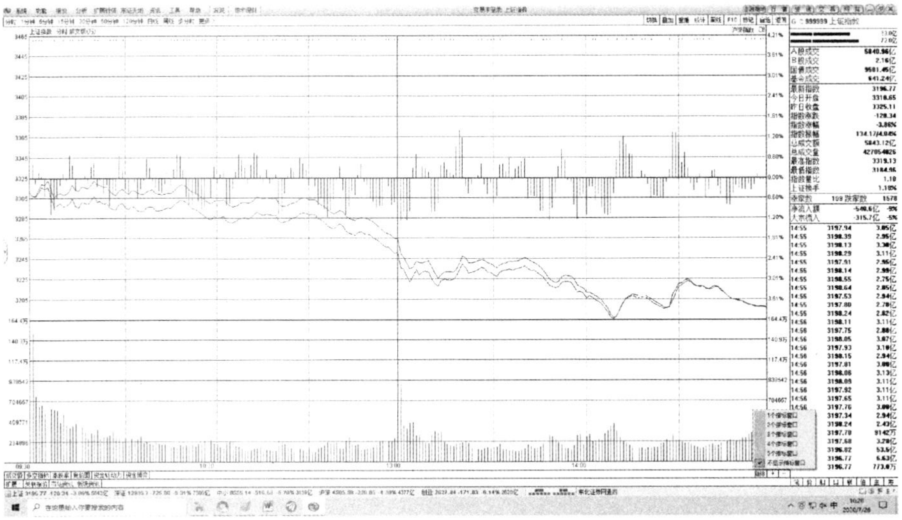

实验图 4—8　叠加指标窗口

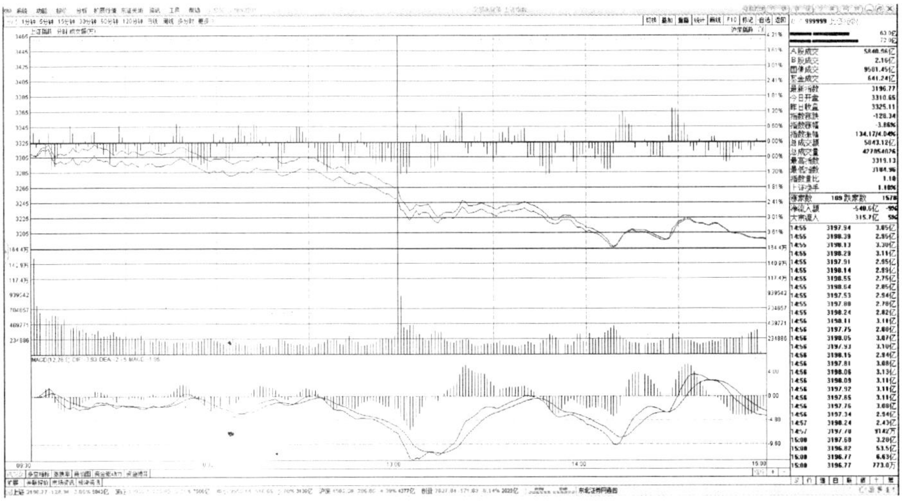

实验图 4—9　叠加 MACD 指标窗口

◆ **思考与练习**

1. 在大盘分时图上寻找 1 分钟高(低)点、5 分钟高(低)点和驼峰背离高(低)点，并尝试寻找共振高(低)点，用画线工具标示出来。

2. 观察大盘分时走势图，白色曲线和黄色曲线的含义是什么？两者的分离与聚拢有什么市场意义？

3. 选择一只小盘股票，观察买卖等候显示栏，如果要买入和卖出股票应如何挂单？

第 5 实验单元　证券投资技术分析主要理论

◆　**实验目的**

(1)理解 K 线的基本形态;

(2)掌握典型的单根 K 线和组合 K 线,掌握趋势线的画法及其应用,掌握形态理论的典型形态及其应用;

(3)了解波浪理论及其浪形特征。

◆　**实验工具**

通达信、同花顺、大智慧和钱龙等证券行情分析软件。

◆　**实验内容**

1. 认识 K 线及其分析方法

(1)K 线的基本形态

登录通达信行情分析软件,打开某一股票的 K 线走势图,将各种形态的 K 线进行标注,并细心体会各种 K 线形态的含义,如实验图 5—1 所示。

(2)底部典型的 K 线形态

①曙光初现

曙光初现出现在下跌趋势中,由一阴一阳 2 根 K 线组成,先是一根大阴线或中阴线,接着出现一根低开的大阳线或中阳线,阳线实体深入到阴线实体的 1/2 以上,如实验图 5—2 所示。这表示黑暗已经过去,曙光已经出现,股价见底回升的可能性比较大,投资者见此图形可适量做多。阳线实体深入到阴线实体的部分越多,转势信号越强。

②旭日东升

旭日东升出现在下跌趋势中,由一阴一阳 2 根 K 线组成,先是一根大阴线或中阴线,接着出现一根高开的大阳线或中阳线,阳线的收盘价已高于前一根阴线的开盘价,如实验图 5—3 所示。这是见底回升信号,投资者应逢低吸纳,适时做多。阳线实体高出阴线实体越多,底部信号越强。

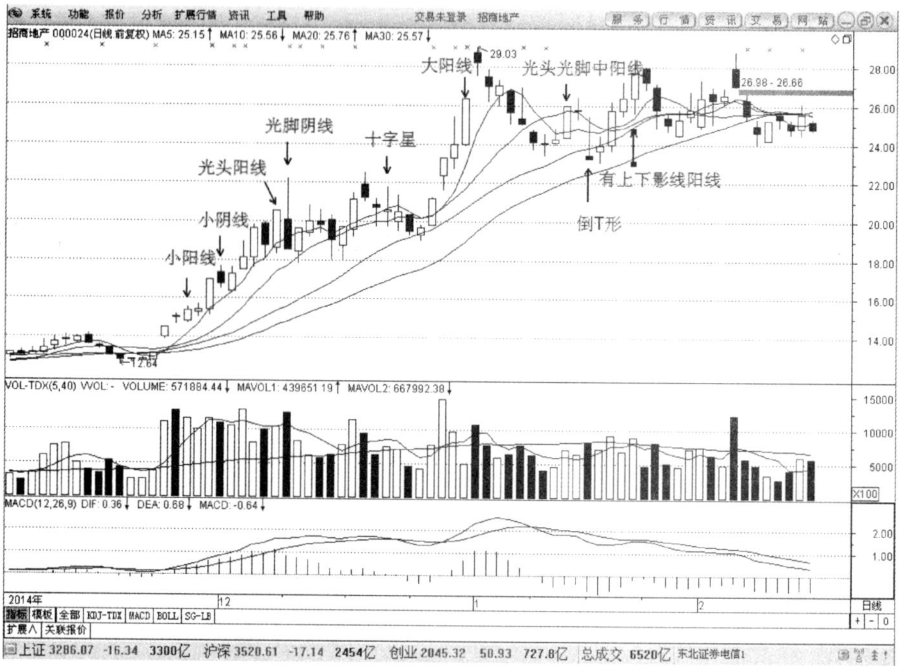

实验图 5—1 K 线基本形态

实验图 5—2 曙光初现

③早晨之星

早晨之星是典型的底部形态，又称希望之星，通常出现在股价连续大幅下跌和数浪下跌的中期底部或大底部。早晨之星由三根 K 线组成。第一根 K 线是中阴线或大阴线；第二根是低开的

实验图 5—3　旭日东升

小阳线或小阴线，可带上下影线；第三根是中阳线或大阳线，收复第一天阴线实体的大部分失地，如实验图 5—4 所示。早晨之星是比较可靠的见底回升信号，投资者可适量做多。如果中间第二根 K 线不是小实体 K 线而是十字星，又称为早晨十字星，信号强度要高于早晨之星。

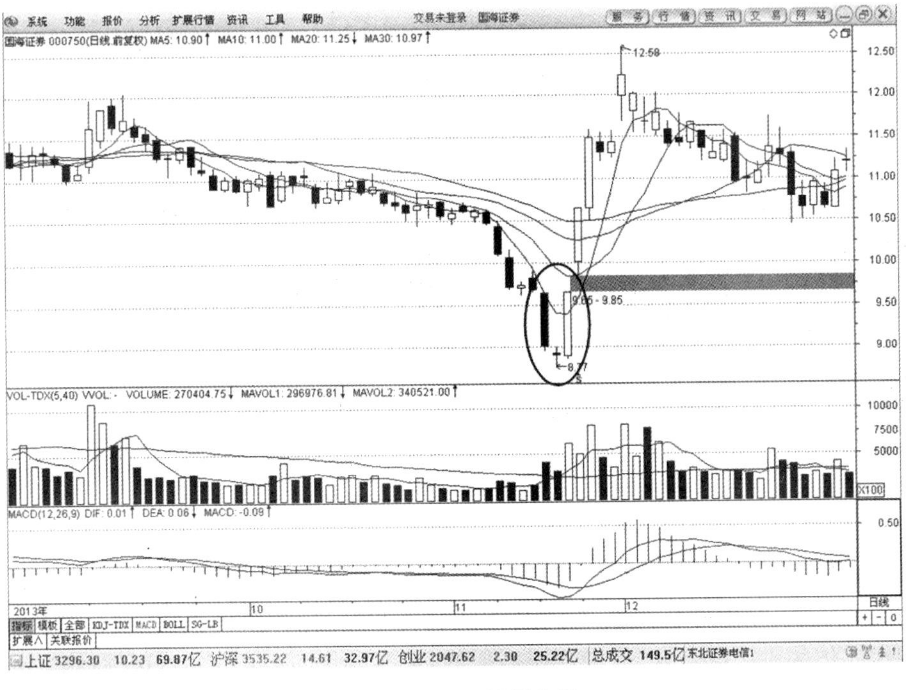

实验图 5—4　早晨之星

④锤头

锤头是一个小实体下面带有长长的下影线，形状就像一把带把儿的锤子。在长期的下跌趋势中，锤头的出现预示着下跌趋势将结束，表达了市场正在用锤子来夯实底部，是较可靠的底部形态，如实验图 5—5 所示。实体可以是阳线，也可以是阴线，一般无上影线或略有一点上影线。通常下影线是实体的 3 倍以上，锤头实体与下影线比例越悬殊，就越有参考价值。在下跌行情中遇到锤头，激进型的投资者可试探性地做多，稳健型的可再观察几天，如股价能放量上升，可跟随做多。

实验图 5—5　锤头

⑤双针探底

双针探底是由带长下影线的两根 K 线组成两个底部，两个底部的时间间隔不能太长，以不超过 20 个交易日为佳，第二个底要比第一个底略高，如实验图 5—6 所示。当第二个底部出现长下影 K 线，第二天股价就开始上升，可跟随做多，成功的概率比较高。

(3)顶部典型的 K 线形态

①穿头破脚

股价经长时间的上涨后，当日 K 线高开低走，收一根长阴线，这根长阴线将前一日或几日的阳线全部覆盖掉，如实验图 5—7 所示。此种 K 线形态属于杀伤力极强的顶部反转形态，随后的下跌空间极大，遇此形态，投资者应坚决杀跌。

②乌云盖顶

乌云盖顶发生的时间和情况与穿头破脚相似，其特征是：在上涨行情中，先出现一根中阳线或大阳线，第二天股价跳空高开，然后高开低走，收出一根中阴线或大阴线，阴线实体深入到前一根阳线实体的 1/2 以下处，像黑云压城似的，如实验图 5—8 所示。这预示着上升行情已到尽头，一轮下跌即将开始。乌云盖顶也属于杀伤力极强的顶部反转形态，遇此形态应坚决出货。

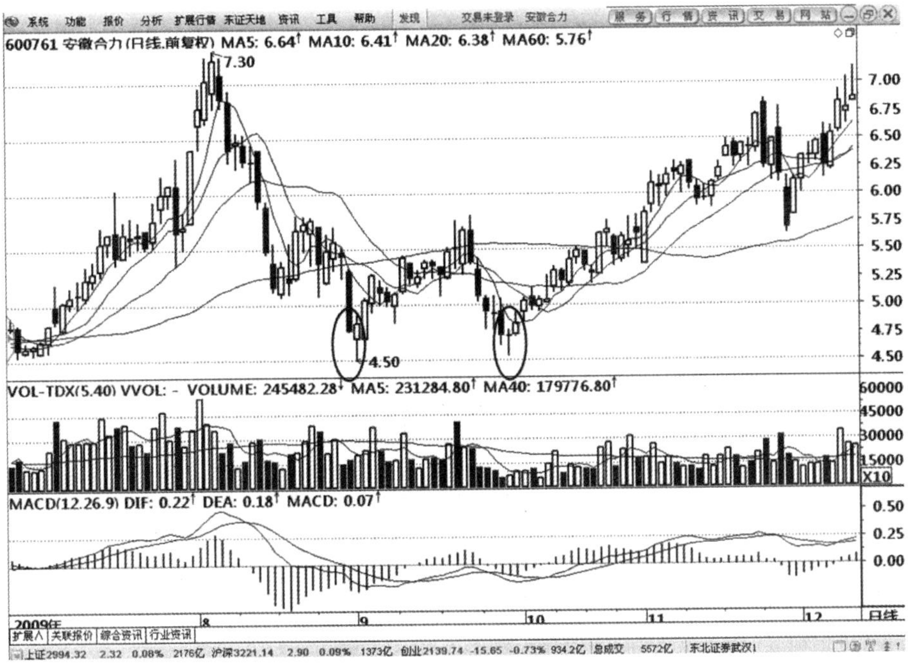

实验图 5—6　双针探底

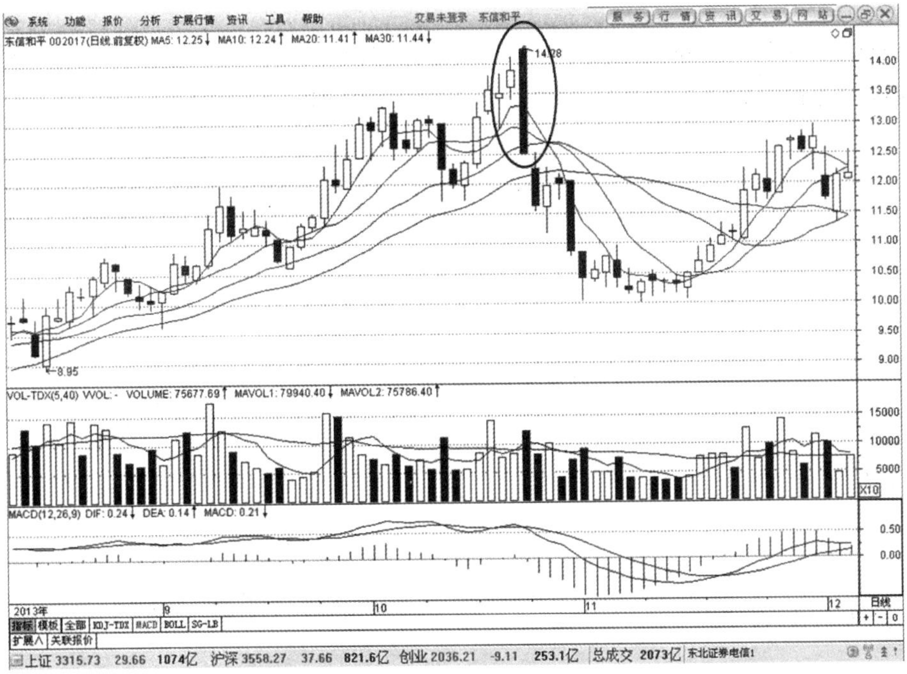

实验图 5—7　穿头破脚

③倾盆大雨

倾盆大雨图形出现在上涨趋势中，由一阳一阴两根 K 线组成，先是一根大阳线或中阳线，接着出现一根低开的大阴线或中阴线，阴线的收盘价已低于前一根阳线的开盘价，如实验图

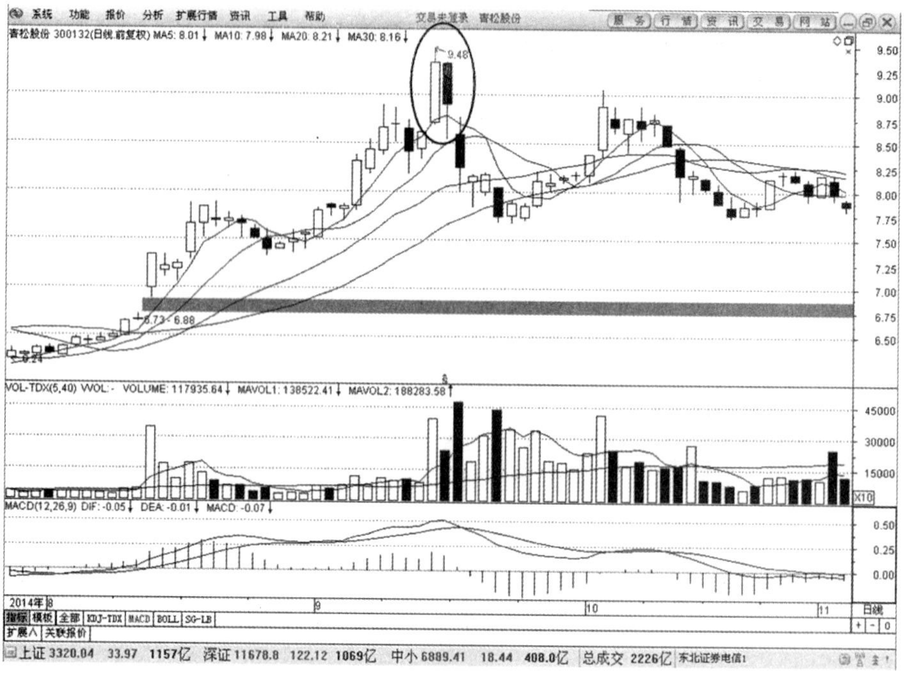

实验图 5—8　乌云盖顶

5—9 所示。这是比较准确的见顶信号，意味着后市看跌。阴线实体低于阳线实体部分越多，转势信号越强。倾盆大雨的见顶信号强于乌云盖顶，仅次于穿头破脚。因此，高位出现倾盆大雨图形应该引起投资者足够的警惕，及时减仓规避风险为上。

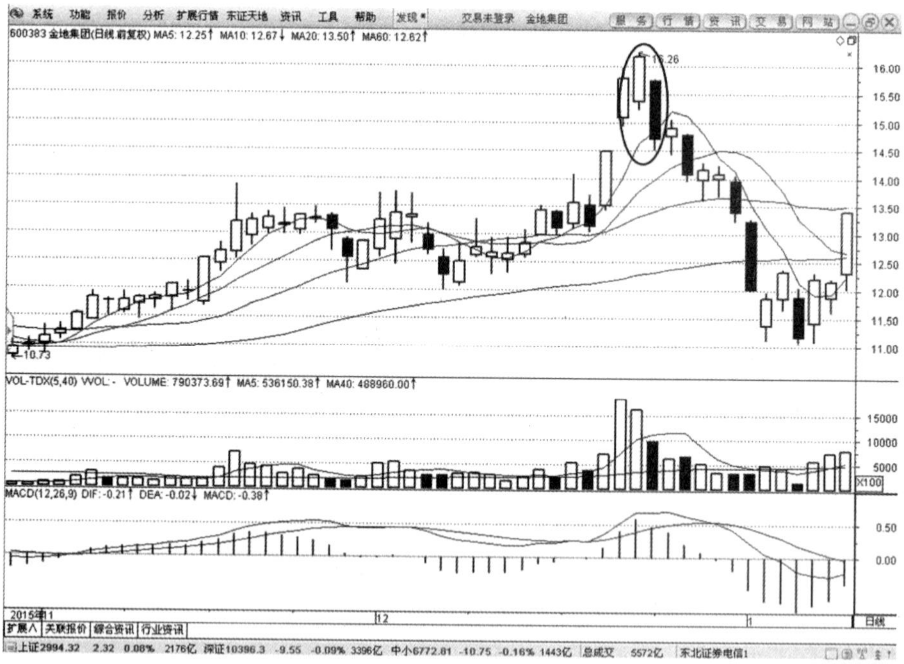

实验图 5—9　倾盆大雨

④上吊线

上吊线又称吊颈。上吊线是下影线较长，实体部分较短，下影线长度是实体 3 倍以上的一种特殊 K 线，对实体收阴收阳没有严格要求。由于其形状酷似树上的吊死鬼，故而得名，如实验图 5—10 所示。上吊线是一种反转形态，这种形态主要发生在一个较长的上升趋势之后。表示主力在高位开始出货，盘中出现长阴，为了达到骗线，主力在尾市将股价拉起，形成长长的下影线，使投资者认为下档有强支撑而纷纷跟进。上吊线出现后的第一根 K 线一般为阴线，并且它的收盘价低于上吊线的收盘价，阴线的长度越长，新一轮跌势开始的概率就越大。如果股价在高位出现上吊线形态，并伴有巨大的成交量，几乎可以断定顶部出现，应当坚决出货。

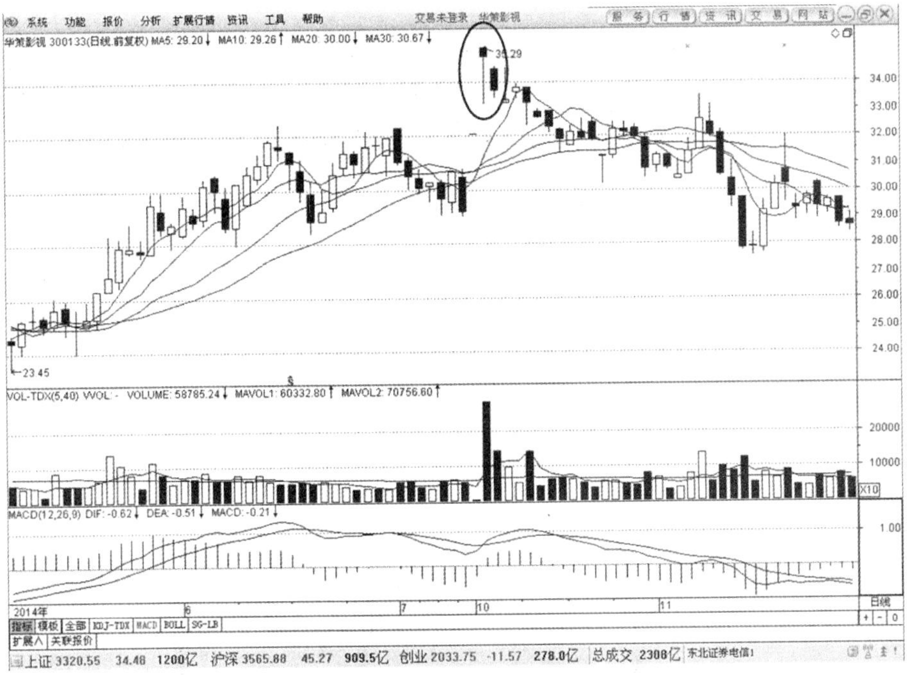

实验图 5—10　上吊线

⑤高开大阴线

股价经过一段时间的大幅上涨，某日突然大幅高开，有时甚至是涨停板，但随后震荡滑落，收出一根大阴线，并伴随着巨大的成交量。这种 K 线我们称之为高开大阴线，如实验图 5—11 所示。高开大阴线具有突然性，未来几天股价往往低价运行，套牢者很难平手出局，没有悔改的机会，短期杀伤力极大，一旦套在头部，短期损失惨重。这种形态是典型的顶部形态，见此图形后，应毫不犹豫地撤离。

⑥天针

天针又称避雷针，在股价经过一波大幅上涨后，某日开盘后连续上攻，涨幅较大，但随后股价开始滑落，留下长长的上影线，如实验图 5—12 所示。此时，如果成交量放大应果断出货，一波下跌将随之开始。

⑦黄昏之星

黄昏之星通常出现在股价连续大幅上涨的顶部，它的出现预示着一轮上涨行情已经结束。黄昏之星是反转形态，有很强的杀伤力。黄昏之星由三根 K 线组成，第一根 K 线是实体较大的阳线；第二根 K 线是一个高开的可带上下影线的小实体(阴、阳均可)；第三根 K 线是实体较

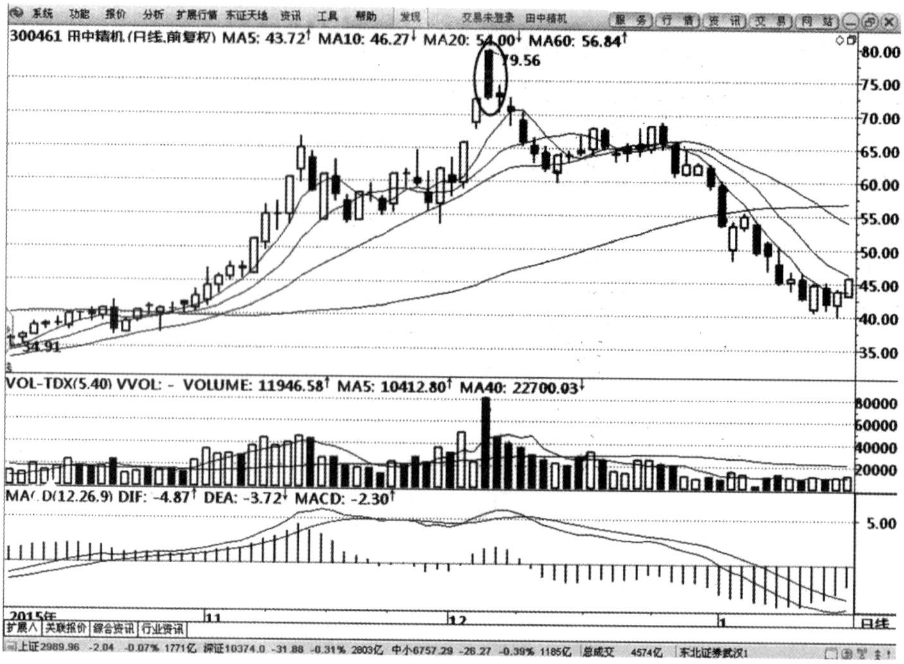

实验图 5—11 高开大阴线

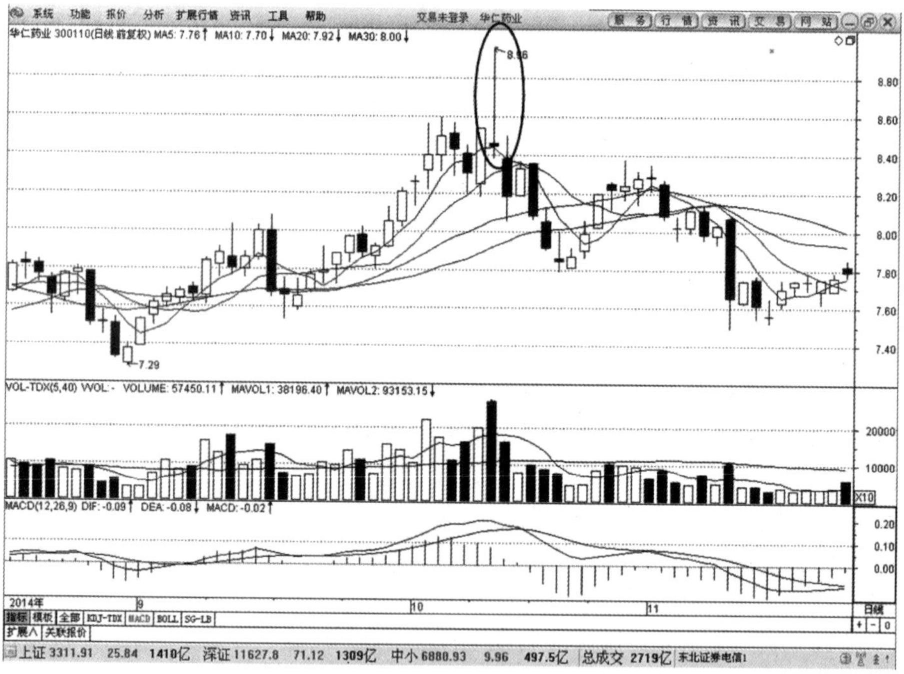

实验图 5—12 天针

大的阴线，阴线实体几乎吞没了第一根阳线实体，如实验图 5—13 所示。如果中间第二根 K 线不是小实体 K 线而是十字星，又称为黄昏十字星，信号强度要高于黄昏之星。

实验图 5—13　黄昏之星

⑧射击之星

射击之星是一个小实体，上面带有一根长上影线，上影线的长度至少是实体长度的 3 倍，如实验图 5—14 所示。之所以叫射击之星，是因为它的形状像枪的准星。有人解释为是拉弓射箭的形状。射击之星常出现在连续上涨后，它的出现预示着转折点将出现。

实验图 5—14　射击之星

(4)上升行情典型的K线形态

①红三兵

红三兵由连续三根阳线组成,收盘价一天比一天高,每一天的收盘价应该是当天的最高价或接近最高价,即三根阳线没有上影线或上影线很短,如实验图5—15所示。红三兵是推动股价上涨的信号,一般来说在股价见底回升或在横盘后出现红三兵,表明多方正在积蓄能量,准备发力上攻。如若在红三兵后,股价上冲时,成交量能同步放大,那么说明该股已有新主力介入,往后继续上涨的可能性极大。因此,投资者见到红三兵,并且成交量同步放大,可以适量介入做多。

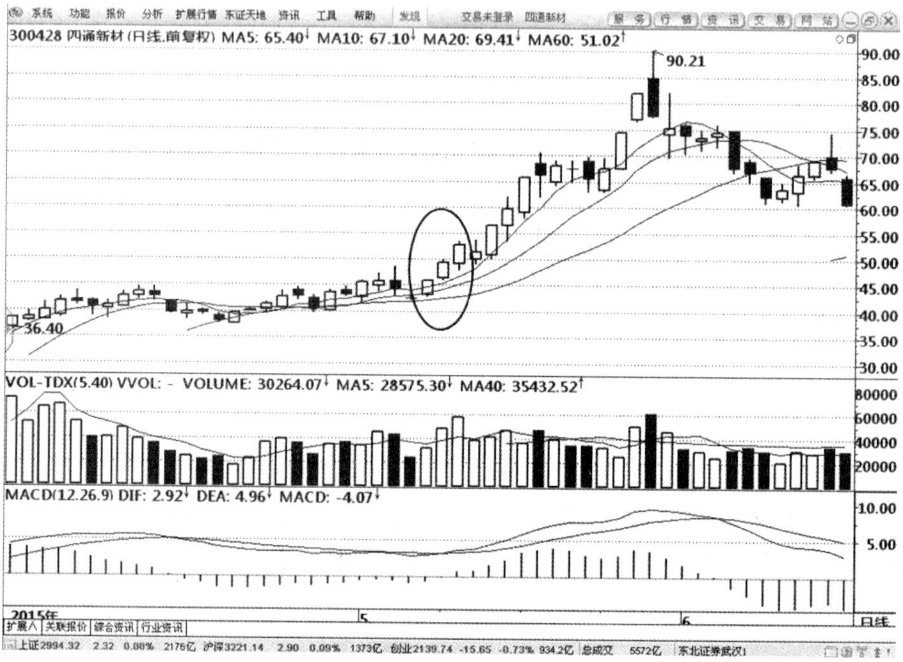

实验图5—15　红三兵

有人把红三兵的一种特殊形态称作三个白武士。三个白武士与红三兵的不同之处是最后一根阳线的上升力度比较大,出现这种形态股价将会呈上升趋势。因此,投资者见到三个白武士后可适量买进。

需要注意的是,当三根阳线涨幅逐渐缩小,其中最后一根阳线的上影线特别长时,其形态称为升势受阻。出现此形态股价将会呈下跌走势。另外,当三根阳线逐渐缩小,特别是第三根阳线实体比前两根小很多时,其形态称为升势停顿。出现这种形态股价也将会呈下跌走势。限于篇幅,不一一列举示例,请投资者在实践中慢慢体会领悟。

②两阳夹一阴

两阳夹一阴由两根较长的阳线和一根较短的阴线组成,阴线夹在阳线之中,后一根阳线的开盘价和收盘价要高于前面一根阳线的开盘价和收盘价,如实验图5—16所示。两阳夹一阴出现的机会比较多。在上涨行情中出现,是股价继续看涨的信号,投资者可以持股待涨;在下跌行情中出现,有可能预示股价暂时止跌,也有可能就此反转上涨。因此,看到两阳夹一阴不要盲目操作,首先需分清是在什么行情下出现的,然后结合其他技术指标综合决定后市的操作策略。

实验图 5—16　两阳夹一阴

③上升三部曲

上升三部曲出现在上涨途中，由五根 K 线组成，第一根是大阳线或中阳线，接着连续出现三根小阴线，但收盘价都没有跌破前面大阳线的开盘价，并且成交量也开始减少，随后出现一根大阳线或中阳线，其收盘价高于第一根大阳线的收盘价，如实验图 5—17 所示。这种图形说

实验图 5—17　上升三部曲

明多方在积蓄力量，伺机上攻。因此，投资者遇到这种图形，不要以为三连阴后股价就会转弱，开始做空，而错过上涨行情。这里需要把握的是，只要三连阴没有跌破前日大阳线的开盘价，就完全不必惊慌离场，可以继续持股待涨。最后一根阳线的收盘价越高，后市继续上涨的力度越大。

(5)下跌行情典型的K线形态

①黑三兵

黑三兵由三根小阴线组成，其收盘价一根比一根低，因为这三根小阴线像三个穿着黑色服装的卫兵在列队，故名为黑三兵，如实验图5—18所示。黑三兵在行情上升时，尤其是股价有了较大涨幅之后出现，暗示行情要转为跌势。在股价下跌过程中出现，股价将继续下跌。但如果在下跌行情后期，当股价已有一波较大跌幅或连续急跌后出现，暗示探底行情短期内即将结束，并有可能转为一轮升势。因此，投资者见到黑三兵后，可根据黑三兵出现时的位置，确定不同的操作策略，也就是说在上涨行情中出现黑三兵，要考虑做空；在大幅下跌后出现黑三兵，可适当考虑做多。

实验图5—18 黑三兵

如果在上升行情中，股价经过大幅上涨，在高位出现三根连续跳高开盘，但却以中大阴线低收的K线，又称为三只乌鸦。在上升行情中出现三只乌鸦，说明上档卖压沉重，多方每次跳高开盘，均被空方无情地打了回去。这是股价暴跌的先兆，是个不祥的信号。因此，投资者见此K线图形应及早离场。

②两阴夹一阳

两阴夹一阳由两根较长的阴线和一根较短的阳线组成，阳线夹在阴线之中，后一根阴线的开盘价和收盘价要低于前一根阴线的开盘价和收盘价，如实验图5—19所示。这种图形比较多见，在下跌趋势和上升趋势中都会出现。在下跌趋势中，尤其是下跌初期出现，表明股价仍会继续下跌；在上升趋势中出现，暗示股价升势已尽，有可能见顶回落。

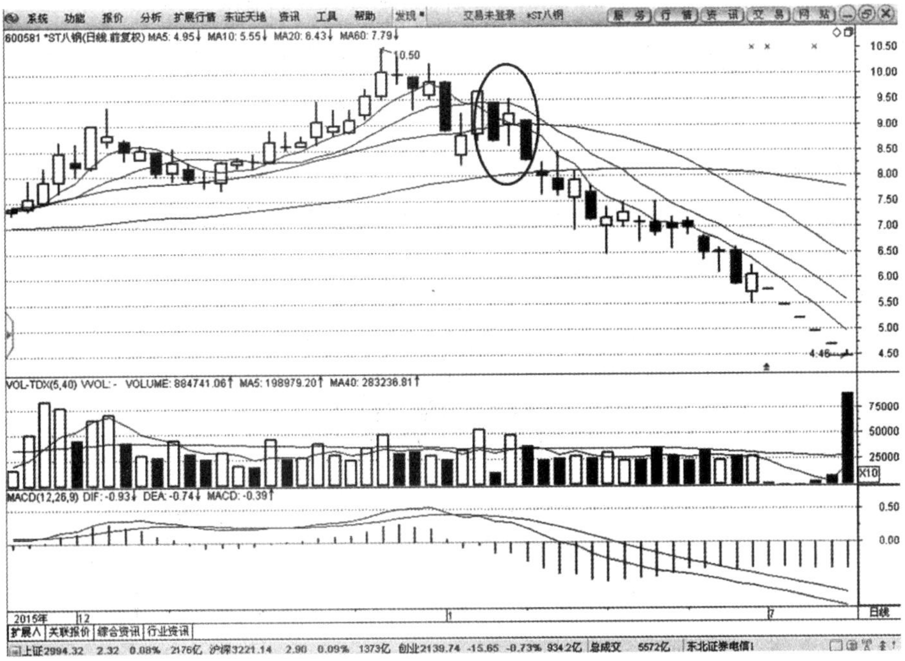

实验图 5－19　两阴夹一阳

③下跌三部曲

下跌三部曲由五根 K 线组成，先出现一根大阴线或中阴线，接着出现三根向上爬升的小阳线，但这三根小阳线的收盘价都没有突破第一根大阴线的开盘价，最后一根大阴线或中阴线又吞没了前面三根小阳线，收盘价低于第一根大阴线的收盘价，如实验图 5－20 所示。下跌三

实验图 5－20　下跌三部曲

部曲在下降趋势中出现，说明多方的力量非常有限，爬升的过程中始终无法有效突破前面大阴线的开盘价，后面又被一根大阴线轻而易举地吞掉更说明多方不堪一击。所以，这是后市看跌的形态，投资者应及时出逃。

2. 趋势的识别及应用

(1)趋势的识别

在通达信行情分析软件上选取任意一只股票，画出趋势线，并用文字标明趋势的方向，如实验图 5—21 所示。

实验图 5—21 趋势线

(2)趋势的应用

①当发现上升趋势形成时，一旦股价回落到上升趋势线附近时，应买入股票，如实验图 5—22 所示。

②当发现下降趋势形成时，一旦股价反弹到下降趋势线附近时，应卖出股票，如实验图 5—23 所示。

③当一个上升趋势运行了一段时间后，若股价从上向下突破了上升趋势线，说明转点已出现，股价可能将改变运行趋势，此时应卖出股票，如实验图 5—24 所示。

④当一个下降趋势运行了一段时间后，若股价从下向上突破了下降趋势线，表示股价的下降趋势已经转变，将可能变成上升趋势或横向运动趋势，此时买股票持股的风险将大大减小，如实验图 5—25 所示。

3. 形态的识别与应用

(1)形态的识别

在通达信行情分析软件上寻找典型股价形态，如双顶、双底、头肩顶、头肩底等，并画出示意图，如实验图 5—26 所示。

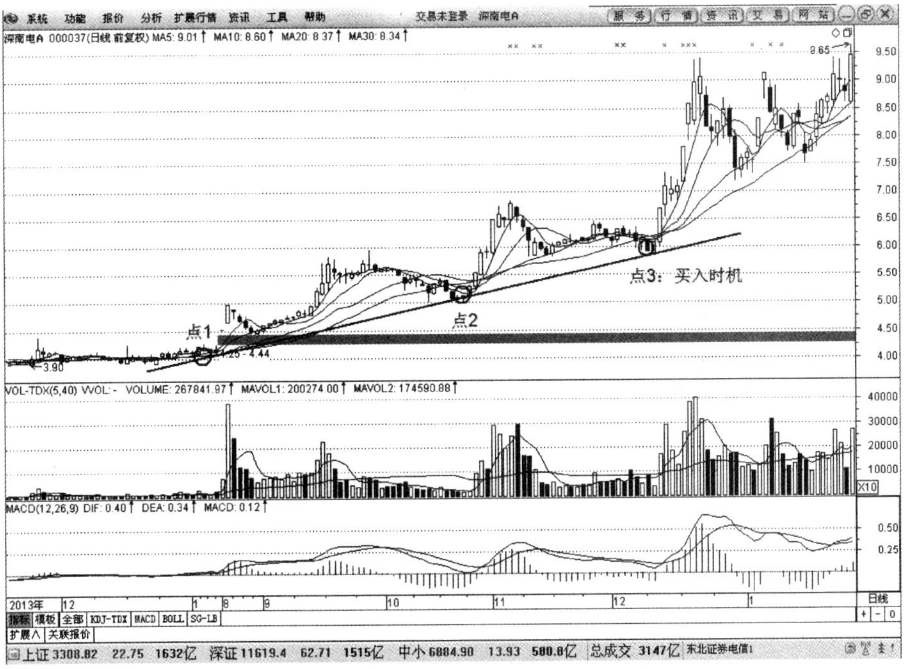

实验图 5—22　趋势线买入时机

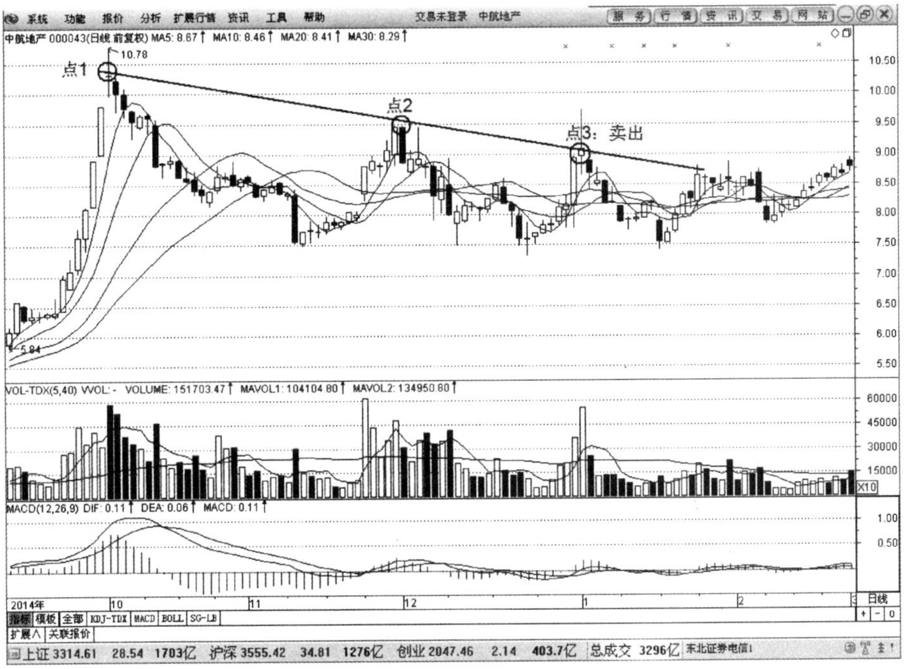

实验图 5—23　趋势线卖出时机

(2)形态理论的应用

当形态成立后，可根据其形态特征，寻找其买卖点，将理论应用到实践中去。例如，实验图 5—27 为双底形态，双底形态向上突破必须要有大的成交量配合，这是形态能否成立的关键。

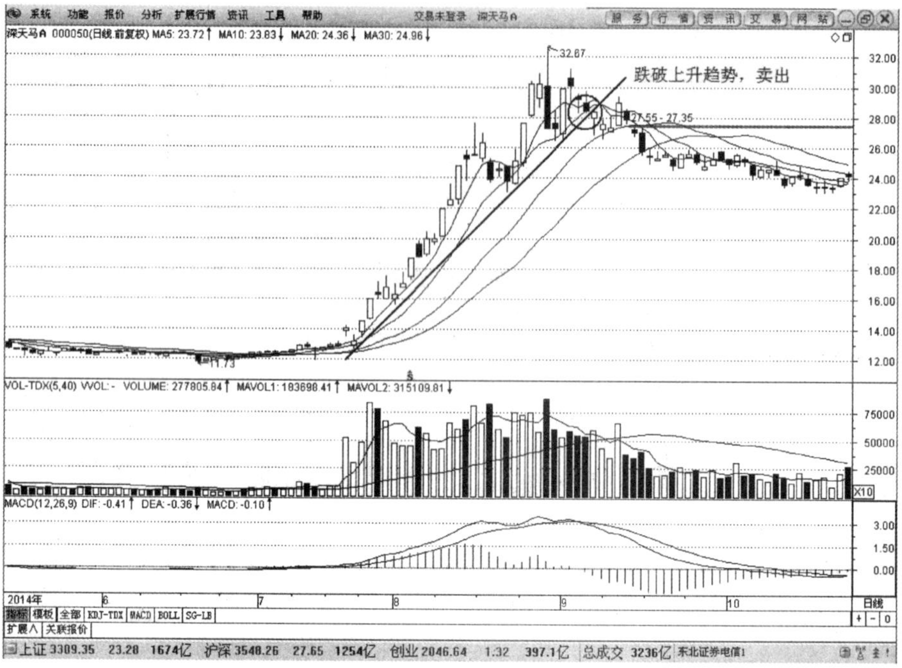

实验图 5—24　跌破上升趋势线卖出

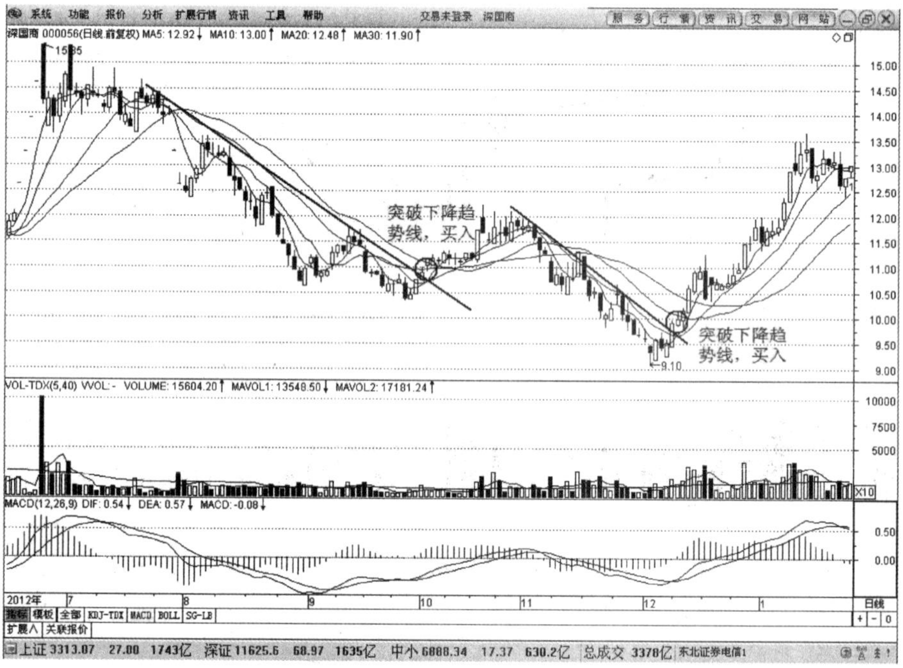

实验图 5—25　突破下降趋势线买入

该股放量突破后股价缩量回抽，在调整到颈线位附近时一根中阳线结束调整，再次确认形态成立，出现绝佳买点。

其他形态应用方法是一样的，请投资者逐一练习掌握要点。

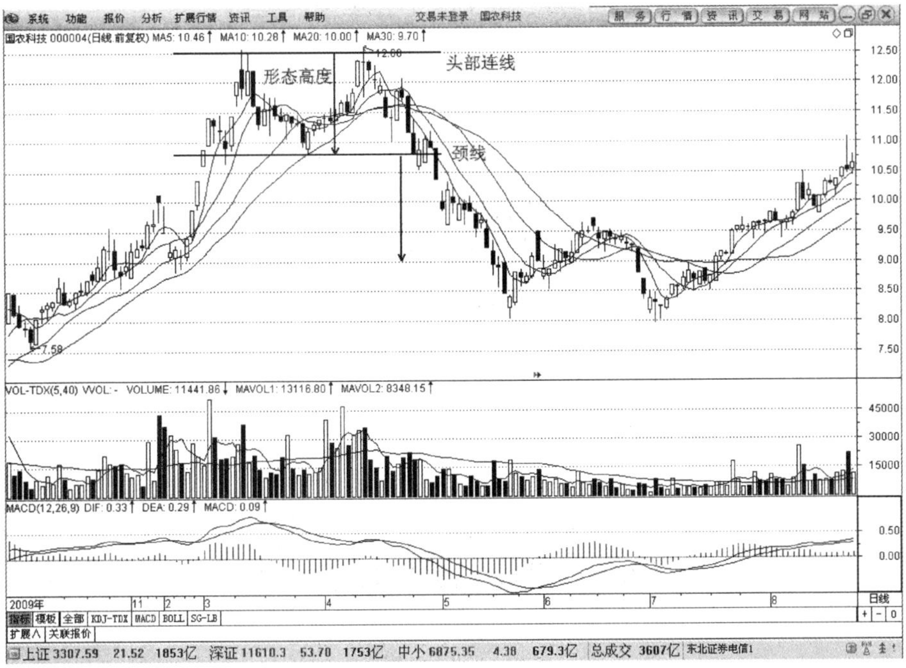

实验图 5—26　双顶

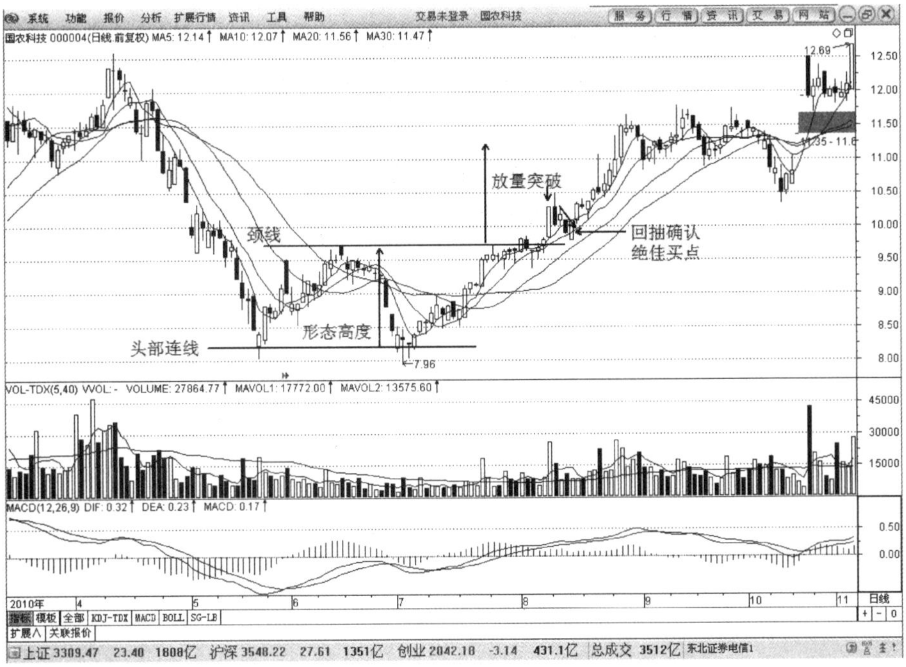

实验图 5—27　双底形态买点

4. 认识波浪理论，了解浪形结构

在通达信行情分析软件上选择任意一只股票，标出浪形结构，并仔细揣摩，如实验图 5—28 所示。

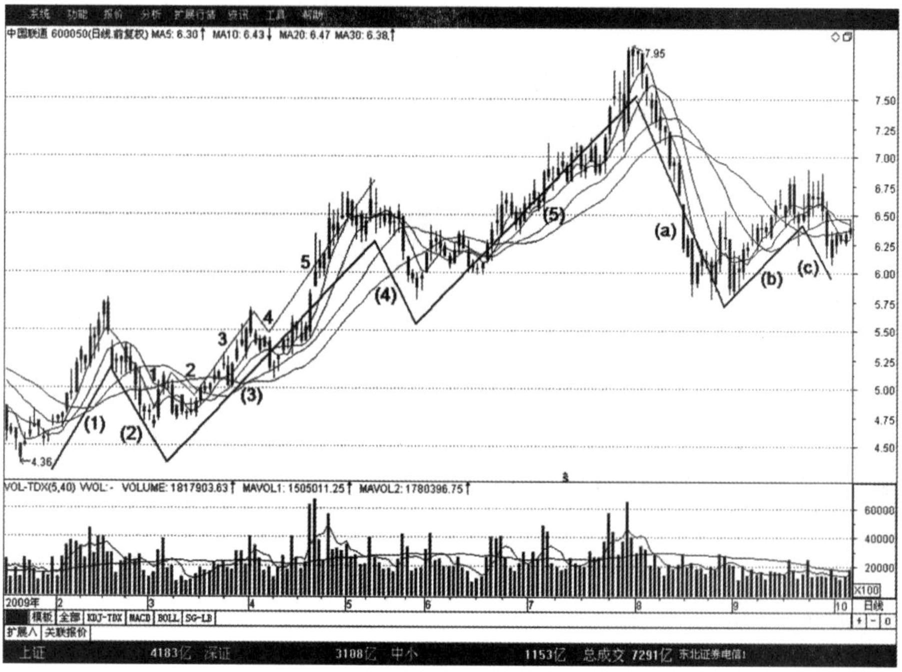

实验图 5—28　浪形结构

◆　思考与练习

1. 选择一只股票,在其 K 线图上用画线工具标示出基本 K 线形态。

2. 寻找 5 种以上典型单根 K 线和 K 线组合,用画线工具将其标示出来,并指出其未来的可能走势。

3. 选择一只股票画出其上升趋势线和下跌趋势线,并指出趋势线的应用方法。

4. 运用形态理论寻找出 5 种以上典型 K 线形态,用画线工具将其标示出来。

第 6 实验单元　证券投资技术分析主要指标

◆　实验目的

(1)了解主要技术指标的基本原理、参数设置方法;

(2)理解单个技术指标的技术形态及其运用方法;

(3)掌握多个技术指标的综合运用方法。

◆　实验工具

通达信、同花顺、大智慧和钱龙等证券行情分析软件。

◆　实验内容

1. 单个技术指标的技术形态及其运用方法

(1)移动平均线

1)单条均线的应用

股票在某一时期经常是以一条重要均线作为支撑而不断上涨的,每一次小的调整都会在该线上企稳,有的人将之称为股票生命线。股票生命线可以是 5 日均线、10 日均线、20 日均线,也可以是 30 日均线、60 日均线等。生命线周期越短,其上涨越陡峭,但持续时间不长,是短期牛股;生命线周期越长,其上涨的斜率越小,但持续时间长,是长线牛股。识别每只股票的生命线,对于掌握该股票的买点和卖点具有重要作用。需要说明的是,不同的股票生命线是不同的,同一股票在不同的时期生命线也可能是不同的。

①5 日均线

由于我国实行每周 5 天交易制,所以 5 日均线在技术分析上就有了重要意义。5 日均线被称为短线运行的保护线,它反应灵敏,是短线投资者最关注的一根均线,可用作短线进出依据。当股价位于 5 日均线上方时,表示最近 5 个交易日买入的投资者基本处于盈利状态;反之,当股价位于 5 日均线下方时,则表示最近 5 个交易日买入的投资者大多处于亏损状态。

当股价向上有效突破 5 日均线时,通常为短线买入信号;当股价向下有效跌破 5 日均线时,通常为短线卖出信号,如实验图 6－1 所示。

由于股价对 5 日均线的突破较为频繁,所以投资者必须事先对个股进行观察,选择调整充分,有启动迹象的个股进行操作。同时,必须结合大盘进行研判,当大盘处于下降趋势或是反

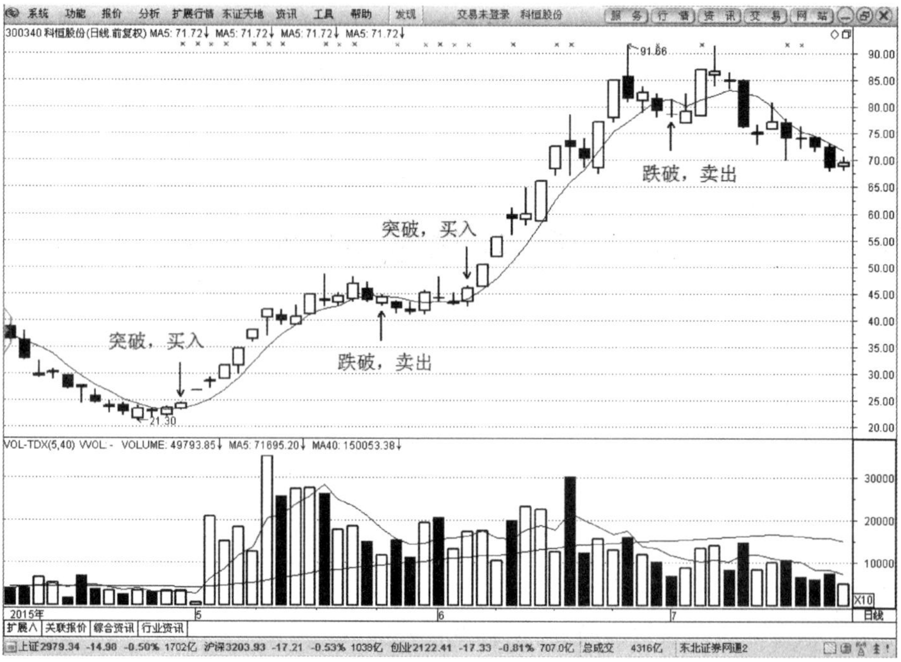

实验图 6－1　5 日均线

复盘整时尽可能放弃操作。

另外，为了提高成功率，我们可以结合 K 线形态来综合研判。如在股价突破 5 日线前后，K 线出现了锤头、曙光初现、旭日东升、早晨之星等典型形态，买入成功的概率就会大大提高。当股价有了一定的涨幅，出现了如穿头破脚、乌云盖顶、倾盆大雨、黄昏之星、射击之星、高开大阴线、上吊线等典型形态，并伴随着巨大的成交量，这时我们就不必等待股价跌破 5 日均线再卖出，可以应用典型 K 线形态卖出，灵活进行操作，如实验图 6－2 所示。

②10 日均线

由于 5 日均线起伏较大，在震荡行情中很难把握，因此很多投资者会选择 10 日均线作为自己的短线操作工具，因为它不仅能正确地反映短期内股价平均成本的变动趋势，而且稳定性相对更高一些，使投资者不至于踏空或是被严重套牢。

10 日均线是短线波段的生命线，也就是短期内多空双方力量强弱的分界线。当股价位于 10 日均线上方运行时，说明多方力量强于空方力量，市场属于强势，股价短期内以上涨为主；反之，当股价位于 10 日均线下方运行时，说明空方力量强于多方力量，市场属于弱势，股价短期内以下跌为主。

在低价区域，股价由下向上有效突破 10 日均线，表示上涨趋势确立，是买入信号。如果此时 10 均线走平或略有上翘，则信号意义更强。在高价区域，股价由上向下有效跌破 10 日均线，表示下跌趋势确立，是卖出信号。此时如果 10 日均线走平或略有下降，则信号意义更强，如实验图 6－3 所示。在下跌行情中，股价向上突破 10 日均线，有可能仅仅是反弹，轻易不要进行操作，必须结合其他分析方法综合研判，如结合典型 K 线、MACD 背离等。

③20 日均线

在实战操作中，均线周期太短不容易反映大势，而均线周期过长又不利于中短线买卖，因此，更能反映股价和股指中期趋势的 20 日均线具有广泛的适用性，受到机构投资者和中线投

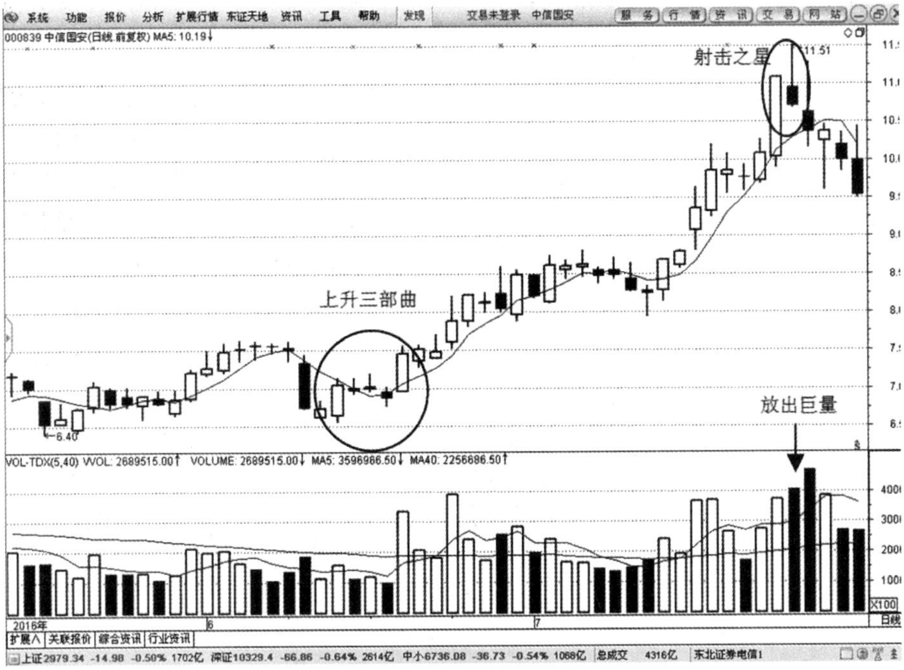

实验图 6－2　5 日均线＋典型 K 线

实验图 6－3　10 日均线

资者的高度重视，人们将其称为“万能均线”。20 日均线基本就是月线，代表一个月投资者的平均成本，是中期趋势的分界线。大盘和个股的主升浪多数是从 20 日均线由走平转为向上拐头并且股价站稳 20 日均线开始的，其预测底部的准确性较高，可以过滤掉很多反复盘整的信号，更容易把握较大的趋势，而当20日均线由走平转为向下拐头并且股价有效跌破20日均线，基本宣告一轮中线行情的结束。

实战操作时，如果20日均线在低位向下运行，当其拐头向上时，往往意味着股价将进入中线上升行情，投资者可以适量买入；如果20日均线在高位向上运行，当其拐头向下时，通常表示股价将进入中线调整或下降行情，投资者应当卖出股票。实验图6—4是2016年1月19日—7月29日上证指数20日均线的走势。从图中可以看出，如果按照20日均线拐点信号进行操作，完全可以做到既能把握住市场机会，又不会被套住而承担市场风险。

实验图6—4　20日均线

在上升趋势中，股价如果缩量回调至20日均线附近得到支撑，然后企稳回升，则表明中期趋势还是向上的，是买入信号，如实验图6—5所示。

在下降趋势中，股价如果涨到20日均线附近遇到阻力，然后回落，则表示中期趋势仍是向下的，是卖出信号，如实验图6—6所示。

④30日均线

30日均线是大盘或者个股中线行情的生命线，是波段的强弱分水岭，具体操作与20日均线基本相同。例如，将其向上或向下的拐点作为买卖信号，线上股价回调获得支撑买入，线下反弹遇到阻力卖出，限于篇幅不再一一示例。

2)多条均线的应用

由于单条均线应用时假信号比较多，为了提高移动平均线的应用效果和增加可信度，在分析时应当选择2条、3条甚至更多的移动平均线，将其组合起来使用。

①多头排列

多头排列是短期、中期和长期均线自上而下按顺序排列，且同时向右上方运行，如实验图6—7所示。短期、中期和长期是个相对的概念，这里我们选用斐波那契神奇数字中的13日、34日和55日线作为短期、中期和长期均线。

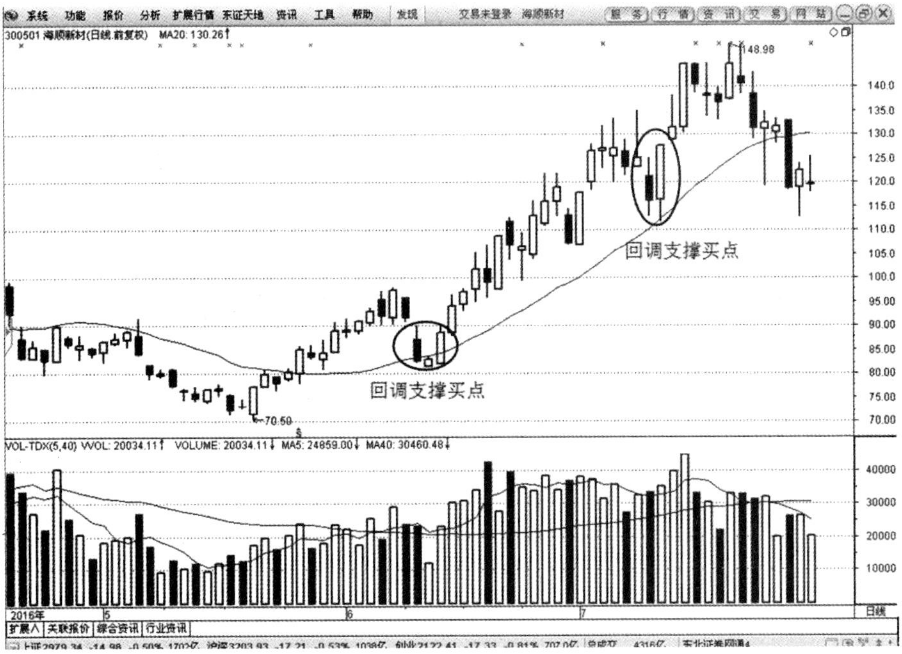

实验图 6—5　20 日均线回调支撑买点

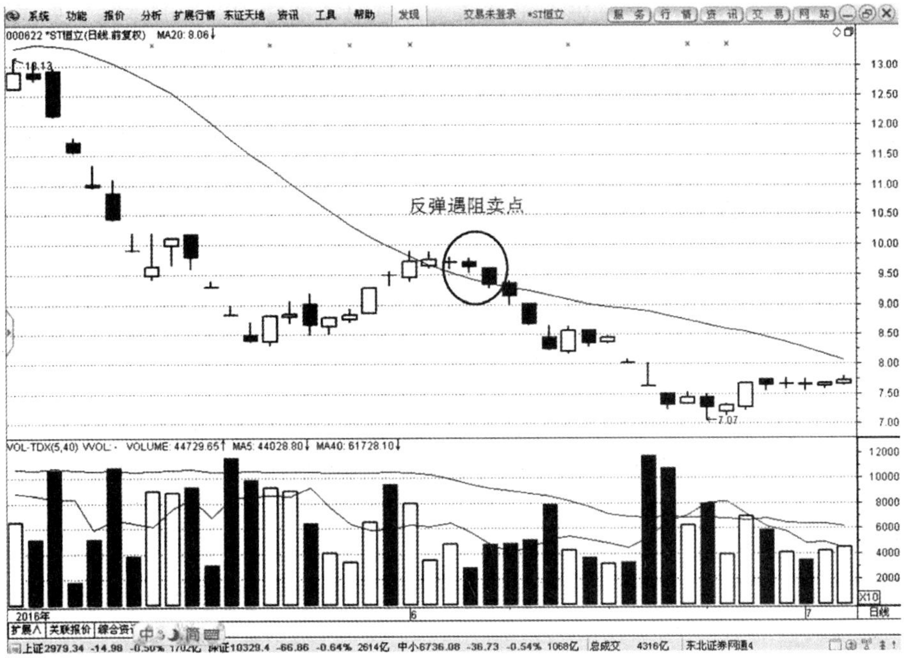

实验图 6—6　20 日均线反弹遇阻卖点

当均线多头排列刚刚开始形成时，通常是中线进场的机会，投资者可以在前期和中期积极做多，特别是多头排列刚形成的首个交易日是最佳的介入时机。

均线多头排列时，股价往往会处于短期均线之上运行，如果股价回落，并在某条均线附近获得支撑再度上涨，投资者仍可适量买入。

实验图 6—7　多头排列

均线的多头排列只有在相对低位或上涨途中出现时才能作为做多的依据。如果股价处于相对高位或上涨末期，那么即使多头排列形态再完美也不适合介入。

在熊市行情中，大盘长期处于弱势，此时个股的 20 日均线、30 日均线和 60 日均线处于空头排列状态，那么即使其 5 日均线、10 日均线和 20 日均线呈现多头排列，投资者也只能谨慎看多做多。

多头排列时均线的角度以 45°左右为好。如果均线过于陡峭，说明股价涨得太快，难以持久；如果均线过于平缓，则说明上升趋势过于虚弱，不太可靠。

一般而言，利用均线的多头排列来选择可以介入的股票是比较可靠的，但这需要投资者具有一定的实践经验，而且要在经过长期的观察和实践后设定出固定的周期。

②空头排列

空头排列是长期、中期和短期均线自上而下按顺序排列，且同时向右下方运行，如实验图 6—8 所示。投资者看到此形态应该以持币为主，在空头排列的开始阶段通常是中线离场的机会。

当均线呈空头排列时，投资者可以在前期和中期积极做空，尤其是空头排列刚形成的首个交易日，是最佳的卖出时机。

均线空头排列时，股价大多会在短期均线之下运行，如果股价反弹，并在某条均线附近遇到阻力再度下跌，持股者应果断卖出。

在牛市行情中，大盘长期处于强势，此时个股的 20 日均线、30 日均线和 60 日均线处于多头排列状态，那么即使其 5 日均线、10 日均线和 20 日均线呈现空头排列，投资者也不能盲目看空。

均线空头排列时，三条均线的倾斜角度越是接近 45°，未来股价下跌的力度和幅度也会越大。

与多头排列行情有所不同的是，无论股价处于高位还是低位，只要均线的空头排列状态还没有彻底改变，投资者就应该继续看空。

实验图 6—8　空头排列

③黄金交叉

黄金交叉是指周期较短的均线由下而上穿过周期较长的均线，而且这两条均线的方向都是向上的，如实验图 6—9 所示。均线金叉代表阻力线被向上突破，表示股价将继续上涨，通常是买入信号。

实验图 6—9　黄金交叉

均线出现金叉形态时，投资者可以在金叉形成的当天果断买入。如果在均线形成金叉的同时，MACD 指标中的 DIF 线与 DEA 线也形成金叉，那么买入信号更为可靠。

两条长期均线发生金叉时，如果股价在交叉点上方附近，那么投资者可以适量买入；如果股价远离均线，那么投资者不宜买入。

均线形成金叉时，周期较长的均线应该是走平或向上的。如果该均线方向向下，则是一个虚假的金叉，不能视为买入信号。

当短期均线形成金叉时，如果长期均线处于上升趋势中，那么这次金叉无论对短线投资者还是中长线投资者来说都是一次买入的机会。

当短期均线形成金叉时，如果长期均线处于下降趋势中，那么这次金叉有可能只是一次短线的反弹机会，中长线投资者应谨慎介入。

两条交叉的均线的上倾角度越大，周期越长，看涨信号越强烈。

在盘整行情中，股价围绕均线上下波动，短期均线也会频繁穿越中长期均线，所以这种行情中的均线金叉没有参考意义。

如果周 K 线图或月 K 线图上的均线出现金叉，中长期投资者可以考虑买进。

④死亡交叉

死亡交叉是指周期较短的均线由上而下跌破周期较长的均线，而且这两条均线的方向都是向下的，如实验图 6—10 所示。均线死叉代表支撑线被向下突破，表示股价将继续下跌，通常是卖出信号。

实验图 6—10　死亡交叉

均线出现死叉形态时，投资者应该在死叉形成的当天果断卖出。

两条周期较长的均线发生死叉时，如果股价在交叉点下方附近，那么投资者可以继续做空；如果股价位于均线下方较远的位置，那么股价有可能出现反弹，持股者不宜马上清仓，可以等反弹出现后再择高卖出。

均线形成死叉时,周期较长的均线应该是走平或向下的。如果该均线方向向上,则是一个虚假的死叉,不能视为卖出信号。

当短期均线形成死叉时,如果长期均线处于下降趋势中,那么这次死叉无论对短线投资者还是中长线投资者来说都是一次卖出的机会。

当短期均线形成死叉时,如果长期均线处于上升趋势中,那么这次死叉有可能只是一次短线的回档行情,中长线投资者可坚持持股。

两条交叉的均线的下倾角度越大,周期越长,看跌信号越强烈。

如果周 K 线图或月 K 线图上的均线出现死叉,中长期投资者应该清仓出局。

⑤均线粘合向上发散

均线粘合向上发散分为首次粘合向上发散和再次粘合向上发散。首次粘合向上发散一般出现在股价经过大跌后的底部盘整期或是上涨后的横盘整理阶段,形态特征是短期、中期和长期均线经过长时间粘合后同时以喷射状向上发散。再次粘合向上发散通常出现在股价已经上涨了一段时间之后,且均线之前必须至少出现过一次向上发散,如实验图 6—11 所示。这里的"再次"一般是两次,也可以是三次或者四次,次数越多,发散的力度越弱,上涨的空间越小。

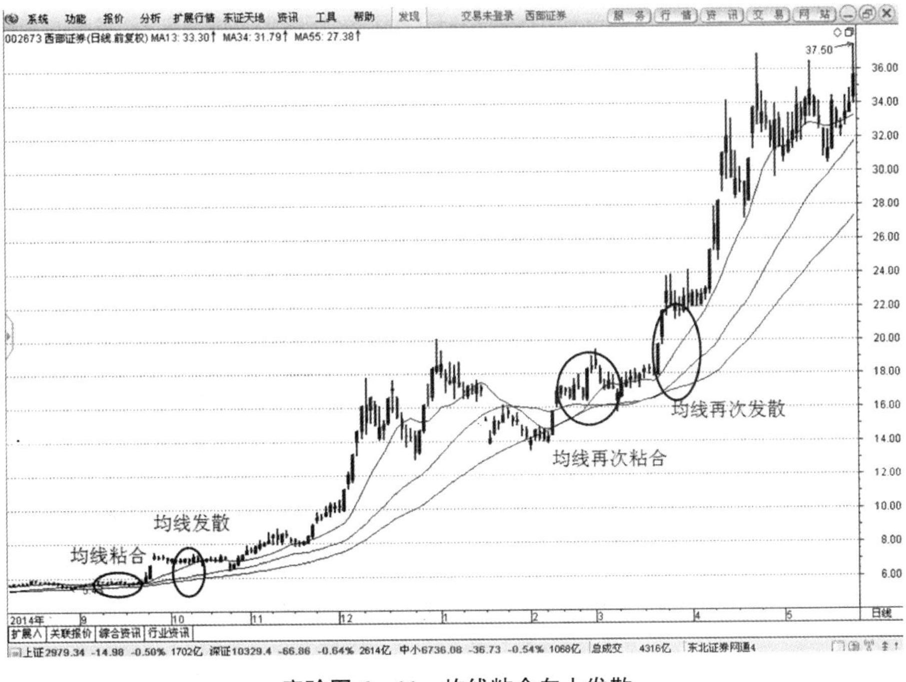

实验图 6—11　均线粘合向上发散

当股价经过长期下跌,处于低价位区间时,均线粘合在一起,说明股价出现了止跌现象,持股者不宜再卖出股票。

均线结束粘合后,开始向上翘头,且逐渐呈现发散状态,意味着股价将出现一波上涨行情,投资者可以适量买入。介入时机的掌握非常重要,通常在向上发散初期时介入风险较小,越往后买入的风险越大。

在上涨途中的横盘整理过程中出现均线粘合,之后股价继续上涨的概率较大,投资者可持股观望。

在均线粘合状态下，均线会频繁地发出金叉和死叉信号，这些信号不具有参考意义。

均线呈现发散状态时，如果短期均线远高于长期均线，便会有靠拢的意愿，此时股价往往会有短期回档风险。

在均线向上发散时，需要得到成交量的支撑，否则均线系统刚发散又会重新粘合，股价上涨也就成了昙花一现的反弹走势。

出现均线粘合向上发散的股票，均线粘合的时间越长，未来上涨的空间越大。

如果某只个股的周K线图或月K线图上出现了均线粘合向上发散走势，则该股往往会成为下一轮行情的大牛股。

⑥均线粘合向下发散

与均线粘合向上发散一样，均线粘合向下发散也分为首次粘合向下发散和再次粘合向下发散两种情况。首次粘合向下发散一般出现在高位盘整末期，形态特征为短期、中期和长期均线经过长时间粘合后同时以瀑布状向下发散；再次粘合向下发散则一般出现在下跌途中，且均线之前必须至少经过一次向下发散，如实验图6－12所示。

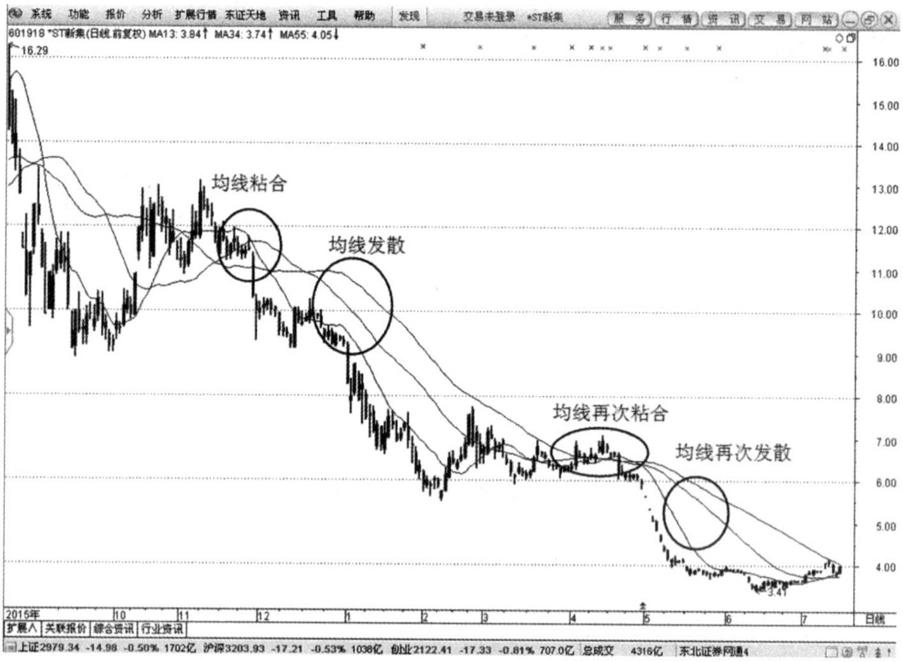

实验图6－12 均线粘合向下发散

当股价经过长期上涨，进入高价位区间时，均线粘合在一起，说明股价出现了滞涨现象，持股者应考虑实施减仓操作。

均线结束粘合后，开始向下移动，且逐渐呈现发散状态，意味着股价将出现一波下跌行情，投资者应果断卖出，不要犹豫。

在下跌途中的横盘整理过程中，出现均线粘合，之后股价继续下跌的概率较大，投资者最好持币观望。

在均线粘合向下发散的过程中，成交量一般是逐渐萎缩的。但如果在向下发散的那一刻，成交量突然放大，则后市更为不妙。

均线呈现发散状态时，如果短期均线远低于长期均线，便会有靠拢的意愿，此时股价往往会出现短期反弹。

出现均线粘合向下发散的股票，均线粘合的时间越长，向下发散的力度就越大。

如果某只个股的周 K 线图或月 K 线图上出现了均线粘合向下发散走势，那么下跌的空间会非常大，投资者应及时离场。

(2)MACD

①底背离

很多股票经过一段时间的下跌，MACD 会出现底背离，即股价创出新低，而 MACD 没有创出新低。MACD 底背离是非常好的买入机会，成功率很高。有些股票背离的时间会很长，会出现二次甚至三次背离，但一般不会超过三次，出现背离的次数越多，后期上涨的力度越大，抄底成功的概率越高，如实验图 6—13 所示。当 MACD 出现底背离，应耐心等待股价放量站上 5 日线，5 日线走平，沿 5 日线买入。

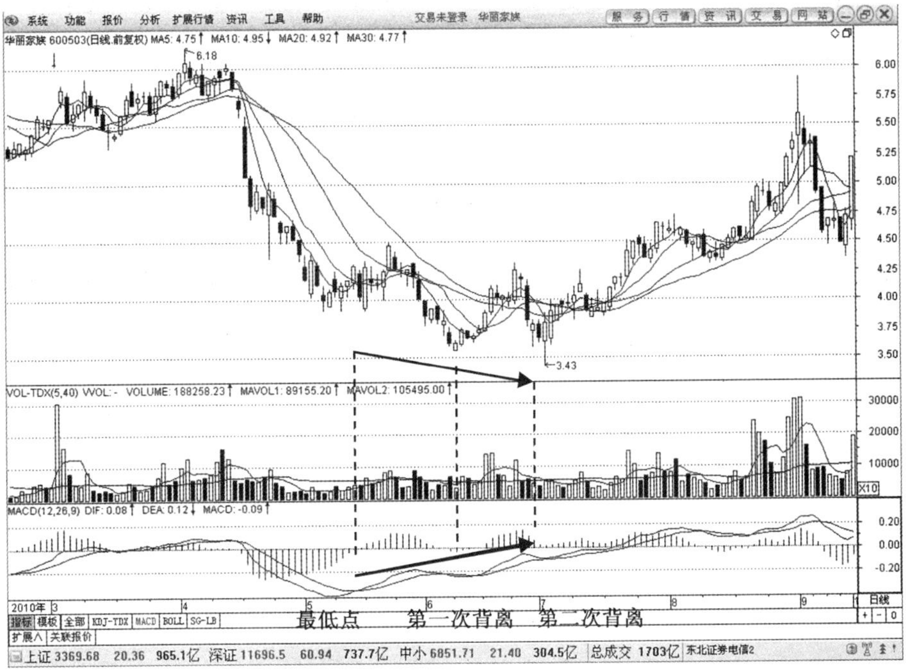

实验图 6—13　MACD 底背离

②顶背离

股价上涨，MACD 在上升，可放心持股。如果股价上涨，MACD 在下降，两者运动方向背离，须卖出股票。特别是在二次或者三次背离后必须卖出股票，如实验图 6—14 所示。

(3)BIAS 与均线的综合运用

BIAS 是依附在均线上的指标，没有均线，就没有乖离率(BIAS)。所以，BIAS 指标应该同均线结合起来使用，这样能极大地降低错误概率，效果会更好。

①BIAS 指标线穿越 0 轴

在 BIAS 与均线综合应用时，可以将 BIAS 的参数均设为 12，将均线的参数也设为 12，这样操作起来非常醒目直观，也可以结合个股情况进行设定。

当 BIAS 指标线从下向上穿越 0 轴时，股价也上穿了均线，此时为买入信号，如实验图 6—15 所示。在应用时还要注意一点，就是 12 日均线应当至少走平，向上最好，如果均线方向

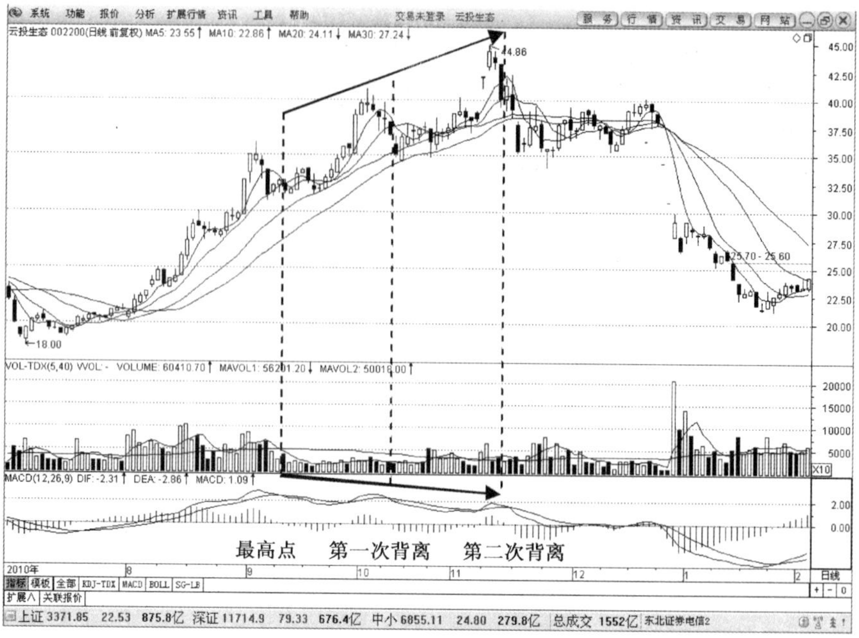

实验图 6—14　MACD 顶背离

向下则此方法错误率较高。当 BIAS 指标线从上向下穿越 0 轴时，股价也下穿了均线，此时为卖出信号。

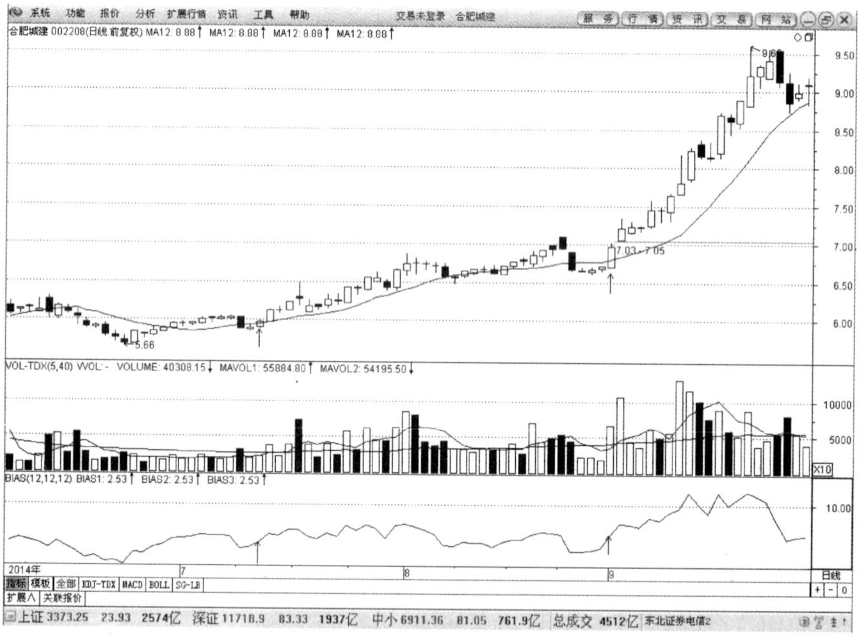

实验图 6—15　均线与 BIAS

②BIAS 指标线在 0 轴处获得支撑

BIAS 为正值，股价从均线上方回落到均线附近获得支撑重新上涨，而 BIAS 指标线也在接近 0 轴位置反弹向上，则是买入信号，如实验图 6—16 所示。BIAS 为负值，股价从均线下方反弹到均线附近遇到阻力重新下跌，而 BIAS 指标线也在接近 0 轴位置向下回落，则是卖出信号。

实验图 6—16　均线与 BIAS

③BIAS 指标的超买超卖

当股价在均线下方运行时，股价突然暴跌并远离均线，此时负的乖离率突然增大，当其降至某一百分比时，表现为短期超卖，为买进时机。当股价在均线上方运行时，股价连续数日大涨并远离均线，此时正的乖离率不断增大，当其涨至某一百分比时，表现为短期超买，为卖出时机。通常情况下，当 6 日 BIAS 到了 5%，就会出现回调；而 12 日 BIAS 必须达到 7%，24 日 BIAS 必须超过 9%，才能认为可能回调。但不同的个股情况又会有所不同，需要在实践中分析摸索。

从实验图 6—17 可以看到，000001 平安银行 2014 年 12 月 8 日 BIAS 6 日、12 日、24 日值分别高达 11.26、22.12、30.34，超买迹象明显，调整在所难免，适当减仓规避风险则为明智之举。

从实验图 6—18 可以看到，000048 康达尔 2013 年 6 月 25 日 BIAS6 日、12 日、24 日值分别达到－10.74、－14.6、－15.99，超卖迹象明显，反弹可能一触即发，短线投资者可以适量参与建仓，争抢反弹。

2. 多个技术指标的综合运用

(1)KDJ 与均线、K 线综合运用

KDJ 是炒股短线指标中最灵敏的指标，准确度也较高。从对短线高点和低点的预测角度讲，KDJ 准确度要高于 MACD 指标，在震荡市中尤其有效。但在对中线走势的研判上，特别是单边市中，KDJ 因过度灵敏而弱于 MACD 指标。

①股价回调到均线处，J 值为负

20 日、30 日、60 日均线多头排列，30 日、60 均线上升态势不变(不考虑 10 日、20 日线形

实验图 6－17 BIAS 超买

实验图 6－18 BIAS 超卖

态)，股价回调到 30 日或 60 日均线附近，同时 KDJ 指标的 J 值为负数，则预示着股价可能会止跌反弹，当 KDJ 之 J 线勾头向上，并出现典型 K 线时，说明行情重新启动，投资者可追涨买入，如实验图 6－19 所示。

实验图 6－19　KDJ 与均线

②周 KDJ 与标志性 K 线综合运用

当周 KDJ 之 J 值由负值转为正值，与此同时，如果出现典型底部 K 线形态，如标志性大阳线、锤头等，是较好的买入机会，特别是股价完成 N 字形转向之后出现的周 KDJ 加底部标志性 K 线。具体买入点位要结合日 K 线确定，如实验图 6－20 所示。

(2)均线与标志性 K 线综合运用

当目标股 5 日、10 日、30 日、60 日这 4 条中短期均线距离较近，纠缠在一起，此时出现一根标志性的大阳线，并且这根标志性阳线穿过 4 条均线，当日收盘价站在 4 条均线之上，如实验图 6－21 所示。一般情况下，出现这种走势都会有一波不错的涨幅。而通过把标志性 K 线和均线结合起来操盘，能大大增加预测股价走势的准确性。

(3)均线、MACD、KDJ 的综合运用

在实践中人们发现使用单一的技术指标来判断个股走势经常会出现差错，准确率不够高；当使用多个技术指标进行分析，多个指标同时发出进场信号时，成功的准确率会大大提高。下面介绍均线、MACD、KDJ 的综合运用方法。

当在 1～3 交易日内，KDJ 低位金叉、MACD 金叉、5 日和 10 日均线金叉同时出现，股票大涨的概率非常大，投资者应果断买入。这也就是人们常说的“多指标共振”。

如实验图 6－22 所示，300059 东方财富两次出现三金叉，而每一次出现都伴随着较大的涨幅，当这种指标共振发生时，应积极做多。

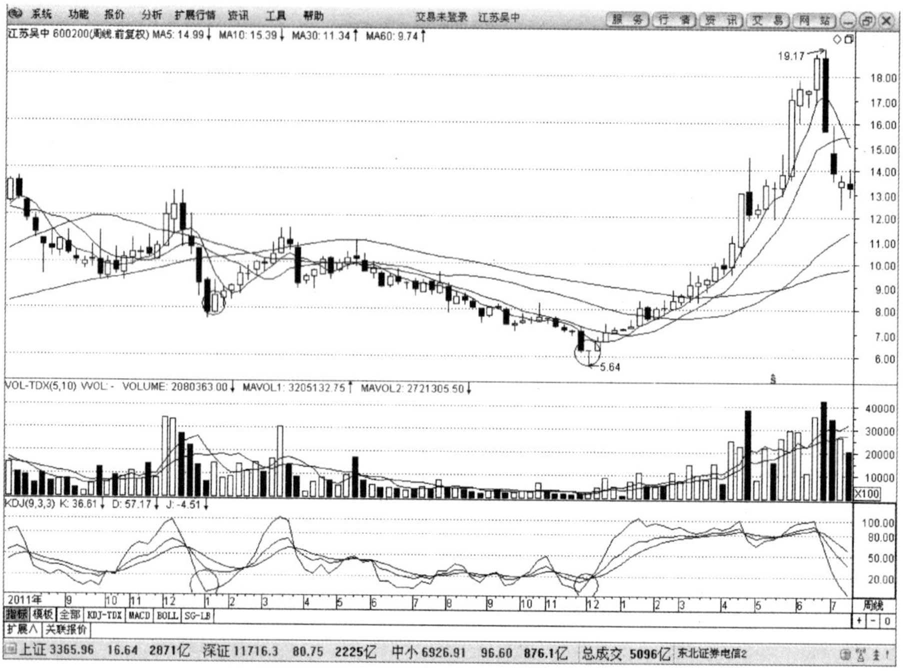

实验图 6—20 周 KDJ 与标志性 K 线

实验图 6—21 均线与标志性 K 线

实验图 6—22　三金叉

◆　**思考与练习**

1. 选择自己喜欢的三种技术指标，在图上标示出其买卖点。

2. 任意选择两种或以上技术指标，在图上标示出其买卖点。

3. 任意选择一种或几种技术指标，选出当前市场上 2 只出现买点和卖点的股票，并说明理由。

参考文献

[1]中国证券业协会.金融市场基础知识.成都:西南财经大学出版社,2015.

[2]中国证券业协会.证券市场基本法律法规.成都:西南财经大学出版社,2015.

[3]吴晓求.证券投资学(第5版).北京:中国人民大学出版社,2020.

[4]李英,姜司原.证券投资学(第3版).北京:中国人民大学出版社,2020.

[5]余学斌.证券投资学(第3版).北京:科学出版社,2020.

[6]邢天才,王玉霞.证券投资学(第4版).沈阳:东北财经大学出版社,2017.

[7]胡金焱.证券投资学(第3版).北京:高等教育出版社,2017.

[8]葛红玲.证券投资学(第2版).北京:机械工业出版社,2013.

[9]韩复龄.证券投资学(第4版).北京:首都经贸大学出版社,2018.

[10]胡昌生,熊和平,蔡基栋.证券投资学(第3版).武汉:武汉大学出版社,2018.

[11]陈文汉.证券投资学.北京:中国人民大学出版社,2013.

[12]刘元春.证券投资学——理论·实验一体化教程.上海:上海财经大学出版社,2017.

[13]徐强.金融(证券)投资学实验教程.南京:东南大学出版社,2019.

[14]吴朝霞.证券投资学实验指导.湘潭:湘潭大学出版社,2014.

[15]王朝晖,熊乐星,孙伍琴.证券投资学实验教程.北京:人民邮电出版社,2014.

[16]白青山.民间股神(第7集).深圳:海天出版社,2011.

[17]冯矿伟.双龙战法.北京:地震出版社,2013.

[18]徐小明.盘口.北京:地震出版社,2012.

[19]证券业从业人员资格认证考试命题研究组.证券市场基础知识——证券业从业人员资格考试真题汇编详解与权威预测试卷.成都:西南财经大学出版社,2014.

[20]证券业从业人员资格认证考试命题研究组.证券发行与承销——证券业从业人员资格考试真题汇编详解与权威预测试卷.成都:西南财经大学出版社,2014.

[21]证券业从业人员资格认证考试命题研究组.证券交易——证券业从业人员资格考试真题汇编详解与权威预测试卷.成都:西南财经大学出版社,2014.

[22]证券业从业人员资格认证考试命题研究组.证券投资分析——证券业从业人员资格考试真题汇编详解与权威预测试卷.成都:西南财经大学出版社,2014.

[23]证券业从业人员资格认证考试命题研究组.证券投资基金——证券业从业人员资格考试真题汇编详解与权威预测试卷.成都:西南财经大学出版社,2014.

[24]证券从业资格考试辅导教材编写组.《金融市场基础知识》模拟试卷.北京:中国财政经济出版社,2019.

[25]证券从业资格考试辅导教材编写组.《证券市场基本法律法规》模拟试卷.北京:中国财政经济出版社,2019.